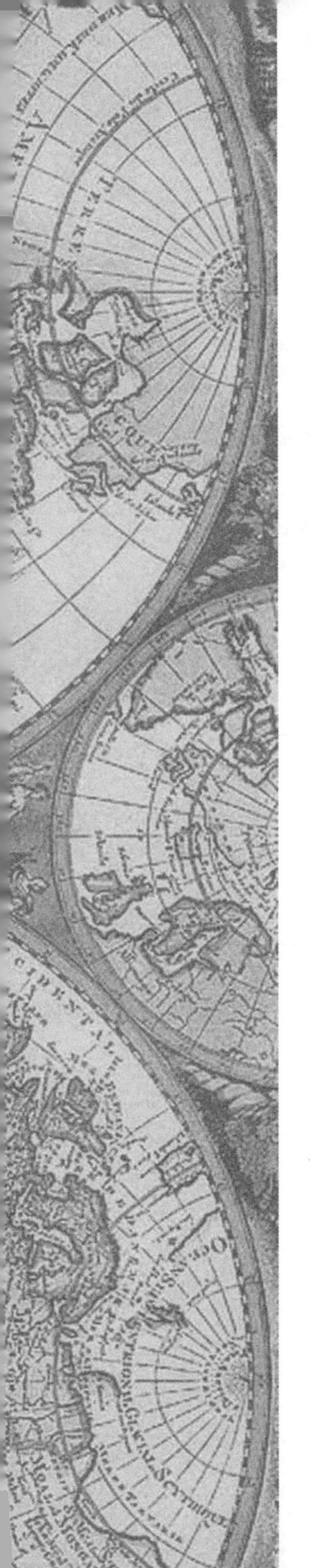

普通高等教育"十一五"国家级规划教材

企业税收筹划

（第三版）

王 韬 刘 芳 编著

科 学 出 版 社
北 京

内 容 简 介

本书系统阐述了税收筹划的原理与方法，突出特点是根据税制的构成要素，提出了税收筹划的六个基本策略，并将各种具体的筹划方法归结为基本策略的综合应用，由此不仅介绍了大量具体的税收筹划方法，而且介绍了设计税收筹划方案的原理和思路。此外，每章后面编选了适量的习题，对所涉及的筹划方案标注了所依据的税收法规。

本书结构合理、思路清晰、教学要素配套，可作为大专院校财政税收、会计、财务、工商管理等财经管理类专业学生，以及 EMBA、MBA 等专业硕士学位学生的“税收筹划”课程教材；同时，由于本书具有很强的实用性，也适合作为企业财会管理人员、财税中介机构业务员、税务机关公务员和其他涉税人员的参考书。

图书在版编目（CIP）数据

企业税收筹划/王韬，刘芳编著. —3 版. —北京：科学出版社，2015
普通高等教育“十一五”国家级规划教材
ISBN 978-7-03-043184-4

Ⅰ.①企… Ⅱ.①王…②刘… Ⅲ.①企业管理-税收筹划-高等学校-教材Ⅳ.①F810.423

中国版本图书馆 CIP 数据核字（2015）第 020512 号

责任编辑：张 宁 / 责任校对：胡小洁
责任印制：徐晓晨 / 封面设计：耕者设计工作室

科 学 出 版 社出版
北京东黄城根北街 16 号
邮政编码：100717
http://www.sciencep.com

天津文林印务有限公司 印刷
科学出版社发行 各地新华书店经销
*
2002 年 8 月第一版 开本：787×1092 1/16
2009 年 3 月第二版 印张：20 3/4
2015 年 2 月第三版 字数：492 000
2019 年11月第二十三次印刷

定价：52.00 元

（如有印装质量问题，我社负责调换）

第三版前言

自本书第二版出版以来，我国税收制度有了相当大的变化。重大的税制变化包括营业税改征增值税，《中华人民共和国企业所得税法（2007）》的实施及个人所得税的系列变动，其他有关税法条文和税收政策的增删与调整等。税收筹划是一种顺法避税行为，税收法规与政策的变动虽然不影响税收筹划的基本原理，但势必会影响到筹划的范围、重点和具体方法。例如，根据营业税改征增值税的实施步骤，到2016年营业税将完全退出历史舞台，专门介绍“营业税的税收筹划”就不再具有实际意义；两税并轨后我国企业所得税基本税率统一为25%，废除了对外资和涉外企业执行的优惠税率，但为了体现产业优惠政策，又规定对高新技术企业和小型微利企业分别执行15%和20%的优惠税率，这使得企业适用低税率的筹划重点从选择企业的性质归属改变为选择企业的产业归属；由于增值税小规模纳税人4%与6%两档税率合并为3%一档，增值税筹划中将不再包含围绕混合销售与兼营行为的任何筹划方法。

凡此种种都说明，作为实用性很强的税收筹划教材必须相应更新。因此，本书第三版主要是根据税制改革的最新结果更新了相关的章节内容，修改了讨论重点和具体筹划方法；此外还对本书采用的适用税法和数据，以及编写的案例和习题进行了相应更新。实践证明，本书第二版建立的税收筹划学科基本理论、应用税收筹划的基本策略来介绍不同税种的筹划方法是科学合理的，本书第三版内容的结构体系基本上未作变动，仅仅取消了“营业税的税收筹划”这一章，而在增值税筹划相关部分简要介绍了其近期仍然有效的内容。

本书第三版共分为十一章，前三章介绍税收筹划的基本理论与基本策略，后八章分税种介绍税收筹划基本策略在不同税种中的应用。参与撰写的主要人员和分工如下：刘华教授，第1、第2章；郑红霞副教授，第3章；陈平路教授、刘芳副教授，第4、第5、第7、第8章；罗光副教授，第6、第9章；张睿副教授、陈卫华博士，第10、第11章。研究生邢路、吕碧君帮助完成了部分资料收集工作。全书由王韬统筹、定稿。

许多兄弟院校和培训机构在税收筹划教学中都将本书作为教材，不少老师和同学通过各种途径对本书提出了建议或要求，笔者特借此再版机会向所有使用本书的师生表示衷心的感谢，并希望你们一如既往地帮助我们不断改进本书的编撰工作。同时希望选用本书的教师能通过电子邮件告知您的姓名与工作单位，以便笔者加强与您的联系，在您需要时提供参考性教学课件与习题解答。

通讯邮箱：王韬 taowang@mail. hust. edu. cn；陈平路 chen. pinglu@mail. hust. edu. cn。

王　韬

华中科技大学管理学院财政金融管理系

2014 年 7 月

第二版前言

光阴荏苒，我们开设“税收筹划”这门课程转眼间竟然已经十年有余了。在这十余年里，中国出版发行了大量税收筹划教材，这些教材对于促进税收筹划的教学和实践无疑是有益的。然而，这些教材，包括2002年8月出版的本书第一版在内，普遍是围绕案例来介绍筹划方法的，缺少基本的理论框架，而且很少有习题，从而与一般的非教材类税收筹划手册或指南并无明显区别。

本书第二版除了要更新与税法变动相关的税收筹划方法、依据和案例之外，更重要的是试图解决第一版存在的上述问题，初步建立起税收筹划学科的基本理论和框架，并按照这个框架重新选择组织教材的内容，从而使本书成为一部逻辑清晰，基本理论、基本概念和基本方法兼备，便于教学，侧重于培养学生能力的税收筹划教材。为了实现这个目的，本版就不能只在第一版的基础上仅作较大的修订，事实上是几乎重新撰写了全部内容。

根据上述目标，本版首先以税收具有调控宏观经济的职能为依据，论述了从政府视角来看税收筹划的必要性和可行性，将税收筹划定位在顺法避税的范畴内。这就彻底澄清了政府相关部门和纳税人对税收筹划合法性的疑虑和误解，明确了它应有的严肃且重要的学科地位。

本版还将目前税收筹划出版物中介绍的种类繁多的税收筹划方法划分为三类：正确处理涉税事务的筹划、争取有利税收政策的筹划和争取最大税后收益的经营决策中的筹划。指出广义的税收筹划包括以上这三类，而狭义的税收筹划仅仅包括其中第三类，税收筹划课程的主要内容则应当是狭义税收筹划。这样，就为税收筹划的科学合理性奠定了一个比较坚实的理论基础，同时也廓清了它的学科内容。

税收筹划无疑是一门实践性很强的职能型课程，但完全以具体案例介绍具体筹划方法并非良策，因为企业面临的涉税业务是千变万化的，即便是厚厚的手册也不可能囊括所有的案例，更何况税收政策在不停地发生改变，企业总要面对变化着的税收环境。因此，如同其他学科一样，税收筹划课程也应当以培养学生分析、解决问题的基本能力为主。为此，本版根据税制构成的要素，提出税收筹划的六个基本策略，作为设计具体税收筹划方法的基本思路或工具，使学生在面对一个新问题时，能够从这六个基本策略着手综合分析思考，提出可行的税收筹划方案。这样，培养学生熟练地掌握这六种基本策略的应用，就成为税收筹划课程的教学框架与目的。

当然，由于这六个基本策略只是一个分析问题的思路与框架，针对具体问题提出的筹划方法一般都会是其中某几个策略的综合运用。而且，由于各个税种所具有的特征不同，因而在就某一个税种考虑筹划方法时，主要应用的也可能只是六个基本策略中的一部分。

本版内容的取舍与组织体现了上述理论基础与框架。全书共分为十二章，前两章分别探讨税收筹划的理论基础与分类，规范了税收筹划的学科范畴；第3章提出税收筹划的六个基本策略，作为后续各章的基本框架和基本方法；第4～10章介绍了六个基本策略在增值税、营业税、消费税、企业所得税和个人所得税中的具体应用，增值税和企业所得税由于内容多，各分为两章，以便于安排教学；考虑到房地产企业和跨国公司的特殊性，基本策略在其税收筹划方法中的应用按企业类型分别在第11章和第12章进行介绍。

由于税收筹划的学科特点，因而本版各章内容都是借助于大量案例来阐述的。为了保证内容的严谨可靠，对于这些案例中使用的筹划方法所涉及的相关法规，本版都不遗余力地在正文中一一给出了标注。具体地说，除了基本税法、条例和细则是使用文件名或其简称标注之外，其他政策文件均用文号标注；相应地，在书末根据文号排序附录了其他政策文件名全称。这在客观上也极大地增强了本书的实用性，使得本书虽然是一部教材，却很可能比一般税收筹划书籍更为实用。

此外，本版各章都增加了适量的复习题与练习题，以便教师布置作业，帮助学生练习应用基本策略设计具体税收筹划方法的技巧和能力。

这些案例和习题除了经作者自审外，还特别请我校2005级税收专业参加"2008德勤税务精英挑战赛"并获得优胜奖的五位学生进行了验算，根据他们提出的问题作了认定或修改。

税收筹划原则上应该是中国税制的后续课程，因而建议将本教材与王韬编著、科学出版社出版的《税收理论与实务》配套使用。《税收理论与实务》的PowerPoint课件、补充案例与习题、习题解答、教学安排推荐方案，以及各章相关税收法规目录，均已放置在我们的网页上。目前我们正在设计与之相配套的网上实时练习与评分系统，以进一步帮助读者练习，并减轻教师批改作业的负担。本教材也将陆续在网上提供类似的教辅课件与资料。

这些课件与资料，读者可以登录我们的网页：http://finance.hust.edu.cn下载，也可以直接向科学出版社经管法分社索要，其电子邮箱是：jingguanfa@mail.sciencep.com。另外，由于作者的网页属于教育网，速度较慢，从外网有时难以登录，我们会争取将相关内容挂到科学出版社的网页上。当然，为了方便教学，部分内容只提供给使用本书的教师。

读者可以登录国家税务总局的网站：http://www.chinatax.gov.cn，点击法规库，便可查到各章相关税收法规文件的原文。

本书由王韬提出写作大纲和基本内容，在此基础上参与撰写的主要人员和分工为：刘华、罗光、饶慧，第1、2、3章；刘芳，第4、5、6、8、9章；罗光，第7、10章；

张睿、陈卫华，第 11、12 章。最后再由王韬负责修改、总纂。

本书第一版出版后，许多兄弟院校的师生和其他读者都曾提出过宝贵的意见，这些意见对于本书第二版的改进有极大的帮助。此外，科学出版社的张兰编辑始终在关注并敦促本书第二版的进度。作者在此谨向所有参与和帮助本书编写的老师、同学和朋友们表示由衷的感谢。

作者相信，作为教材，本书第二版一定会比第一版更加好用。然而，由于作者知识与实践经验的局限性，不足之处在所难免；尤其是第二版尝试提出的税收筹划基础理论和教材框架，更需要同行师生和广大读者的批评和指正，以帮助我们不断改进。所以，作者诚恳地希望使用本书的师生和读者不吝赐教，将你们发现的本书的无论何种错误、漏失，以及对本书的任何意见和要求及时告诉作者，以便作者不断改进。

作者的电子邮箱是：tao. w@263. net 或 taoWang@mail. hust. edu. cn。

王　韬

华中科技大学管理学院财政金融管理系

2008 年 11 月

第一版前言

随着市场经济体制的逐步建立和完善，以经济为基础的税收与纳税人的生产经营活动的关联性也日益密切。在纳税人的各项成本费用支出中，税收是很重要的一部分，其数额大小直接影响纳税人的实际经济效益。在现实经济生活中，作为经济利益的主体，纳税人大都希望规避税收负担；可是，国家税收是强制征收的，纳税人发生应税行为，就必须要依法纳税。那么纳税人该怎么办？

税收筹划是聪明的纳税人的明智选择。税收筹划是纳税人依据现行税法，在遵守税法、尊重税法的前提下，对经营、投资、筹资等活动进行旨在减轻税负的谋划和对策。科学地分析和总结税收筹划理论、方式方法、手段和技巧对纳税人来说是十分必要的。这不仅有利于企业的财务人员加强内部管理，提高经济效益，而且有利于政府决策部门及时发现税法和税收制度中存在的问题，从而进一步健全税收制度，完善税收体系。税收筹划的产生，是社会经济生活进步的表现。中国进行市场经济体制改革和加入WTO，更是为税收筹划提供了广阔的舞台和发展空间。

目前从国内来看，对税收筹划的研究还处于起步阶段，但从2000年以来，有关税收筹划的中介机构不断增加，发展势头甚猛，这反映了社会对税收筹划的迫切需求。顺应形势的发展，我们结合税务专业的教学科研工作及我们参与的税务稽查和企业税务管理实践，对税收筹划进行了系统的研究，在此基础上我们编写了本书。本书的前身是我们开设“企业税收筹划”课程的讲义，该讲义在本校学生中已经试用三次，很受学生欢迎。在教学中学生积极参与讨论，对讲义中涉及的税收筹划方法和案例都进行了细致的论证和研究，学生们也从中获得了启迪，并对“税收筹划”课程产生了浓厚的兴趣。已经毕业的学生中有人正是从事企业税收筹划方面的工作，从这些学生反馈的信息来看，该课程对于进入大型企业财务部门工作的学生具有非常强的实用性。

本书立足于企业，在对企业的经营内外部环境进行充分分析的基础上，深刻阐明企业税收筹划的基本理论，论述多种税收筹划的原理、方法和技巧，对每种方法的适用范围和可行性进行充分论证，并以现实经济活动中的案例加以说明。此书将理论与实践相结合，让读者既了解税收筹划的理论基础和前沿动态，又掌握税收筹划的基本技能和方法。

在全书的结构体系上，本书以不同的行业作为主要线索，深刻分析了各行业的纳税特点及适宜采用的税收筹划方法，针对性强。同时，考虑到企业纳税与会计核算的密切相关性，在论述税收筹划方法时，本书以企业的会计处理方法为背景，这使得本书具有较强的可操作性和说服力。

本书重在实用性，案例众多翔实，分析透彻明了。本书整体系统性强，税种前后呼应，行业齐全连贯。同时，本书具有新颖性，理论见解独到，实例解析的示范性和可操作性很强。

本书共分十二章，其中第一、第二、第三章由王韬和刘芳合作编写，其余各章由刘芳撰写，学生邓绍武帮助完成了部分资料收集和文字工作，全书由王韬主审。

本书参考引用了部分国内外有关税收筹划的研究资料，在此谨向国内外从事税收筹划相关工作的同行们致以谢意。由于作者水平有限，疏漏之处在所难免，敬请读者批评指正。

本书配备多媒体教学课件，并将根据教师反馈与教学需要随时更新。凡选用本书作为学生教材的教师，可与科学出版社联系，以获得我们提供的最新电子课件。

联系电话：010-64012800。

电子邮件：jingguanfa@mail. sciencep. com。

王 韬 刘 芳

2002 年 4 月

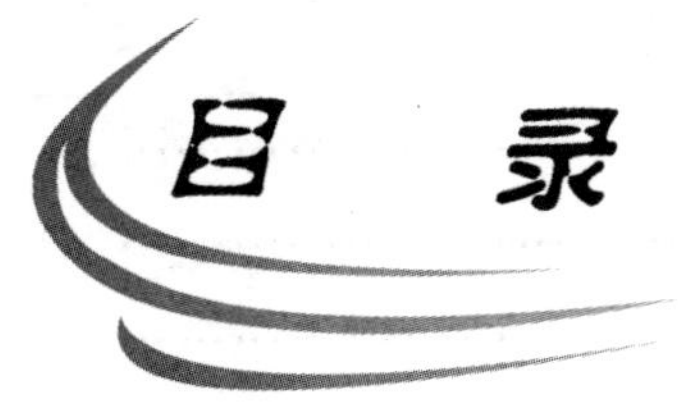

目 录

第3章 税收筹划的基本策略

第1章

税收筹划导论

税收筹划在我国被称为“朝阳产业”，但在西方国家，税收筹划在20世纪30年代就已得到了社会的关注和法律上的认可。早在1935年，英国上议院议员汤姆林爵士在“税务局长诉讼温斯特大公”一案中，就明确提出：“任何一个人都有权安排自己的事业，依据法律可以少缴税。为了保证从这些安排中得到利益……不能强迫他多缴税。”① 在1947年，美国法官勒纳德·汉德在判决一件税务案件中，也表述了与汤姆林爵士类似的观点：“法院一再声称，人们安排自己的活动以达到低税负的目的，是无可指责的。每个人都可以这样做，无论他是富翁，还是穷光蛋。而且这样做是完全正当的，因为他无须超过法律的规定来承担国家赋税，税制是强制课征的，而不是自愿捐献的。以道德的名义要求税收，不过是侈谈空论而已。”② 此后，英国、美国、澳大利亚等国家在以后的税收案件判例中经常援引汤姆林爵士和勒纳德·汉德法官的这一原则精神。目前在西方发达国家中，税收筹划几乎家喻户晓，税收筹划活动开展得相当普遍。例如，世界上最大的国际会计与咨询公司之一BDO公司，就在全球138个国家设有1200多个办事处，专业从事税收筹划活动。而我国对税收筹划的认识比较晚，税收筹划在过去较长时期内被人们视为神秘地带，直到1994年唐腾翔与唐向合著的《税收筹划》一书由中国财经出版社出版后，才揭开了税收筹划的神秘面纱。2000年，在国家税务总局主管的全国性经济类报纸《中国税务报》上，出现了“筹划讲座”专栏。税收筹划由过去的不敢说、偷偷说，到现在的敢说而且在媒体上公开讨论，是我国社会观念和思维一次质的飞跃。

随着税收对经营、投资、理财等经济活动的影响越来越大，纳税人对税收政策的关注度日益提高，以及我国税务机关对纳税人税收筹划的认可，我国出现了大量有关税收筹划的刊物、书籍，其中影响力最大的当属《中国税务报》的“筹划周刊”。此外，在北京、上海、深圳、天津、大连等经济发达地区，还涌现出不少提供专业税收筹划服务的网站，其中，具有较大影响力的网站有“中华税网”（北京）、“中国税务专家咨询

---

① 梁云凤．税收筹划实务．北京：经济科学出版社，2001.

② 方卫平．税收筹划．上海：上海财经大学出版社，2001.

网”（北京）、“中国税收筹划网”（上海）、“广东财税务咨询网”（深圳）、“中国国际税收筹划网”（天津）、“税务顾问网”（大连）等。它们预示着税收筹划已经为人们所接受和重视，并被广泛地运用到纳税人的生产经营决策中。截至 2013 年 8 月，我国共有税务师事务所 4934 家，取得注册税务师资格的人数达到 104 901 人，执业注册税务师 36 437 人。[①] 而在税务师事务所承接的业务中，税收筹划就是很重要的一项，不少注册税务师凭借巧妙的筹划案例，成为全国知名的税收筹划专家。这些都说明，税收筹划正在逐渐成为纳税人减轻或规避税收负担的主流形式。

1.1 中国的现行税制简介

为了实现宏观调控目标，国家针对不同类型的经济活动、不同的纳税人及不同的纳税时期，规定了不同的税收负担，这也是税收筹划产生的客观动因。可以说，税收筹划归因于税收制度，提升于税收制度。只有了解游戏规则，才能在允许的范围内进行游戏，甚至对游戏规则进行改进，使结果朝预想的方向发展。因此，本章将首先简单介绍我国的现行税制。只有在了解我国的现行税制的基础上才能使税收筹划做到有法可依。

1.1.1 税制构成

税收制度简称“税制”，是各项税收法规和征收管理制度的总称，是国家向纳税人征税的法律制度依据和纳税人向国家纳税的法定准则。税收制度有广义和狭义之分。广义的税收制度是指国家以法律形式规定的税种设置及各项税收征收管理制度，一般包括税法通则，各税种的基本法律、法规、条例、实施细则、具体规定和征收管理办法等。狭义的税收制度是指国家设置某一具体税种的课征制度，由纳税人、征税对象、税率、纳税环节、纳税期限、税收优惠、违章处理等基本要素组成。制定税收制度的目的就在于明确国家与纳税人之间的征纳关系，把这些关系法律化、规范化，成为国家和纳税人必须共同遵守的法律准则。

税制要素是构成税收制度最基本的元素，每个要素的具体规定就决定了税收的具体形式，形成了各具特色的税收种类。不同的税制要素征收不同税种的税，既可以对企业征税，也可以对个人征税；对企业征收，可以是对应税所得额征收 25%的企业所得税，也可以是对商品在流通环节中征收 17%的增值税；同样是征收企业所得税，可以作为高新技术企业减按 15%税率征收，也可以因购买并实际使用《环境保护专用设备企业所得税优惠目录》《节能节水专用设备企业所得税优惠目录》和《安全生产专用设备企业所得税优惠目录》所规定的环境保护、节能节水、安全生产等专用设备而直接抵免企业应纳所得税额。

根据每个税种的基本要素和特征，可以将我国现行税收体系按照不同的标准进行分类。目前普遍认可的标准有课税对象、课征环节、计税依据和税收收入的支配权限等。

---

① 何雨欣．我国共有注册税务师 104 901 人．新华网，2013-04-22.

例如，以课税对象为标准，可将我国税种分为流转额课税、收益额课税、资源占用课税、财产额课税与特定行为课税。以课征环节为标准，分为生产环节征税、流通环节征税、分配环节征税、消费环节征税、投资环节征税与财产转让环节征税。以计税依据为标准，分为从价税和从量税。以税收收入的支配权限为标准，可分为中央税、地方税和中央与地方共享税。而按照国家税务总局的划分方法，我国税种分为商品和劳务税、所得税、财产行为税、资源税类及特定行为与目的税。以下将根据国家税务总局的划分方法来介绍我国的税制构成。

（1）商品和劳务税，又称流转税类，包括增值税、营业税、消费税、车辆购置税和进出口关税等。这类税收在企业生产经营及销售环节征收，以商品、劳务的销售额或营业额作为计税依据，一般不受生产、经营、成本和费用变化的影响。例如，某商业企业小规模纳税人 2013 年 5 月的增值税应税收入为 6000 元，购货成本为 4000 元，其他费用为 1000 元，则当月应缴纳的增值税额为 174.76 元，城市维护建设税和教育费附加[①]为 17.48 元，扣除成本、费用和税金后的利润为 807.76 元。同年 6 月，仓库租金上涨 450 元，职工工资总额上涨 400 元，该商业企业经营费用增加 850 元。在其他条件不变的情况下，扣除成本、费用等后，该企业当月就处于亏损状态，但此时企业应缴纳的增值税、附加税费仍然维持在上个月的水平。也就是说，该类税收的征缴与企业盈利与否、盈利多少无关，只是对商品、劳务的销售额或营业额较为敏感。正是增值税、营业税和消费税等流转税具有以商品、劳务的销售额或营业额作为计税依据这种特点，造成我国企业承担流转税税收负担过重，以致不少企业生存困难。因此，对增值税、营业税和消费税等流转税进行筹划，必然成为纳税人税收筹划的重点。

（2）所得税包括企业所得税、个人所得税、土地增值税等。与流转税不同，所得税的征税对象是扣减成本费用后的利润，虽然其税负不易转嫁，但收入来源形式复杂，成本费用的扣除标准和方法多样，具有较大的筹划空间。虽然所得税会减少纳税人实际利润，但所得税的征税对象是经营利润，对纳税人的影响要远远小于流转税对纳税人的影响，同时鉴于大多数发达国家税制以所得税为主，我国未来税制改革的方向也应该是逐步提升所得税的地位。因此，对所得税进行筹划也是我国未来税收筹划发展的方向。

（3）财产行为税包括房产税、城市房地产税、耕地占用税、契税、车船税、船舶吨税等。这类税是对纳税人所拥有的特定财产征收，体现了公平税负和缓解财富分配不均现象的政策导向。该类税收具有税源分散、征管难度较大、区域性显著等特点。财产税虽然不像前两类税种那样普及，但对于特定单位，认真做好这方面的筹划工作，收益也是不菲的。

（4）资源税类包括资源税、城镇土地使用税等税种，主要是为保护和合理利用国家自然资源而课征的税。目前征收范围较窄。随着我国经济的发展，对自然资源的合理利用和有效保护越来越重要，资源税的征税范围也会逐步扩大。

（5）特定行为与目的税包括印花税、附加税费和固定资产投资方向调节税（目前暂时停征）等，是为满足国家一定时期的客观需要而制定的一类税种，具有很强的时效

① 我国仅有三大流转税存在城市维护建设税及教育费附加，为简便起见，后文统一称为附加税费。若无特殊说明假定其税率为 10%（城市维护建设税 7%，教育费附加 3%）。

性，有时还要因地制宜地决定开征与否。该类税种具有税源分散、政策性强、调节范围明确、税收负担较轻、难以转嫁等特点。

1.1.2 税制特点

我国现行的税制是1994年大规模税制改革之后延续至今的，期间虽有改革，但变动不大。随着我国市场经济改革的不断深入，现行税制的一些问题逐渐暴露出来，制约了国内企业的发展，这也促使国内企业寻求合法途径，特别是税收筹划方法，以减轻税收负担。总的来说，我国现行税制有如下几个方面的特点。

1. 流转税比重较大，所得税比重较小

我国的税制结构以间接税为主体，间接税主要包括增值税、营业税和消费税。历年来，这三大流转税收入占税收总收入的比重都很大，近年来，虽然这个比重有所下降，但三大流转税收入占税收总收入的比重仍然保持在50%左右。从各个税种来看，增值税收入对我国税收收入的贡献无疑是最大的。近年的变化情况显示，这三大税种的收入占税收收入的比重都有所下降，特别是增值税收入比重下降幅度较大，其占税收总收入的比重由2008年的33.19%下降到2012年的26.25%。造成流转税比重下降的主要原因如下：一是随着会计和统计制度的健全，税收征收机关对所得税的征收效率有所提高；二是近年来我国经济增长速度平稳较快，企业经营利润也有较大幅度增加，从而增加了企业所得税计税依据；三是根据我国现行财政体制，财产税和特定行为与目的税收入基本上属于地方财政收入，地方税收征收机关加强了对这类税收的征收与管理，其收入也有所增加；四是自2004年以来，我国先后在东北三省和山西、安徽、江西、河南、湖北、湖南等省份，进行了增值税由生产型向消费型的转型试点，造成试点地区增值税收入增长速度放缓，比重下降。

我国的直接税主要包括企业所得税、个人所得税、外商投资企业和外国企业所得税(2007年3月颁布的《中华人民共和国企业所得税法》已将内外资两套企业所得税合并统一)，三大流转税收入占税收总收入的比重在20%以上，在2005年、2006年和2007年均达到了四分之一，但比较而言，仅为三大流转税收入的一半。

近年来，我国增值税、营业税、消费税、企业所得税、个人所得税等税收收入占税收收入的比重见表1-1。

表1-1 我国主要税种占税收收入的比重 单位：%

税种	2008年	2009年	2010年	2011年	2012年
增值税	33.19	31.05	28.81	27.04	26.25
消费税	4.73	8.00	8.29	7.30	7.83
营业税	14.06	15.14	15.24	15.24	15.65
企业所得税	20.61	19.38	17.54	18.69	19.53
个人所得税	6.86	6.64	6.61	6.75	5.78

资料来源：根据国家税务总局《中国税务年鉴2013》相关数据整理计算得出。

流转税的特点决定了流转税对企业的影响是十分显著的。因为流转税是对商品或劳务流转额进行征税，不论企业经营状况好坏，只要发生了商品或劳务的销售，就要缴税，并且在我国目前状况下企业承担的流转税税负还很重。而所得税则不同，它仅对企业的利润征税，只有在企业盈利的情况下才需要缴税。也就是说，企业所得税最多是让企业少赚一点，还不至于造成或加剧企业的亏损，但流转税的存在可能引起处在盈亏平衡点的企业出现亏损，因而使得纳税人在出售商品或提供劳务时就需要考虑值不值得，以及税后利润是否大于零的问题。尽管我国也一直努力进行着以所得税为主体的税制结构改革，但由于我国企业会计、统计水平还不高，税务机关征收与管理技术有限，所以，在将来较长的一段时期内，我国税制还会以间接税为主。面对目前的状况，企业积极寻求税收筹划方法以减轻税收负担，特别是减轻流转税税收负担是非常实在的行为。

2. 税收增长很快，税负较重

2008 年，世界性的金融危机爆发之前，我国国内生产总值（GDP）保持着强劲的增长势头，一直在 10%左右，成为全球经济发展最快的国家之一。随着金融危机的爆发，虽然我国的国民经济增速有所回落，但依然不影响税收收入的快速增长，其增长率大幅超过 GDP 的增长率。GDP 与税收收入增长情况详见表 1-2。

表 1-2　近年来税收与 GDP 增长比较

年份	GDP/亿元	GDP 增长率/%	税收收入/亿元	税收收入增长率/%	宏观税负/%
2008	314 045.4	9.6	54 223.8	18.9	17.3
2009	340 902.8	9.2	59 521.6	9.8	17.5
2010	401 512.8	10.4	73 210.8	23.0	18.2
2011	473 104.0	9.3	89 738.4	22.6	19.0
2012	518 942.1	10.8	100 614.3	12.2	19.1

资料来源：根据国家统计局《中国统计年鉴 2013》相关数据整理计算得出。

以 2011 年为例，全国税收收入累计完成 89 738.4 亿元，增长 22.6%，大大高于 GDP 的增长率 9.3%，税收收入占 GDP 的比重达到 19.0%。为什么税收增幅远远高于 GDP 的增幅？财政部税政司 2012 年 2 月发布的报告显示，2011 年税收收入增长是经济平稳较快增长、物价上涨、企业效益较好等因素的综合反映。具体来看，一是经济平稳较快增长。2011 年规模以上工业增加值增长 13.9%，固定资产投资增长 23.8%，社会消费品零售总额增长 17.1%，规模以上工业企业实现利润增长 25.4%，全年一般贸易进口额增长 31.0%。经济的平稳较快增长带动了国内流转税、企业所得税和进口环节税等各主体税种收入的增长。二是价格因素。我国绝大多数税种，如增值税、消费税、营业税、关税等，都是从价税。2011 年全国工业生产者出厂价格和居民消费价格同比分别上涨 6.0%和 5.4%，带动了以现价计算的税收收入增长。三是 2010 年年末进口环节税收受 2011 年年初集中入库和企业所得税汇算清缴的影响。2010 年第四季度，我国一般贸易进口额大幅度增长，实现的进口税收一部分被结转到2011年年初集中入库。2010年企业利润大幅提高，带动2011年汇算清缴企业所得税同比增长62.5%，增收1568亿元，占企业所得税总增收额的40%左右。四是税收征管加强。税务机关进一步加强了税收的征收管理，保证了各项税收及时足额入库。

从个人所得税来看，2011年个人所得税实现收入6054.09亿元，同比增长25.2%。个人所得税占税收收入的比重为6.75%。个人所得税实现收入快速增长的主要原因：一是随着资本市场和艺术品市场的发展，个人股权转让及拍卖收入大幅增加，带动居民财产转让所得税快速增长；二是居民收入持续增长，2011年全国城镇居民人均可支配收入同比增长14.1%，带动工资薪金、个体工商户生产经营所得税较快增长；三是税务机关加强了对高收入者及股权转让个人所得税的征管，保证了相关个人所得税税款的及时足额入库[①]。

尽管税收法定税负并未向上调整，但我国企业和居民明显感受到实征税收负担一步步增加了，其对人们生产生活的影响也越来越大。因此，通过各种各样的方法规避或减轻税收负担，争取税后收益，显得尤为重要。随着国家税收征管体制的完善和征管力度的加大，利用偷税、避税等方式避免税款的缴纳，风险较大，而且一旦被查处，相关的处罚常常使得纳税人得不偿失。进行税收筹划，不仅符合纳税人减轻税收负担的需求，而且顺应了国家的立法意图，得到社会的认可、鼓励甚至是提倡。

3. 税权高度集中

改革开放以来，我国在税收立法和税收政策制定方面一直强调税权集中、税法统一。在这种思想的指导下，我国的税收立法呈现出高度的集中性特征，无论是中央税、中央与地方共享税还是地方税，基本上由中央统一立法。地方政府只能在税收法律、法规明确授权，并且与其不相抵触的前提下，对某些地方税种，如房产税、车船税等行使制定实施细则的权限，一般无权自定地方性税收法规。

在我国目前的税收法律体系中，税收法律、法规、规章及规范性文件基本上出自中央。税收法律法规按法律效力的大小依次是：由全国人民代表大会及其常委会制定的税收法律，如《中华人民共和国企业所得税法》（简称《企业所得税法》）、《中华人民共和国个人所得税法》（简称《个人所得税法》）、《中华人民共和国税收征收管理法》等；由国务院根据全国人民代表大会及其常委会授权制定的具有法律效力的税收暂行规定或条例，如《中华人民共和国增值税暂行条例》（简称《增值税暂行条例》）、《中华人民共和国消费税暂行条例》（简称《消费税暂行条例》）、《中华人民共和国土地增值税暂行条例》等；国务院制定的税收行政法规，如《中华人民共和国税收征管法实施细则》、《中华人民共和国企业所得税法实施条例》等；国务院税务主管部门制定的税收部门规章，如财政部颁布的《中华人民共和国增值税暂行条例实施细则》（简称《增值税实施细则》）、国家税务总局颁布的《税务代理试行办法》等。

但是，我国真正以法律形式存在的税种很少，大部分都是税收暂行规定或条例，这

---

① 蔡昌，郭宏宇，李梦娟．中国财税研究．上海：立信会计出版社，2012.

就存在很大的随意性。税种的开征与停征所需要通过的程序很少，给企业的经营带来很大的不确定性，也影响着企业税收筹划方案的实施，特别是税务机关的内部文件的不稳定性和不透明让企业财会人员感到无所适从。同时，地方政府没有税收立法权，财政收入主要由中央的政策决定，也影响了地方政府发展经济的积极性。我国现行税制带来的税收调控缺乏灵活性、税收管理体制僵化、税收征管效率低下等诸多问题在很大程度上制约了税收职能作用的发挥，与社会主义市场经济的发展呈现出一定的不相适应性。

税收作为国家凭借其政治权力，对纳税人创造的财富的再分配，毕竟不是纳税人的自愿捐款，因而对于纳税人来讲，想方设法减轻自己的税收负担是一种必然的经济行为。而我国的纳税人，由于目前承担的税收负担很重，降低其税负是一种尤为迫切的需求。纳税人减轻税收负担的方法，通常有偷税、骗税、抗税、欠税和避税等。其中，偷税、骗税、抗税、欠税属于违法行为。在各种税收违法行为中，偷税是最为普遍也是影响最恶劣的行为；抗税是手段最恶劣、情节最严重、影响最坏的行为。很显然，通过违法行为来减轻或规避税收负担，纳税人是要承担相应的法律责任的。因此，纳税人不应通过违法行为来获取相关经济利益。避税则与偷税、骗税、抗税、欠税等不同，其行为没有违反国家相关税法的规定，是一种合法的税收行为。虽然避税行为可以减轻或规避纳税人税收负担，但不同的避税行为对社会经济的影响是不同的。有的避税行为符合政府的政策导向，较好地促进了社会经济发展；有的避税行为则不符合政府的政策导向，扰乱了正常的社会经济秩序。这就涉及顺法避税和逆法避税问题。以下，本书将分别对顺法避税和逆法避税进行介绍。

1.2　顺法避税与逆法避税

避税应是纳税人在熟知相关税收法律的基础上，在不直接触犯税法的前提下，利用税法等有关法律的差异、疏漏、模糊之处，通过对经济活动、融资活动、投资活动等涉税事项的精心安排，达成规避或减轻税负的行为。然而，现代税收早已经不只是取得财政收入的一种手段，其还具有明确的立法意图，如调整产业结构、对社会收入再分配、引导消费和保护环境等。因此，纳税人避税行为有可能符合税法的立法意图，也有可能悖于税法的立法意图。按照避税行为与税收法律意识的关系，纳税人避税行为可以分为顺法避税与逆法避税。随着国际反避税措施的实行和我国反避税制度的逐步建立，对顺法避税、逆法避税和税收筹划加以区分显得十分必要。

1.2.1　顺法避税

所谓顺法避税就是纳税人根据国家的税收政策导向，通过对经济活动、融资活动、投资活动等涉税事项的安排，寻求未来税负相对最轻、经营效益相对最好的决策方案的行为。[①] 虽然顺法避税与逆法避税在结果上都表现为纳税人税收负担的减轻与规避，但它们对社会经济活动所产生的影响是完全不同的。由于纳税人顺法避税

① 宋效中．企业纳税筹划．北京：机械工业出版社，2007.

是根据国家税收法律法规意图，来安排自己的经济活动、融资活动、投资活动，其活动结果不仅不会影响和削弱税收法律法规的法律地位，而且正好使国家税收法律法规意图得以实现。可以这样说，如果没有纳税人顺法避税意识，国家的税收政策目标就不可能实现。

例如，2008 年 1 月 1 日起实行的《中华人民共和国企业所得税法实施条例》规定：民族自治地方的自治机关对本民族自治地方的企业应缴纳的企业所得税中属于地方分享的部分，可以决定减征或免征。自治州、自治县决定减征或免征的，须报省、自治区、直辖市人民政府批准。这是国家为了鼓励或吸引企业加大或到民族自治地方进行投资而采取的所得税优惠政策。纳税人如果到民族自治地方进行投资，就可以享受这一税收优惠政策，并由此而少缴纳企业所得税。国家虽然减少了税收收入，但纳税人的行为符合国家政策的意图，从长远来看，可以促进民族自治地方区域经济的发展。又如，为了吸引外资，引进先进生产、管理技术，加快经济发展，我国政府先后出台了多项税收优惠政策。国外投资者通过比较分析，认为在我国投资税负较轻、盈利水平高，于是将资本投向我国。这样一来，在我国投资的外商享受了多项税收优惠，获得了可观的利润，而我国也达到了吸引外资的目的。自 1983 年以来，我国已连续多年成为引进外资最多的发展中国家之一，这就是明证。

顺法避税行为及其结果从本质上与税法设置的初衷一致或相吻合，纳税人和国家都能从中受益。显然，这种顺法避税行为是政府所希望的，对这种行为，税收征管部门应给予支持和鼓励。税收筹划属于顺法避税的范畴，正因为如此，政府不仅应该而且必须支持企业的税收筹划，这一点本章后面还将详细阐述。

1.2.2 逆法避税

与顺法避税不同，某些纳税人有意违背政府税法立法意图，利用税法漏洞或缺陷，来安排经营活动与财务活动，以规避或减轻纳税义务，这种避税行为称为逆法避税。纳税人的逆法避税行为，虽然有悖于国家税法立法意图，但根据大陆法系和英美法系都有“法律无明文规定者不为罪”原则，它在形式上却又是合法的。例如，为了吸引外资，引进先进技术，我国政府颁布了一系列的税收优惠政策。于是，一些内资企业便利用各种手段，把自己变成所谓的外资企业。这些假外资企业虽然也能够享受外资企业的税收优惠待遇，减轻自己的税收负担，但从整个国家而言，并没有达到吸引外资、引进先进技术的目的。这类企业的避税行为就不符合我国的税法立法意图，属于逆法避税。

逆法避税虽然在形式上是合法的，但对社会造成的负面影响是严重的，其影响具体表现在以下三个方面。

（1）减少了国家财政收入。不管是从纳税人主观意识，还是从纳税人行为结果来看，逆法避税与偷税并无区别，都表现为恶意少缴纳我国国家税款。截止到 2012 年 5 月底，我国已经成立了 74.8 万家外商独资企业，且已实际使用了超过 1.2 万亿美元的外资金额，成为全球第二大吸引外资国。但是，根据商务部统计报告，在我国批准设立外商投资企业中，有一半以上都是“亏损”状态，亏损企业里面，有 2/3 属于非正常亏损。在超过 49 万家的外商投资企业中，51%～55%连年亏损，且亏损面呈逐年扩大的趋势。[①] 然而，外资企业在哭穷的同时，却不断地向中国追加投资。这说明外企亏损是假，避税是真。

(2) 影响国家调控目标的实现。为了改善残疾人就业状况，我国政府明文规定：企业安置残疾人员所支付的工资在据实扣除的基础上，按照支付给残疾职工工资的 100%加计扣除。有些企业则利用给残疾人员挂空名的办法，尽量多扣除费用，以便享受国家的这项税收优惠政策。这些企业虽然享受了国家税收优惠政策，减轻了企业税收负担，但国家利用这一政策鼓励企业雇佣残疾人员参加社会劳动的目标却未能实现。

(3) 扰乱社会经济秩序。纳税人通过精心策划，成功实现逆法避税，减轻了税收负担，但对于另一些守法的纳税人来讲，则要承担较多的税收负担。这样就会造成社会竞争的不公平。如果政府对这种状态听之任之，就会促使更多的纳税人加入逆法避税的行列。因此，政府对逆法避税必须旗帜鲜明地反对与制止。

虽然我国已经注意到逆法避税，也意识到逆法避税对我国经济社会造成的危害，但在税收征管过程中对逆法避税的认定还存在一些模糊。为了清楚地了解企业的逆法避税，本书有必要对企业的逆法避税方法进行简单介绍。一般来说，企业常用的逆法避税方法主要有以下三种。

(1) 利用有伸缩性的税法条款避税。例如，《中华人民共和国企业所得税法实施条例》规定：对在西部地区新办交通、电力、水利、邮政、广播电视企业，上述项目业务收入占企业总收入 70%以上的可享受内资企业自开始生产经营之日起第一年至第二年免征企业所得税，第三年至第五年减半征收企业所得税，其目的在于鼓励纳税人投资兴办交通运输、邮电通信等企业。但有些纳税人，为了规避或减轻税收负担，开办企业至减免期，就将企业关闭再以新的名义开业，以达到继续享受减免税的优惠政策。又如，为了促进下岗失业人员再就业和社会的和谐，对持有《就业失业登记证》人员从事个体经营（除建筑业、娱乐业、销售不动产、转让土地使用权、广告业、房屋中介、桑拿、按摩、网吧、氧吧外）的，在三年内按每户每年 8000 元为限额依次扣减其当年实际应缴纳的营业税、城市维护建设税、教育费附加和个人所得税（财税【2010】84 号）。于是，在我国江苏、浙江等地，就出现了身价不菲的私营老板拿着下岗证和该文件，要求税务机关给以税收优惠。由于这些老板所有手续都是合法的，税务机关只好按文件办理。但这些私营老板的行为，并不符合国家税法的立法意图。

(2) 利用资本弱化避税。资本弱化又称为资本隐藏、股份隐藏或收益抽取，是指投资者以贷款方式替代募股方式进行投资或融资的活动。其显著特点是企业注册资本与负债的比例不合理。按照我国税收法律规定，股东通过股份投资取得的股息是企业税后利润的分配，而投资人以贷款方式融资的利息可以在税前扣除。由于税收待遇存在着区别，设立外资企业时，外方投资者往往不以自有资金投资，而是通过境外母公司向企业提供贷款以满足企业营运资金的需要，造成外资企业资本过少。这样，外资企业就可以将贷款利息计入成本，减少了在中国的税负，而将利润转移到外国关联企业。

---

① 袁帅．跨国公司转让定价的反避税研究．中南大学硕士学位论文，2013.

(3) 利用转让定价避税。所谓转让定价，是指跨国公司、集团公司内部母公司与子公司或子公司与子公司等关联企业之间，为了获得更多经济利益而在商品销售、劳务或技术交易时进行的价格转让。这种价格的制定一般不取决于市场供求状况，而是取决于公司的整体利益。转让定价是跨国公司实现利润或收入转移的典型国际避税手段之一。当企业的贸易对象在高税地和低税地间流转时，企业为了达到避税的目的，往往将利润或收入尽可能多地向低税地或避税地倾斜。①

跨国公司利用转让定价避税主要有四种方式：一是通过关联企业之间的购销业务往来转移利润；二是通过关联企业之间的资金融资业务转移利润，主要是关联企业相互将资金无偿借给对方使用；三是通过设立新公司，费用不合理分摊，利用税收优惠政策来转移利润；四是通过向境外关联企业支付技术使用费转移利润。其中，通过关联企业之间的购销业务往来转移利润是我国外资企业经常使用的避税方式，其一般做法是境外关联企业控制境内企业的购销权，高价进、低价出，将应在我国境内体现的利润转移到境外去，人为地减少境内企业的应纳税所得额。

例如，中外合资飞亚服饰有限公司，主要生产中档休闲服，除服装包装用品与纽扣外，其他材料如布料、挂牌等均需要进口。公司产品除少量在国内销售外，其余产品均销往日本、美国、澳大利亚和德国等经济发达国家。成都飞亚公司一方主要负责企业的生产与公司财务，港方负责材料的进口与产品的销售。每件产品生产成本为人民币600元，平均单位产品售价为人民币580元，单位成本高出售价20元。该公司自2000年开业以来，向当地税务征收机关提交的财务报表每年都是亏损且亏损额每年都递增，奇怪的是，公司的生产规模却逐年扩大。原来香港地区税收制度管理规定，香港地区实行收入来源地管辖权，根据这一管理规定，对来自香港境外的所得免征所得税。这样，该公司通过转让定价的方式把利润留在香港地区，既可不缴香港地区的所得税，又可避免中国内地的企业所得税。

跨国公司的利润被转移至境外，扭曲了境内公司实际经营情况，不仅影响了国家政策的制定，而且造成了国家税款的流失，这十分不利于企业间的公平竞争，并对国家经济发展百害而无一益。

1.2.3 反逆法避税

与顺法避税不同，纳税人利用税法漏洞或不完善之处进行逆法避税，不仅会造成国家财政损失，而且还会扭曲社会经济资源的配置，但它又是不违法的经济行为，国家不可能像对待偷税一样，对逆法避税给予法律制裁。因此，国家不能借助行政命令、道德、纪律等，来反对、禁止或消除逆法避税。针对纳税人逆法避税所暴露税法的不完善与漏洞，国家只能通过完善税收立法来解决问题。例如，西方国家普遍对遗产征税，以调节收入分配，促进社会分配公平。如果有一个人针对国家课征遗产税，在生前尽可能地把财产分割出去以减轻税负，这就是逆法避税，因为背离了政府的政策导向。所以许多国家在课征遗产税的同时兼行赠予税，借以堵塞人们生前分割财产逃避税负的漏洞。

---

① 陈仁艳．我国转让定价反避税的立法缺陷和完善路径，吉林工商学院学报，2014，(01)：99-102.

针对利用税法漏洞、特例和缺陷进行逆法避税的行为，西方一些国家已在其税法中加入反逆法避税的内容。例如，加拿大政府于 1988 年 9 月在加拿大所得税法中引入“一般反避税准则”。这一准则明确指出要区别合法的税收计划和滥用的避税行为，除非纳税人能够证实他的经营安排没有误用或滥用税法，否则不允许纳税人利用税法获得税收上的好处。为此，该准则规定了对纳税人的动机检验，要求纳税人证明他们的行为是符合税法立法目的和精神的①。目前，世界各国反避税的基本方法主要包括三个：一是建立转让定价税制，控制应税所得向境外转移；二是建立反避税港措施，防止资金和财产向避税港转移；三是防止国际税收协定的滥用，保护正当的税收利益。

在我国，企业逆法避税，特别是外商投资企业逆法避税问题非常严重，并且根据专家估计，我国每年基于外资企业避税产生的税收流失足有 300 亿元人民币。为了维护国家利益和提供纳税人之间公平竞争的环境，我国政府在《增值税暂行条例》《消费税暂行条例》《企业所得税暂行条例》《外商投资企业和外国企业所得税法》等税收法律文件中，都有反逆法避税的条例。例如，我国《增值税暂行条例》第七条明确规定：纳税人销售货物或应税劳务的价格明显偏低并无正当理由的，由税务机关核定其销售额；《消费税暂行条例》第十条规定，纳税人应税消费品的计税价格明显偏低又无正当理由的，由主管税务机关核定其计税价格；《企业所得税暂行条例》反逆法避税的规定主要集中在第十条，纳税人与其关联企业之间的业务往来，应当按照独立企业之间业务往来收取或者支付价款、费用。而在最新颁布的《企业所得税法》中，则有专门一章“特别纳税调整”用于反避税。“特别纳税调整”，是税务机关出于实施反避税目的而对纳税人特定纳税事项所作出的税收调整，其具体内容是：引入了“独立交易原则”，按照没有关联关系的交易各方进行相同或类似业务往来的价格进行定价；明确了纳税人提供相关资料的义务，在税务机关进行调查时，纳税人应承担协助义务并证明其关联交易的合理性；在借鉴国外反避税立法经验的基础上，结合我国反避税工作实际，适当增加了一般反避税、防止资本弱化、防范避税地避税、核定程序和对补征税款加收利息等条款。此外，“特别纳税调整”还增加了“成本分摊协议”的内容，进一步完善了转让定价和预约定价立法的内容。由于我国内外资企业所得税已统一，所以对逆法避税发生作用的法律法规主要有《企业所得税法》《增值税暂行条例》和《消费税暂行条例》等。即便如此，不论是国内逆法避税还是国际的逆法避税，还是会层出不穷，我国税务部门反避税的工作依然任重而道远。

对于纳税人而言，进行避税活动要注意掌握分寸，一旦纳税人的避税活动超出税法规定，或者国家有新的反避税政策出台，避税行为就极有可能演变为偷逃税行为。而且，随着税法的逐步完善、税收征管的不断加强及政府间税收合作关系的日益密切，逆法避税行为的作用范围会越来越小，一旦反避税措施出台，纳税人的逆法避税行为将难以避免地受到重大打击。

反过来考虑，逆法避税的存在也并不完全是坏事。因为，不论法律和理论界对避税如何界定和说明，逆法避税都是对已有税法不完善和缺陷的显示。税务部门可以根据避

① krishna V. Tax Avoidance：The General Anti-Avoidance Rule. Carswell，1990.

税的情况采取相应的措施对税法进行修正、改进和完善，起到税法的宏观调控导向作用。

1.3 税收筹划的概念

减轻税收负担的途径有多种，结果却大相径庭：有人抗税，其后果是可想而知的，轻则罚款，重则承担刑事责任；有人偷税，一方面有被查处的风险，另一方面也要承担名誉身心的损失；有人逆法避税，但是由于与立法意图相违背，常常遭受反对、制止甚至是处罚；有人进行税收筹划，不仅不会受到税法的处罚，反而有时还会受到税务机关的鼓励。因此，有人总结：野蛮人抗税，愚昧人偷税，糊涂人漏税，精明人进行税收筹划。

1.3.1 税收筹划的定义

税收筹划相对应的英文是 tax planning，为了避免与我国税务部门的税收任务安排——“税收计划”相混淆，我国税收理论界将 tax planning 意译为“税收筹划”。不过，国内外的理论文献对税务筹划的描述不尽一致。

1. 国外学者对税收筹划定义的阐述

（1）美国南加州大学 W. B. 梅格斯博士对税收筹划有以下描述：“人们合理而又合法地安排自己的经营活动，以尽可能缴纳最低的税收。他们使用的方法可称为税收筹划……少缴税和递延缴纳税收是税务筹划的目标所在。”另外，他还指出：“在纳税发生之前，系统地对企业经营或投资行为作出事先安排，以达到尽量减少缴纳所得税的目的，这个过程就是纳税筹划。”①

（2）荷兰国际财政文献局（IBFD）在《国际税收词汇》中将税收筹划定义为：“税收筹划是指纳税人通过对经营活动或个人事务活动的安排，达到缴纳最低税收的目的。”②

（3）美国诺贝尔经济学奖得主 M. S. 斯科尔斯与会计学家 M. A. 沃尔夫森合著的《税务与企业战略筹划方法》一书认为：“在传统的税收筹划目标中，税负最小化这一观点忽略了交易成本，有效的税收筹划应该充分考虑交易各方、显性税收与隐性税收、税收成本与非税收成本的因素对企业投资、融资等经济决策的影响。税收筹划应以‘税后收益最大化’为目标。”③

（4）印度税务专家 N. G. 雅莎斯威在《个人投资和税收筹划》一书中称：“税收筹划是纳税人通过财务活动的安排，以充分利用税收法规所提供的包括减免税在内的一切

---

① 张彤，张继友，孙梅．如何做好税收筹划．大连：大连理工大学出版社，2008.

② 荷兰国际财政文献局．国际税收词汇．北京：中国财政经济出版社，1992.

③ Scholes M S，Wolfson M A. Taxes and Business Strategy：A Planning Approach. Upper Saddle River，NJ07458：Pearson Prentice-Hall，Third Edition，2004.

优惠，从而获得最大的税收收益。”[①]

以上四种定义在国外较为权威，但这些定义是有细微区别的。美国南加州大学 W. B. 梅格斯博士税收筹划的定义比较完整，但他强调的是所得税的税务筹划，这是与美国的经济发展状况相联系的。荷兰国际财政文献局的定义强调纳税人缴纳最低的税收，忽视了纳税人税收筹划的成本，显然，税收筹划成本过高是不可取的。美国诺贝尔经济学奖得主 M. S. 斯科尔斯与会计学家 M. A. 沃尔夫森的定义比较强调税收筹划的交易成本和纳税人“税后收益最大化”，却忽略了税收筹划活动的事前安排性。印度税务专家 N. G. 雅萨斯威税收筹划的定义强调税收筹划建立在充分利用国家税收优惠政策的基础上，很明显，纳税人税收筹划不仅要考虑利用国家税收优惠政策，还要考虑整个国家税制对纳税人财务活动的综合影响。

2. 国内学者对税收筹划定义的阐述

在借鉴国外学者研究成果的基础上，我国学者对税收筹划的概念也进行了一定的研究。我国学者对税收筹划下的定义虽与国外学者定义有所不同，但与国外学者所表述的含义大同小异，没有本质上的区别，大都认为税收筹划就是通过对经营、投资、理财活动的事先安排和筹划，合法地减轻纳税人的税收负担。代表性的观点，主要有如下五种。

（1）唐腾翔、唐向在《论国际税收筹划》一文中称：“税收筹划指的是在法律规定许可的范围内，通过对经营、投资、理财活动的事先筹划和安排，尽可能地取得节税的税收收益。”[②]

（2）盖地在《税务会计与纳税筹划》中给税收筹划所下的定义是：“税收筹划指的是在不违反法律的前提下，通过对经营、投资、理财活动中涉税事项的筹划和安排，尽可能地减轻税负以实现财务目标。”[③]

（3）计金标在《税收筹划》一书中将税收筹划归纳为：“税收筹划是指在纳税行为发生之前，在不违反法律、法规（税法及其他法律、法规）的前提下，通过对纳税人（法人或自然人）经营活动或投资行为等涉税事项作出的事先安排，以达到少缴税和递延缴纳目的的一系列谋划活动。”[④]

（4）王兆高、姚林香等在《税收筹划》一书中将税收筹划定义为：“税收筹划是指纳税人在不违反税法的前提下，在对税法进行精细比较后，对纳税支出最小化和资本收益最大化综合方案的纳税优化选择，它是涉及法律、财务、经营、组织、交易等方面的综合经济行为。”[⑤]

（5）宋效中在《企业纳税筹划》一书中也认为：“税收筹划是指纳税人在法律规定许可的范围内，通过对投资、筹资、经营、理财等活动的事先筹划或安排，尽可能减少

---

① Srinvas E A. Handbook of Corporate Tax Planning. New Delhi：Tata Mc Graw-Hill Pub. Co. ltd.，1989.

② 唐腾翔，唐向. 1993. 论国际税收筹划. 税务，(5).

③ 盖地. 税务会计与纳税筹划. 第九版. 大连：东北财经大学出版社，2013.

④ 计金标. 税收筹划. 第四版. 北京：中国人民大学出版社，2012.

⑤ 王兆高，姚林香，朱门添，等. 税收筹划. 上海：复旦大学出版社，2003.

税款的合法的经济行为。”[①]

国内外学者对税收筹划所下的定义与概念虽然在表述形式上有所不同，但其基本含义还是有共同点的。结合前面学者的一些见解，本书将税收筹划定义为：企业税收筹划是指企业在作出重要的经济决策之前，以顺应税法的立法意图为前提，综合考虑市场因素和税收因素，寻求企业未来税负相对最轻、经营效益相对最好的决策方案的行为。

1.3.2 税收筹划的特征

我国理论界不仅对税收筹划有着不同的定义，而且对税收筹划的特点也有不同的表达。梁云凤较早地提出税收筹划具有五个特征：合法性、筹划性、目的性、综合性和专业性。[②] 所谓合法性，是指税收筹划只能在法律许可的范围内进行；筹划性，指纳税人在进行投资、经营活动之前把税收作为影响最终成果的一个重要因素来考虑；目的性，指纳税人进行税务筹划是为了取得节税收益；综合性，指纳税人不能仅着眼于税负的高低，而且还要注重企业的长期发展；专业性，指税务筹划需专业人才和专门机构才能进行。在借鉴梁云凤和国内其他有关学者税收筹划的特征的基础上，计金标补充认为，税收筹划还具有风险性和方式多样性的特点。[③] 所谓风险性是指纳税人在进行税收筹划活动时，还存在付出成本大于收益的可能性；方式多样性，是指由于一国税制在纳税人、征税对象、纳税地点等方面的差异性和世界各国税制本身的差别，税收筹划活动存在多样性。此外，盖地、张中秀、艾华、黄凤羽等学者也对税收筹划的特征进行了很好的分析与阐述。通过对相关学者成果的总结和分析，本书将税收筹划的特征，主要归纳为以下三点。

1. 顺法性

顺法性是税收筹划最本质的特征，也是税收筹划区别于逆法避税、偷税、骗税、抗税等行为的基本标志。其具体体现在以下两个方面。

（1）合法。企业开展税收筹划只能在税收法律许可的范围内进行，必须依法对各种纳税方案进行选择，而不能违反税收法律规定，逃避税收负担。国家征税与纳税人纳税虽然是一种特定的法律关系，然而，纳税人可合理地安排经营、财务活动，来减轻税收负担。用道德的名义要求纳税人选择高税负，并不是税收法律、法规的要求。企业税收筹划要做到合法，还必须密切关注国家法律法规环境的变更。企业税收筹划方案是在一定时间、一定法律环境下，以一定的企业经营活动为背景来制订的。随着时间的推移，国家的法律法规可能发生变更，企业管理者就必须对税收筹划方案进行相应的修正和完善。特别是在现阶段，我国税法的法律层次还比较低，变动的频率较高，因此企业税收筹划更要关注国家法律法规的变动。

（2）顺应税法立法意图，不钻税法漏洞。纳税筹划的顺法性主要体现在其行为要求

① 宋效中．企业纳税筹划．北京：机械工业出版社，2007.

② 梁云凤．税务筹划实务．北京：经济科学出版社，2001.

③ 计金标．税收筹划. 第四版．北京：中国人民大学出版社，2012.

上，不仅要以国家的税收法律为依据，符合税收法律规定，还必须符合国家税收政策导向，顺应税法的立法意图。这就是顺法避税，它既不影响或削弱税法的法律地位，也不影响或削弱税收的各项职能。纳税人采用的税收筹划手段必须是形式上完全合法的，不触犯国家有关的税收法规，即使是税收法规未明确禁止的行为，也要尽可能符合税收法规的导向。

【案例 1-1】①　湖北省某市属橡胶集团拥有固定资产 7 亿多元，员工 4000 多人，主要生产橡胶轮胎，同时也生产各种橡胶管和橡胶汽配件。该集团位于某市 A 村，在生产橡胶制品的过程中，每天产生近 20 吨的废煤渣。为了妥善处理废煤渣，不造成污染，该集团尝试过多种办法：与村民协商用于乡村公路的铺设、维护和保养；与有关学校、企业联系用于简易球场、操场的修建等，但效果并不理想。因为废煤渣的排放未能达标，周边乡村的水质受到不同程度的污染，导致附近许多村民经常堵住厂区大门不让工人上班，工厂的生产受到很大影响。此事曾惊动过各级领导，该集团也因污染问题受到环保部门的多次警告和罚款，最高一次罚款达 10 万元。该集团要想维持正常的生产经营，就必须治污。如何治污，成了该集团迫在眉睫的大问题。

通过向有关税务专家的咨询，该集团获悉，生产原料中掺兑废渣比例不低于 30%的特定建材产品实行免征增值税的政策（财税【2008】156 号、财税【2009】163 号）。根据国家的相关税收政策和税收专家的建议，该集团很快拟订了以下方案：将准备支付给 A 村的 40 万元的煤渣运输费用改为投资兴建墙体材料厂，利用该集团每天排放的废煤渣生产“免烧空心砖”。此方案符合国家的产业政策，能给企业带来一定的节税利益，而且，还能较好地解决生产废物污染问题。

该集团迅速实施了上述方案，全部消化了废煤渣，当年实现销售收入 100 多万元。在实际操作过程中，为了顺利获得增值税减免，该集团特别注意了以下几个问题。

一是墙体材料厂实行独立核算，独立计算销售额、进项税额和销项税额。

二是当工程项目完工投入生产时，及时向当地经贸委提供了书面申报材料。

三是认真填写了《湖北省资源综合利用企业项目申报表》，同时提出具体的文字分析材料。具体内容包括：工程项目竣工投产情况，以及生产工艺、手段指标、手段标准情况和利用效率等；在文字材料中还附上了不造成二次污染的证明，以及产品销售及效益的分析预测情况等。

通过以上程序，该集团兴办的墙体材料厂顺利享受了增值税减免的税收优惠，获得了 10 多万元的增值税节税利益。

在此需要特别强调的是税收筹划程序也要合法。税法体系既含实体法又含程序法。程序法具有步骤不能省略、顺序不能颠倒、时限不能超过、方式不能改变的特点。企业作税收筹划千万不能忽视程序法。例如，企业必须对研究开发费用实行专账管理，同时必须按照《企业研究开发费用税前扣除管理办法（试行）》（国税发【2008】116 号）附表的规定项目，准确归集填写年度可加计扣除的各项研究开发费用实际发生金额。企业应于年度汇算清缴所得税申报时向主管税务机关报送本办法规定的相应资料。申报的

---

① 赵连志．税收筹划操作实务．北京：中国税务出版社，2005.

研究开发费用不真实或资料不齐全的，不得享受研究开发费用加计扣除，主管税务机关有权对企业申报的结果进行合理调整。因此，企业在办理税收筹划业务的过程中还应当与税务机关及时沟通，必要时应提出书面申请，以确保筹划方案的有效实施和税务机关的最终认可。

对于积极顺应国家立法意图的合法的税收筹划，税收部门一般持鼓励、支持和提倡的态度。我国税务系统的重要宣传媒体《中国税务报》专门开辟税收筹划栏目，向纳税人宣传税收筹划知识，就是明显的例证。税收部门的认可和鼓励，使得税收筹划区别于偷税、抗税、避税，为人们所追捧。

2. 事前性

纳税筹划的事前性是指在纳税义务发生之前，纳税人根据既定的税收政策和法律规定，对其经营业务方案进行设计与选择的活动。一般情况下，纳税人是在经济行为发生后，才具有纳税的义务。企业在交易行为发生后，才能缴纳增值税、营业税等流转税；企业在收益实现或分配之后，才能计算缴纳企业所得税；企业在取得财产之后，才能计算缴纳财产税。这在客观上为纳税人事先筹划提供了可能。因此，在生产经营活动开始之前，企业就需要根据政府的税收政策导向，利用税法赋予的税收优惠或选择机会，对企业未来的生产经营活动、投资融资活动进行计划和安排，尽可能地降低企业税负。如果经济行为已发生，应纳税额已确定，纳税人再去通过财务活动安排来降低其税收负担，其行为只能是违反税法的偷税行为，而不能被认定是税收筹划。例如，企业可以在符合税法规定的条件下，向税务机关申请改变固定资产折旧方法，通过折旧额的改变来达到降低税收负担的目的。但如果企业是在年度终了时，为了调节利润而擅自改变折旧方法，则属于偷税的行为。

譬如说，企业可以通过提前选择厂址来达到税收筹划的目的。在我国现行税制中，有一些税种的征收范围及深度直接与企业所在地域相关，这些税种主要包括城市维护建设税、房产税、城镇土地使用税、企业所得税等。其中，城市维护建设税实行地区差别税率，按照纳税人所在地的不同，分为7%、5%、1%三档税率。由于教育费附加计征依据与之相同，纳税人在纳税过程中往往将城市维护建设税税率与教育费附加计征比率3%合并相加，直接计算缴纳附加税费。房产税与城镇土地使用税的征收更是直接与地域相关。按现行房产税法规定，房产税征税范围是开征房产税的地区，包括城市、县城、建制镇和工矿区，广大农村地区则不属于房产税的征收范围（《房产税暂行条例实施细则》）。企业所得税的征收和地域也有密切联系。“5+1 地区”（五个经济特区和上海浦东新区）内新设立的高新技术企业，可以享受“两免三减半”的优惠政策（国发【2007】40 号）。此外，我国《企业所得税法》第二十九条还规定，对民族自治地方的企业应缴纳的企业所得税中属于地方分享的部分，民族自治地方的自治机关可以决定减征或免征。如果是工业企业，一般不直接面对消费者，这类企业不像商品流通企业或服务企业那样对地理位置、交通便利状况有很高的要求，若将企业设在较为偏僻的地区，不但可以享受低廉的房地产价格，还可以享受优惠的税收政策。因此工业企业在厂址问题上可以作一些选择、筹划，从而减少成本开支，获取税收利益。

可见，要想保证税收筹划的顺法性，那就必须在经营决策确立之前进行筹划，所以它是一种具有事前性的行为。

3. 综合性

从税收筹划的定义可以看出，税收筹划的目标并不是追求所缴税款的最小化。如果纳税人要追求税款最小化的话，那么对企业所得税的最好筹划就是使利润为零，因为此时就不用缴纳税款，税负达到了最低；对增值税最好是以购进价格出售，这样在增值额为零的情况下自然也不用缴纳增值税。但是在现实生活中，企业是不会这样做的，毕竟税收只是企业经营活动中的一项支出而已，没有必要为了使这项费用最小，而无视企业经营的真正目标，即追求利润最大化。企业对自身的生产经营活动、投资融资活动进行税收筹划时，必须为税后利润最大化这个目标服务。因此，企业进行税收筹划必须综合考虑市场因素和税收因素，使企业未来的税负相对最轻，经营效益相对最好，企业的综合效益最大化。

【案例 1-2】　华盛公司是我国南方某市一家食品加工企业，由于公司管理规范和产品市场定位较好，公司经营效益逐步提高。但生产经营规模偏小，制约了该公司的进一步发展。于是，公司管理层决定自筹资金 1000 万元，投资一条现代化生产线，以提高公司生产经营规模。经过对专家的咨询，有两种筹资方案可供选择：发行企业债券或股票。假设债券利率为 8.5%，股息支付率为 7%，均每年付息一次；金融企业同期同类贷款利率为 6%；企业付息和缴纳所得税前的所得为 800 万元，企业所得税率为 25%。

根据我国《企业所得税法实施条例》第三十八条的规定，非金融企业向金融企业借款的利息支出，按实际发生额扣除；非金融企业向非金融企业借款的利息支出，按照不超出金融企业同期同类贷款利率计算的数额的部分进行扣除。华盛公司若采用发行债券方式筹资，可以在税前扣除利息费用 60（1000×6%）万元，少支付企业所得税 15（60×25%)万元。而根据我国《企业所得税法》第十条的规定，企业向投资者支付的股息、红利等权益性投资收益款项，在计算应纳税所得额时不得扣除。华盛公司若采用发行股票方式筹资，意味着华盛公司没有税前扣除额。因此，仅从降低税收成本的角度分析，华盛公司应采用发行债券方式筹资。但从企业税后利润最大化的角度来看，华盛公司是否应采用发行债券方式筹资呢？下面，我们将对两种筹资方案的公司的税后净收益进行比较。

在发行债券筹资方式下，可税前扣除 60 万元的利息费用，华盛公司税后净收益计算过程如下：

实际支付利息＝1000×8.5%＝85（万元）

应纳所得税＝(800－60)×25%＝185（万元）

税后净收益＝800－85－185＝530（万元）

在发行股票筹资方式下，因股息从税后利润中支出且不能税前扣除，华盛公司的税后净收益计算过程为

应纳所得税＝800×25%＝200（万元）

支付股息＝（800－200）×7%＝42（万元）

税后净收益＝800－200－42＝558（万元）

通过对华盛公司两种筹资方案的比较分析，可以看出华盛公司采用发行债券方式筹资，虽然可以在税前扣除利息费用 60 万元，少缴纳企业所得税 15 万元，但与发行股票筹资方案相比，公司税后净利润却减少 28（558－530）万元。其原因在于两种筹资方案付息的依据不同。在发行债券筹资方式下，华盛公司付息的基数是发行债券所筹资的数额；而在发行股票筹资方式下，华盛公司付息的基数却是公司的税后利润。

可见，税收筹划要结合企业实际情况来考虑，税收负担的减轻不一定等于企业净收益的增加，有时一味地追求税收负担的减轻，反而会导致企业总利润的减少。相反，在某些情况下，税收负担的增加有时会增加企业的税后利润。有些税收筹划方案，虽然在理论上可以降低企业税收负担，却往往没有达到预期的理想效果，这就与税收筹划方案中忽略企业实际情况有很大关系。

1.4 税收筹划的必要性：政府视角

一提到税收筹划，人们常常会认为是纳税人的行为，因为筹划活动降低了企业的税收负担，为纳税人带来了直接的经济利益。而依据税收政策，税收筹划也并没有违反规章制度，政府无依据禁止，只好“消极”地认可，所以才产生了税收筹划。其实不然，我国税收管理部门是认可与支持税收筹划的。早在 2000 年 12 月 16 日于北京召开的《中国税务报》税收筹划研讨会上，时任国家税务总局反避税处处长苏晓鲁就说：“税收筹划是一个综合性的问题，目前对税收筹划、避税的概念没有明确的法律界定，现在的概念都是学者们约定俗成的……目前，我们在进行税收筹划时，要特别注意两个问题：一是我国税制建设还很不完善，税收政策变化较快，纳税人必须通晓税法，在利用某项政策规定筹划时，应对政策变化可能产生的影响进行预测和防范筹划的风险，因为政策发生变化后往往有溯及力，原来是税收筹划，政策变化后可能被认定是偷税。因此，税收筹划不是一件容易和简单的事，它往往意味着风险……”而现阶段税收筹划正如火如荼地进行，也间接说明了国家对税收筹划是持鼓励和支持的态度。企业通过税收筹划减轻税负，政府相应地会损失税收收入，那为什么国家还会赞成税收筹划呢？

根本原因在于税收在现代经济中的基本职能。毫无疑问，税收的首要职能，也是它最原始的职能是财政职能，即帮助政府敛财的职能。然而，在现代经济中，税收还有另外一项重要职能，即作为政府宏观调控政策手段。所谓税收政策，归根到底是重税用于抑制，轻税用于鼓励，以达到政府预定的宏观经济目的。不难想象，如果纳税人都没有避税动机，无论税负重还是轻，都我行我素，该干什么还干什么，那么税收政策还如何发挥作用呢？企业根据宏观政策对自身行为进行调整的过程，其实也是国家宏观政策目标实现的过程。可见，税收筹划是纳税人实现利润最大化的重要手段，也是国家政策意图转化为纳税人行为的具体形式。由此可知，纳税人的避税动机是实现税收宏观调控职能的必要条件，政府必然要鼓励纳税人顺法避税，积极支持纳税人的税收筹划。从这个认识出发，一般来说，国家通过引导企业进行税收筹划，有助于实现其资源配置、收入分配、经济稳定和发展等宏观调控职能，同时还有助于税法的完善。

1.4.1　有利于资源配置

各国政府一般都会通过制定税收政策，以实现调节社会投资方向、鼓励或限制某些行业发展、节约社会资源及保护环境等目标。例如，美国政府在 20 世纪初就已开征燃油税，征税对象为汽油、柴油、乙醇汽油、煤油、航空燃料、液化石油气、压缩天然气和其他燃料。燃油税的征收能促使纳税人选用省油的汽车，并且减少汽车的使用量。这样不但能节约燃油资源，而且能够有效地减少尾气的排放量，有利于减少环境污染。

为了体现政策目标，发挥税收政策对纳税人的引导作用，我国政府有意加重了某些资源产品的税收负担，促使纳税人提高资源产品的合理利用率。例如，海关总署在 2007 年 8 月 1 日调整部分铝产品进出口关税的同时，财政部和国家税务总局还正式调整铅锌矿石、铜矿石和钨矿石产品资源税适用额标准。在三种矿石产品的资源税率调整中，最高的涨幅达 16 倍（财税【2007】100 号）。此次的资源税上调，表明国家高度重视矿产资源的开发与利用，希望通过提高资源税，来遏制矿产资源乱开滥采，促进资源节约和环境保护。

此外，国家为了实现资源配置职能还通常会有意使税负在不同产业、不同地区有所不同。例如，为了鼓励和扶持高新产业的发展，在增值税政策方面，财政部、国家税务总局、海关总署于 2000 年 9 月联合发出鼓励和扶持高新产业的发展的文件，该文件规定：自 2000 年 6 月 24 日起至 2010 年年底，对增值税一般纳税人销售其自行开发生产的软件产品，按 17%的法定税率征收增值税后，对其增值税实际税负超过 3%的部分实行即征即退政策；增值税一般纳税人将进口的软件进行转换等本地化改造后对外销售，其销售的软件可按照自行开发生产软件产品的有关规定享受即征即退的税收优惠政策（财税【2011】100 号）。在企业所得税方面，根据我国税法规定，国家需要重点扶持的高新技术企业，减按 15%的税率征收企业所得税；同时，国务院还下文规定，《企业所得税法》实施后，五个经济特区和上海浦东新区内新设立的高新技术企业，还可以享受“两免三减半”的定期税收优惠（国发【2007】40 号）。为减轻税负、实现效益最大化，纳税人应适时地顺应国家的税收政策导向，改变投资方向和方法。而与此同时，国家也因此实现了其进行资源合理配置的目标。这对于国家和纳税人来说，是一个双赢的过程。

1.4.2　有利于收入分配

税收作为一种分配工具，在调节收入分配、缓解分配不公、促进社会公平与稳定方面具有重要作用。各国政府的常用做法往往是通过税收政策的引导，将相关的利益向低收入者倾斜，相应地缩小了收入差距，改善了收入分配状况，从而体现税收公平的原则。典型的税种主要有所得税、遗产税、赠予税及消费税等。

在我国现行的所有税种中，企业所得税与个人所得税在改善收入分配方面起到的作用最为显著。2008 年 5 月 12 日，“汶川地震”发生后，我国社会各界积极踊跃向灾区捐赠。捐赠的企业和个人在表达自己强烈的爱国之心的同时，国家也以税收优惠的形式给予其回报。比如，企业发生的公益性捐赠支出，在年度利润总额 12%以内的部分，准予在计算应纳税所得额时扣除（中华人民共和国主席令第六十三号）。又如，个人将其所得通过中国境内的社会团体、国家机关向地震灾地区捐赠的，可在个人所得税申报时在其应纳税所得额30%的部分（除特别规定外）扣除（中华人民共和国主席令第八十五号）。此外，国家税务总局针对“汶川地震”，还专门出台了国税发【2008】60号文，该文规定：纳税人通过非营利性社会团体和国家机关（包括中国红十字会）向红十字事业的捐赠，以及纳税人通过中华慈善总会和财政部、国家税务总局规定的准予全额扣除等机构向四川汶川地震灾区捐赠，在计征个人所得税时，准予在当期应纳税所得额中全额扣除。该文件还特别规定：由于此次灾情严重、紧急，纳税人以银行转账、电汇或通过邮局汇款等方式向非营利性社会团体和国家机关进行捐赠，未能及时取得正式捐赠票据的，可以暂将汇款凭据作为当期计税时的抵扣依据，事后以取得接受捐赠的单位开具的正式捐赠票据作为正式税款抵扣依据。国家通过制定这些税收优惠政策以鼓励纳税人支持公益事业，从而一定程度上缩小不同地区不同阶层间的收入差距。

【案例1-3】 峰力科技开发公司，主要从事农产品的深加工与销售。现有从业员工90人，公司资产总额2600万元。预计2008年实现税前收入30.2万元。

方案一：不进行捐赠。则峰力科技开发公司将缴纳企业所得税：

应纳所得税＝30.2×25%＝7.55（万元）

税后收入＝30.2－7.55＝22.65（万元）

方案二：向地震灾区捐款2000元。

峰力科技开发公司按规定可申报扣除的应纳税所得额是：（30.2－0.2）×12%＝3.6万元，超过公司捐赠额2000元，即峰力科技开发公司捐赠额2000元可在申报时全额扣除。这样，峰力科技开发公司2008年应纳税所得额不超出30万元，再加上从业员工90人、公司资产总额2600万元两个条件，就满足了我国《企业所得税法》对小型微利企业所规定的要求，可以享受20%的企业所得税税率优惠。

企业所得税＝（30.2－0.2）×20%＝6（万元）

税后收入＝30.2－0.2－6＝24（万元）

向地震灾区捐款后，峰力科技开发公司所获得的税后收益比不进行捐赠高出1.35（24－22.65）万元。可见，峰力科技开发公司向地震灾区捐款2000元，既表达了企业对社会的关心，又可获得国家税收优惠政策的回报。

尽管所得税在调节收入分配上发挥了显著的作用，但是仅靠所得税的调整力量是不够的。国家要想更好地实现税收的收入分配职能，还必须同时借助于其他税种，其中作用最为显著的即为遗产税。遗产税历来被经济学家们认为是调节收入分配差距的重要税收手段之一。随着我国居民收入差距的不断扩大，遗产税也开始受到我国经济学家的关注。目前，世界上有100多个国家和地区正在征收遗产税，用以调节社会财富的再分配，这对提出符合我国国情的遗产税制的设计措施和建议具有借鉴意义。除了获得财政收入外，开征遗产税的主要目的在于实现社会财富的再分配，以缓和社会成员贫富不均的矛盾，维持社会稳定。2001年度美国联邦遗产税收入的一半左右（大约140亿美元）来自于3300名平均遗产额为1700万美元的富人，这些人都是美国社会收入中处在金字塔顶部的人，对他们的遗产征税以后，政府可以用这部分收入增加对低收入阶层的支出。此外，在美国遗产税制度中，鼓励将遗产捐赠给慈善机构，即在征收遗产税的时候可以从遗产总额中扣除对慈善、公益事业捐赠的部分。也就是说，如果把大量遗产作社会公益捐赠，就可以为你后人省下一大笔遗产税，同时也为自己赢得社会名誉。在美国，很多博物馆、图书馆、慈善基金会都是靠私人捐赠支持的。通过这种鼓励，同样能够起到调节财富分配的作用[①]。其实，我国财政部早在 2004 年 9 月，就出台了《中华人民共和国遗产税暂行条例（草案）》，但由于缺乏财产实名申报、物权实名登记等制度建设，一直没有施行。近年来，我国开征遗产税的呼声越来越高，这导致了在全国各地产生了许多“娃娃业主”现象，以规避将来可能开征的遗产税。虽然，从我国目前的国情来看，遗产税的征收还存在许多方面的问题，但随着个人财产登记等制度的建立，遗产税的征收将是大势所趋，我们也可以借鉴国外的做法，来完善遗产税的征收体制。

通过以上分析可以了解，税收通过调节收入以实现社会所需的收入分配状况，被看作是税制最为基本的职能，甚至与税收筹集资金的职能等量齐观。

1.4.3 有利于经济发展

国家通过制定合理税收政策，利用减免税优惠等手段正确引导产业结构、产品结构调整，促进企业投资主体改善资源配置状况，提高企业经济效率，以保证社会稳定与经济平稳的发展。但社会稳定和经济发展职能的实现，在市场经济条件下，都离不开纳税人积极的税收筹划。纳税人按照国家税收政策进行税收筹划，不但减轻了企业税收负担，而且还可以促进企业产业结构的合理调整。特别是经济比较困难的企业，通过税收筹划在短期内适当地减轻税负，对企业未来的生存发展是十分有利的，而对于一般的企业也有助于其扩大投资与发展。企业规模扩大了，收入和利润增加了，国民经济与政府税收收入也将与之同步增长。

西部大开发税收优惠政策的制定和实施即是税收作为国家重要经济“杠杆”的直接体现。西部大开发税收优惠政策的主要内容是：自 2011 年 1 月 1 日至 2020 年 12 月 31 日，对设在西部地区的以《西部地区鼓励类产业目录》中规定的产业项目为主营业务，且其主营业务收入占企业收入总额 70%以上的企业减按 15%的税率征收企业所得税（财税【2011】58 号）。[②] 自国家实施西部大开发税收优惠以来，一大批符合税收政策的企业享受到了这些优惠。下面，以广西壮族自治区为例来分析一下这些优惠政策的实施绩效。

据调研资料显示，在地税系统的优惠减免方面，2001～2008 年，广西地税系统不断完善和加强减免管理工作，不折不扣地执行西部大开发税收优惠政策，共为 4681 户（次）享受西部大开发税收优惠政策的纳税人办理减免税事项，减免税款达 791 638 万元，占地方税收收入的 8%。广西国税部门给予的税收优惠力度更大，以龙胜县为例，

① 李翠萍. 从美国遗产税争论看中国遗产税的开征. 地方财政研究，2005，(2)：50-53.

② 新一轮西部大开发税收优惠政策解读. 贵州省国税局，2013.

2001～2009年，龙胜县国税局税收优惠减免户（次）为1669户（次），减免金额达6612万元。此外，农林业、煤炭、电力、石油、天然气、公路、信息产业、钢铁、有色金属、化工、建材、医药、机械、汽车、轻工、城市基础设施及房地产、环境保护、资源节约综合利用、其他服务业等都享受到西部大开发税收优惠政策。①

国家经济稳定和发展职能不仅体现在地区结构的调整上，而且还体现在对公民个人利益的保障方面。国家税务总局自2010年出台了一系列关于下岗职工再就业的税收优惠政策，主要有两类：一是为鼓励和扶持下岗失业人员自谋职业和自主创业，为从事个体经营（国家限制的行业除外）的下岗失业人员，给予3年内按每户每年8000元为限额依次扣减其当年实际应缴纳的营业税、城市维护建设税、教育费附加和个人所得税；二是为鼓励企业吸纳下岗失业人员，提供减免营业税、附加税费和企业所得税的优惠。政府通过颁布和实行这两类税收优惠政策，有效地保障了再就业工作的顺利进行，有利于保证经济和社会的稳定发展。

综上所述，由于税收有较强的调节经济的职能，国家正是通过这种影响来贯彻某些政策，以引导经济生活与社会生活，促进国民经济得到持续、稳定的发展。但需要指出的是，国家制定某些政策的初衷和最终取得的社会效益并不总是一致的，这与国家宏观调控能力、市场经济环境等诸多因素有关。

当然，国家这些税收宏观调控政策的实施有赖于纳税人的避税动机，如果纳税人的避税动机不强，那么这些税收宏观调控政策将会失效。例如，为了抑制投资过热和通货膨胀，我国政府在1994年开征了固定资产投资方向调节税和实施生产型增值税，但在计划经济体制下，有些国有企业管理者首先考虑的并不是企业利润，而是如何扩大企业规模以提升自身地位，加上扩大投资的贷款是来自于银行，企业面对亏损和还款的压力都很小。所以，针对国家开征抑制投资的税种，企业的对策是向银行取得更多的贷款，一方面满足政府要征收的税款，一方面满足企业扩大投资的需要。所以，由于纳税人没有足够的避税动机，不会因为要缴税就减少投资，导致税收宏观调控失效。但随着市场经济改革的深入，私营经济逐渐壮大，这种税制结构又严重制约了经济的发展。为此，国家已于2000年暂停征收固定资产投资方向调节税。

通过以上分析可知，如果纳税人没有避税的动机，国家的税收宏观调控政策效果就会落空。反之，若有强烈的避税动机，纳税人就会根据国家宏观调控政策来改变自己的行为，减轻自己的税负，国家宏观调控的目标即能顺利实现。因此，只有纳税人有避税的动机，进行税收筹划，国家才能利用这一点制定相应的税收政策引导投资消费趋向，实现国家宏观调控目标。所以，政府部门应该积极鼓励企业进行税收筹划。

1.4.4 有利于税法的完善

企业在通过税收筹划维护自身利益的同时，客观上也促进了我国依法治税的进程。一般来说，一个税收法规或政策在新颁布时或多或少会有一些欠缺，这类欠缺的表现形

① 李俊杰，曾志勇，林世炎．西部大开发以来广西税收优惠政策实施效果的调查研究．中国经济参考，2011.

式当然会是多种多样的，然而，如果仅仅从税收筹划的角度来看，并且只考虑其中那些立法意图十分明显的税收法规，那么，其欠缺可能主要表现在以下两个方面，而税收筹划也主要从这两个方面促进了税收法规和政策的完善。

其一，由于税收法规本身存在问题，所以纳税人税收筹划的结果虽然与税收法规的立法意图并不直接相违背，因而也属于顺法避税，然而却与国家其他的调控政策意图相违背，对社会产生了其他的不利影响。例如，我国《企业所得税法》和《对外商投资企业定期减免企业所得税的审批》规定：对生产性外商投资企业，经营期在十年以上的，从开始获利的年度起，第一和第二年免征企业所得税，第三年至第五年减半征收企业所得税，但是属于石油、天然气、稀有金属、贵重金属等资源开采项目的，由国务院另行规定。外商投资企业实际经营期限不满十年的，应当补缴已免征、减征的企业所得税税款。根据这一政策规定，外国投资者只要满足投资生产性企业和经营期限在十年以上两个条件，就可以享受相关优惠政策。于是，一些外商投资者把大量国外禁止生产的项目转移到我国。外商投资者获取了可观的经济利润，却严重地污染了我国环境。该规定的意图显然是要吸引生产性外商投资，上述外商的行为无疑是顺应了这一意图的，然而却明显地与我国保证经济可持续发展的宏观政策相违背。针对这一类税收筹划现象，2007 年 3 月 16 日，我国十届全国人民代表大会通过的《企业所得税法》，将我国企业所得税优惠对象从特定性质的企业改为先进产业，并对优惠产业作出了明确规定，有效地解决了《外商投资企业和外国企业所得税法》的上述不足之处。

其二，为了促进某些产业或行业的发展，国家有关部门通常会出台相关税收优惠政策。虽然这些政策本身立意不错，但具体规定不尽合理或缺乏相关配套政策，却容易导致纳税人无法利用该政策进行税收筹划，其结果是国家宏观政策调控意图得不到实现。例如，国务院批准的高新技术产业开发区内的高新技术企业，减按 15%的税率征收所得税；新办的高新技术企业自投产年度起免征所得税两年。但该项优惠政策很难被相关企业利用，原因在于新办的高新技术企业在开办初期面临着投入成本高、产品消费者认可问题，企业很难有经营利润。针对纳税人在税收筹划中所反馈的问题，财政部、国家税务总局作出了积极反应，对此作了修订，对执行自投产年度起两年免征企业所得税的内资企业，改按执行自取得第一笔生产经营收入所属纳税年度起企业所得税“两免三减半”的政策执行。

从以上分析可以看出，税务筹划实际上是纳税人对国家税法及相关税收政策的反馈行为，起到了对税收法规的验证作用。国家应及时对纳税人的税收筹划现象进行分析，了解哪些与税法的立法原则相违背、哪些存在一定的税收漏洞及税收征管中有哪些缺陷与不足，从而不断改进和完善现行税收法规和税收政策。

我们应看到，税收筹划促进税法的完善是这样的一个过程：先有税收法规，纳税人根据法规设计对自身最有利的纳税行为，国家了解到纳税人的筹划行为后，以税法的立法目的为衡量标准评价原有的税收法规有何不足之处，再对税法进行修订和调整，纳税人又会根据修订后的税法进行再筹划等。在纳税人与税法制定部门的不断重复博弈中，不仅纳税人的筹划技术有所提高，而且使税法得到了进一步完善。

1.5 税收筹划的必要性：企业视角

企业进行税收筹划，不仅没有涉税风险，而且这其中的经济利益是相当可观的。例如，据时任宜宾市五粮液集团有限公司财务部部长陈作荣介绍，该公司2005年通过"税收筹划"为企业减轻数亿元的税收负担。① 另外，河北省注册纳税筹划师协会自2008年以来，为全省几十家企业进行了纳税筹划，直接为企业减税5000多万元。② 这些都是直接减轻税负的例子，通过税收筹划能够带给企业利益是毋庸置疑的。

企业作为税收筹划的主体，进行税收筹划最直接的经济意义就体现在税收负担的减轻及税收成本的降低上。但从企业的长期发展来看，税收筹划的作用也不局限于此，在特定情况下它可能会成为企业生死存亡的关键因素，客观上还有可能促进企业管理人员素质的提高。

1.5.1 税收是企业强制性纯成本

企业营运成本一般包括直接成本和间接成本。其中，直接成本包括直接材料成本和直接人工成本；间接成本包括折旧费、修理费、办公费、水电费等。企业付出成本就是为了取得收入，求得相关经济回报。一般而言，企业节约营运成本，往往意味着经营收入的相对增加，并不增加等值的净利润。而税收虽然也是企业的经营成本，但它与其他成本有着明显的不同，即税收是一种纯成本，企业该项成本的付出是没有收入回报的或是无偿的。同时，企业的税收成本具有强制性，不支付相关税收成本，就是偷税行为，要受到我国《税收征管法》和《刑法》的处罚。因此，税收对于企业来讲，是一种强制性纯成本。企业能够在不违法的前提下将这笔强制性"纯成本"减少一个单位，相应地就可以在企业的净利润上增加一个单位，而不是增加一个单位的营业收入。

1.5.2 税收筹划成为困难企业生死线

由于我国的税收体制以流转税为主，意味着在更多的情况下是对销售额征税，而不是考虑企业是否盈利。所以，税收与利润之间的此增彼减关系就使税收筹划显得尤为重要，特别是对于某些企业来说，税收筹划技能的高低成为企业的生死线，甚至成为某些行业的进入标准。

【案例1-4】 兴竹股份有限公司（以下简称兴竹公司）成立于1990年，是一家以菜籽为原料，从事食用油加工的企业。由于公司经营效益较好和受管理层多元化经营观念的影响，兴竹公司在1995年成立了独资的兴竹房产公司，并从银行贷款4000万元在某市开发区购买了一大块土地，准备开发房地产。但不久，兴竹公司的外部环境发生了较大变化。以前，兴竹公司用白条就可以从农民手中收购菜籽，年底用现金兑换农民手中的白条。但1995年后，用白条收购农民手中菜籽越来越困难，必须用现金才能从农民手中收购到菜籽。由于菜籽的生产具有很强的季节性，而银行认为公司负债过高拒绝提供贷款，这样兴竹公司就没有了原材料，造成了公司"等米下锅"的局面。而与此同时，行业竞争激烈，又造成了企业

① 郑斌．税收筹划让五粮液节税数亿．新浪财经，2005-10-14.

② 马建敏．2008年以来纳税筹划为我省企业减税5000多万．河北日报，2012-12-25.

市场份额下降，进一步加重了企业困境。于是，经营亏损接踵而来。缺乏资金和市场支持的兴竹公司多年处于困境状态，一直在生死线上苦苦挣扎。而兴竹公司出巨资购买的那块土地，也由于没有资金继续投入而被迫停工，成了名副其实的烂尾楼工程。

到2005年，经过多年城市扩建，当年的开发区已成为城市市区。兴竹房产公司花费巨资购买的那块土地，价值上涨了两倍。而此时，兴竹公司接到的食用油订单也大幅增加。原来菜籽是非转基因产品，有专家介绍以菜籽为原料的食用油对身体有利。但公司客户担心兴竹公司的履约能力，坚持收到货物才付款。如何把握这难得的市场机遇，使企业起死回生，是公司股东、经营管理层和员工所共同关注的焦点。

市场机遇来了，只要有9000万元流动资金投入，就可以使企业起死回生，正常生产步入良性发展轨道。但连续多年处于亏损状态的兴竹公司，账面亏损达到1.8亿元，银行贷款利息已三年未付。另外，还有1500万元的货物要交货。各种情况表明，兴竹公司既无法从银行获得资金支持，也无法从其他渠道融资。在万般无奈之下，公司管理层决定出售1995年购置的那块土地，将出售得到的资金用于归还部分银行贷款及利息、支付拖欠多年的职工工资，其余全部作为流动资金投入公司生产。

经多方商谈，兴竹公司最终与广东盛典置业公司达成协议：兴竹公司将开发区的土地使用权转让给广东盛典置业公司，广东盛典置业公司一次性支付现金1.25亿元。

根据我国有关税收政策规定，兴竹公司在转让土地使用权的过程中涉及营业税、附加税费等税种。另外，有偿转让国有土地使用权的应纳土地增值税（国务院令第138号），且土地增值税按转让房地产取得的增值额和规定的税率计算征收。

财税【2003】16号规定，单位和个人销售或转让其购置的不动产或受让的土地使用权，以全部收入减去不动产或土地使用权的购置或受让原价后的余额为营业额计缴营业税，故兴竹公司应纳营业税及附加为

（12500－4000）×5.5％＝467.5（万元）

按现行土地增值税规定，公司支付的原始低价，与转让房地产有关的营业税及其附加税费属于可扣除项目，故该公司应纳土地增值税计算过程如下：

可扣除项目金额＝4000＋425＋42.5＝4467.5（万元）

土地增值额＝12500－4467.5＝8032.5（万元）

土地增值率＝（8032.5÷4467.5）×100％＝180％

可知适用最高边际税率为50％，用增值额乘以适用税率减去扣除项目乘以速算扣除系数的简便方法计算其应纳土地增值税为

8032.5×50％－4467.5×15％＝3346.125（万元）

此项土地转让兴竹公司总应纳税额为

467.5＋3346.125＝3813.625（万元）

面对要从这1.25亿元“救命”资金中拿出近三分之一纳税的严峻现实，公司领导不知如何是好，摆在眼前的似乎只有三种选择：①全额纳税；②向税务局提出申请缓交；③隐瞒收入，不纳税。可是这些方法均不可行。全额纳税将减少收入3813.625万元，土地出让了，却不能缓解公司的困境；以前已经试探过，申请缓交土地转让相关税收，税务局肯定不会批准；隐瞒收入属于逃税，企业领导要负法律责任，更是得不偿失。

最后，他们找到有关税务专家进行咨询。根据税务专家的建议，决定将房地产公司整体出售。因为根据国家税务总局公告2011年第51号规定：纳税人在资产重组过程中，通过合并、分立、出售、置换等方式将全部或部分实物资产，以及与其相关联的债权债务和劳动力一并转让给其他单位和个人的行为，不属于营业税征税范围，其中涉及的不动产、土地使用权转让不征收营业税。兴竹公司转让企业产权的行为明显不属于营业税征收范围，不需缴纳营业税。同时公司也不需要缴纳土地增值税（财税字【1995】48号）。虽然有关税法规定：企业整体资产转让原则上应在交易发生时，将其分解为按公允价值销售全部资产和进行投资两项经济业务进行所得税处理，并按规定计算确认资产转让所得或损失（《企业所得税法》），但由于多年亏损严重，兴竹公司不需要缴纳企业所得税。通过税收筹划，兴竹公司成功地规避了3813.62万元纳税义务，这对已濒临破产的兴竹公司来讲意义是重大的，税收筹划事实上让兴竹公司起死回生了。

1.5.3 提高纳税人的纳税意识与税收管理意识

税收筹划是建立在纳税人对国家税法相当熟悉和充分理解的基础上的。因此，税收筹划会促使纳税人在谋求合法利益的动机下，自觉、主动地学习和钻研税收法律法规，自觉、主动地履行纳税义务，从而可以有效地提高纳税人的税收法律意识。反过来说，进行税收筹划是纳税人的纳税意识提高到一定阶段的表现，即税收筹划做得好的企业，纳税意识也较强；纳税意识淡薄的企业，可能更多的是采取偷漏税等形式规避纳税义务。同时，较强的纳税意识体现在财务会计核算规范，按照规定办理纳税申报和缴纳税款，配合征税部门检查等方面，这些也是企业能够做好税收筹划工作的必要准备条件。

另外，世界各国税收征管部门绞尽脑汁，采取各种手段来抑制偷税活动。例如，印度税务部门请人妖在偷税者家门前唱歌，英国则利用卫星充当空中“税收间谍”。因此纳税人采用偷税甚至是抗税的方法躲避税款的缴纳越来越困难，而且一旦被查处还会带来经济处罚甚至刑事责任。所以，明智的税收筹划行为无疑是给纳税人提供了一个折中之道，不仅可以最大限度地降低企业的涉税风险，也可以最大限度地降低税收负担。在这样的情况下，纳税人自然不会选择偷税，无形中就增强了纳税人的纳税意识。

税收筹划是一种高智商的增值活动。进行税收筹划，企业必须起用高素质、高水平的财务会计人员，这必然为企业规范经营管理奠定良好的基础。另外，税收筹划就是谋划资金流程，它是以健全的财务核算为条件的，企业想要进行税收筹划就必须健全财务会计制度，规范财会管理，而这同时也会促使企业经营管理水平不断跃上新台阶。

高素质的财务会计人员、规范的财会管理、可靠的财会信息资料正是企业成功进行税收筹划的条件。创造这些条件的过程，也正是不断提高企业经营管理水平的过程。

1.6 税收筹划的可能性

对于企业来说，一个好的投资方案在现有的环境下如果不能被实施，那也只能是空谈。前面已阐述了税收筹划的概念和税收筹划的必要性等问题，接下来一个关键的问题就是要探讨税收筹划在现有的环境下实施的可能性问题。

1.6.1　税收筹划产生的主观动因

税收宏观调控功能的实现依赖于纳税人的避税动机与行为。纳税人根据国家的税收政策进行税收筹划，减轻了税负，客观上也达到了国家宏观调控的目的。因此，税收筹划的可能性是建立在必要性基础上的。从国家的角度来讲，对纳税人的税收筹划是持支持和鼓励的态度。

从企业角度来说，不论是直接税款的数额减少还是间接税负的减轻，纳税人都可以通过税收筹划实现对经济利益的最大化追求。而且，随着税收体制和征管技术的不断完善，税收筹划越来越受到纳税人的青睐。税收筹划这一行业就好比是企业的革新技术，如果没有这一技术，继续使用旧技术也无可非议，只是企业的成本费用高一点，利润薄一点；但历史经验告诉我们，机械工业时代始终要代替手工家庭作坊模式，这是时代的需要，也是社会变革发展的必然。所以，税收筹划也会成为企业生存与发展的必然选择。

国家采取支持态度，企业表现出对筹划的迫切需求。正是税收筹划存在重大意义，才使得税收筹划有了主观意愿上的可能。因此，只有同时得到了政策的制定者和实行者的一致认同，税收筹划才能得到进一步的运用、实施与完善。

1.6.2　税收筹划可行的客观条件

税收筹划是以现行税收体制为依托的，研究税收筹划的客观可能性当然也要从税制本身出发。如果国家实行单一税制，如人头税，每一个人都必须缴税，这样就几乎不存在税收筹划的可能。而现阶段大多数国家都实行的是复合税制，各个税种之间存在差异，不同税种所规定的税负自然就有高、低之别。可以说，正是这种税制多样化，才为纳税人进行税收筹划提供了客观上的操作平台。

1. 税制要素的差异

各个税种之间及税种内部的税制要素差异均给税收筹划带来了极大的弹性空间，其差异性着重表现在以下几个方面。其一，纳税义务人不同。例如，公司制企业由于具有法人资格，不但在企业环节征收 25％的企业所得税，而且股东还得按其分得的股息红利数额的 20％缴纳个人所得税。但是合伙企业则是比照个体工商户的生产、经营所得征收个人所得税。因此在企业设立之时，可依据自身的实际情况，通过合理选择纳税义务人身份，进行一定的纳税义务规避。其二，税目不同。如同样是对个人所得征税，不同的收入来源对应不同的税目，可能是按照工资薪金所得征收七级超额累进税，也可能是按照劳务报酬额征收 20％的比例税。因此，在某些情况下，可通过税收筹划将个人收入在几类税目下进行合理分配，从而享受更多的税前抵扣及更低的税率。其三，在相同的征税对象、相同的税目下，企业经营规模的大小也会影响课征税率。例如，对属于企业的增值税小规模纳税人实行 3％的征收率，对一般纳税人采用的则是 17％的销项进项扣除法。除此以外，企业所处的行业、投资方向、组织形式等诸多方面都会对税收产生影响，这也是为何存在各式各样的税收筹划方案的原因。

2. 地方税收制度的差异

尽管我国的税收立法权高度集中于中央，但是税法制定部门还是考虑到不同地区的差异，制定了不尽相同的税收制度，这就为纳税人提供了一定的税收筹划空间。纳税人可以根据各地税负的差异，尽量选择在低税负的地区进行投资。我国地方税收制度的差异主要体现在税收优惠政策上，具体体现在以下几个方面。

（1）国家根据各地经济发展状况，制定了差异性的税收优惠政策。例如，对民族自治区地方的企业，我国《企业所得税法》第二十九条规定，可以减征或免征企业所得税中属于地方分享的部分。又如，我国对设在重庆市、四川省、贵州省、云南省、西藏自治区、陕西省等西部地区的国家鼓励类产业企业内资企业和外商投资企业，在 2011 年 1 月 1 日至 2020 年 12 月 31 日期间，减按 15％的税率征收企业所得税。这样，税收筹划的方法也很简单，即选择将企业设在民族自治地区或西部地区，所得税税负自然就会减少 10％（25％－15％）。

（2）为了支持少数民族地区经济的发展，我国政府制定了相应的税收优惠政策。例如，自 2006 年 1 月 1 日起至 2008 年 12 月 31 日止，对民族贸易县内县级和县以下的民族贸易企业和供销社企业销售货物（除石油、烟草外）免征增值税；对国家定点企业生产的边销茶及经销单位销售的边销茶免征增值税。这意味着，内蒙古自治区 57 个民族贸易县、138 家少数民族特需用品生产企业都免征增值税。

（3）地方政府为了促进本地经济的发展，对于一些税种也制定了一些优惠政策。这是地方政府为了获得有限的资源而竞相降低税率的结果。例如，湖北省为了扶持观光农业的发展，明文规定：经营采摘、观光农业的单位和个人，其直接用于采摘、观光的种植、养殖、饲养的土地，免征城镇土地使用税（鄂地税发【2008】125 号）。又如，浙江省为了支持新农村建设，也明文规定：对为农村提供垃圾处理、污水处理、保洁服务取得的劳务收入，免征营业税、城建税、教育费附加、地方教育附加和水利建设专项资金（浙地税函【2006】358 号）。利用好这些区域税收政策的差异，选择适当的注册地点或纳税地点，也可以减少应纳税额。

利用地方税收制度的差异进行税收筹划，是一种比较机械、不需要多大技巧的方法。筹划的理念就是：哪个地方税负轻，就到哪个地方去注册开办企业。这个道理与后面将会提到的国际避税地是如出一辙。

3. 国际间税收环境的差异

随着企业竞争的激烈和全球化的发展，跨国公司已经成为当前世界经济舞台的重要力量。据统计，1980 年，世界跨国公司总数仅 1.5 万家，国外子公司有 10.4 万家。2012 年，世界已有 103 786 家跨国公司，海外子公司共计 892 114 家。这些跨国公司及其子公司控制了全球产出的 40％以上，世界贸易额的 60％以上，全球技术转让的 70％以上和国际直接投资的 90％左右。① 可以说，与国内贸易和投资相比，国际贸易和投资

① 李长久．跨国公司的力量和启示．时事报告，2012．

以更快的速度持续增长，许多公司在国外赚取的利润和缴纳的税收远比在国内多。随着跨境交易、投资方式、财产占有权变得越来越重要，理解这些交易取得的收入如何纳税也显得越来越重要。

国际税收问题在于，跨国的贸易或投资行为必定要受到两个或两个以上的国家的税收法律约束，而各个国家的税收管辖权存在很大的差异。我国与世界上大多数国家一样，在涉外与国际税收上实行地域兼居民管辖权。而文莱、沙特阿拉伯、危地马拉、乌拉圭等一些国家则采用单一地域管辖权。纳税人如果能够借助管辖权的差异游离于各国之间，回避税收管辖权的认定，确保自己成为“无国籍人”或“税收难民”，就可以成功规避在该国的纳税义务。

世界各国在税制结构上也存在很大的不同，这种差异主要体现在以下几个方面。第一，税种的差异。目前，世界大部分国家都开征了个人所得税和企业所得税等直接税，但像开曼群岛、百慕大、巴哈马等避税地则没有开征个人所得税、公司所得税、资本利得税、不动产税和遗产税等直接税。第二，税率上的差异。世界各国即使开同一种税，但税率明显高低不同，如巴西的现行公司所得税税率是 25%，加拿大的税率则为 38%，德国高达 45%，而黎巴嫩仅为 15%。第三，计税依据的差异。根据我国《增值税暂行条例》第八条和第十条的规定，增值税可以抵扣购进与销售产品有关的原辅材料、低值易耗品、水、电费等，购入的固定资产及用于消费等方面的则不允许抵扣，而实行增值税的多数西方国家则允许抵扣与销售产品有关的一切购进。第四，税收优惠侧重点不同。发展中国家倾向于鼓励引进外资和先进技术、增加出口，对某些地区或行业给予普遍优惠，而发达国家更注重高新技术的开发、能源的节约、环境的保护，多采用对外投资减免税等措施。

除税收管辖权和税制结构差异外，世界各国免除国际重复征税的方法也不尽相同，如有些国家采取免税法，有些国家则适用抵免法，有的采取分国抵免限额标准，有的采用综合抵免限额。各国税收体制差异的存在，为跨国公司生产经营、投资、利润分配的活动提供了多种选择，从而给跨国公司的税收筹划提供了客观条件。

此外，经济、政治、文化环境等非税因素影响着跨国公司的经营活动，也进一步刺激跨国税收筹划的产生。比如贸易和金融市场的自由化，为跨国公司及资金的流动提供了更大的可能，为跨国公司进行税收筹划提供了基本条件；经济全球化使各个国家的税收管辖权日益受到挑战和侵蚀，为税收筹划提供了法律的漏洞；现代化的交通运输和遍布全球的通信网络，使得交易更加便利、交易地点也难以确认，使国际避税地更可能成为避税者的天堂，为跨国税收筹划提供更方便的手段和更安全隐蔽的环境。

4. 税收竞争

税收竞争是指不同的政府主体通过竞相降低有效税率或实施税收优惠政策，减轻纳税人税收负担，以吸引资本、劳动等经济资源，来促进本国或本地经济增长的经济行为。税收竞争按其地域一般可分为国际税收竞争和国内税收竞争。

国际税收竞争是经济全球化的必然产物。在封闭经济中，税收政策制定者不需要考虑本国税收政策对其他国家经济活动所产生的影响。但随着经济全球化的深入发展，经济政策对本国和世界其他国家的经济影响日益明显。国际税收竞争也日益成为各国维护自身利益的一个重要手段。为了吸引欧洲资本，美国政府早在 1984 年就颁布了有关法案，规定在美国的非常住的外国人，从美国银行取得的存款与债券利息收入免征所有税收；在 2003 年 1 月 7 日，布什政府又提出了以减税为主的经济振兴计划。为了在国际经济竞争中处于有利位置，一些欧洲国家也出台了税收优惠政策。例如，1996～2011 年，爱尔兰的公司所得税税率下降幅度高达 25.5%，德国的公司所得税税率下降幅度高达 27.6%，波兰的公司所得税税率下降了 21%。①

纳税人进行税收筹划除关心国际税收竞争外，还应更多地考虑到国内的税收竞争。因为我国企业国际化参与率并不是很高，企业进行税收筹划的背景还是以我国的现实背景为主。根据我国现行财政体制的特点，我国税权统一集中在中央，各地和各级政府都无权擅自出台税收优惠政策。然而，分税制的实施，各级政府分别承担了改革开放、稳定发展的重大任务。为招商引资、财政增收、增加就业、促进发展，各地各级政府竞相使用税收优惠政策。目前，我国地方政府间的税收竞争主要集中在以下两个方面。

一是财政返还。一些地方政府在取得税收收入后，直接以财政支出的形式，把一定比例或全部的收入返还给纳税人，以减轻纳税人的税收负担，来吸引外地经济资源。例如，2010 年 6 月 12 日，国家审计署公布的《17 个省区市财政管理情况审计调查结果》显示，2008 年 1 月至 2009 年 6 月有 7 个省级和 17 个省级以下地方政府开发区为吸引投资自行出台税收减免和先征后返税收政策，或者以政府奖励、财政补贴等名义将税收和土地出让金收入返回给企业，涉及金额 125.73 亿元。

二是地方性税收优惠政策。我国的法律规定，我国省级人民政府可以在全国性地方条例规定的范围内，确定本地区适用地税率或税额。一些地方政府为了吸引辖区外经济资源的流入，对满足条件的特定纳税人实行低优惠税率。这方面的税收优惠主要集中在契税、车船税等地方性小税种上。

当然，在我国目前的地方税收竞争中，还存在一些违规或违法的行为。例如，一些地方政府违规允许一些企业打出高新技术企业、新办第三产业企业、校办企业、福利企业等招牌，享受国家规定的企业所得税优惠政策；对依法应当取得的税收收入不足额征收，而是把一定的折扣额让渡给纳税人，以减轻纳税人税收负担。由于这些所谓的税收优惠政策没有国家法律依据，不会得到国家法律的保护，所以纳税人在进行税收筹划时，不应考虑这些所谓的税收优惠政策。

复习题

1. 我国现行税制中有哪些税种？各类税又有哪些特点？这与税收筹划有什么联系？
2. 什么是税收筹划？税收筹划具有哪些特征？
3. 税收筹划的主要目的是什么？为什么有效的税收筹划并不等于税负最小化？
4. 何谓逆法避税？为什么要实行反避税？

---

① 杨爱锋．我国应对国际税收竞争研究．东北财经大学硕士学位论文，2012.

5. 什么是避税？什么是偷税？避税与偷税有什么区别，请就每种行为各举一例说明。

练习题

1. 你或你的家人一年内会缴纳哪些税收？这些税收是怎样计算和征缴的？请查阅资料，寻找一些对你适用的税收筹划方法？

2. 分别从政府角度和企业税收筹划的角度分析我国采用复合税制的意义。有人说，税收筹划会减少政府财政收入，那么，政府为什么还会支持纳税人的税收筹划？

3. 据《华盛顿邮报》报道，2008 年美国经济学保守派试图在伊拉克率先推行所得税单一税，同时还要废除房地产、汽车销售、汽油和一流豪华宾馆饭店税以外的所有税收项目。这对该国的企业税收筹划有什么影响？如果伊拉克政府对个人和企业所得统一征收 15%的所得税，你有什么跨国税收筹划方法？伊拉克会不会成为新的国际避税地？

4. 假设内资企业所得税税率在广州为 25%，在深圳为 15%。广州的 A 公司（内资企业）销售一批产品给惠州的 C 公司，有以下两种方案：一是直接销售，总销售额为 1000 万元，成本费用为 800 万元，利润为 200 万元；二是将产品以 850 万元卖给深圳的关联企业 B 公司，B 公司再将产品以 1000 万元卖给 C 公司。请问 A 公司应采用哪种方案？这一筹划方法是出于什么原因？

第2章

税收筹划的类型与范畴

纳税人在税收筹划活动中，通常面临规避额外税负、优化涉税经营方案和争取有利政策三种类型的税收筹划。所谓规避额外税负是指纳税人对税收法规有清晰的认识，并按照税法规定正确地履行纳税义务的行为过程；优化涉税经营方案是指纳税人在现行税收管理体制下，为达到企业税后利润最大化目的，而对其经营、投资和筹资等经济活动进行适当安排的行为过程；争取有利税收政策则是指纳税人根据有关法律精神或政府调控意图，争取有利于自身利益的新税收政策出台的行为过程。显然，三种类型的税收筹划体现了纳税人对税收政策的理解深度与广度从低到高的过程。

从我国企业的现状来看，并不是所有的企业都具备使用三种类型税收筹划的能力。有的企业仅具备使用规避额外税负税收筹划的能力，也有部分企业具备了使用规避额外税负、优化涉税经营方案两种类型税收筹划的能力，还有少数企业则具备了同时使用三种类型税收筹划的能力。但我国企业税收筹划整体水平低下，则是毋庸置疑的，特别是在税务稽查案例中，企业因涉税计算错误导致多缴税款或罚款的情况屡见不鲜。因此，本书将通过对三种类型税收筹划的深入剖析，来帮助读者逐步提高税收筹划的研究和应用水平。

2.1 规避额外税负

针对纳税人某一特定纳税行为，我国税法所规定的应纳税额是确定的。但在实际缴纳税款的过程中，纳税人的财务处理错误、税务申报不规范、税法使用不当和税务机关处理错误等问题，通常会导致纳税人实际缴纳的税款超出按照税法规定所计算的应纳税额。我们把二者之间的差额称为额外税负。显然，纳税人进行税收筹划的最低标准就是避免税收额外负担。换言之，纳税人税收筹划的基本目标，就是规避纳税错误、任何法定纳税义务之外的纳税成本的发生，即恰当地履行纳税义务。

怎样才能做到恰当地履行纳税义务，从而规避额外税收负担呢？首先要弄清楚纳税人额外税收负担产生的原因，才能对症下药。一般来说，纳税人和税务机关的不当行为都有可能导致纳税人额外税收负担。因此，本书将从纳税人和税务机关两个方面来分析纳税人额外税负的成因。

2.1.1　企业自身税务处理不当造成多缴税款

税收筹划是纳税人在顺应国家税法立法意图的条件下，对其纳税行为进行事先的筹划和安排，以实现企业税后利益最大化的行为。我们知道，国家税法的一个显著性特点，便是固定性，它要求纳税人经营活动的涉税处理必须按照税法的规定进行。纳税人只有熟悉税法并熟练地运用税收政策，才能做到恰当地履行纳税义务。如果不能很好地掌握与理解税收政策，纳税人在纳税行为过程中就很容易出现多缴税款的情况，这样的案例在我们的实际经济生活中比比皆是。下面，我们将介绍纳税人自身税务处理不当的表现，并在此基础上，提出解决纳税人税收处理不当的建议。

1. 自身税务处理不当的主要表现

目前，我国企业的纳税问题，一般都是由财务这个“事后”部门全权处理。因此，企业在进行决策时往往缺乏税收意识，当税收结果产生之后，只是由财务部门在账面上来调整、解决，远未把税务筹划视作企业战略的一部分。而与此同时，我国企业财会人员的税收管理水平普遍不高，这样就很容易导致企业频出不当税务处理行为，给企业自身带来了经济和名誉上的损失。纳税人自身处理不当行为，主要表现在以下几个方面。

(1) 企业无账经营、财目混乱或凭证残缺等造成核定税款偏高。根据我国有关税法的规定，纳税人应当设置但未设置账簿，或者虽设置账簿但账目混乱，或者成本资料、收入凭证、费用凭证残缺不全，难以查账的，税收征收机关有权根据企业实际状况核定该类企业的应纳税额（中华人民共和国主席令第四十九号）。一些企业对我国税法相关规定并未加以关注和理解，因此在处理企业账务时疏忽大意，导致税务机关在查账时无账可查或难以核查。此时，纳税人不得不接受由税务机关所核定的应纳税额，但在很多情况下税务机关核定的税款比实际应纳的税款要高。这一额外的税收负担对纳税人来说实在冤枉。

【案例 2-1】　某企业 2013 年度的销售收入为 120 万元，企业当年业务宣传费的账面列支金额为 18 万元。年终汇算清缴时，经税务部门审核，该企业销售费用中有一笔 2 万元的“展览费”没有列入业务宣传费，其实际业务宣传费应为 18＋2＝20（万元），超出企业按销售收入 15%的比例可以列支 18 万元业务宣传费的标准，超限额标准的 2 万元业务宣传费应调增应纳税所得额。企业申辩说这笔展览费确实是参加博览会展销的费用，应属于销售费用。但由于其未按规定取得展览的合同书、邀请函等凭证，仅有一张发票，摘要是“展览费”，为此，税务人员仍然认定这项费用属于“业务宣传费”，其理由是企业没有合理证明说明该项费用不是产品宣传费。为此，企业只好调增了应纳税所得额 2 万元，多缴纳了 2×25%＝0.5（万元）的企业所得税。

本案例属于因纳税人凭证残缺造成核定税款偏高的情形。该企业由于未能取得有效凭证以证明其该项支出属于“销售费用”，所以被税务人员认定为“业务宣传费”，从而无法在计算应税所得时进行全额扣除，只能按照税法规定的业务宣传费扣除标准进行部分的税前抵扣。

(2) 不同应税项目下的计税依据未单独核算造成从高计征纳税。根据我国《增值税暂行条例》《营业税暂行条例》和《消费税暂行条例》等税法相关条款的规定：纳税人经营不同税目应税行为的，应当分别核算不同税目的营业额、转让额、销售额，然后按各自的适用税率计算应纳税额，未分别核算的，将从高适用税率计算应纳税额。此外，我国《增值税暂行条例》还规定，纳税人兼营应税劳务与货物或非应税劳务行为的，应分别核算应税劳务的营业额与货物或非应税劳务的销售额，不分别核算或者不能准确核算的，其应税劳务与货物或非应税劳务一并征收增值税，不征收营业税。

我国税法的这些规定与现行《税收征管法》第三十五条的规定相比较而言，技术含量较高，对纳税人的财务技术水平要求也更高。我国一些中小型企业，特别是经营规模偏小的小型企业，对我国税法的这些规定并没有很好地理解和掌握，在实际纳税过程中，往往对兼营的不同应税项目或应税行为，不能正确核算其营业额、转让额、销售额。结果，税收征管部门将根据税法的这些规定，对不同应税项目下的未单独核算计税依据，一律从高适用税率，纳税人平白无故地损失了大量的税款。

【案例 2-2】 春城酿酒厂是南方某市一家民营企业，主要产品为白酒、酒精。由于酒精销售收入占酒厂销售收入的比例不高，该厂就一直未独立核算白酒、酒精收入，而是将两者收入一起按粮食、薯类白酒税目向当地国税局缴纳消费税。2007 年，酒厂根据市场的变化，对产品结构进行了调整，减少了白酒产量，扩大了酒精生产规模，新增了矿泉水生产项目。随着酒精和矿泉水销售收入的增加，酒厂很快就感觉到税收负担加重了。但酒厂财务反映，公司税务处理没有错误，也没有受到当地国税局相关的税收处罚。因此，该企业的负责人苦恼不已。

春城酿酒厂财务人员没有分别核算酒精、矿泉水、白酒三者收入，而是将三者一起按粮食、薯类白酒税目向当地国税局缴纳了有关消费税。根据我国《消费税暂行条例》第三条规定，纳税人兼营不同税率的应税消费品，应当分别核算不同税率应税消费品的销售额、销售数量。未分别核算销售额、销售数量，从高适用税率。很显然，春城酿酒厂的税务处理并没有错误。

但酒厂承担了额外税负。如果酒厂将白酒、酒精、矿泉水三者独立核算，则白酒适用消费税比例税 20%、定量税 0.5 元/斤，酒精适用消费税比例税 5%，矿泉水适用增值税比例税 17%且可以进项抵扣。春城酿酒厂财务人员采用的税收处理方法，把可以适用 5%消费税税率的酒精适用了消费税比例税 20%、定量税 0.5 元/斤，把仅适用 17%增值税比例税且可以进项抵扣的矿泉水适用了消费税比例税 20%、定量税0.5 元/斤。

(3) 免税、减税项目的销售额未单独核算以致企业无法享受相应的税收优惠。根据我国税法有关规定，纳税人同时从事减免项目与非减免项目的，应分别核算，独立计算减免项目的计税依据及减免额度。不能分别核算的，不能享受减免税；核算不清的由税务机关按合理方法核定（中华人民共和国主席令第四十九号）。然而在实际纳税过程中，一些兼营免税、减税项目的企业虽然认识到国家税收优惠政策的重要作用，但由于对税法认识不清或会计处理操作不当，未能单独核算该类减、免税项目的销售额，或者核算不清，所以企业无法享受国家的税收优惠政策。

更有甚者，一些企业根本就不知晓国家给予自己的税收优惠政策。例如，当宜宾市五粮液集团有限公司原财务部长陈作容到税收主管部门，就技术改造购进国产设备抵免企业所得税进行立项时，主管部门表现出了惊讶，因为其他酒厂没有一家提出立项要求的。[①] 纳税人因此白白地损失了相应的减、免税优惠。

【案例 2-3】 小邱系郑州某大学机械专业本科毕业生，看到家乡经济发展很快，于是放弃了在郑州工作的机会，在自己的家乡开办了一家增值税小规模纳税人农机商店，主要从事农机（免征增值税）和其他机械的销售与维修服务。由于小邱机械技术好且为人诚实，农机商店生意很好，税后效益却一般，与自己的同行相比具有较大差距。

经过对同行的咨询，小邱发现同行销售的农机可以免缴增值税，而自己的农机商店却一直按 3%税率向主管税务机关缴纳增值税。既然同行可以根据国税发【1993】151 号文，享受国家增值税优惠政策，为什么自己的农机商店不能呢？

原来小邱农机商店没有分开核算农机销售收入和其他机械销售收入，财会人员在纳税申报时，将两者收入一起按“机械销售收入”向税务机关进行纳税申报。于是税务机关依照《增值税暂行条例》第十七条“纳税人兼营免税、减税项目的，应当单独核算免税、减税项目的销售额；未单独核算销售额的，不得免税、减税”的规定，对该商店的销售收入全额计征增值税。

如果小邱农机商店能将农机销售收入和其他机械销售收入分开核算，并到税务机关办理相关手续，是可以享受国家税收优惠政策的。可见，小邱农机商店遭受额外税负的主因还是在于未能真正理解国家税收政策，对税收法律、法规的知晓程度比较低。但更有甚者，本身的计缴过程没有问题，而是在最终申报纳税的时候多缴纳了税款却没有察觉，或者是后来发现了却已经超过了退还的期限，也只能是“哑巴吃黄连”了。

【案例 2-4】 2008 年，经过仔细的市场考察，某重点大学计算机专业毕业生小张决定投资创办枫叶科技开发公司（以下简称枫叶公司），公司主要从事电脑销售及相关的技术服务。由于小张缺乏管理经验，当年就亏损了 100 万元。面对经营困难，小张请母校管理学院人力资源管理的吴教授对公司经营亏损进行了诊断，并采纳了吴教授的建议。2009～2013 年，小张狠抓内部管理，公司效益日益提高，五年的经营利润分别为 100 万元、200 万元、300 万元、400 万元和 500 万元，每年所缴的企业所得税为 25 万元、50 万元、75 万元、100 万元和 125 万元。2013 年 3 月，小张听了 EMBA 导师田教授所授“企业税收筹划”课程后，才发现自己 2009 年多缴了 25 万元税款。

原来，我国《企业所得税暂行条例》第十一条规定：纳税人发生年度亏损的，可以用下一纳税年度的所得弥补；下一纳税年度的所得弥补不足的，可以在最长 5 年内逐年延续弥补。企业所得税基本税率为 25%，非居民企业适用 20%的低税率，实际征收时适用 10%的税率，高新技术企业适用 15%的税率。根据上述规定，枫叶公司 2009 年度实现的利润刚好弥补 2008 年的亏损，因此，公司 2009 年就不用缴纳 25 万元的企业所得税。

于是，枫叶公司向主管税务机关提出退还多缴纳的 25 万元税款的申请。主管税务机关根据我国《税收征管法》第五十一条的规定，“对于纳税人自结算缴纳税款之日起

---

① 郑斌. 税收筹划让五粮液节税数亿. 新浪财经，2005-10-14.

三年内发现多缴纳税款的，可以向税务机关提出退还申请，退还纳税人超过应纳税额缴纳的税款，并按照退还当日银行活期存款利率计算利息一并退还”，认定不能退回枫叶公司多缴纳的25万元企业所得税税款，其理由是枫叶公司在2009年多缴纳的税款，结算已超过三年。

必须强调的是，纳税人无意中违反税法规定的行为与偷税有着本质上的区别。前者是由于纳税人不了解、不熟悉税法规定和财务制度，或者会计核算差错等，错用税率或漏报应税项目，从而可能导致纳税人在无意中发生了少缴应纳税款的事实，但纳税人在主观上并非是要有意识地通过少缴应纳税款来谋取相关经济利益；而后者是指纳税人有意违反税法的规定，采用伪造、变造、隐匿、擅自销毁账簿、记账凭证，或者在账簿上多列支出或不列、少列收入等手段，不缴或少缴应纳税款的行为。当然，我国《税收征管法》对二者的处理也是不一样的。对纳税人无意中违反税法规定的行为，《税收征管法》第三十二条规定，纳税人除按税务机关的规定限期缴纳少缴应纳税款外，还应从滞纳税款之日起，按日加收滞纳税款万分之五的滞纳金。对纳税人的偷税行为，《税收征管法》第六十三条规定，纳税人除按税务机关的规定限期缴纳不缴或少缴税款、滞纳金外，还应接受不缴或少缴税款百分之五十以上五倍以下的罚款；构成犯罪的，依法追究刑事责任。

（4）税收处理错误导致纳税人遭受额外税负。在前面三类处理不当行为中，纳税人虽然都承担了相应的额外税负，但纳税人税务处理并没有过错。而在我国现实生活中，相当的额外税负其实是由企业税务处理错误造成的，之所以会如此，一个重要原因是我国会计法规与税法的差异。

【案例 2-5】 志阳股份有限责任公司（以下简称志阳公司）为增值税一般纳税人，主要从事建筑材料的生产与销售业务。2013年5月，该公司将自己生产的建筑材料57件用于公司青年单身公寓的维修。该产品不含税市场销售价格200元/件，单位生产成本120元/件。公司财务人员在会计核算时，没有按相关税法计算增值税销项税额，而是将用于公司青年单身公寓维修的57件产品直接冲减库存商品。

同年8月，主管税务机关在抽样进行税务检查时，发现志阳公司存在少缴增值税行为，要求其立即补缴税款1938（57×200×17%）元及相应的滞纳金，同时一并上缴罚款1200元。

志阳公司财务人员的会计核算处理是符合我国会计法规的，但这样处理违反《增值税实施细则》第四条视同销售行为规定。根据《征管法实施细则》第三条“任何部门、单位和个人作出的与税收法律、行政法规相抵触的决定一律无效，税务机关不得执行，并应向上级税务机关报告”的规定，志阳公司应将公司自产货物用于非应税项目——公司青年单身公寓维修的行为计算增值税销项税额，并承担因少缴税款而导致的税务机关相关处罚。

2. 避免自身税务处理不当的对策

从上述所列举纳税人的四类税收处理不当表现来看，纳税人自身税务处理不当的成因可以归纳为三个方面：一是企业缺乏合格的财会人员；二是企业缺乏税收筹划意识；

三是税务机关对纳税人服务不到位。下面，我们将针对上述三个原因，提出避免纳税人税务处理不当的建议。

（1）加强对企业财会人员的业务培训，提高其从业水平。在企业纳税过程中，相当部分税务处理不当是由财会人员对国家税收政策不知悉、不理解造成的，因此加强对企业财会人员的业务培训，显得尤为迫切。一是企业要在时间上、财力上支持财会人员业务培训。由于我国税收法规变化较快，企业财务人员要掌握与理解国家税收政策，必须进行业务培训，即使是具有高学历的财会人员也不例外。二是加强对财会从业人员资格的管理。一般来说，只有通过会计从业资格考试，才能从事企业财会工作。但是很多非会计专业的人员仅通过不到一个月的学习，就可以取得相关证书。

（2）提高企业决策层税收筹划意识。不少企业管理者由于欠缺对财务、税收知识的了解，在涉及企业税务问题时，往往认为税收问题是财务部门的事情，远未把企业税收问题上升到企业管理决策层次。但随着国家税法的完善和税收执法的加强，税收政策对企业最终经营成果的影响也日益明显。在此背景下，企业经营管理者抛开税收因素进行经营决策，来实现企业税后利润最大化目标是不可能做到的事情。在某些条件下，企业管理者忽视企业税收管理，甚至可能导致企业倒闭。例如，美京酒家曾是广州一家知名的餐饮企业，以招牌菜烧鹅闻名。发展到 2005 年，美京酒家在广州有两家分店，在北京有三家分店。但由于多位供货商提供给美京酒家的销售发票，有近 5000 万元假发票，主管税务机关据此对美京酒家作出 500 多万元的税务罚款处理。2005 年 8 月 8 日晚，广州美京酒家不得不贴出公告：由于美京酒家无法承受税务机关的处罚，加上市场竞争激烈，亏损严重，全部分店同时停止营业。像美京酒家这样发展到 5 家分店的规模，投资者和管理者付出了多少汗水和心血，最后企业不是因为市场竞争败下阵来，而是因为税务问题让企业一跌不起，真是令人嘘唏扼腕。①

（3）加强税务机关对纳税人的服务。在市场经济条件下，国家宏观经济调控目标，特别是国家产业政策调控目标，有赖于纳税人积极的税收筹划。如果纳税人因自身税务处理不当而不能享受国家有关税收政策，从短期来看虽然会增加纳税人额外税负，但从长期来看却极不利于国家宏观调控目标的实现。此外，纳税人与税务机关在利益上可以做到一致。纳税人的税收筹划在短期内虽然会减少国家的税收，从长期来看却有利于企业的发展和税源的培养，娃哈哈集团的发展就是一个典型例子。因此，税务机关应做好对纳税人的服务。一是税务机关要及时、主动地向纳税人宣传国家税收政策，力争使纳税人知悉有关法律法规。我国不少企业在纳税过程中，往往是因受到税务机关的处罚，才知道国家有关税收法规的存在。二是把纳税人常犯的不当税务处理进行归纳，提醒纳税人避免类似的不当行为。

2.1.2　企业无意违反税法而导致的税务处罚

纳税人在纳税过程中，由于对税法理解不透或理解错误，很容易发生违反税法规定的行为，从而遭受国家税法的相关处罚。与自身税务处理错误相比，企业无意违反税法

---

① 中立诚会计师事务所．税务管理意识薄弱 如何避免悲剧重演．中华税网，2007-11-23.

行为的显著特点是企业没有按税法规定的程序处理纳税活动，不存在企业财务处理问题。显然，企业无意违反税法行为的后果明显轻于自身税务处理错误的后果，但企业也要为此种行为“买单”。作为企业的税收筹划，一定要注意避免这种低级错误的发生，以减少额外税收负担。

1. 企业无意中违反税法的主要表现

企业在纳税过程中，无意违反税法规定的主要表现如下：纳税人未按税法规定进行纳税申报；未按税法规定进行纳税管理等。

1）未按税法规定进行纳税申报

根据我国《税收征管法实施细则》第三十二条的规定，纳税人在纳税期没有应纳税额的，也应当按规定办理纳税申报。即使纳税人在申报期无税可报，也要向税收征管部门报送纳税申报表和会计报表，以及税收征管部门要求报送的其他报表。但是一些纳税人在纳税过程中，仅根据自己的理解来处理企业涉税活动，造成了自己未按税法的相关规定进行纳税申报，直至被税务机关依据《税收征管法》的有关规定进行处罚时，才如梦初醒。

【案例 2-6】 逸天酒店位于我国南方某省城幸福开发区，其服务对象主要定位于当地的白领阶层。自酒店 2010 年 2 月 1 日开业以来，由于服务对象定位准确、经营管理有效，经过两年多的发展，酒店销售业绩稳定增长，经营效益不断提高。考虑到顾客流量较大和酒店装饰有些落伍，酒店决定对经营场所进行扩建和装修。根据酒店项目规划，扩建和装修工期大约三个月时间。于是，酒店财务部按项目规划要求，在 2012 年 6 月 1 日向其酒店主管税务机关幸福开发区地方税务局提出申请，经批准停止营业三个月。

2012 年 9 月初，也即是酒店申请的停业时间到期时，由于装饰公司的工程质量与合同要求存在差异，逸天酒店要求装饰公司返工。这样，酒店的扩建和装修工程工期就受到影响，酒店只得继续停业。但是逸天酒店的财务部工作人员并没有到幸福开发区地方税务局去办理延长停业登记的申请，而且在随后的 10 月和 11 月均未向幸福开发区地方税务局进行纳税申报。2012 年 12 月 8 日，逸天酒店的扩建和装修工程终于全面结束。但不久幸福开发区地方税务局就向逸天酒店下达了《限期改正通知书》，并罚款 5000 元。

逸天酒店对幸福开发区地方税务局下达的处罚决定不服，并在规定的期限内向幸福开发区地方税务局的上级机关提出了行政复议申请。其理由是在扩建和装修期间，逸天酒店的营业活动完全停止，没有任何经营收入，此外停业期间酒店机会成本也很大，因此，酒店不用办理纳税申报手续。

复议机关在对本案进行详细了解后，决定维持幸福开发区地方税务局的处理决定。原来我国《税务登记管理办法》第二十七条规定，纳税人在正常的经营期限之内需要停业，应当向主管税务机关提出停业登记，说明停业的理由、时间及相关的纳税情况，如实填写申请停业登记表；停业时间届满，纳税人如果仍然需要继续停业的，必须重新向税务机关申请延长停业登记。否则，税务机关将根据《税收征管法实施细则》第三十二条和《税收征管法》第六十二条规定，对纳税人下达限期整改通知，并根据情况处以 2000 元以上 10000 元以下的罚款。逸天酒店不得不缴纳了所有的罚款。

案例中的逸天酒店由于对税法规定一知半解，从而在实际操作处理时无意违反了税法的规定，给酒店造成了一定的税收损失。在现实生活中，与纳税人未按照税法规定进行纳税申报相比，企业无意中违反税收法规的行为较多地表现为未按税法规定进行纳税管理。

2）未按税法规定进行纳税管理

在实际纳税过程中，我国大部分企业都比较注重企业经营过程中所涉及税种的税率、计税依据、优惠政策等方面税法管理规定，却容易忽视税法有关企业涉及税种的缴纳地点、纳税办法、纳税凭证保存等方面的管理规定。纳税地点、纳税办法、纳税凭证等方面的税法管理规定，虽然不涉及企业应纳税额的计算，但纳税人若违反税法这方面的规定则要承担相应的税法处罚。有时即使纳税人多缴纳了税收，只要是其未按税法规定进行纳税管理，也要受到税法的相关处罚。

【案例 2-7】　卫康医药有限责任公司（以下简称卫康医药）系增值税一般纳税人，主要从事医疗器械的生产与销售。2011 年 1 月，在启用新账簿时，卫康医药财务经理郑某按 2010 年实际贴花数购买税花 80 元并分别粘贴到各账簿上。2012 年 1 月，主管地方税务局对卫康医药进行了纳税检查，税收检查结果显示附加税费、契税、房产税等公司税收缴纳情况良好，但在公司印花税管理方面发现了两个问题：2011 年营业账簿实际应缴印花税款为 50 元，卫康医药多缴了印花税款 30 元；没有按照《印花税实施细则》第二十条的规定，注销印花税票。

针对纳税检查中发现的问题，主管地方税务局公布了如下处理意见：卫康医药多缴纳的 30 元印花税款不予退还；注销已粘贴在账簿上的印花税票；对卫康医药处以税务罚款 100 元。

企业多缴了税款，税务机关不仅不退还，反而还要处罚企业，实在想不通的卫康医药财务经理郑某只好向有关税务专家进行了咨询。原来国税发【2004】15 号文第一条明确规定，在应纳税凭证上未贴或少贴印花税票的或已粘贴在应税凭证上的印花税票未注销或者未划销的，适用《税收征管法》第六十四条的处罚规定。

2. 企业避免无意违反税收法规对策

针对企业在纳税过程中所表现出的无意违反税法规定的行为，我们认为纳税人和税务管理机关都应对此承担一定的责任，当然主要责任还是在于企业本身。要减少或杜绝企业无意违反税法规定的行为，也应从纳税人和税务管理机关两方面着手。

（1）纳税人应重视纳税申报、缴纳地点、纳税办法等方面的税法规定。企业之所以无意违反税法规定并承受相应的税法处罚，表面看是由纳税人不了解税法造成的，实质上是企业不重视税法相关规定而导致的。纳税人只要稍加注意，就完全可以避免这方面错误及由此而带来的经济损失。对于纳税人而言，虽然无意违反税法规定的直接经济损失一般都不大，但会影响纳税人的社会形象及由此带来的其他损失。

（2）税务机关应积极宣传税法有关纳税申报、纳税办法等方面的规定。一般来说，纳税人不会发生两次无意违反同一种税法规定的行为，但在社会现实中，纳税人无意违反税法规定的行为却时有发生。因此，税务机关对此应承担一定的责任。在我国，每年都有大量纳税人消逝，也有大量新纳税人产生，而这些新纳税人对纳税申报、缴纳地点、纳税办法等方面的规定不一定很重视，这就要求税务机关把纳税人常犯的这方面错误进行整理，向纳税人进行有的放矢的宣传。例如，武汉市洪山区国家税务局在这方面就做了大量工作，取得了良好的社会效果。

可见，税收法规不是一个想当然的事情，它自有的一套硬性体系决定了纳税人在处理自身的税务问题上不得草率和马虎。不论纳税人是有意还是无心，只要是违反了税法的有关规定就必然要受到税法的处罚。所以，不论是单位还是个人，都应该认真研究税法的构成要素，熟悉税收征管、发票管理等税收法律法规，仔细研究各单位税种的征收管理条例，避免因对税法理解的失误、大意而招致税务处罚，加大纳税环节的成本。

2.1.3 企业误解税收政策而多承担税负

纳税人在纳税行为过程中，如果对税收政策使用不到位或根本就不知道有税收优惠政策，同样也会让纳税人遭受额外税收负担。一般来说，我国不同的税种有不同的税收优惠规定，而我国税法对这些不同的税收优惠又规定了不同的条件和要求。企业若不具备享受税收优惠的条件或要求，那么国家所给予的税收优惠政策对于纳税人来讲，只能是用于装饰的塑胶苹果，能看不能吃。例如，为了吸引外资，促进我国经济发展，内蒙古自治区对经营期10年以上的生产性外商投资企业，凡属自治区鼓励发展的产业，经当地主管税务机关核准，从开始获利年度起，企业所得税五年内先征后返；增值税地方留成25%部分，在投产后5年内，由地方财政全额返还。自治区鼓励发展的产业目录由自治区经贸委会同有关部门制定并发布。对实际经营期未满10年的，应追缴已返还的所得税和增值税税款①。于是，一些纳税人没有真正理解国家税法规定，想当然地认为：只要是生产性外商投资企业，就可以享受企业所得税税收优惠。殊不知除此条件外，还有其他的税法条件要求。若纳税人没有主动地给自己创造合适的条件，就必然会损失这种税收优惠政策所带来的税收利益。

【案例 2-8】② 四川省成都恩威集团公司（以下简称“恩威集团”）是四川省成都市双流县一个以中医药开发为龙头的集科研、生产、房地产于一体的企业。1990年恩威集团与香港世亨洋行成立了第一个合资公司——中外合资成都恩威世亨制药有限公司（以下简称世亨公司）。由于该公司成立不久即发生了合资双方为抽走资本金140万港币的违约行为责任认定的争议，中国国际经济贸易仲裁委员会于1994年8月1日作出了“终止恩威世亨公司合同，合资企业应依法进行清算”的裁决。1994年世亨公司终止经营，实际经营期限只有四年。但在此之前，世亨公司已享受了国家给予的外商投资企业和外国企业的税收优惠政策。

1993年10月，恩威集团又与香港居民许强成立第二个合资公司——中外合资成都恩威制药有限公司（以下简称恩威有限公司）。由于验资报告虚假，港方资金直到1995年5月才真实到位，但在资金到位前，在长达1年半的时间内，恩威有限公司同样享受了国家给予的外商投资企业和外国企业的税收优惠政策。

---

① 佚名．内蒙古自治区鼓励外商投资优惠政策．新华网，2010-10-29.

② 韩亭．“恩威集团”税案及启示．找法网，2010-05-24.

1998 年 8 月 6 日，成都市国家税务局经多次调查研究，反复核实后，作出以下处理决定。①“世亨公司”实际经营期不满 10 年，该企业应当补缴已免征、减征的外商投资企业和外国企业所得税税款 4469.30 万元。②“恩威有限公司”由于港方资金推迟一年半才到位，该公司在港商资金未到位期间已享受的税收优惠 3712.23 万元应返缴入库。以上共追缴税款 8181.53 万元，再加上其偷税款、滞纳金、罚款等，共计 1.086 亿元。

本案例的案情并不复杂，恩威集团违反税法规定主要可归纳为如下三点。

(1)“世亨公司”经营期限未满 10 年，不能享受外商投资企业和外国企业所得税优惠。从 1990 年合资公司成立，到 1994 年解散，“世亨公司”实际经营期只有 4 年。根据规定：对生产性外商投资企业，经营期在 10 年以上的，从开始获利的年度起，第一年和第二年免征企业所得税，第三年至第五年减半征收企业所得税。显然，“世亨公司”不具备享受外资企业税收优惠的条件，却享受了高达 4469.30 万元免征、减征企业所得税税款的待遇（该税法条例现已失效，但鉴于该案例的典型性，在此还是列出）。

(2) 香港居民许强的资本金未能按合同要求及时到位，不能享受外资税收优惠。1993 年 10 月，恩威集团与香港居民许强在成立恩威有限公司时，就明确规定了双方的出资期限。按照双方的协议规定，恩威集团在规定的期限内很快就将资金到位，而香港居民许强的资金在规定期限一年半后才基本到位。根据《中外合资经营企业合营各方出资的若干规定》第五条：合营各方未能在合营合同中所规定的出资期限内缴付出资的，视合同企业自动解散，合营企业批准证书失效。很明显，恩威有限公司不能视作中外合资企业，按照我国相关税法的规定，恩威有限公司不能享受外资企业的税收优惠。根据原《征管法实施细则》第五十九条规定：税务机关发现纳税人税务登记的内容与实际情况不符的，可以责令其纠正，并按照实际情况征收税款。因此，恩威有限公司应停止享受外资企业税收优惠待遇，并由税务机关收回其在外方资金没有到位期间已享受的税收优惠。

(3) 偷税行为。恩威有限公司偷税行为主要表现在三个方面：1993 年度用白条虚列预提费用；1994 年和 1995 年未将部分“外销产品”入账作销售处理，也未申报纳税；1998 年做假账，隐匿收入。成都市国税局根据原《中华人民共和国税收征收管理法》第 40 条的规定，要求公司限期缴纳所偷税款、滞纳金及罚款，三者合计 1267.92 万元。

恩威集团所遭受的税收损失，其主要原因在于未能理解与把握国家的税收政策。如果恩威集团能在事前进行税收筹划，正确地按税法规定处理涉税事项，则完全有可能避免相关税收损失，特别是巨额的补缴税款部分。首先，关于经营期限问题。如果恩威集团在申请仲裁前，对此已有明确的预见，完全可以通过换股等方式维系世亨公司的存在，而不至于招致 4469.30 万元税款的追缴。其次，关于投资不到位所得税处理问题。根据《国家税务总局关于外国投资者出资比例低于 25%的外商投资企业税务处理问题的通知》规定：对于新办外资企业，外资低于 25%的企业适用税制一律按内资企业处理，不得享受外商投资企业税收待遇，外资低于 25%的企业办理税务登记一律按照内资企业处理，但国务院另有规定的除外。由上述规定可知，如果外方出资比例低于25%（包括分期出资），一律按内资企业处理，不管其出资是否到位。如果外方实际出资比例达到25%，则享受外商投资企业税收优惠，如外方实际出资比例未达到25%，但在以后年度补足到25%以上的，从补足年度起享受税收优惠（国税函【2003】422号）。不难看出，只要外国投资者投入资本金达到企业投资各方已到位资本金的25%，仍可享受税收优惠。这对外商的出资要求无疑降低了许多，但遗憾的是，恩威有限公司的合资方在一年半内竟完全未出资，恩威集团本身对此也认识不足，终招致另一笔3712.23万元税款的追缴。

企业误读税收政策除造成企业不能享受国家税收优惠政策外，还容易造成企业没有按税法规定进行已纳消费税扣除、增值税进项税额抵扣、所得税税额抵免等。一般而言，纳税人要在办理相关手续的条件下才能享受税收优惠政策，而对符合条件的已纳消费税扣除、增值税进项税额抵扣等，纳税人则可以按税法规定直接进行税务处理。因此，纳税人由此而承担税收额外负担，是非常不应该的。

【案例2-9】 光明实木地板有限公司是当地一家中型实木地板生产企业，也是当地的明星企业。其经营特点是通过从其他公司购进实木地板，进行深加工，加工成光明牌地板后进入市场进行销售。公司涉及的主要税种有增值税、消费税和企业所得税。

2012年2月1日公司库存外购实木地板的进价成本为100万元，当月还先后从贵州贵阳某实木地板公司购进实木地板，价款20万元，增值税专用发票注明增值税税额为3.4万元；从广西梧州某实木地板公司购进实木地板，价款70万元，增值税专用发票注明增值税税额11.9万元；从云南某供销公司购进实木地板，价款30万元，增值税专用发票注明增值税税额5.1万元。2月28日公司账面库存外购实木地板的进价成本为90万元。当月，公司还实现实木地板销售收入500万元。2012年3月初，公司财务人员计算并申报缴纳消费税如下：

消费税＝500×5%＝25（万元）

同年4月，公司聘请的税收咨询顾问对公司的账目进行内部审计，发现了这笔税务处理问题。原来我国相关税法规定：以从工业企业购进的应税实木地板和进口环节已缴纳消费税的实木地板为原材料生产的实木地板，已纳消费税的成本费用准予从消费税应纳税额中扣除（财税【2006】33号）。计算的消费税如下：

消费税＝［500－（100＋20＋70－90）］×5%＝20（万元）

仅此一项处理，就可以为光明实木地板有限公司减少消费税5（25－20）万元。在这里，我们还没有计算与此笔消费税款紧密相连的附加税费。

纳税人如果只是简单了解到调整后的消费税将实木地板纳入征税范围，就根据销售额乘以税率申报缴纳税款，这是对政策法规一知半解基础上的听从。如果对税法的政策导向有一个清楚的了解，纳税人就不会只是税法盲目的顺从者，而是能灵活运用税收政策，指导企业的纳税行为，减轻税收负担的筹划者。

以上，我们以企业在涉税处理过程中存在的三种主要表现，分析了企业额外税收负担是怎样产生的。正如本书不止一次强调的那样，企业蒙受额外税收负担最主要的原因是对税法不熟悉和对税收的成本属性缺乏认识。因此，企业要规避额外税负，就不仅要掌握自身的经营业务特点，更要对法律、税收政策有一个全面的了解。

2.1.4 税务机关处理错误导致企业的涉税损失

除企业自身问题会导致额外税收负担产生外，作为征税方的税务机关发生的涉税处理错误，同样也会增加企业的额外税收负担。因此，企业不仅要避免自己税务处理出现问题，而且还要依法维护自己的正当权益。

1. 税务机关处理错误的主要表现

(1) 税务机关违规征税。我国基层税务机关的收入实际上来源于两个方面，一是国家的财政拨款；二是地方政府的转移支付。在某些基层税务机关，地方政府的转移支付甚至成了主要收入来源。因此，基层税务机关除了要完成上级税务机关下达的税收任务外，还要完成地方政府下达的税收任务。在税源比较充裕的条件下，基层税务机关可以较好地完成上级机关和地方政府下达的税收任务。但在税源比较紧张的条件下，基层税务部门有时会采取税收承包、定额征收的方法，甚至还会为了完成税收计划而提前征收或超额征收，尽管这些做法是被税收法规所禁止的。

(2) 税务人员滥用职权。在基层税务机关，极少数税务征管人员在执行税法的同时，还利用国家所赋予的权力，为自己牟取私利，从而加重纳税人的税收负担。由于税务人员和纳税人在税法信息上存在不对称，以及税务部门与纳税人在税收征纳关系上是征收与被征收、管理与被管理的关系，纳税人有时不容易识别税务人员滥用职权的行为。

(3) 税务机关使用税法错误。税务机关受国家的委托，代表国家向纳税人征税，因而社会公众往往认为税务人员能够正确地运用国家税法处理税务问题。但税务人员在实际税收征管过程中，并不能完全做到税收执法正确，其原因有二。一是我国税务人员的素质有待进一步提高。长期以来，我国税务部门一直重视税务人员综合素质的培养，并投入了大量人力和财力。与此相适应，税务系统干部队伍的整体素质得到一定提高。尽管如此，我国税务工作人员的素质还是很难完全适应税收形势的需要。据国家税务总局提供的数据显示，截至 2010 年年底，全国税务系统共有正式在职人员 75.5 万余人，离退休人员 16.9 万余人，另有临时人员 10.6 万余人。国家税务总局机关及直属单位正式在职人员 1076 人（不含扬州税务进修学院）。省以下国家税务局系统共有正式在职人员近 39.7 万人。其中，研究生以上学历 1.1 万余人，大学本科近 20.7 万余人，大学专科 14.6 万余人，中专和高中及以下 3.3 万余人。大专以上文化程度人员比例为 91.7%。省以下地方税务局系统共有正式在职人员 35.7 万余人。其中，研究生以上学历近 1.1 万人，大学本科 19.5 万余人，大学专科 11.6 万余人，中专和高中及以下近 3.5 万人。大专以上文化程度人员比例为 89.3%。[①] 二是我国税政管理部门出台新税政法规的频率较高，影响了税务人员对法规的领会与把握。我国现行税制的一个显著特点是大部分税种以税收暂行条例的形式出现，仅有极少数税种以法律形式存在。这样，税收法规管理部门没有多少法律障碍，就可以出台一些补充规定或通知。当然，我国经济形势变化较

① 佚名．税务干部队伍建设．国家税务总局，2012.

快也是税政管理部门频出新税政法规的一个重要因素。

税务机关违规征税和税务人员滥用职权都有可能造成税务机关处理错误，从而导致纳税人的涉税损失。但这两个因素导致的税务机关处理错误占整个税务机关处理错误的比重并不大。从我国的现实情况来看，绝大多数的税务机关税法处理错误是由税务机关理解税法错误造成的。

【案例 2-10】 高某在某县开了一家夜总会。主管税务机关对高某实行的是“双定”征收，按照服务业征收营业税，适用税率 5%，月核定其应纳营业税额 1575 元；高某对税务机关核定的税款数已按月按时结清，累计缴纳地方各税 1.26 万元；主管税务机关每月都如实为其开具了完税凭证。

2012 年 4 月，该县地税局接到群众举报高某有偷税行为，县稽查局遂依法进行了立案调查。查实高某自 2011 年 7 月租用县剧院开办夜总会以来，累计实现经营收入 27 万元。稽查局认定夜总会应属于娱乐业，适用税率 20%，据此计算其应纳地方各税 5.67 万元，高某累计少缴地方各税 4.41 万元。

于是，稽查局将高某的行为性质定性为偷税，除依照《税收征管法》第六十三条规定，依法作出追缴税款、滞纳金的税务处理决定外，同时依法对高某所偷税款处以 0.5 倍罚款，即罚款 2.205 万元的行政处罚决定。

高某对税务机关所作出的偷税认定及其处罚决定不服，在接到税务机关对其下达的《税务行政处罚决定书》后，遂根据《税收征管法》第八十八条规定向县人民法院提起行政诉讼。

在接到高某的行政诉讼后，县人民法院对案件进行了仔细审理，认为高某不存在伪造、变造、隐匿、擅自销毁账簿、记账凭证，或者在账簿上多列支出，或者不列、少列收入，或者经税务机关通知申报而拒不申报或进行虚假的纳税申报，不缴或少缴应纳税款的行为，遂根据《税收征管法》第六十三条规定，判决高某胜诉。但高某确实又存在少缴纳税款的行为，然而责任却在于县地方税务局，于是，县人民法院还根据《税收征管法》第五十二条规定，判决高某补缴 4.41 万元的税款，县地方税务局不得加收滞纳金。

使用税法错误是税务机关涉税处理错误的主要原因，为了帮助读者理解税务机关使用税法错误如何影响税务机关涉税处理，以及由此给企业带来的损失，我们再通过一个典型案例，来说明这个问题。

【案例 2-11】 某县国家税务局城区税务分局 2012 年 8 月 28 日上午接到群众举报，该分局管辖的伟明服装厂多年偷逃税。城区税务分局接到举报后，对该服装厂纳税情况进行审查。该服装厂是私营企业，为增值税一般纳税人。由于该县国家税务局将在国庆节举办国税系统税收知识竞赛，该分局大部分工作人员要参加业务知识培训，城区分局局长谢某在次日只好派稽查员小王一人到该企业检查。当小王出示税务检查证和税务检查通知书后，服装厂老板马某以各种借口多次拒绝检查，不肯提供服装厂有关财务资料。

城区税务分局根据《税收征管法》有关条例，对其拒绝检查行为处以 4000 元罚款，之后，伟明服装厂才接受检查。通过对服装厂有关财务资料的详细检查和对该厂财务人员仔细询问，稽查员小王发现伟明服装厂有下列少缴增值税行为：

2010 年 5 月，采取账外账的形式，未将一笔价值 10 万元的服装销售收入申报增值税，少缴增值税 17 000 元。

2011 年 1 月，因服装厂财务人员计算错误，少缴增值税 6000 元。

2011 年 3 月，伟明服装厂为金鹿纺织公司提供职工工装服一批，价值 20 万元，金鹿纺织公司则用同等价值的棉布进行支付。双方均未作销售收入申报增值税，少缴增值税 34 000 元。

考虑到问题的严重性，小王随即请示城区税务分局。经局长谢某批准，小王一人前往服装厂，查封服装厂老板马某自用住房一套，价值 30 万元。此外，税务人员小王拟对该厂作出如下处理。

(1) 对伟明服装厂三次少缴增值税的行为，均按偷税处理。

(2) 对服装厂拒绝接受税务检查的行为处以定额罚款 4000 元。

(3) 对虚假申报和销售不入账的行为处以定额罚款 1000 元。

从案情分析来看，税务机关的具体行政行为存在下列不当之处。

(1) 采取税收保全措施不当。一是纳税人没有明显的转移财产等迹象，不具有可采取保全措施的情形。二是保全过程中查封价值过大，应查封价值相当于税款的货物，查封 30 万元的自用住房的价值远大于应补缴的税款和税务处罚金额。三是税务机关在采取税收保全措施和强制执行措施时，不得查封和扣押纳税人个人及其所抚养家属维持生活必需的住房。依据《税收征管法》第七十四条的规定，某县国家税务局城区税务分局对服装厂拒绝接受税务检查的行为处以定额罚款 4000 元，明显超出了我国《税收征管法》所赋予的 2000 元处罚权限。

(2) 将少缴增值税行为全部定性为偷税不正确。2011 年 1 月因服装厂财务人员计算错误等造成的少缴增值税行为，根据我国《税收征管法》第五十二条的规定，只需要补缴税款和相应的滞纳金，不必处以罚款。根据《税收征管法实施细则》第六十三条的规定，税务机关执行扣押、查封商品、货物或其他财产时，应当由两名以上税务人员执行。城区税务分局在查封服装厂老板马某财产时，仅有小王一人参与执行，明显违背了《征管法实施细则》第六十三条的规定。

在此案例中，不仅税务机关涉税处理错误，而且企业也存在涉税处理问题。因此，对于企业而言，不仅要依法维护自己的正当权益，而且也要注意避免自身税务处理出现问题。

2. 解决税务机关处理错误的措施

针对税务机关处理错误导致的企业涉税损失，我们认为应做好两方面的工作来解决这个问题。

(1) 提高税务机关执法质量。从我国目前实际状况来看，避免税务机关处理错误最主要的方法是提高税务机关执法质量。当然，提高税务机关执法质量需做好多方面的工作。首先，继续加大税务机关培训，提高税务人员业务水平。在前面，我们已指出税务机关处理错误的主要原因是税务机关工作人员理解税法错误。税务人员业务水平提高，税务处理错误自然就会减少或被规避。其次，进一步完善财政体制。在我国基层税务机关，收入水平或办公经费对地方政府有一定的依赖性，其根本原因在于国家财政投入不足。根据基层税务机关正常运行需要，来确定财政拨款额度，则可以有效地解决基层税务机关对地方政府的依赖，从而杜绝税务机关违规征税问题。在目前我国财政收入比较充裕的条件下，解决这个问题应该不是一件很困难的事情。最后，严格执行《税收征管法》。根据我国《税收征管法》第八十二条的规定，税务人员滥用职权，故意刁难纳税人、扣缴义务人的，调离税收工作岗位，并依法给予行政处分。该规定对税务人员有很强的约束力。但在实际税收征管中，税务人员滥用职权的行为有时还会发生，其原因在于某些基层税务机关没有严格执行《税收征管法》。因此，杜绝税务人员滥用职权的行为在于严格执行《税收征管法》，规范税务人员执法行为。

（2）企业应积极维护自己的正当权益。为了防止和纠正违法或不当的税务具体行政行为，保护纳税人及其他税务当事人的合法权益，我国全国人大常委会及有关部门先后颁布了《税收征管法》《税务行政听证程序实施办法》《税收行政复议规则》等法律法规。此外，公民、法人和其他组织还可以根据《行政诉讼法》，针对税务机关及其工作人员的具体税务行为违法或不当，向人民法院提起税务行政诉讼。我国的这些法律法规对纳税人正当权益，起了很好的保护作用。

但在实际纳税过程中，纳税人的正当权益被损害的现象时有发生，其重要原因在于纳税人没有用好或根本就没有运用国家提供的保护纳税人利益的法律法规。因此，对于税务机关处理错误的行为，纳税人应积极运用国家给予的保护其权益的法律法规，来维护自己的正当权益。在【案例 2-10】中，纳税人高某就积极运用《行政诉讼法》《税收征管法》，成功地维护了自己的正当权益。

然而，一些纳税人对税务机关的侵权行为，并不是及时据法力争，维护自己的正当权益，而是消极地接受，因而只能承担由此带来的额外税收负担或其他损失。

规避额外税负还谈不上是真正意义上的税收筹划，它展示的是一个“循规蹈矩”并严格按照税法履行纳税义务的纳税人应承担的税收负担。因此，规避额外税负还只是停留在按照正常的应税行为不多缴纳税款的层面上，还没有涉及对纳税行为进行设计以减轻税负的层次。因此，只要正确地掌握和了解税收法规，实实在在地申报应缴纳税款，就能达到规避额外税负的目的。

2.2 优化涉税经营方案

一旦纳税行为发生了，税制的各个要素也随即产生，即由谁纳税、纳什么税、应该缴纳多少、什么时候缴纳等。与企业经营相关的因素，如企业生产经营所在地域、所处行业、生产的产品、企业财务核算方法、企业的组织形式、投资融资方法等都会对企业的纳税行为产生影响，从而影响到企业的税收负担。这就意味着，企业的税收负担虽然是在经营过程中发生的，其轻重却是在企业作出有关经营决策之时就已经决定了。因此，为了降低税收成本，企业仅仅在经营过程中避免额外税负是不够的，更为重要的是，在作出经营决策之前就必须综合地考虑不同决策可能导致的税收负担的不同。这就是企业的优化涉税经营方案问题。

规避额外税负是企业在没有任何设计筹划的情况下，保证不多缴纳税款或是防止无意过失的税收罚款。而争取有利税收政策则已经上升到政策制定者的层次，实行对自己最有利的税收政策。所以，对于普通的纳税人而言，在生产经营过程中，最实际也最常用的方法就是优化涉税经营方案，而且一般企业对于税收筹划的要求更多的也是停留在这个层次上。因此，企业的税收筹划的概念也更多的是从这个角度定义的，是指企业在作出重要的经营决策之前，以顺应税法的立法意图为前提，综合考虑市场因素和税收因素，寻求未来税负相对最轻、经营效益相对最好的决策方案的行为。

【案例 2-12】 武汉某大型商场为增值税一般纳税人，在即将来临的某个重要节日，准备开展让利、赠送礼品和现金返还等促销活动。让利方案是商品以八五折销售；赠送礼品方案是购物满 100 元赠送价值 15 元的礼品；现金返还方案是购物满 100 元返还 15 元的现金。据该商场营销总监的测算，如果采用让利方案，商场的销售额预计为 2000 万元；如采用赠送礼品方案，商场的销售额预计为 1900 万元；如采用现金返还方案，商场的销售额预计为 2200 万元。在三种促销方案下，所得税前扣除的其他费用均为 130 万元。商场进货成本是商品零售价格的 50%，进货均能取得增值税专用发票，增值税税率为 17%。

在让利、赠送礼品和现金返还三种促销方式下，商场的销售额是不一样的。但商场董事会关心的是，在哪种方案下商场获取的税后净利润最大。

方案一：商品以八五折销售。

增值税销项额＝2000÷1.17×17%＝290.60（万元）

增值税进项额＝2000÷0.85÷2÷1.17×17%＝170.94（万元）

增值税＝（290.60－170.94）＝119.66（万元）

附加税费＝119.66×10%＝11.97（万元）

销售收入＝2000÷1.17＝1709.40（万元）

可扣除金额＝2000÷0.85×0.5÷1.17＋130＋11.97＝1147.50（万元）

企业所得税＝（1709.40－1147.50）×25%＝140.48（万元）

税后利润＝1709.40－1147.50－140.48＝421.42（万元）

方案二：“满百送十五”。

1900 万元的销售收入应纳增值税：

（1900－1900÷2）÷1.17×17%＝138.04（万元）

附加税费＝138.04×10%＝13.80 万元（万元）

自 2011 年 6 月 9 日起，企业通过价格折扣在向个人销售商品和提供服务的同时给予赠品，不征收个人所得税。

销售收入＝1900÷1.17＝1623.93（万元）

赠送礼品成本可以在税前扣除。

可扣除金额＝1900÷2÷1.17＋130＋13.80＝955.77（万元）

企业所得税＝（1623.93－955.77）×25%＝167.04（万元）

税后利润＝1623.93－955.77－167.04＝501.12（万元）

方案三：购物满100元返还15元现金。

增值税额＝（2200－2200÷2）÷1.17×17％＝159.83（万元）

附加税费＝159.83×10％＝15.98万元（万元）

销售收入＝2200÷1.17＝1880.34（万元）

可扣除金额＝2200÷2÷1.17＋130＋15.98＝1086.15（万元）

企业所得税＝（1880.34－1086.15）×25％＝198.55（万元）

税后利润＝1880.34－1086.15－0－198.55＝595.64（万元）

根据上述计算结果，各个方案的税收负担和税后利润对比情况，如表2-1所示。

表2-1 各个方案的税收负担和税后利润 单位：万元

方案	销售额	增值税	附加税费	个人所得税	企业所得税	税后利润
一	2000	119.66	11.97	0	140.48	421.42
二	1900	158.74	13.80	0	166.52	501.12
三	2200	159.83	15.98	0	198.55	595.64

通过对三个促销方案的比较分析，可以看出让利方案虽然销售额不是最高，税后利润却是最低的；现金返还方案销售额最高，同时税后利润也是最高的；赠送礼品方案虽然销售额最低，但税后利润高于让利返还方案。为了追求企业税后利润最大化，商场董事会于是决定采用现金返还方案进行促销。

流转税、所得税作为我国税收体系中最主要的两大类税种，在很大程度上影响着纳税人的决策，因此就成为各行各业筹划的重点。但从原则上说，税收筹划是适用于所有税种的。对于其他小税种，只要精心研究其性质，了解税收征管依据的形成过程，同样也能达到意想不到的效果。

【案例2-13】[①] 阳光实业集团公司（以下简称阳光公司）系浙江杭州一家房地产开发投资公司，2012年2月与我国某知名台资企业达成一笔业务，以26亿元的价格在我国某旅游城市开发一个带有高尔夫球场的高级度假村。公司已于某地政府取得联系，并签署了征地上项目的投资意向书。其整个业务的操作流程是：先由阳光公司购买土地并建成带有高尔夫球场的高级度假村，然后再以商定价格销售给该台资企业。通过有关权威机构的分析论证，开发成本18亿元，其中取得土地使用权的成本为6亿元。

对于阳光公司，如果按这个业务流程进行操作，按规定应缴纳如下税费：

营业税及附加＝（26－6）×5.5％＝1.1（亿元）

印花税＝260000×0.03％＝78（万元）

土地增值额＝26－18×（1＋20％）－1.1－0.0078＝3.2922（亿元）

土地增值税额＝3.2922×30％＝0.98766（亿元）

应纳税所得额＝26－18－1.1－0.0078－0.98766＝5.90454（亿元）

企业所得税＝5.90454×25％＝1.476135（亿元）

① 庄粉荣．纳税筹划实战．北京：机械工业出版社，2012.

税后利润＝5.90454×（1－25％）＝4.428405（亿元）

税费合计＝1.1＋0.0078＋0.98766＋1.476135＝3.571595（亿元）

仅一个项目就要拿出近3.6亿元的现金，企业感觉难以承受，董事会认为，应该找有关税务专家咨询，看看这个业务是否存在筹划的空间。

通过对公司经营状况、经营流程仔细了解，以及分析公司该笔业务涉税事项后，税务专家提出阳光公司该笔业务操作流程应作如下修改。

第一步，与购买该度假村的台资企业协商，请其先预付一部分资金作为投资款，与阳光公司共同成立一个责任有限公司“幸福苑度假村”（以下简称度假村）。度假村拥有法人资格，独立核算。

第二步，度假村进行固定资产建设，有关费用在度假村“在建工程”账户核算，如果资金存在缺口，则由房产开发公司提供，度假村作应付款项处理。

第三步，度假村的高尔夫球场及其他固定资产建成以后，台资企业以兼并的方式取得度假村的实际控制权。通过兼并，阳光公司将拥有度假村的股权全部转让给台资企业。阳光公司收回股权转让价款及度假村所有债权。

通过以上税收筹划，“幸福苑度假村”根据国家税务总局公告2011年第51号文规定，可以不缴纳营业税及附加税费和土地增值税。但公司股权转让需要缴纳企业所得税：

（260000－180000－78）×25％＝19980.5（万元）

阳光公司实际税后利润为

260000－180000－78－19980.5＝59941.5（万元）

公司最终的净收益增加了15657.45（59941.5－44284.05）万元。

一般地，税收筹划的主体是企业单位，一些高收入人群也会聘请专业税务人员进行税务筹划，而普通大众觉得自己离税收还是很远的。但随着税制改革的不断深入，税收也与人们的生活越来越贴近了。例如，人们根据汽车的标价，支付价款买车，实际上价款中包括了增值税、消费税、附加税费，这些看似由厂商缴纳的税款，其实通过售价转嫁给购车者承担。当购买车辆之后，必须在办理车辆登记注册之前按照不含增值税价款的10％缴纳车辆购置税；车辆上路使用时，还需要每年到地税部门缴纳车船税。

在人们日常的投资理财活动中，也涉及多个税种的缴纳。例如，在证券市场进行股票交易，卖方按0.5‰的税率缴纳股票交易印花税，买方则不需要缴纳印花税。在房地产市场交易房产，卖者需要缴纳营业税、房产税、个人所得税、附加税费等，而买房则要缴纳契税、印花税等。可见，税收离普通大众其实很近。因此，普通大众在涉税过程中，也应注意税收筹划自身的行为，争取税收上的利益，是极其必要的。

【案例2-14】　李先生在业余时间为一家公司提供装修设计服务，每月获得劳务报酬5000元，为此每月需支付往返车费200元，材料费1000元，则1年中李先生怎样才能使承担的税收负担最轻呢？[①]

方案一：全部收入作为个人所得，按劳务报酬缴纳个人所得税。

年交个税＝5000×（1－20％）×20％×12＝9600（元）

① 和夫英．分类所得税制下个人所得税税务筹划．内蒙古科技与经济，2014，(3).

方案二：成立个人独资公司专门进行此服务。

本年度的总收入＝5000×12＝60000（元）

总成本＝（200＋1000）×12＝14400（元）

个人可扣除的费用＝12×3500＝42000（元）

年交个税＝（60000－14400－42000）×5％＝180（元）

这是一个与我们生活相关的典型例子。方案二比方案一少缴税 9420（9600—180）元，减轻税负达 98％。此例题就是运用了劳务报酬与个体工商户之间的转化来达到税收筹划的目的。

在市场经济条件下，如何运用税收筹划方法减轻企业的税负水平是一个非常复杂的问题，没有通行的法则。相比之下，企业建立税收筹划的意识并把它融入企业经营决策的始终，要比机械地学习和运用几个具体方法更为重要，也更有意义。

2.3 争取有利税收政策

如果把规避额外税负、优化涉税经营方案理解为在现有的税收体制中选择或运用有利的税收政策，那么争取有利税收政策就可以看作为了自身利益而制定新的税收政策或税收征管。如果纳税人可以自己决定税收政策，他会毫不犹豫地废除税收制度，因为这样纳税人就可以不用承担任何税收负担，但这显然是不可能的。虽然如此，但作为税收征纳双方所共同遵循的税收政策还是人为地制定出来的，这就为纳税人争取有利税收政策提供了可能。因此在争取有利税收政策的层面上，税收筹划者已经不再是税收制度的遵行者，而是进一步上升为税收制度的构思者。

2.3.1 财政政策的非普惠性

财政政策包括财政收入政策和财政支出政策。财政收入政策主要是指税收收入政策，而财政支出政策则包括财政性购买政策和财政转移支付政策。因此，财政政策的非普惠性也就体现在财政收入政策和财政支出政策上。财政收入政策的非普惠性，也即税收收入政策的非普惠性，主要是指一国税收政策对该国企业或居民所征收的税收是有差异的，即部分居民或企业承担税收负担，而其他部分居民或企业则不用承担税收负担，即使是同样承担税收负担的那部分居民或企业，他们之间所承担的税负还是有差异的。一国企业或居民所承担税收的差异性，通常是复合税制模式下税种的非普征性造成的。财政支出的非普惠性是指财政支出给一国居民或企业所带来的益处具有差异性，即部分居民或企业可以获得国家财政支出的好处，而另一部分居民或企业则享受不到这种好处，即使是同样获得国家财政支出好处的居民或企业，他们之间所获得的好处还是有差异的。一国居民或企业所获得财政支出益处的差异性，主要是由财政支出的非普惠性造成的。税种的非普征性和财政支出的非普惠性，对纳税人的争取有利政策税收筹划具有重要影响，因此我们有必要对它们作进一步的分析。

为了有效地组织财政收入，调控国家宏观经济，世界各国普遍地采用了复合税制模式。与世界其他国家一样，我国税制也采用了复合税制模式。在复合税制模式下，没有任何单一税种是对所有企业或个人同时征收的，即复合税制具有非普征性的特点。例如，我国税制第一大税种增值税，就具有显著的非普征性特点。首先，从纳税人来看，我国增值税的纳税人为在我国境内销售货物或提供加工、修理修配劳务，以及进口货物的单位或个人。显然，建筑、金融保险的服务，转让无形资产或销售不动产，以及在城市、县城、工矿区范围使用土地等的单位和个人均不属于增值税纳税人。从征税对象来看，增值税的征税对象主要是销售或进口的货物及提供的加工、修理修配劳务，而单位、个人的所得，单位、个人经营所使用的房产等则不属于增值税征税范围。即使是号称普征性的个人所得税，其实也具有很强的非普征性。受免征额的影响，我国相当一部分居民排除在个人所得税纳税人之外。此外，收入来源的不同和计税依据的大小也影响着纳税人个人所得税负担。受税种非普征性的影响，总会有部分企业或个人被排除在纳税人之外，即使是同一税种的纳税人，受税前扣除范围、税收优惠等的影响，所承受的税收负担其实也有较大差异。因此，复合税制模式下税种的非普征性决定了一国不同企业和不同阶层居民所承担的税收负担是有差异的。

以财政支出是否与商品和服务交换为标准，可将一国财政支出分为购买性支出和转移性支出。购买性支出直接表现为政府在市场上购买商品和劳务，转移性支出则表现为政府资金无偿的、单方面的转移。随着市场经济的发展和我国经济体制改革的深入，转移性支出在社会经济生活中扮演着越来越重要的角色，它却日益显示出非普惠性特征。为了扶持某些产业的发展，国家通常会采用直接财政补贴政策。例如，为了扶持高效照明产业发展，我国有关文件明确规定，大宗用户每只高效照明产品，中央财政按中标协议供货价格的 30%给予补贴；城乡居民用户每只高效照明产品，中央财政按中标协议供货价格的 50%给予补贴（财建【2007】1027 号）。此外，为了避免重要产品价格波动，维护社会公众生活的稳定，国家财政也会对部分企业进行补贴。据中国石化 2008 年 8 月 25 日披露的半年报显示，2008 上半年该公司获得的国家财政补贴达 334 亿元人民币。不论是国家产业政策补贴，还是维护社会稳定的财政补贴，其受益者是一定的，不可能做到所有企业和个人都从中受益，即使同样是受益者，他们从国家转移支付政策中获得的益处也是有差异的。

综合税种的非普征性和财政支出的非普惠性，可以看出，一个国家无论实行怎样的税制，税收总是要从一部分社会成员或企业的钱袋中取钱给另一部分社会成员或企业。因此，任何税收制度或政策总是对一部分人或企业有利而对另一部分人或企业不利，对所有人或企业都有利的税收政策事实上是不存在的。于是，不同利益集团或社会阶层之间关于税收政策的争论总是不可避免的。

2.3.2　利益集团争取有利税收政策

税收政策的制定过程实际就是各个利益集团为各自利益相互博弈的一个过程。一项税收政策的出台也总是伴随着这样或那样的争论：支持者希望政策得到执行，因为可以从中受益，否则就没有必要极力赞成；而另一群体则会极力反对，因为他们很可能要为受益者“买单”。所以，争取对自身有利的政策，是最直接也是最稳妥的税收筹划方法。根据税收筹划主体的不同，争取有利政策显然可以分为利益集团争取有利政策和单个企业争取有利政策。下面，本书将根据税收筹划主体来介绍争取有利税收政策。

不同利益集团或社会阶层之间关于税收政策争论的一个典型例子就是从 1995 年年底到 1996 年年初，美国克林顿政府与国会关于预算平衡方案的僵持。代表低收入阶层利益的民主党政府主张增加政府开支和增加税收，如增加儿童健康保险、社会福利等开支，同时增加香烟销售税。代表富人利益的共和党控制的国会则坚持要削减政府开支和降低税收，如主张将资本增益税率从原来的 28%减少到 20%，将遗产税起征点从以前规定的 60 万美元提高到 100 万美元。由于各自代表的利益不同，双方各持己见，相持不下。为了逼迫克林顿民主党政府接受共和党提出的预算平衡方案，国会竟然迟迟不通过政府开支法案，致使美国联邦政府的部分机构曾在 1995 年 11 月 14 日至 19 日、1995 年 12 月 16 日至 1996 年 1 月 6 日期间两度关门。[①]

在我国税收政策的制定过程中，也存在很多这种案例，内外资企业两套企业所得税合并问题和有色金属业争取优惠出口退税问题就是两个典型的案例。

【案例 2-15】 长期以来，我国执行《中华人民共和国企业所得税暂行条例》和《中华人民共和国外商投资企业和外国企业所得税法》两套企业所得税制，对外资企业颇为照顾。无论是在税前扣除，还是在税收优惠政策上，外资企业都比内资企业享有了更大的优惠。据有关部门测算，全国内资企业的平均税负为 24%左右，比外资企业平均税负 14%约高出 10 个百分点[②]。税收负担上的差异使内、外资企业在市场竞争中不能处于公平地位，削弱了内资企业的竞争力。同时，两套税制本身有违国民待遇原则，也有悖于 WTO 所倡导的公平贸易精神。因此，从 1994 年税制改革之后，“两税合并”的呼声就此起彼伏。早在 2000 年，财政部就已着手调研两税合一的可能性。2004 年 8 月，财政部、国税总局将两税合并草案提交到国务院。2005 年 1 月 12 日，时任财政部部长金人庆在一个重要会议上呼吁：“统一内外资企业所得税已经迫在眉睫，现在时机已成熟，不能再拖了。”然而，直到 2007 年 3 月 16 日，第十届全国人民代表大会第五次会议通过了《中华人民共和国企业所得税法》，才结束了内、外资企业运用不同所得税法的历史。新企业所得税统一了有关纳税人的规定，统一并适当降低了企业所得税率，统一并规范了税前扣除办法和标准，统一了税收优惠政策。两税合并之所以经过十多年的时间才得以实现，主要的原因还在于两大集团的利益博弈，一方是外资企业、国家商务部、地方政府；另一方则是内资企业、国家财政部和国家税务总局。

统一内、外资企业所得税的直接“受害者”是外资企业。在 2005 年 1 月 12 日金人庆发表有关“两税合并”讲话不久，外资企业对“两税合并”问题很快就发出了自己的声音。54 家在华投资的世界 500 强跨国公司向财政部、商务部和国家税务总局提交了一份《在华投资的跨国公司对新企业所得税法的若干看法》的报告，提出新的企业所得税法能够就现有的优惠政策给予外商投资企业 5～10 年的过渡期，并且希望中国政府能够在新企业所得税法中给出一个“合理的、具有竞争力”的企业所得税率。除触及了自身利益的外资企业反映强烈之外，来自商务部和地方政府官员的阻力也在一定程度上延

① 颜茜. 美国两党已就联邦预算案达成协议避免政府关门. 新浪财经，2011-04-09.

② 国家税务总局. 新企业所得税法解读. 北京：中国税务出版社，2008.

缓了两税合并进程。2005 年 7 月 12 日，在“中国改革高层论坛”上中国商务部部长助理陈健表示，“中国现行政策同周边国家及一些发展中国家相继出台的许多优惠政策相比，优势并不明显。而仅靠市场规模、劳动力成本等比较优势，中国难以在吸收外资的竞争中占有有利地位。尤其在现阶段，中国劳动力成本正在上升，资源又存在短缺，在没有相对稳定的、可靠的替代政策下，应保持吸收外资政策的连续性和稳定性”。持反对态度的还有一些地方政府，因为外资企业不仅已经成为某些地区经济产业支柱和财税收入重要来源，而且还是衡量官员政绩的一项重要指标。

博弈的另一方则认为“两税合并”有利于发展民族工业，维护国家经济安全，是符合步入 WTO 的中国时代发展需要的。在 2005 年 7 月 12 日举行的“中国改革高层论坛”上，时任财政部副部长楼继伟表述了与商务部部长助理陈健不同的观点：“实行内外资企业所得税合并不会明显加重外资企业的负担。现行外资企业的部分优惠政策将会被产业优惠政策取代；现行的税收优惠政策将考虑给予一定的过渡期，加上全面实施增值税转型改革，对于外资企业来说实际还可以起到减轻税负的作用。”2007 年 3 月 9 日，在十届全国人大五次会议记者招待会上，金人庆再次表示支持两税合并，认为“对于外资企业，包括享受外资待遇的港澳台企业来讲，税率增加部分和企业丰厚的利润比，不会造成很大影响，也不会影响这些企业家到中国来投资的积极性”。而近年来，国家财政收入增长速度超过 GDP 的增长速度，也说明了政府有能力承受“两税合并”造成的税收收入的下降。

本案例充分体现了税收法律变动对各方利益集团的影响，是多个利益相关主体博弈的结果，作为税负承担者的企业应该在税制变革中合理地适时地发出自己的声音，反映自己的要求，为自己争取有利的税收政策。从下面这个例子中，我们可以更好地领会到行业成功争取有利税收政策的实惠。

【案例 2-16】　2003 年下半年，为进一步优化出口商品结构，抑制资源性产品的出口，国家开始酝酿改革部分产品的出口退税政策，拟取消铜、铝、锌、镍等产品出口退税优惠政策。

湖北省某铝业企业联合河南等省冶金工业企业，积极地与中国有色金属工业协会钛锆铪分会交流，密切关注国家政策变动倾向。在 2003 年 9 月财政部召开有关部门参加的调整出口退税率会议上，中国有色金属工业协会钛锆铪分会向财政部提交了《关于调整部分有色金属商品出口退税率的紧急报告》，表达了有色金属行业保留锌、铝、铜、镍等有色金属及其合金的出口退税率的意愿，并说明了理由。会后，相关企业一直注意随时与协会保持着紧密的信息沟通，及时从协会处了解到相关内容。在协会统一协调下，相关企业在有限的几天时间里先后三次向国家有关部门反映汇报意见。

最终，在协会的积极支持下，财政部没有取消有色金属出口退税，仅只对铜、铝、锌、镍等产品的出口退税进行了下调：铜类出口退税率从 13%下调至 5%，铝类税号从 13%下调至 8%或 11%，锌类耗材从 13%下调至 8%，镍类建材从 13%下调至 5%。冶金工业企业积极争取到的税收政策，既维护了冶金工业企业的利益，又保证了有色金属行业的稳定发展。

类似的实例还有，2003 年以前，国家为支持高新技术产业的发展，对高新技术产品实行17%出口退税政策。高纯银是有色金属行业高新技术产品之一，应该享受17%退税政策。但据一些白银生产企业反映，由于海关商品编码与高新技术产品编码不一致，使企业在出口高纯银时无法享受高新技术产品出口退税政策。为此，河南某白银生产集团通过中国有色金属工业协会向科技部、财政部、商务部、海关总署和国家税务总局积极进行反映，提请协会召集国内部分白银生产及出口企业进行座谈，请科技部、商务部、国家税务总局等有关部门参加会议听取意见。在一系列会议后，科技部火炬中心认同了白银生产企业的意见，并向国家税务总局出具了关于高纯银海关编码更正的函，国家税务总局据此于2003年10月将高纯银税号进行了调整，从而使高纯银出口退税问题得到圆满解决。仅此一项工作就使白银生产和出口企业直接受益上亿元，其中白银出口大户可获得直接效益800万～1000万元。

2.3.3 单个企业争取有利税收政策

争取有利税收政策，从大范围考虑，可能涉及对某一税种大刀阔斧的改革，如“两税合并”问题；也可能涉及某一税种的开征与否，如燃油税，它都是博弈双方从各自的利益出发争取有利的税收政策。从较小范围来看，争取有利政策则可以是对相应税种的某一税制要素的政策争取，最常见的是对税收优惠政策的筹划。通过积极掌握税收政策的“主动权”进行筹划，不仅可以最大限度地降低筹划的风险，而且效果显著。

某一税种的开征与否涉及各大强势利益集团的争夺，重大税收优惠政策的争取更多的也是对于某一行业而言，而一般的企业离这些不是太远就是力不从心，实际的可操作性很差。

因此，对于具体的纳税人而言，争取有利税收政策应着重于企业的实际情况，在不违背基本税收政策的大前提下，可以提出提高征管效率或降低企业税收负担的专项税收政策。下面就是两个关于争取到有利的税收政策的案例。

【案例2-17】 九鼎公司是中南某省一家通信产品销售企业，在全省10多个地级市和20个县设置了分公司，公司实行三级独立核算。在购销流程中，九鼎公司采取招标形式，统一向全国电信产品生产厂家进行采购，然后加价10%向地级市公司进行调拨结算，地级市公司再向各县公司进行调拨结算，未出售的产品退回总公司。但这种管理模式增加了企业税收负担。根据我国相关税法规定，九鼎公司与各级分公司之间的调拨都要按视同销售进行处理，分别计算增值税进项税额与销售税额，缴纳增值税（财法【1993】38号）。但从整个公司而言，这种调拨并未真正实现销售。此外，九鼎公司各分公司经理有1/3的工作时间要用来处理与当地税务、工商部门的关系，严重地影响了公司运作效率。

经过多次争取和申请，九鼎公司所在省国税局终于同意九鼎公司及其所属公司实行总公司统一计算缴纳增值税。在购进环节，公司向电信产品生产厂家购进产品而取得进项税额作为增值税进项税额进行抵扣。此外，所属分公司所发生的水电费、运费在当地国税局认证核定后，可作为进项税额，上报总公司统一进行抵扣。在销售环节，各市县级分公司对外销售按会计制度规定作销售收入，计提销售税额，并开具增值税专用发票。总公司向各分公司内部调拨不作销售收入，只开具内部调拨单，不开具增值税专用发票和普通发票。

新征管办法实施后，从三个方面有效地提高了公司资金使用效率。一是由于公司内部调拨不再开具增值税专用发票和普通发票，仅开具内部调拨单即可，这样就为公司节约了一笔购买增值税发票及相关的费用，每年合计约为 10 万元；二是增值税税额管理主要集中到总公司，减少了税务机关对下属分公司的税务检查，降低了税收缴纳成本，每年合计约为 50 万元；三是由于公司内部调拨不再视同销售，增加了企业流动资金，提高了企业资金货币价值。此外，由于减少了同当地税务部门、工商管理部门打交道的时间，分公司经理可以全身心地投入工作，大大提高了公司运作效率。由此可见，九鼎公司自主申请所需的税收政策，虽然从整体上并没有降低公司税收负担，但为企业却谋得了税收缴纳成本节约的实惠好处，还给企业经营创造了更为有利的条件和环境。

九鼎公司的积极反应为该公司的长远发展争取了有利的税收政策，为行业内企业争取有利政策提供了典范。企业不仅可以争取有利的税收征管方法，而且还可以就某些突发事件，积极争取国家税收优惠政策。浙江省电力公司就是这方面的典型例子，它对其他企业争取有利专项税收政策，具有积极的启发的作用。

【案例 2-18】　2008 年 1 月，浙江地区同我国南方其他省份一样，遭遇了严重的冰雪天气灾害。在这场冰雪灾害中，浙江省电力公司受损严重，累计倒（断）塔（杆）15 157基，其中，500 千伏线路倒塔 167 基、受损 28 基，220 千伏线路倒塔 45 基、受损 17 基，110 千伏线路倒塔 23 基、受损 14 基；直接经济损失 27.48 亿元，其中主网 15.03 亿元，配网 12.45 亿元。

为了尽快恢复电网正常运行，支持浙江地区经济发展，浙江省电力公司共投入 55 亿元和近一半的职工用于电网重建工作。此外，浙江电力公司还向浙江灾区捐助人民币 1500 万元。针对严重的自然灾害所带来的损失，浙江省电力公司积极与浙江省国税局进行沟通，详细向浙江省国税局汇报了冰灾造成的损失情况及浙江公司开展的抢修情况，并就冰灾造成的损失、抢修恢复费用、各类慰问支出、社会各界捐赠支出、灾后重建支出等提出了相关税收政策扶持要求。

针对浙江电网公司提出的相关要求，浙江省国税局经认真调查后，表示省国税局本着服务企业、服务浙江经济发展的宗旨，对浙江省电力公司提出的简化财产损失报批手续、放宽抢修费用税前扣除标准及慰问支出的相关资料审查等要求，属于省国税局职权范围的，将尽快予以解决。

据我们对浙江省国税局有关工作人员的了解，在浙江电力公司提出相关要求不久，浙江省国税局就在职权范围内对其有关涉税问题进行了处理。可见，浙江电力公司积极争取到的税收政策，为企业带来了理想的收益。

2.3.4　争取有利税收政策的途径

争取有利税收政策给纳税人带来的利益是显而易见的，那么纳税人该如何争取有利税收政策呢？由于争取税收政策的主体主要有企业集团、单个企业和个人，所以本书将根据三者来分析纳税人如何争取有利政策。

（1）个人争取有利税收政策途径。在三类争取有利税收政策利益主体中，个人的力量是最弱的，既没有企业集团广泛的社会资源，也没有企业的经济实力。因此，个人不可能像企业集团、企业那样来争取税收政策，而应根据自身的特点来争取税收优惠政策。根据我国目前的实际情况，个人争取有利税收政策的主要途径是在各种媒体上开展讨论或呼吁。我国个税免征额提至3500元是自1994年现行个人所得税法实施以来第三次提高。2006年，个税免征额从每月800元提高到1600元；2008年，个税免征额从1600元提高到2000元[①]，就是个人通过这种方式取得成功的典范。当中国青年报社会调查中心在2007年通过网上了解社会对个人所得税1600元免征额的看法时，高达97.28%的调查者认为太低，80.29%的调查者认为个税免征额应在2500元以上。[②] 此外，在同一时期，高培勇、郑功成、魏杰等我国有关学者还在各种媒体上发表相关论文呼吁国家提高个税免征额。最终，在2011年6月30日，十一届全国人大常委会二十一次会议6月30日表决通过了个税法修正案，将个税起征点由现行的2000元提高到3500元，适用超额累进税率为3%～45%，自2011年9月1日起实施。

（2）企业争取有利税收政策途径。在三类争取有利政策利益主体中，企业处于个人与企业集团之间的位置。与个人不同，企业具有较强的经济实力，但与企业集团相比，没有广泛的社会资源。根据我国企业的实际状况，企业争取有利政策的主要途径是积极与当地税务机关及有关政府部门进行沟通，反映和申诉有关税收问题。当然，企业也可以像个人那样，借助有关媒体进行讨论或呼吁。但由于企业涉及的问题大多是企业专项问题，很难引起社会共鸣，所以企业一般不采用在媒体上开展讨论或呼吁的方式来争取有关政策。例如，户县二厂抓住近年来以节能技改和实现供热转型在节能环保上作出的突出成绩，取得了申报资格。在2011年大唐户县第二热电厂接到户县国税局转发的财政部、海关总署、国家税务总局《关于深入实施西部大开发战略有关税收政策问题的通知》，继续享受企业所得税西部大开发优惠税率，享受年限为2011～2020年，为该厂盈利创效再添新枝[③]。

（3）企业集团争取有利税收政策途径。与争取有利政策主体的个人、企业相比，企业集团既有广泛的社会资源，又有雄厚的经济实力。因此，企业集团争取有利政策的途径就比较广泛，既可以采用个人争取有利税收政策的途径，也可以采用企业争取有利政策的途径，此外企业集团还可以通过各种渠道直接向有关政策制定部门反映意见和要求。一般来说，企业集团通常采用第三种途径来争取有利政策。例如，重庆大唐国际彭水水电公司在坚持依法纳税的同时，努力研究企业所得税税收政策，并充分利用税收优惠政策取得了实质性成果，2011年第一至第三季度，获得企业所得税税收优惠880.59万元。据悉，该公司从2008年起享受西部大开发企业税收优惠政策，2008年、2009年免征企业所得税，2010年按7.5%企业所得税率征收企业所得税。2008～2010年，该公司已累计获得企业所得税税收优惠18 165万元。根据财政部、海关总署、国家税务总局联合印发《关于深入实施西部大开发战略有关税收政策问题》的通知精神，2011

① 中国青年报社会调查中心．个税免征额升至3500元．新华网，2011-07-01.

② 个税起征点是否应该提高．新华网，2008-10-09.

③ 佚名．大唐户县第二热电厂再获企业所得税优惠政策．中国电力网，2011-12-08.

年，该公司向彭水县国税局争取继续享受西部大开发企业税收优惠政策，并于 2011 年 10 月获得有关部门同意，继续享受西部大开发税收优惠政策。其中，2011～2012 年减税后按 7.5％的税率缴纳企业所得税，2013～2020 年减税后按 15％的税率缴纳企业所得税。[①]

相应地，我国有关政府部门在制定税收政策时也应积极地征求纳税人的意见。例如，英国政府在对税收政策有重大调整时，都会向各种有代表性的团体、利益集团、政府部门，以及社会贤达和普通公众征求意见，再由财税部门形成政策建议提交议会，通过英国女王批准成为法律。为了推进我国纳税人权益保障制度建设，对于涉及重大税收政策及事项的调整，国家税收政策制定部门应该提前征询纳税人和社会各界的意见，并通过公开渠道告知。这样就为纳税人提供了一个积极争取有利政策的平台。

随着我国经济和政治体制改革的深入和人民代表大会制度的不断完善，财政税收政策的争论和制度也会逐步公开化，企业是否有能力在有关的税收政策的争论中明确自己的目标并获得支持将变得越来越重要。

2.4　税收筹划的研究范畴

通过上述分析，我们可以看到规避额外税负、优化涉税经营方案与争取有利税收政策三种类型税收筹划之间既有区别，又有联系，各自具有鲜明的特点。这些特点集中体现在税收筹划目的、筹划重点与筹划层次的差异上。

（1）税收筹划目的的差异性。纳税人规避额外税负的目的是规避纳税错误，正确地按税法规定履行相关纳税义务，这是纳税人进行税收筹划最基本的目标。因此，规避额外税负是任何纳税人进行税收筹划所必备的要求。而优化涉税经营方案的目的是纳税人顺应国家税法立法意图，通过对其经营活动的安排，来实现企业税后利润最大化或股东权益最大化。与规避额外税负和优化涉税方案不同，争取有利税收政策最主要的目的，则是指纳税人在顺应税法立法意图条件下，根据自身经营特点，探索适合自身特点的税收制度或税收征管。

（2）税收筹划重点的差异性。纳税人规避额外税负的重点是如何不违反国家税法规定，正确地按照税法要求计算缴纳有关税收，并对税务机关涉税处理错误据法力争，维护自己的正当权益。优化涉税经营方案的重点是纳税人根据国家税法立法意图，如何对其经营、投资、理财等事项中的涉税活动进行事先安排和筹划。如果应税行为已经发生，纳税人才考虑税收筹划问题，则是规避额外税负筹划的重点。争取有利税收政策筹划的重点是纳税人按照国家宏观调控意图，如何结合企业生产与经营特点，提出符合自身特点的税收制度或税收征管。很显然，规避额外税负与优化涉税经营方案两种类型的税收筹划，都是纳税人在遵循现有税制的状态下进行的，不涉及对现行税制的修正与改革，而争取有利税收政策则与此不同，它涉及对现行税制或征管制度的修改。

（3）税收筹划层次的差异性。规避额外税负要求企业按照税法规定，正确地处理企

---

① 王华建．彭水水电公司争取企业所得税税收政策创造效益．大唐新闻，2011-11-01.

业涉税事务，规避任何法定纳税义务之外纳税成本的发生。它既不涉及对税法的利用问题，也不涉及对税法或征管方法的修改。因此，规避额外税负还只停留在按税法规定办理相关纳税事务的层面上，是企业的初级税收筹划。优化涉税方案虽然与规避额外税负一样，也是纳税人在现有税制或税收征管下，对企业涉税活动进行税收筹划。但优化涉税经营方案涉及企业对其生产、投资等经营活动的事先安排与处理。因此，优化涉税经营方案处于企业如何充分利用现行税制或税收征管的层次，是企业的中级税收筹划。而争取有利税收政策则是纳税人在充分了解现有税制或税收征管的基础上，根据国家有关调控意图，提出适合企业自身生产、经营特点的税收制度或税收征管。它既涉及对现有税收制度或税收征管的修改，又涉及企业与税法制定部门的沟通与交流。因此，争取有利税收政策是企业的高级税收筹划。

迄今为止，在关于税收筹划的流行书籍中，对税收筹划的类型没有加以区别，特别是对优化经营方案与争取有利税收政策没能进行区别。本章则将税收筹划分为三类，并且对每一类税收筹划的内涵，以及各类税收筹划之间的区别进行了探讨。之所以要作这些分类和探讨，是因为由此不难得出一个重要的结论：税收筹划的研究范畴应当有广义与狭义之分。广义的税收筹划包括全部三种类型的税收筹划，也就是将避免额外税负的筹划、争取有利政策的筹划和优化涉税经营方案的筹划全部纳入税收筹划的研究内容。狭义的税收筹划则仅仅包括中级税收筹划，即优化企业经营方案的筹划。

由于规避额外税负的筹划主要涉及纳税人根据税法规定正确地履行纳税义务，基本上不会影响企业的经营决策，是企业必须做到的基本职能，严格说来还没有涉及“筹划”活动，因而也不涉及税收筹划的技巧。争取有利税收政策虽然有一定的技巧性，但由于它主要影响税收政策的制定，一般只有特大企业或行业协会等强有力的利益集团才能有效运用这一类技巧，普通纳税人很难达到这个层次，而且，在政策发生改变之前，这类筹划也不会影响企业的经营决策。只有优化经营方案才是企业经营中经常涉及的技巧性很强因而也极富挑战性的筹划方法。在企业经营的全过程中，从组织形式与注册地址的选择，直到产品种类与营销方式的决定，若不充分考虑税收的影响，都有可能作出错误的决策，从而最终影响到企业的净收益。

所以，作为一般的手册、指南、知识普及读物，税收筹划的研究范畴不妨定位于广义的税收筹划；而作为一门学科而言，税收筹划的研究范畴还是应该侧重于狭义的税收筹划。正因为如此，我们在第 1 章给出的税收筹划的定义是：企业税收筹划是指企业在作出重要的经济决策之前，以顺应税法的立法意图为前提，综合考虑市场因素和税收因素，寻求未来税负相对最轻、经营效益相对最好的决策方案的行为。这表明，本书是将税收筹划的研究范畴概定在狭义税收筹划上的。

复习题

1. 税收筹划分为哪三种类型？各个类型对纳税人提出了怎样的要求？请举例说明。
2. 初级、中级和高级税收筹划对税收体制的理解与运用分别有什么不同？
3. 造成纳税人额外税负的原因可以分为哪几类？纳税人怎样避免为税收征管机关

的非规范性行为"买单"?

4. 企业无意中违反税法而招致的税务处罚与偷税有什么区别和联系。

5. 为什么说初级税收筹划还谈不上是真正意义上的税收筹划?你所了解的企业单位存不存在这样的问题?

6. 有人主张将税收筹划划分为事前、事中和事后三种税收筹划,你认为这样的划分对吗?

7. 了解并说明我国一项税收改革法案的制定过程,讨论纳税人争取有利的税收政策的途径在哪里?

练习题

1. 张某将自有的一间临街店铺无偿借给大学同学刘某做生意,未收取任何的租金费用,因此张某也就没申报个人所得税。税务机关了解情况后,向张某下达了《税务处理决定书》和《税务行政处罚决定书》,责令其补缴房产税和滞纳金,并处以罚款。讨论:

(1) 张某为何会被处以罚款?

(2) 这属于哪一层次的税收筹划工作没有做好?

2. 某纳税人拥有设在不同地区的两家独立的公司。适用的企业所得税率甲公司为25%,而乙公司为15%。纳税人筹划将甲公司产品以成本价卖给乙公司,再由乙公司按照正常价格出售。假设这一行为导致甲公司的收入减少10万元,乙公司的收入相应增加10万元。该行为给纳税人带来的影响是什么?这是否属于中级税收筹划?税收征管机构可能会怎样认定这一情况?

3. 张某在某市中心地段有一家餐厅,由于人流充足,生意很是红火。张某因身体状况不佳无力打理,遂由吴某承租下来。在承租合同中规定,吴某每年向张某支付20万元的承包费,其他的经营成果都归吴某所有。吴某在承包后,并未改变该餐厅的名称和变更工商登记,并仍按照原餐厅的名义经营。一年后,税务机关向张某发出了企业所得税限期缴纳通知书。张某辩解道,承租合同中明确规定除收取承包费外一切事宜都由吴某承担。你认为企业所得税应由谁承担?造成了哪一方的额外税负?这一问题应该怎样避免?

4. 深圳市福田区一私营公司主要从事投资、融资、证券交易等业务,因多方原因,于2005年下半年开始申请注销。税务机关就其经营期间的账务展开稽查,查出其向另一家公司的借款及支付的利息费用,未索取发票和银行利息单入账,而是以对方开具的收据入账。税务机关遂作出调整应纳企业所得税的规定,并对其处以一倍罚款,责令其缴纳应补税款、罚款、滞纳金合计50万元。[①]

(1) 税务机关的处理是否正确?

---

① 陈敏. 委托中介办税"省"了50万元. 中国税务报,2006-12-04.

(2) 该企业强调可以通过银行提供的信息确认这笔借款和利息的真实性。但税务人员认为，银行提供的信息只能反映资金的流向，不能作为税前扣除的依据。你认为该企业的行为是否为偷税？

5. 某投资开发公司 2012 年有两个投资项目：一是 5 年期国债，到期年利率为 5.32%；二是五年期的铁路建设债券，年利率为 4.11%。从税后收益来考虑，应该投资哪个项目？

6. 某公司（增值税小规模纳税人）有一单独地下建筑，造价约 600 万元。2012 年年初，该公司就其用途有三种考虑：一是作为生产车间，每年可生产产品 50 万元，需要支付员工工资 6 万元；二是当仓库，替另一公司存放货物，每年可收保管费 46 万元，同时支付员工工资 2 万元；三是出租给另一公司，每年可收取租金 44 万元，不需要支付任何工资费用。请计算该公司当年的企业所得税前收益。

在 2005 年年底，财政部、国家税务总局下发《关于具备房屋功能的地下建筑征收房产税的通知》（财税【2005】181 号），对地下建筑应纳房产税问题作出明确规定。请上网查找并认真阅读该政策规定，假设基本情况同上，房产税的扣除比例为 30%，讨论此时哪种情况公司收益最高。①

7. 杭州一家颇具规模的汽车销售公司，同时经销几个品牌的轿车。2005 年新引进了某著名品牌轿车，销量特别好，仅一年购进该品牌轿车支出差不多达上亿元。但是由于该公司不属于该品牌轿车专卖店性质的经销商，不能从该品牌厂方获得购进汽车的增值税专用发票。对非专卖店性质经销商销出去的汽车，厂方只能将发票直接开给最终用户。这样，就造成杭州这家汽车销售公司购进该品牌轿车时，无法取得相应的合法购货凭证，从而使得其 2005 年高达上亿元的购货支出无法入账，不能进行增值税进项税抵扣。② 这一问题是不是属于初级税收筹划的内容，请考虑该怎样进行税收筹划？

8. 据某慈善组织的一份公益调查显示，我国国内工商注册登记的企业超过 1000 万家，但有过捐赠记录的不超过 10 万家，这说明几乎 99%的企业未参加过慈善活动。慈善税收减免待遇和免税额的不合理被认为是中国缺少慈善家的一个重要原因。通过下面几个案例分析原因。

(1) 不考虑其他利益，假设有两种决策：一种是获利 1800 万元；另一种是获利 2000 万元，给慈善机构捐赠 200 万元。请问追求税后利润最大化的企业会倾向哪种决策？这说明我国税收体制中关于慈善捐赠存在什么问题使得企业“为富不仁”？

(2) 某电脑私营老板，曾向慈善机构捐赠了 10 台电脑，请问他能不能获得税收优惠？

(3) 某人以个人名义向中华慈善总会捐款 500 元，他若想获准税前扣除，要通过哪些手续？

(4) 通过以上慈善捐赠的问题，你有什么启示？认为纳税人应做好哪个层次的税收筹划工作呢？

---

① 陈荣彩，吴小慧．地下室征房地产用途不同影响税负．中国税务报，2006-02-06.

② 卢慧菲．经营方式不妥当亿元货款难入账．中国税务报，2006-06-05.

第3章

税收筹划的基本策略

研究大量的税收筹划案例可以发现，企业应用的具体税收筹划方案是形形色色、千变万化的。也就是说，具体税收筹划方案具有差异性和可变性，因而企业仅仅能使用现有的筹划方法是不够的，更重要的是，必须能根据不同情况和税收政策的变化提出新的有效的税收筹划方案。本节将根据税制要素提出税收筹划的六个基本策略，作为寻求税收筹划具体方案的基本思路和基本框架，企业可以利用这六个基本策略，结合本企业内部环境和外部环境的特点，设计出有效的税收筹划具体方案。

本书以后各章将分税种来介绍这六个基本策略的具体应用，于是就有了形形色色的税收筹划方案或方法。需要强调的是，由于各个税种的特点不同，一个税种的筹划可能主要只是应用了其中某几个基本策略；而由于一个企业同时要缴纳多种税，同一个税收筹划方案中就很可能同时应用了好几种基本策略。所以，必须注重六个基本策略的综合应用。

3.1　税制要素与基本策略的提出

从本质上说，税收筹划方案就是综合考虑了税收、财务、市场、技术等诸多因素的企业经营方案，只不过它侧重于税收成本方面的考虑。因此，由于不同企业的内部环境和外部环境是千差万别的，如企业所处的地区不同，企业经营发展所处的阶段不同，企业财务管理的目标定位不同，企业内部管理人员的素质不同，即使假定企业所涉及的税种相同，企业使用的税收筹划方案也会不同。更何况不同的企业经营范围不同、企业性质不同，所涉及的税种就不同，而不同税种的特定征收范围和征税方法决定着不同税种的筹划方法必然各具特点，这势必会进一步加剧企业间税收筹划方案的差异性。

此外，一个成功的税收筹划方案对于同一个企业来说也不会是一成不变的。因为国家会根据经济发展的变化和宏观经济政策的需要对税收政策进行调整，税收法律法规与政策的变动势必会影响税收筹划的方式、方法。要保证筹划方案的时效性，就要根据国家税收政策的调整或新政策的出台，及时提出新的税收筹划方案。

由此可知，一个企业成功的税收筹划方案放到另一个企业，也许筹划效果会大打折扣，甚至于根本无法实施；而一个时期成功的税收筹划方案到了下一个时期或许就不再有效，甚至变为偷税行为。因此，真正的税收筹划是随时都能根据企业的不同情况和税收政策的变化提出新的有效的税收筹划方案，税收筹划作为一门课程，必须以培养和训练学生具备这种能力为目标。如果仅仅局限于介绍具体的筹划方法，那么无论分析多少成功的案例，都不可能实现这个目标。

因此，有必要从成千上万的案例中归纳出若干最基本的规律、思路或策略，当面临的情况不同于以往案例时，能够运用这些基本策略，设计出新的行之有效的税收筹划方案。众所周知，一个企业缴纳哪些税、税负有多重，原则上完全取决于现行的税收制度。这就意味着税收筹划的基本策略还应该从税收制度中寻找。

税制是国家各项税收法规和征收管理制度的总称，是国家向纳税人征税的法律制度依据和纳税人向国家纳税的法律准则。税收制度作为税收的具体表现形式，是由各个税种的税法、条例、细则、规定等组成的，因此税收制度也称税收法律制度。

政府开征一个税种，其实质就是制定一系列税收法规文件，而这一系列税收法规文件就组成了税制。例如，我国的第一大税种增值税的开征，就是从国务院发布《增值税暂行条例》开始的，它与其后财政部颁发的《增值税暂行条例实施细则》，财政部、国家税务总局颁布的一系列通知、批复等补充文件，构成了增值税的税收法律制度，成为政府征收和纳税人依法缴纳增值税的法律准则。类似的是，新的企业所得税法的实施也是随着《企业所得税法》《企业所得税法实施条例》及一系列通知的下发而展开的。

研究这些税收法规，可以发现它们有不同于其他法律文件的特点。尽管每一个税种都包含一系列复杂的税收法规，但究其根本，所有这些税收法规都是围绕着税制要素展开的。税制要素是构成税收制度的基本要素，是规范征纳双方权利与义务的法律规范的具体表现。税收制度是通过对税收要素的具体规定来体现的，对每一个税制要素给出不同的定义，就形成不同的税种，而税制要素本身作为税制的基本构成单元，在不同税种中却是固定不变的。

税制要素一般包括征税对象、纳税人、税率、税目、计税依据、纳税环节、纳税期限、减免税和违章处理等。征税对象主要是指税收法律关系中征纳双方权利义务所指向的物或行为，是课税的客体。纳税人，又称纳税义务人，是税法规定直接负有纳税义务的单位和个人，包括法人、自然人及其他组织。税率是对征税对象的征收比例和征收额度，体现着征税的深度。税目是税法中对征税对象分类规定的具体征税物品、行业或项目，是征税对象的具体化。计税依据是计算应纳税额的根据，是征税对象的量的表现。纳税环节是税法规定的征税对象在从生产到最终消费的整个流转过程中应当交纳税款的环节。纳税期限是指纳税人按照税法规定交纳税款的期限。减免税是指税法对某些纳税人和征税对象采取减少征税或免予征税的特殊规定。违章处理是指对纳税人不按照税法规定办事、逃避纳税义务，以及违反税务管理规定的行为和事项采取的处罚措施。

并非每一个税种都要定义所有这些税制要素，但即使最简单的税种也需对纳税人、征税对象、税率、计税依据等税制要素作出规定。对于一个给定的税种而言，企业缴不缴税、缴多少税，取决于企业的经营行为与税制要素的规定是否相符，因此考虑任何一种具体的税收筹划方法时，都要从税制要素出发。根据这种认识不难知道，税收筹划的基本策略也应该以税制要素为主要线索来寻求。

税制要素中首先要考虑的是纳税义务，纳税义务是通过对税制要素中的纳税人和征税对象来界定的。如果企业不符合既定税种纳税人的定义，或者企业的经营范围不落在征税对象之内，企业就无须缴纳这种税。因此，企业税收筹划的第一个策略就是规避纳税义务，即设法避免成为某种税的纳税人或落入该税种的征税对象。例如，消费税的征税对象是在我国境内生产、委托加工和进口的特定消费品，其中一次性木筷就属于特定消费品，因此，如果一个纳税人生产的是一次性竹筷，则不在特定消费品的范围之内，就不是消费税的纳税义务人。

纳税人还存在名义纳税人和实际负税人的差别。名义纳税人是税法上规定的直接负有纳税义务的单位和个人，而实际负税人指税款的实际承担者或负担税款的经济主体，是税收的最终负担者。每一个税种都有实际负税人，如增值税理论上的负税人即名义负税人是购买者，而实际负税人是最终消费者，那么在我国境内销售货物的增值税纳税人，可以通过提高产品售价的方式将税负转嫁给消费者。因此当某种税的纳税义务难以规避时，可以考虑是否可以通过税负转嫁的方式达到实际上未负担或少负担税负的目的。税负转嫁就是税收筹划的第二个基本策略。

当企业无法规避某种税的纳税义务，又无法转嫁税负时，税收筹划的目的就是尽量减少纳税额。纳税人应纳税款的多少主要取决于两个税制要素，即计税依据的多少和税率的高低。当税率一定时，纳税人通过缩小税基可以减少应纳税款；当税基一定时，适用低税率同样能使纳税负担减轻。例如，企业所得税的税基是应纳税所得额，即收入总额减去成本和费用等，如果企业可以通过合理方式扩大成本或费用列支，则可以减轻纳税负担。又如高新技术企业可以享受15%的企业所得税优惠税率，企业可以创造条件满足高新技术企业的认定要求来适用低税率。因此，缩小税基和适用低税率是税收筹划的第三个和第四个基本策略。

当应纳税额也确定之后，企业进行税收筹划要考虑的就是何时进行纳税申报及何时纳税，这就是税制要素中纳税环节和纳税期限的相关规定。由于纳税义务发生时间与税款上缴时间可能存在差别，而资金存在时间价值，所以对于企业来说，尽可能地延迟纳税时间虽然不能减少纳税额，但可以获得这笔资金的时间价值，且有利于充实流动资金。故延迟纳税是税收筹划的第五个基本策略。

从税制要素考虑筹划方案的最后一个基本策略是充分利用税收优惠政策。税收优惠是国家在税收方面给予纳税人和征税对象的各种优待的总称，是政府减除或减轻纳税人税收负担的政策规定。税收优惠可以表现为减税、免税、出口退税、优惠税率、起征点、税收豁免、先征后退、加速折旧、亏损弥补、税收抵免等多种形式。这些规定可以在各税种的基本法中以减免税条款列举，也可以在一系列补充税收法规文件中以阶段性鼓励政策出现。纳税人通过改变经营策略，用好用足这些税收优惠政策，就可以降低税收负担，而这样的税收筹划方案也是明显符合国家立法意图的。

3.2　规避纳税义务

当纳税人希望减轻税收负担的时候，最先想到的应该是规避纳税义务。规避纳税义务是指纳税人通过避免成为一个税种的纳税人或征税对象，从而免除该税种的纳税义务，无须再承担该税种的税收负担。如果能规避纳税义务，则不论税基、税率等如何变化，都能最大幅度地降低税收负担。要理解和运用规避纳税义务策略，需要掌握本策略的以下三个方面的含义或表现形式。

3.2.1 规避纳税义务的两个途经

任何税种的纳税义务都是通过对纳税人和征税对象的同时确认而构成的，所以实施规避纳税义务策略时，可以从避免成为纳税人和避免成为征税对象两种途径进行。

在税法中，每个税种都对纳税人的确认作出了明确规定。如果能使自身的条件不吻合税法关于某税种纳税人的规定，就不会成为该税种的纳税人，从而可以规避该税种的纳税义务。比如，《企业所得税法》对哪些组织形式的企业属于企业所得税的纳税人，作出了明确具体的规定，因此，如果是规定中没有列出的企业组织形式，就不属于企业所得税的纳税人，如合伙企业，即使取得收入也不用缴纳企业所得税。其他许多税种也是如此，从而都存在通过避免成为纳税人而规避纳税义务的可能性。下面以个人所得税为例来说明这一问题。

【案例 3-1】 杜先生是美国华裔，退休后因怀念祖国定居中国上海，自 2007 年来华已经在中国境内居住满五年。每年，杜先生都会因为休假、处理个人账务等原因离华。2013 年其出入境记录为：1 月 31 日离华；3 月 1 日第二次来华，5 月 20 日离华；6 月 18 日第三次来华，6 月 30 日离华；7 月 15 日第四次来华，10 月 25 日离华；11 月 6 日第五次来华。当年其出租在美国的房产全年取得租金折合人民币 12 万元，获得在美国投资的股票分红共计人民币 30 万元。杜先生应如何向中国政府缴税？

依据《中华人民共和国个人所得税法实施条例》第六条规定：在中国境内无住所，但是居住 1 年以上 5 年以下的个人，其来源于中国境外的所得，经主管税务机关批准，可以只就由中国境内公司、企业，以及其他经济组织或者个人支付的部分缴纳个人所得税；居住超过 5 年的个人，从第六年起，应当就其来源于中国境外的全部所得缴纳个人所得税。《实施条例》还指出“在境内居住满 1 年”，是指在一个纳税年度中在中国境内居住 365 天，临时离境的，不扣减日数。这里所说的临时离境，是指在一个纳税年度中一次不超过 30 天或多次累计不超过 90 天的离境。其间，入境、离境、往返或多次往返境内外的当日，均按 1 天计算在华实际逗留天数（国税发【2004】 97 号）。

因此根据杜先生的离境记录，杜先生应当属于我国的居民纳税人，其从美国取得的租金收入和股票分红收入应当缴纳个人所得税。那么，杜先生是否可以通过避免成为我国个人所得税的居民纳税人从而规避纳税义务呢？本例中的情形是比较容易实现这一目的的，杜先生只需将第一次离华时间提前 2 天，或者第二次来华推迟 2 天，或者将累计离华时间延长 8 天即可避免成为居民纳税人，其来源于美国的收入就无须承担中国的纳税义务。

避免成为征税对象同样可以规避纳税义务。征税对象即纳税客体，是税收征收的标的物，也是区别不同税种的主要标志。避免成为征税对象是指纳税人通过改变自己的经营产品、行为或对物品的所有权方式，从而避免自己的产品、行为属于某个税种的征税范围。

从税法的相关规定中，可以发现很多税种对征税对象的规定都存在税收筹划的空间。例如，城镇土地使用税规定只对城市、县城、建制镇、工矿区范围内使用的土地征税，对其他地方使用的土地则不征税。

【案例 3-2】 计西科技发展有限公司（以下简称计西公司）经过几位股东的共同努力，逐步走上了良性发展轨道。为了适应公司业务发展的需要，公司董事会决定给一名总经理、两名副总经理（三人均为公司股东）在当年 12 月各配一辆价值 80 万元的高档商务车（增值税 13.6 万元）。该高档商务车预计可使用 10 年，残值按原价的 10%估计，按直线法计算折旧。公司为增值税一般纳税人，适用的所得税税率为 25%。该公司有以下两种方案可以选择。

方案一：公司将车辆的所有权办到三位总经理个人名下，购车款 240 万元由公司支付。

方案二：公司将车辆的所有权办到公司名下，作为企业的固定资产，但购进的三部高档车固定由三位总经理使用。

每辆汽车一年的固定使用费用为 2 万元，1 年的油耗及修理费含税价为 4 万元（均取得了增值税专用发票）。

根据国税函【2005】364 号规定，企业购买汽车并将车辆所有权办到股东个人名下，其实质为企业对股东进行了红利性质的实物分配，应按照我国《个人所得税法》第二条的规定，按“利息、股息、红利所得”项目征收个人所得税。而我国《企业所得税法》第 2 章第 10 条规定，对与企业取得收入无关的其他支出，在计算应纳税所得额时，不得扣除。因为企业为股东个人购买的车辆，不属于企业的资产，所以不得在企业所得税前扣除折旧及相关费用。因此，方案一中，三位总经理应按照“利息、股息、红利所得”项目征收个人所得税。三位总经理应纳个人所得税合计为

(80＋13.6) ×3×20%＝56.16（万元）

针对上述个人所得税和企业所得税有关政策规定，纳税人可考虑在不改变有关资产使用权的条件下，将部分资产所有权转到企业名下，这样可以降低纳税人个人所得税税收负担。因此，在方案二中，公司将购买的高档商务车作为企业的固定资产和办公用车。由于此时尽管三位总经理仍拥有商务车的使用权，但商务车不再属于红利性质的实物分配，也不再是个人所得税的征税对象，因此三位总经理都无须再缴纳个人所得税。

进一步分析可知，方案二不仅规避了个人所得税的纳税义务，而且公司商务车每年可以计提折旧，日常费用可以税前扣除，油耗及修理费的增值税还可作进项税额抵扣。公司由此每年产生的总税收收益为

折旧额＝ (80－80×10%) ÷10×3＝21.6（万元）

费用抵税额＝ (2＋4÷1.17) ×3＝16.26（万元）

可减少企业所得税额＝ (21.6＋16.26) ×25%＝9.465（万元）

增加的增值税进项税额＝4÷1.17×17%×3＝1.744（万元）

总税收收益＝9.465＋1.744＝11.209（万元）

从筹划效果来看，采用第二种方案时，三位总经理虽然不拥有小汽车的所有权，但共可少缴个人所得税 56.16 万元，规避了个人所得税的纳税义务，10 年中每年还可为企业获得抵税利益 11.209 万元，在第一年还可抵扣购车的增值税进项税额 40.8（13.6×3）万元。

3.2.2 应纳税种的减少

应用规避纳税义务策略并不是企图完全不承担纳税义务，在很多情形下，其目的只是由缴纳多个税种转变为缴纳相对较少的税种，以减少所承担的税收负担。

【案例 3-3】 江天企业集团是某市一家生产大型机床设备的国有企业，在该市靠近市中心的位置拥有多套厂房、仓库等房产。近年来，依据市政府的城市规划，江天集团将主要的制造基地迁移到城市郊区。在和市政府多次协商后，江天集团仍然持有价值1000万元的原有房产，但搬迁后一直闲置。因此，集团决定充分利用这些房产的地段优势，将房产改造成体育、娱乐、餐饮用场地用于出租。通过招标，集团和本市个体经营者杨某达成协议，以每年100万元的价格将改造后的场馆出租给杨某。这一出租方案需要缴纳房产税和营业税及附加税费，具体缴税情况为

房产税＝100×12％＝12（万元）

营业税及附加税费＝100×5.5％＝5.5（万元）

在以上过程中，江天集团出租房屋，属于提供营业税应税劳务，所以需要缴纳营业税。其实，对于其中的营业税纳税义务，通过适当的税收筹划，是完全可以规避的。

但是，《中华人民共和国营业税暂行条例实施细则》第十一条明确规定："负有营业税纳税义务的单位为发生应税行为并向对方收取货币、货物或其他经济利益的单位，但不包括单位依法不需要办理税务登记的内设机构"。因此，企业以承包或承租形式将资产提供给内部职工和其他人员经营，企业不提供产品、资金，只提供门面、货柜及其他资产，收取固定的管理费、利润或其他名目价款的，如承包者或承租者向工商部门领取了分支机构营业执照或个体工商户营业执照，则属于企业向分支机构和个体工商业户出租不动产和其他资产，企业向分支机构和个体工商业户收取的全部价款，不论其名称如何，均属于从事租赁业务取得的收入，按"服务业——租赁"征收营业税。如果承包者或承租者未领取任何类型的营业执照，依法不需要办理税务登记，则企业向承包者或承租者提供各种资产所收取的各种名目的价款，均属于企业内部的分配行为，不征收营业税。

根据以上规定，如果江天集团将杨某聘用为本企业职工，然后将房产以承包的形式委托杨某经营，每年要求其上缴100万元的管理费用，并由杨某自负盈亏，则江天集团不再成为营业税的纳税人。在这一经营模式下，房产由出租变为自营，因此房产税有所改变，其全部纳税状况为

房产税＝1000×（1－30％）×1.2％＝8.4（万元）

由于不是营业税纳税人，规避了营业税纳税义务，无须再缴纳营业税及附加税费，所以可以节税9.1（12＋5.5－8.4）万元。

本例中，江天集团不仅规避了营业税的纳税义务，而且改变了房产税的征收方式，使得房产税税收负担也降低了，成功地实施了规避纳税义务策略。需要指出的是，假使本例中筹划后房产税的税收负担较筹划前加重了，但只要总的税收负担低于筹划前，则筹划方案仍然是可行的。

比如说，江天集团和杨某约定的租金为60万元，则按照原出租方案应缴纳：

房产税＝60×12％＝7.2（万元）

营业税及附加税费＝60×5.5％＝3.3（万元）

而按照筹划方案，则纳税状况为无须缴纳营业税，但需缴纳房产税 8.4 万元。从税收负担考虑，尽管房产税的税收负担增加了，但总体税收负担降低了，所以仍然是有效地应用了规避纳税义务策略。

但如果江天集团和杨某约定的租金为 20 万元，则按照原出租方案应缴纳：

房产税＝20×12％＝2.4（万元）

营业税及附加税费＝20×5.5％＝1.1（万元）

而按照筹划方案，则仍需缴纳房产税 8.4 万元。此时，尽管规避了营业税的纳税义务，但总的税负增加了，因而应用规避纳税义务策略是无效的。

3.2.3　应纳税种的替换

应用规避纳税义务策略的最终目的是降低实际税负，所以在很多情形下，应用该策略的结果是以另外一种税负更轻的税种来替换原有的应纳税种。这样，在规避原有税种的纳税义务的同时又增加了另一种税的纳税义务，需要缴纳的税种并没有减少，但由于最终税收负担降低了，相应的筹划方案当然也是有效的。

【案例 3-4】　圣达助动车有限公司（以下简称圣达公司）是在我国具有一定知名度的助动车生产企业，主要有飞鸽和温暖等品牌产品。2013 年 12 月，公司在与全国 20 多个省份的 50 多位经营商签订销售合同时，就明确规定飞鸽助动车每辆不含税价 2000 元，手续代理费 300 元，温暖助动车每辆不含税价 2500 元，手续代理费 200 元。今年 1 月，圣达公司发出飞鸽助动车 10 000 辆、温暖助动车 20 000 辆。到 2014 年 2 月底，圣达公司收到代销单位的代销清单上注明销售飞鸽助动车 8000 辆、温暖助动车 18 000 辆，同期，公司取得的增值税专用发票上注明进项税额为 900 万元。

收到代销清单后，圣达公司需按销售清单确认销售收入，并计算增值税销项税额，代理商取得的代理收入按照我国《营业税暂行条例实施细则》第四条的规定，属于营业税范围的代理业务，应缴纳营业税。两个单位纳税状况如下：

圣达公司增值税＝（8000×0.2＋18000×0.25）×17％－900＝137（万元）

代理商营业税＝（8000×0.03＋18000×0.02）×5％＝30（万元）

圣达公司与代理商合计应纳税收为 167 万元。

2014 年 3 月，新招聘的财税专业毕业的博士研究生王小蒙接手了公司的报税业务。在对公司的纳税情况进行分析后，她认为收取手续费委托代销方式增加了公司的流转税负担，建议公司改用买断代销方式，即与代理商签订代销协议时，公司直接从产品中扣除手续费，以扣除手续费后的价格作为合同代销价格，此时代销价格为飞鸽助动车每辆不含税价 1700 元，温暖助动车每辆不含税价 2300 元。

为便于税负水平的比较，假定本期的销售状况和今年 2 月完全一样，此时，两个单位缴税的状况为

圣达公司增值税＝（8000×0.17＋18000×0.23）×17％－900＝35（万元）

由于销售模式的改变，此时代理商的销售收入按照我国《增值税暂行条例实施细则》

第四条的规定，属于增值税范围的销售代销货物业务，应缴纳增值税，其增值税进项税额等于圣达公司的销项税额，为935（（8000×0.17+18000×0.23）×17%）万元。

代理商增值税＝（8000×0.2+18000×0.25）×17%－935＝102（万元）

因此，圣达公司少缴增值税102（137－35）万元，代理商多缴增值税102万元，少缴营业税30万元，两个公司合计缴纳的增值税不变，共少缴税收30万元。这少缴的税收来自代理手续费部分的收入规避了营业税纳税义务。

那么，销售模式改变前后圣达公司和代理商的企业所得税前利润又是如何变化的呢？首先，在销售模式改变之前，圣达公司和代理商的税前利润分别是（假设圣达公司本期销售产品的成本是3000万元，代理商销售费用忽略不计）

圣达公司税前利润＝(8000×0.2+18000×0.25)－（8000×0.03+18000×0.02）
－3000＝6100－600－3000＝2500（万元）

代理商税前利润＝（8000×0.03+18000×0.02）－30＝570（万元）

在销售模式改变前后，圣达公司和代理商的税前利润分别是

圣达公司税前利润＝（8000×0.17+18000×0.23）－3000＝2500（万元）

代理商税前利润＝（8000×0.2+18000×0.25）－（8000×0.17+18000×0.23）＝600（万元）

可见，在销售模式改变之后，圣达公司税前利润不变，而代理商则增加了税前利润30万元，这正来自于少缴的30万元的营业税。

在上例中，代理商规避了成为营业税的纳税人，而成为增值税的纳税人，不仅整体上节税了，而且代理商的税前利润也增加了。

3.3 税负转嫁

税负转嫁是指纳税人设法将税收负担转嫁给他人的行为。尽管法律规定纳税人需要承担纳税义务，但经过税负转嫁后，纳税人并没有承担实际税负，承担实际税收负担的是负税人。在存在税负转嫁的情形下，纳税人和负税人是不一致的。此时，纳税人只是法律意义上的纳税主体，负税人才是经济意义上的承担主体，纳税人承担的实际税收负担将全部或部分转移。

税负转嫁的基本形式主要有前转、后转和散转。前转又称顺转，是指纳税人通过交易活动，将税款附加在价格之上，顺着商品运动方向向前转移给购买者负担的过程。前转是税负转嫁的基本形式，也是最典型和最普遍的转嫁形式。这种转嫁可能一次完成，也可能多次方能完成。当购买者属于消费者时，转嫁会一次完成；当购买者属于经营者时，会发生辗转向前、多次转嫁的现象。后转也称为逆转，是指纳税人通过压低购进商品（劳务）的价格，将其缴纳的税款冲抵部分价格，逆着商品运动方向，向后转移给销售者承担的过程，属于由买方向卖方的转嫁。后转同前转一样，可能一次完成，也可能多次才会完成。散转也称为混合转嫁，是指纳税人将其缴纳的税款一部分前转，一部分后转，使税负分散转嫁给多人负担，属于纳税人分别向卖方和买方的转嫁。散转除了其转嫁的次数可能为一次或多次外，还会由于供求关系的变化或纳税人对商品及原材料市

场的垄断、控制状况的改变而出现比较复杂的局面。在多数散转过程中，前转或后转税收负担的比例以及总体转移额度都是不稳定的。

税负转嫁策略来源于名义纳税人与实际负税人的区别和关系，几乎是经营者出于本能的选择。许多纳税人在作出产品定价、确定经营模式等经营决策时，往往就采用了税负转嫁策略，尽管纳税人可能并没有意识到其行为实质上就是税负转嫁。比如，某件商品通常的销售价格是 100 元，销售商的毛利为每件 20 元，现在对这种物品要征收 10% 的消费税，为保证自己的利润，销售商自然就会想到将商品的销售价格提高到每件 110 元；如果不行，自然又会尝试能否将进价压低 10 元。

由于税负转嫁主要是通过影响价格决策来体现的，大体上就是增加销售价格前转，或者压低进价后转，所以影响这一策略能否顺利实施的因素基本上与影响商品价格的因素相同。也就是说，税收负担是否能够转嫁、如何转嫁，以及能够转嫁的程度有多大，取决于应税商品的供求弹性、市场结构和税种性质等因素。本节将具体介绍这些因素对税负转嫁的影响。

3.3.1 供求弹性

税负是否能够转嫁及如何转嫁，主要受制于商品需求和商品供给的相对弹性。商品供求弹性一般包括供求的价格弹性、交叉弹性和收入弹性等。为了分析方便，在本书中，商品供求弹性主要是指商品供求的价格弹性。

当实施前转时，主要应该考察需求弹性。依据需求弹性的差异，税负转嫁可以分为以下三种情形进行考察。

（1）需求完全无弹性，即需求弹性系数等于 0。需求完全无弹性，说明当某种商品或生产要素因政府课税而导致企业加价出售时，购买者对价格的变动毫无反应，其购买量不会因为价格的提高而受到影响。在这种情况下，企业可以通过提高商品或生产要素的价格的方式，将税负全部前转给购买者。

（2）需求缺乏弹性，即需求弹性系数大于 0 小于 1。需求缺乏弹性指购买者或消费者对提供商品或生产要素的企业进行税款加价的行为反应较弱，即随着价格增加，购买量将减少，但购买量下降的幅度低于价格提高的幅度。此时，因价格提高的阻力较小，企业便可以比较容易地将所纳税款通过前转的方式实现转嫁，但难以全部转嫁。

（3）需求富有弹性，即需求弹性系数大于 1。需求富有弹性意味着当企业把所纳的税款附加于商品或生产要素价格之上时，会诱发购买者强烈反应。此时，如果价格提高，购买者的购买欲望将会大幅度降低，从而导致有关商品或生产要素购买量的下降幅度超过价格上涨的幅度。当出现这种情形时，表明企业提价得到的边际效益抵补不了销量减少的边际损失。一旦出现这种情形，企业所纳的税款便无法进行前转，而只能谋求后转给前面的供应者负担。倘若后转不得实现，企业在作为直接的纳税者的同时，又不得不成为终极的负税者。

【案例 3-5】 家乐有限责任公司是一家销售计算机外设的企业。由于对税法了解不深，公司总经理方平从来没有想过要对公司的税收进行筹划。公司刚起步时，每年缴纳的税款微乎其微，即使不筹划也不会给公司带来太大影响。但随着公司规模不断扩大，方平开始觉得公司税收的负担越来越重。在朋友的建议下，方平决定将商品提高价格出售，通过税负转嫁的方法将税款转移到消费者身上。经公司讨论后，决定将产品价格提高2%。但调价之后，公司的产品销售数量大幅度下降，导致公司的实际收益反而减少。看到这种情况，方平立刻将价格调回。可尽管价格调回，但公司已经流失了大量客户，销售额在价格调回之后也只是有小额回升，公司业绩大不如前。

家乐有限责任公司税负转嫁不成功的主要原因就是忽略了计算机外设的需求弹性。对于家乐公司来说，由于销售计算机外设的公司较多，其商品的需求弹性非常大，所以难以利用税负前转来降低税收负担。

而实施后转时，主要考虑的是供给弹性。其原理和考虑需求弹性时是完全一样的，也可分为供给完全无弹性、缺乏弹性和富有弹性三种情形，只是税负转嫁的方向和前转相反，是转嫁给生产要素的供应商。如当供给富有弹性时，当某个纳税人由于希望转嫁税收负担而降低生产要素采购价格时，生产要素供应者将会对价格的相对下降作出强烈的反应，使得其生产要素供应量的下降幅度大于价格相对下降幅度。这种情形下，纳税人难以实现税收负担的后转。

3.3.2 市场结构

纳税人所处的市场结构不同，利用税负转嫁进行税收筹划的难易程度也不同。市场结构一般有完全竞争、垄断竞争、寡头垄断和完全垄断四种。

完全竞争市场，是一种不受任何外部力量控制和干扰，完全自由化的市场。其具有以下四个显著特点：①市场上有众多生产者和消费者；②同一行业中的厂商生产的产品是无差别的；③厂商进入或退出某一行业是完全自由的；④厂商、消费者都可以获得完整而迅速的市场供求信息。在完全竞争市场中，单个厂商不能通过提高价格的方法把税负转嫁给购买者或消费者，因为购买者或消费者会因厂商产品价格的提高而转向购买其他厂商的产品。

垄断竞争市场是指既有竞争又有垄断的市场结构，具有以下三个特点：①同一行业众多厂商生产有差别的产品；②同一行业中有数目较多的厂商；③资源流动比较自由。在垄断竞争市场结构中，各个厂商的产品性质是有区别的。因此，在垄断竞争条件下，纳税人税收筹划的主要思想是突出自己生产的产品与同行产品的差异性，利用相对垄断优势，对产品价格进行适当调整，将税负部分向前转嫁给消费者。但由于没有形成垄断市场，税负不能完全转嫁。

寡头垄断市场介于垄断竞争市场和完全垄断市场之间，是由少数几家大型厂商控制某种商品的绝大部分乃至整个市场的一种市场组织形式。一般来说，寡头市场具有以下几个基本特征：行业内厂商数目很少；各寡头之间相互依存；厂商不能自由进出市场。我国的彩电市场、小轿车市场、钢铁市场、石油产品市场、国际上的电脑芯片市场、航空运输市场等，都属于这种市场类型。在寡头垄断市场条件下，厂商的产品具有同质性或差异性很小的特点，这种产品属性决定了寡头垄断厂商不能采用垄断竞争厂商的方法进行税务转嫁筹划，而只能采用同盟、联盟的形式，对产品价格调整采取一致行动，把税负转嫁给消费者。在日常生活中这样的例子屡见不鲜，下面来看看曾经的经典案例：

2006 年 3 月财政部和国家税务总局联合下文，公布对消费税税目税率进行调整，涉及调整的汽车、高档手表、化妆品等商品市场反应明显。上海部分进口车经营商很快调整报价表：排量 4.8 升的宝马 X5 从 115 万元飙升到 130 万元，奔驰 S500 也从 115 万元猛涨至 130 万元。[①] 时隔不久，瑞士高档名表雷达表也全面上调价格，一款银钻系列由18 000元涨至 19 100 元，一款精密陶瓷系列由 22 800 元涨至 26 000 元[②]。

完全垄断市场是指一家或极少数厂商控制了某种产品全部市场供给的市场结构。完全垄断市场具有以下特点：行业只有一家或极少数厂商；厂商所提供的产品，没有直接的替代品；厂商不是价格的接受者，而是价格的制定者；其他厂商进入该行业极其困难或几乎不可能。在完全垄断市场条件下，厂商主要根据商品的需求弹性来决定价格。如果完全垄断厂商提供的产品为生活必需品，缺乏弹性，则厂商可以提高产品价格，把全部税收负担转嫁给购买者或消费者。例如，如果国家宣布对自来水公司提高增值税征收率，则自来水公司完全可以调高自来水价格，把全部税负转嫁给消费者。如果完全垄断厂商产品为非必需品，需求弹性较大，则厂商也只能把部分税负转嫁给消费者，自己仍需承担部分税负。

其实，市场结构对税负转嫁的影响仍然是通过商品的需求弹性来实现的。在完全竞争市场，无论商品自身的市场需求弹性是怎样的，销售商所面临的需求弹性是无限大的，因此不能实现税负转嫁。而在完全垄断市场，销售商所面临的需求弹性就是商品自身的市场需求弹性，因此，能否顺利实现税负转嫁取决于商品自身的需求弹性。

市场结构的分析说明，企业的市场地位对其实施税负转嫁策略的空间有较大的影响。下面的案例除了说明这一点之外，同时也说明税负转嫁的形式有时并不直观，具有多样性。

【案例 3-6】　乐家公司是所在地区汽车配件经销行业的龙头企业，主要从事汽车配件的采购和销售，一直和许多供货商保持长期供货的协议。市场调查表明，该公司是所在地区汽车配件的最大采购商，市场份额几乎占到当地的 80%，因此，该公司 95% 的采购业务都采取了延迟付款，进货与付款的时间间隔一般为 6 个月。

延迟付款当然对乐家公司的资金周转有利，不过在 2004 年以前，并没有给它带来税收上的好处。根据国税发【1995】015 号第 2 条规定：商业企业购进货物（包括外购货物所支付的运输费用），必须在购进的货物付款后才能申报抵扣进项税额，尚未付款或尚未开出承兑商业汇票的，其进项税额不得作为纳税人当期进项税额予以抵扣。因此公司虽然提前半年就进了货，但无论是否取得增值税发票，都必须在付款后才申报抵扣。

但是，后来下发的国税发【2003】17 号规定：增值税一般纳税人取得防伪税控系统开具的增值税专用发票，其专用发票所列明的购进货物或应税劳务的进项税额抵扣时限，不再执行（国税发【1995】015 号）中第 2 条有关进项税额申报抵扣时限的规定。于是，从 2004 年开始，乐家公司要求供货商在发送货物的同时开具增值税专用发票。

---

① 刘畅．消费税调整激起价格反应 大排量车一夜涨 15 万．东方网，2006-03-23.

② 徐菊．瑞士名表雷达表开始全面上调售价 最高涨价 4200 元．重庆晨报，2006-04-11.

这样，乐家公司在实际付款的前半年就可以抵扣其采购货物的增值税进项税额，从而相当于通过税收获得了一笔无息贷款，节省了相应的利息支出。假定该公司进项税抵扣税率及销项税税率均为17%，其购货款为10亿元，银行半年贷款利率为5.3%，则

提前抵扣进项税额=10×95%×17%=1.615（亿元）

节省利息支出=1.615×5.3%×0.5=0.0427975（亿元）

乐家公司的这笔无息贷款其实是供货商给它的，因为供货商在开出增值税发票的时候就要缴纳增值税销项税额，提前半年开票就要提前半年缴税，于是也就要损失427.975万元的资金利息。所以，乐家公司节省的利息支出来源于供货商的利息损失，这实际上可以看作一种变相的税负转嫁。

问题在于，乐家公司要求供货商提前开票，供货商为什么会同意？原因显然在于市场结构。因为乐家公司相对垄断了该地区的汽车配件采购市场，在汽车配件定价上有更强的话语权，从而可以迫使供货商接受它的特殊形式的税负转嫁。

3.3.3 税种性质

应税税种的性质也会影响到税负转嫁的难易。

例如，课税范围广的，税负转嫁较易。所谓课税范围广，是指所征税种遍及某一大类商品，如对汽车、摩托车、烟酒等征收的税。而这些对一大类的商品普遍适用的税种实际上忽略了具体不同产品的生产经营状况，忽略了不同产品承受税负和转移税负的能力，因而为生产经营者转嫁税负创造了条件。以汽车生产为例，汽车品种有很多，但是当对所有品种的汽车都征收一种税的情况下，消费者缺乏选择，需要购买汽车的消费者不得不接受价格上涨的现实，因此汽车生产厂商可以通过价格转嫁企业的税负。

课税范围狭窄，且课税商品有代用品的，其税负转嫁就较难。例如，如果仅对大排量的汽车征税，当生产厂商由于税负转嫁而提高价格时，消费者可以转而购买排量较小的汽车，所以难以进行税负转嫁。再如牛奶和豆奶同属饮品，如果对牛奶课税而对豆奶免税，则当牛奶价格上升时，牛奶消费者就会改饮豆奶，以致牛奶的消费减少。此时牛奶供应商则不敢将全部税款加于牛奶的价格之上，亦即转嫁较难。

再比如，对商品交易行为课征的间接税较容易转嫁，而对收入或财产课征的直接税则较难转嫁。如营业税、消费税、增值税和关税等间接税，税负可由最初的纳税人向前转嫁给消费者，还可以向后转嫁给生产要素的提供者；而个人所得税、公司所得税、财产税等直接税，税负转嫁则比较困难。

【案例3-7】 潜江永安药业有限公司是一家集科、工、贸于一身的综合性集团公司，主要从事医药原料及中间体、食品添加剂等医药化工产品的生产与销售，其中牛磺酸年产10 000吨，质量标准采用JP8USP26，产品80%出口到欧洲、美国、日本、韩国及东南亚地区。在牛磺酸产品的成本构成中，产品出口运输代理业务费用占总成本的40%左右，因此产品出口运输代理业务费用能否作为增值税进项税额进行抵扣，对公司的经营效益有着重要影响。2005年1月18日，国家税务总局下发了（国税函【2005】54号）文件规定增值税一般纳税人支付的包括运费、代理费及其他所有费用在内的国际货物运输代理费用，不得作为运输费用抵扣进项税额。此文件出台后，公司的效益立

即受到负面影响。深知税务筹划重要意义的董事长陈勇，要求财务经理段仁和尽快作出税务筹划方案，供公司决策层参考。财务经理段仁和很快提出两套初步方案：

方案一：税负后转。把公司进项税额减少额平摊到原材料中，向原材料供应商相应压价，将全部进项税额减少额转嫁给原材料供应商。

方案二：税负前转。把公司进项税额减少额平摊到产品中，向购买者提高销售价格，将全部进项税额减少额转嫁给产品购买者。

一方面，由于公司是行业类的大型生产企业之一，是周边原材料供应商主要销售对象，所以公司在材料采购中具有较强的话语权，可以略微压低材料的采购价格。另一方面，由于公司在产品质量、销售信誉及市场占有率方面都具有雄厚的竞争实力，所以即使稍微提价，也不会对销售量造成太大影响。权衡之下，公司决定同时实施两个方案，分别向供应商和购买者转嫁税负，这样可以将大部分税负转嫁而不至于引起供应商或购买者的剧烈反应。

从案例 3-7 中可以发现，无论公司是前转还是后转，都是在商品交易中利用商品价格的变动来转嫁税负。而直接税由于不涉及商品流通过程，所以难以进行税负转嫁。我国目前以流转税为主体，因此，税负转嫁具有更为广泛的应用范围。

当然，直接税的税负只是难以转嫁，在适当的情形下也是可以转嫁的。例如，公司可以将企业所得税负担通过降低员工工资、减少职工福利等方式转嫁给员工。

需要指出，虽然税负转嫁策略在实际经营决策中应用得最为广泛，但由于一般说来具体方法比较简单，大多不涉及利用税种具体法规的技巧，而更多地体现为一种筹划思路，因而在本书以后各章对这一基本策略的具体讨论并不多。

3.4　缩小税基

税基即计税依据。不同的税种，其计税依据是不同的。例如，增值税的计税依据是货物和应税劳务的增值额，企业所得税的计税依据是企业的利润，而城市维护建设税的计税依据则是纳税人实际缴纳的增值税、消费税和营业税税额。计税依据分为从价计征与从量计征两种类型。从价计征的税收，以征税对象的自然数量与单位价格的乘积作为计税依据。从量计征的税收，以征税对象的自然实物量作为计税依据，该项实物量以税法规定的计量标准为准。例如，消费税中的黄酒、啤酒的计量标准为“吨”，摩托车车船税的计量标准为“辆”。当然，有些税种既要从价征收，也要从量征收。例如，白酒的消费税从价比例税率为 20%，消费税定额税率为 0.5 元/斤。

现代税收一般都是从价计征，从量计征的税极少，中国的现行税制也是如此。而且缩小从量税税基十分困难。所以，缩小税基策略主要应用于从价税的税收筹划。

任何一个税种都有关于税基如何认定的规定，这就是说，对于同一笔业务，如果相应的经营方式不同或企业形式不同，又或者适用税种不同，其被认定的税基是可以不同的。这就为利用缩小税基策略来进行税收筹划提供了广阔的空间。此外，税基通常是收入或收入总值减去可扣除项的余额，绝大部分税种都是从收入和可扣除项目这两个方面来规定税基的，所以从减少应税收入和加大可扣除额这两个方面都有可能缩小税基。

【案例 3-8】 飞跃摩托车有限公司，当月对外销售同型号的摩托车时共有三种价格，以 5000 元的单价销售 50 辆，以 5500 元的单价销售 10 辆，以 6000 元的单价销售 5 辆。该公司一直从辉煌马达公司购买发动机，当月一笔应付账款到期，该公司和辉煌马达约定以 20 辆抵债，每辆摩托车作价 5500 元。该型号的摩托车消费税税率为 10%。飞跃公司认为，抵债的摩托车应按协议实际价格计算缴纳消费税，故在月末申报消费税如下：

销售额＝5000×50＋5500×30＋6000×5＝445000（元）

消费税＝445000×10%＝44500（元）

但税务机关审查企业销售数据后指出，根据税法规定，企业用自产的应税消费品进行对外投资，换取生产资料、消费资料及抵偿债务，虽然没有直接发生销售行为，但仍是一种有偿转让应税消费品所有权的行为，应当视同销售应税消费品计算缴纳消费税，并且应当按纳税人销售同类应税消费品的最高销售价格作为计税依据计算缴纳消费税。因此飞跃公司应纳消费税为

销售额＝5000×50＋5500×10＋6000×25＝455000（元）

消费税＝455000×10%＝45500（元）

飞跃公司需要补缴消费税 1000 元。

之所以会出现这两种不同的结果，显然在于消费税对同类不同价商品的计税价格有两种不同的规定：一种是对于在市场销售的，规定按实际销售价格计税；另一种是对于用以换取生产资料和消费资料，以及抵偿债务的，规定按同类应税消费品的最高销售价格计税，而这两种规定对应了不同的税基，前者小，后者大。

如果飞跃公司事先进行税收筹划，选择认定税基较小的抵债方式，即先将 20 辆摩托车销售给辉煌马达，在收到货款后再偿还辉煌马达的相应账款，就可以按照 5500 元的价格来计算消费税，也就不必补缴这 1000 元消费税了。

【案例 3-9】 太行公司是一家医疗仪器生产企业，是增值税一般纳税人。该公司去年实现产品销售收入 6500 万元，管理费用中列支的业务招待费有 90 万元，营业费用中列支的广告费为 900 万元，业务宣传费 100 万元，会计利润为 100 万元。按照《企业所得税法实施细则》的规定：企业发生的与生产经营活动有关的业务招待费支出，按照发生额的 60%扣除，但最高不得超过当年销售（营业）收入的 5‰。企业发生的符合条件的广告费和业务宣传费支出，除国务院财政、税务主管部门另有规定外，不超过当年销售（营业）收入 15%的部分，准予扣除；超过部分，准予在以后纳税年度结转扣除。假设太行公司无其他纳税调整事项。因此，太行公司去年应纳企业所得税计算如下：

业务招待费扣除限额为 min｛90×60%，6500×5‰｝，既 32.5 万元，因此

业务招待费超支额＝90－32.5＝57.5（万元）

广告费和业务宣传费当年不允许扣除额＝(900＋100)－6500×15%＝25（万元）

企业所得税＝(100＋57.5＋25)×25%＝45.625（万元）

经理就税收负担问题请教了公司的税务顾问，顾问提醒经理：如果销售额能够重复计算两次就能够增加计算扣除费用的标准。因此，如果公司将销售部门分离出来，设立一个独立核算的销售公司，然后将产品先销售给销售公司，再由销售公司对外销售，这

样就增加了一次销售收入，扩展了费用扣除空间。当然，销售公司必须申请成为增值税一般纳税人，这样，只要公司最终的销售额不变则公司内部的增值额也不变，增值税负担不会增加，而业务招待费、广告费和业务宣传费等费用的扣除额度会大幅度增加。

接着，税务顾问给出了具体方案：太行公司先将产品以5000万元的价格全部销售给销售公司，销售公司再以6500万元的价格对外销售，因此太行公司及其销售公司的销售收入总额将达到11 500万元（5000＋6500）。而公司和客户之间的招待费用，公司的广告费用等不会增加，因此可以将以上三项费用在太行公司与销售公司之间进行合理分配，以便充分地利用各项费用的扣除限额。

筹划后去年企业的企业所得税的纳税情况变为

业务招待费扣除限额为min｛90×60％，11500×5‰｝，既54万元，因此

业务招待费超支额＝90－54＝36（万元）

广告费和业务宣传费当年允许扣除额＝11500×15％＝1725（万元），因此，实际发生的1000万元广告费和业务宣传费当年允许全额扣除。

企业所得税＝(100＋36)×25％＝34（万元）

可见，筹划后比筹划前可少负担企业所得税11.625（45.625－34）万元。本例就是通过设立销售公司来增加可扣除的额度，从而缩小了税基，降低了税收负担。

3.5　适用低税率

税率是税收制度的核心要素，体现了征税的深度。按照税收制度规定，应纳税额等于计税依据乘以适用的税率。在税基一定的情况下，税率越高，应纳税额越多；反之，税率越低，则应纳税额越少。因此，在税基既定时，如何降低适用税率就成为纳税人税收筹划的基本思路。我国现行税制是复合税制，不同的税种不但征税对象不同，税率也是不同的；对于任何一个税种而言，基本上都是实行的差别税率。这些差异就为税收筹划提供了可操作的空间。

适用低税率的含义就是指纳税人应通过“避重就轻”方式，尽量使自己的经营属于低税率计税对象。所谓低税率是相对而言的，明显的含义当然是指较低的名义税率，但从根本上说是指有效税率较低，即实际承担的综合税率较低。

适用低税率在具体应用时主要有以下三种表现形式。

第一，在一个税种中适用低税率。在我国税制中，没有完全只采用单一税率的税种。如增值税，尽管对绝大多数商品都采用17％的比例税率，但仍对有关农业生产、居民日常使用的少部分商品采用13％的税率，如农药、化肥、自来水等。另如企业所得税，尽管和外商投资企业所得税合并后，统一采用25％的税率，但仍有对小型微利企业适用20％的税率，对国家需要重点扶持的高新技术企业适用15％的税率等差异。其他税种中的类似税率的差异更多，因此采用适用低税率策略时，比较直观的情形是针对一个具有差别税率的税种，通过筹划来适用低税率。

【案例3-10】　北京天鹏房地产开发公司去年开发一个楼盘，该楼盘分为两个部分，东区为普通住宅，西区邻近城市公园，天鹏公司拟开发成豪华住宅。预计2014年

商品房销售收入为2亿元，其中普通住宅的销售额约为1.2亿元，豪华住宅的销售额约为8000万元。估计税法规定可扣除项目金额约为1.4亿元，其中普通住宅的可扣除项目金额约为9000万元，豪华住宅的可扣除项目金额约为5000万元。

方案一：作为两个项目分开核算，则普通住宅和豪华住宅分别应纳土地增值税为

普通住宅增值率＝(12000－9000)÷9000×100％＝33％

应适用30％的税率，因而其应纳土地增值税为

(12000－9000)×30％＝900（万元）

豪华住宅增值率＝(8000－5000)÷5000×100％＝60％

应适用税率40％，速算扣除系数5％，应纳土地增值税为

(8000－5000)×40％－5000×5％＝950（万元）

应纳土地增值税合计为1850万元（900＋950）。

方案二：作为一个项目合并核算，该企业应缴纳土地增值税为

增值率＝(20000－14000)÷14000×100％＝42.9％

应适用30％的税率，因而应纳土地增值税为

(20000－14000)×30％＝1800（万元）

比较两个方案的应纳土地增值税，可知分开核算比合并核算多支出税金50万元。天鹏公司于是决定将东区和西区合为一个项目开发。

在本例中，由于豪华住宅的增值率较高，适用的税率也就较高，但由于它的销售额不大，并且增值率又不是高很多，所以在合并计算后总体增值率提高得不太多，总体适用30％的税率。这样，纳税人全部的税基都适用了较低的税率，于是减少了应纳税总额。

【案例3-11】 张先生在大峡谷花园小区旁开了一家经营各种百货商品的超市，并在店内安置了几十部电话提供公用电话服务。预计其每年销售百货商品的应纳税所得额为30 000元，电话服务收入的应纳税所得额为10 000元。按照我国个人所得税法的规定，王某的经营所得属个体工商户生产、经营所得，应汇总缴纳个人所得税（中华人民共和国主席令第八十五号）。

应纳所得税额＝(30000＋10000)×20％－3750＝4250（元）

因为百货商品的销售收入和电话服务收入统一进行核算，并都属于王先生一个人的收入，所以汇总计算缴纳所得税不仅税基较大，而且适用的税率也较高。如果王先生和其妻分别负责百货商品的销售和电话业务服务，各自申报缴纳税款，则

王先生应纳所得税＝30000×10％－750＝2250（元）

王先生妻子应纳所得税＝10000×5％＝500（元）

这样，将收入分开核算计缴所得税，使30 000元和10 000元所得分别得以适用低税率，从而在总收入不变的情况下，计算缴纳的所得税款减少了1500（4250－2250－500）元。

本例中，当分别计税后，使得两部分税基的适用税率都降低了，从而综合税率下降，应纳税额当然会减少。

第二，在多个税种中适用较低的税率。适用低税率策略无须局限在单个税种中，我

国目前适用的税种中，一些税种的征税范围存在重叠或界限相对模糊的情况。比如在增值税和营业税的征税范围中，混合销售行为和兼营非应税劳务的行为使两个税种征税界限模糊，因而纳税人存在适用低税率进行税收筹划的空间。

【案例 3-12】　快乐空间管理公司是一家提供量贩式 KTV 娱乐服务的企业，其业务实际上主要由三部分构成：提供 KTV 娱乐，提供各式中西简餐，销售烟酒、饮料等，其中，KTV 服务是按小时计算的。2013 年 7 月，该公司取得门票收入 100 万元，餐饮服务收入 50 万元，烟酒、饮料销售收入 50 万元。控股股东为了方便对公司的监管，规定对三项业务实行统一核算，汇总缴纳有关税费。按照我国《营业税暂行条例》的有关规定，经营娱乐业所取得的各项收入，包括门票费、餐饮服务收入、烟酒和饮料等收入都作为营业额。因此，快乐空间管理公司应该对所有收入缴纳 20%的营业税，其税收负担为

营业税＝(100＋50＋50)×20%＝40（万元）

其实，在这种情况下，快乐空间管理公司如果将餐饮的收入与娱乐业务分开核算，分别按照各自适用税率进行计算缴纳营业税；将烟酒、饮料等商品销售注册成独立核算的小规模纳税人，计算缴纳增值税，则其税收负担将发生明显变化：

营业税＝100×20%＋50×5%＝22.5（万元）

增值税＝50÷1.03×3%＝1.456（万元）

经过计算比较容易得出，将应税项目分开核算，可使企业少缴纳税款 16.35（40－22.5－1.15）万元。

在该案例中，该公司将烟酒、饮料等商品销售注册成独立核算的小规模纳税人，从而增加了一个应纳税种增值税，但由于这项业务原来适用的营业税税率为 20%，而小规模纳税人的增值税征收率为 3%，实际上却减轻了该公司的税收负担。这实际上是在可能适用的多个税种中选择税率较低的税种。另外，公司还将餐饮业务收入分开核算，使其适用税率从原来的娱乐业税率 20%变为服务业税率 5%，也大幅度降低了税收负担。

第三，名义税率提高但实际税率降低。采用适用低税率策略时，还要注意税收中存在名义税率和实际税率的差异。名义税率是税法中规定的税率，如消费税中规定的每吨啤酒 220 元，企业所得税中 25%的税率等。实际税率是实纳税额占征税对象数额的比重。在实纳税额与应纳税额相等，征税对象的全部数额与应税的征税对象数额相等时，实际税率与名义税率相等，而由于税率制度、计税依据、减税、免税、加成征税等造成纳税人的实际税率与名义税率并不相等。采取适用低税率策略时，考察的是实际税率而不是名义税率。

【案例 3-13】　某市永基有限公司是一家以生产机械加工工具为主要业务的制造企业，为增值税小规模纳税人，年均销售额为 90 万元左右，每年购入的钢材等原材料价值在 75 万元左右，该公司每年缴纳增值税的状况为

增值税＝90×3%＝2.7（万元）

其实，永基公司规范财务制度后，可以向税务机关申请成为一般纳税人。如果作为一般纳税人，则公司缴纳增值税状况为

增值税＝90×17％－75×17％＝2.55（万元）

在该例中，当永基公司成为一般纳税人时，适用的名义税率为17％，而作为小规模纳税人时，适用的税率为3％。显而易见，公司作为一般纳税人税收负担更低，因为此时的增值税实际税率仅为2.83％（2.55÷90），低于3％的征收率。因此，该公司从小规模纳税人转变为一般纳税人的过程，同时也是一个适用低税率以减轻税收负担的过程，而不论名义税率是否增加。

综合以上分析，适用低税率策略关注的是实际税率的降低。而实际税率的降低可以在一个税种中实现，也可以在多个税种之间实现，还可以通过增加应税税种实现，甚至可能表现为名义税率的提高。无论如何，只要能使实际税率降低，就可以减轻最终的税收负担，就是有效地应用了适用低税率策略。

3.6 延迟纳税

税法构成要素中的纳税环节和纳税期限，对纳税人应在什么环节缴纳税款、缴纳的具体期限都作出了明确规定。纳税环节是指征税对象在从生产到消费的流转过程中应当缴纳税款的环节。例如，在商品流通过程中，纳税环节多发生在商品的生产、批发和零售环节；所得在其产生、支付和收受的环节发生纳税义务；财产在其买卖、租赁、使用或转让环节缴纳税款。根据各税种的不同特点，我国税法都规定有相应的纳税环节。纳税期限是指纳税人按照税法规定缴纳税款的期限。纳税期限的规定使得纳税义务发生的当时并不是说马上就得缴纳税款，即纳税义务的发生时间与税款缴纳的时间是有差异的。如果有效地延迟了纳税的时间，从资金的时间价值来考虑，相当于取得了一笔政府的无息贷款，或者是说节省了企业的利息支出。从企业的财务情况来看，延迟缴纳税款的时间可以增加流动资金，有利于资金的周转，特别是对一些新办企业缓解资金压力非常有利。

延迟纳税策略就是尽量将缴纳税款的时间延后，以获得相应税款的时间价值的税收筹划思路。从税法的相关规定中，我们可以发现，缴纳税款的时间和纳税期限、纳税义务发生时间、纳税环节等因素密切相关，因此通过改变纳税期限、纳税义务发生时间、纳税环节等都有可能实现延迟纳税。

最简单的延迟纳税方式就是直接将纳税时间尽可能推迟。以增值税为例，纳税期限有1日、3日、5日、10日、15日、1个月或1个季度，以1个月或1个季度为一期纳税的，自期满之日起15日内申报纳税。而税法规定当纳税期限正好是节假日时，纳税最终期限可以顺延，因此可以利用顺延的规定来延迟纳税。

【案例3-14】 东明科技发展股份有限公司（以下简称东明公司）从德国进口了一套生产流水线设备，总价值人民币12 000万元。该套设备于2012年9月4日星期二到达上海港，但由于设备安装配套的因素，该套设备在10月初才能开始安装。根据《中华人民共和国进出口关税条例》（国务院令【2003】392号）第29条的规定，进口货物的纳税义务人应当自运输工具申报进境之日起14日内，向海关申报。因此，东明公司可选择当日报关，也可最晚于9月17日报关。上海海关从接受纳税人申报，进行货物监管、查验到填发税款缴款书一般需要两天时间。税法规定进口货物的收、发货人或他们的代理人，应当在上海海关签发税款缴款书之日起 15 日内向指定银行交纳税款。

选择一：东明公司于星期二，即 9 月 4 日报关，星期四，即 9 月 6 日填发税款缴款书，则东明公司从 9 月 6 日星期四起，15 日内交纳税款，即 9 月 21 日星期五前缴纳税款。否则，从 9 月 21 日起，按日加收滞纳税款万分之五的滞纳金。

选择二：因为东明公司不必急于安装该套设备，可以推迟到 9 月 17 日，即星期一报关。9 月 19 日星期三，上海海关填发税款缴款书，则东明公司从 9 月 19 日起，15 日内向指定银行缴纳税款，即 2012 年 10 月 4 日前缴纳税款。而 10 月 4 日为国庆假期，因此可以顺延到 10 月 8 日。

通过对两个方案的比较分析，可以看出选择二比选择一迟缴纳税款近 20 天。从事进口业务的企业，其纳税义务时间与报关时间紧密相连，通过灵活运用报关时间能够延迟纳税义务的发生时间。特别是对于进口价值大的企业，千万元的税款迟交一日，多占用一天，就可获得可观的时间收益，有时还能解决企业遇到的流动资金周转困难。

影响最终纳税期限的因素除了纳税期限，还有对纳税义务发生时间的确认。譬如，我国的增值税、营业税和消费税等税种都对赊销、分期收款、预收货款等结算方式下的销售货物纳税义务发生时间进行了详细说明，从这些规定中，可以看到：某些货物销售行为已发生，但还不到纳税义务发生时间。因此，对于这一类的货物销售行为，也可以考虑延迟纳税的税收筹划方法。

【案例 3-15】　丽莎集团股份有限公司（以下简称丽莎公司）是一家从事高档食品生产与加工的中型企业，为增值税一般纳税人。由于市场定位准确，该公司生产的产品销售状况良好。但公司股东发现企业去年的经营效益与同行相比，反而有一定差异。于是，公司聘请了有关的财务、税务专家，对公司的财务与税收问题进行了诊断。原来是公司销售结算方式引起的税收问题造成的。有问题的几笔业务如下。

（1）2013 年 5 月，与上海某商场签订了一笔食品销售合同，销售金额为 800 万元，商品于去年 5 月、6 月、9 月和今年 2 月，分四批发给该商场。公司的财务人员在 2013 年 5 月底，就该笔销售行为将 800 万元的销售额计算缴纳了增值税。

（2）2013 年 7 月，与广州某出口贸易公司签订了一笔价值达 2000 万元的食品销售合同。合同规定：丽莎公司于 2013 年 10 月发出商品，出口贸易公司在收到货物 3 个月内一次性支付货款。公司的财务人员在 2013 年 10 月商品发出时就计算并申报缴纳了增值税。

（3）2013 年 11 月，向郑州某商场提供了价值 700 万元的货物。由于此次销售是公司产品首次进入河南市场，公司管理层对此极为重视，故货款结算采用先销售后付款的形式。2014 年 4 月公司才收到该笔款项，但公司会计人员在 2013 年 11 月就计算缴纳了增值税。

（4）2013 年 12 月 5 日，与武汉某进出口贸易公司签订了一笔销售合同，该合同所订的产品将全部出口欧美市场，其货款共计 620 万元。由于丽莎公司的商品在市场上有较好的信誉，货源比较紧张。进出口贸易公司为了保证 2014 年 4 月准时拿货，在合同签订的第二天就支付了全部货款。而公司会计于当月计算并缴纳了增值税。

根据上述业务情况，丽莎公司 2013 年计算并缴纳增值税为

（800＋2000＋700＋620）×17％＝4120×17％＝700（万元）

在采用直接收款方式结算的情况下，这样对 2013 年 4120 万元的销售额计算增值税

当然没有错，但是其中有3500（800+2000+700）万元属于应收账款项目，620万元属于预收账款项目，这样就出现了货款尚未收到，增值税却要提前缴纳的无奈情况。如果不按章去申报纳税，就会被税收征管部门认定是偷税行为。

在本例中，丽莎公司只要按照税法规定的不同结算方式下纳税义务发生时间进行申报并缴纳税款，就可以避免提前缴税的损失。丽莎公司与上海某商场签订的经济业务，其结算方式应属于分期收款，只要在合同中明确这一结算方式，按照增值税的纳税义务发生时间的相关规定，其纳税义务实现的时间就可以推后到“销售合同规定的收款日期的当天”。同理，丽莎公司与广州某出口贸易公司签订的经济业务，可以采用赊销方式销售，赊销方式下，增值税纳税义务发生时间为书面合同约定的收款日期的当天；公司与郑州某商场的经济业务，可以采用委托代销方式结算，委托代销方式下，增值税纳税义务发生时间为收到代销清单的当天；公司与武汉某进出口贸易公司签订的经济业务，可以采用预收货款方式销售，预收货款方式下，增值税纳税义务发生时间为发出货物的当天。

在现实的纳税过程中，企业所涉及的结算方式并不局限于本例中的四种方式。纳税人只要在计算缴纳相关的税种时，留意不同的结算方式和相应的纳税义务发生时间，就可以为其税收筹划、推迟纳税时间提供空间。

按照我国税法的规定，不同的税种有不同的纳税环节。例如，消费税的纳税行为发生在生产领域（包括生产、委托加工和进口），而非流通领域或终极的消费环节。与消费税的纳税环节不同，增值税的纳税环节在商品生产过程的各个环节、商业批发和零售环节，以及工业性加工、修理修配环节；印花税的纳税环节是贴花环节等。不同税种的纳税环节与纳税人的经营活动密切相关。纳税环节在生产、销售的过程中处于越后的阶段，则缴纳税款的时间越晚。因此，纳税人也可以通过对经营活动的调整，推迟纳税环节，从而延迟纳税。

【案例3-16】 天喻车桥有限公司（以下简称天喻公司）属于某汽车集团公司控股的中外合资企业，具有独立的法人地位，其产品除供给本集团其他所属公司外，还大量供给集团以外的公司。天喻公司下辖具有法人地位的甲、乙、丙、丁四厂，这四厂实质为天喻公司内部生产车间，分别生产车桥的各个部件，四厂生产的全部产品由总公司汇总进行安装后，统一对外进行销售。由天喻公司财务工作部提供的有关数据显示：甲、乙、丙、丁四厂每月缴纳的增值税分别为1000万元、1200万元、1500万元和1300万元，公司本部每月缴纳的增值税为1000万元。此外，四厂与公司签订合同导致每年的印花税为800多万元。

根据我国税法的相关的规定，天喻公司的增值税纳税环节为其产品销售环节，包括甲、乙、丙、丁四厂对公司的销售环节和公司对外的销售环节。如果天喻公司将下属四厂改组为内部生产车间，它们与公司之间的业务往来属公司内部业务往来，不存在视同销售的问题，则甲、乙、丙、丁四厂把产品交给天喻公司时，就没有了纳税环节，也就不存在缴纳增值税问题。虽然，甲、乙、丙、丁产品增值额会在天喻公司对外销售时体现出来，但从整个公司来看，明显推迟了纳税，获得了货币的时间价值。此外，甲、乙、丙、丁改成车间后，与公司的内部往来不用签订供销合同，整个公司还可以省下每年800多万元的印花税。

需要指出的是，与税负转嫁策略类似，延迟纳税策略也是企业经营活动及税收筹划中经常应用的，具体的方法一般也比较简单，因而本书以后各章中对这一基本策略的具体应用也讨论得比较少。

3.7　充分利用税收优惠政策

税收优惠是税法对某些纳税人和征税对象给予鼓励和照顾的一种特殊规定，是法律与政策的结合，具有很强的政策导向作用。利用税收优惠进行纳税筹划，具有操作性强、成本小、收益大的特点。现行税制的优惠形式多种多样，可以体现在基本税收法规中，也可以体现在阶段性的税收政策文件中。

企业如果知道一个税收优惠政策，自己正好又符合政策规定的条件，于是就利用这个政策获得税收优惠，这当然很重要，然而，充分利用税收优惠策略强调的重点并不是这类一般意义上的利用税收优惠政策，而是在于“充分利用”相关政策。所谓“充分利用”，至少有以下几层含义。

第一，充分利用最直观的含义就是，企业应该经过变动经营决策以扩大适用优惠政策的范围，或者延长适用优惠政策的时间，从而将可用的税收优惠政策用好、用足。

第二，许多优惠政策是随着经济形势的发展变化而新颁布的，即有的税收优惠政策还可能随着情况的变化而发生变更。例如，对于下岗工人的个人所得税的优惠，根据国家税务总局的国税发【1999】43 号文规定，下岗职工从事社区居民服务业，对其取得的经营所得和劳务报酬所得，自其持下岗证明在当地主管税务机关备案之日起，3 年内免征个人所得税。其中，社区居民服务业根据中发【1998】10 号文规定，包括家庭清洁卫生服务、初级卫生保健服务、婴幼儿看护和教育服务、残疾儿童教育训练和寄托服务、养老服务、病人看护和幼儿、学生接送服务（不包括出租车接送）、避孕节育咨询、优生优育优教咨询等内容。这一优惠规定至 2003 年 12 月 31 日截止。而根据财政部、国家税务总局下发的财税【2002】208 号文规定，自 2003 年 1 月 1 日至 2005 年 12 月 31 日，下岗失业人员从事个体经营（除建筑业、娱乐业以及广告业、桑拿、按摩、网吧、氧吧外）的，自领取税务登记证之日起，3 年内免征营业税、城建税、教育费附加和个人所得税。可见，下岗职工免征个人所得税的经营范围扩大了，税收优惠政策发生了变更。此后，财税【2003】192 号、财税【2009】23 号等文又不断延长下岗人员再就业的税收优惠期限。

从以上对于下岗人员个人所得税的优惠政策可以看出，我国的税收优惠政策是不断变更的，类似的情形在其他税种中都有出现。所以要充分利用税收优惠政策，还必须时刻掌握优惠政策的变更，及时调整经营战略，以免遭受不必要的损失，并尽量继续发挥税收优惠政策的作用。由此可知，所谓充分利用的另一个含义是指纳税人要密切注意税收优惠政策的变动与更新，及时甚至提前改变自己的经营决策，以便能最大限度地利用新的税收优惠政策。

第三，创造条件利用企业原本难以利用的税收优惠政策。有许多优惠政策，特别是新颁布的优惠政策，企业按照现有的经营模式、生产工艺或产品结构常常是难以利用的。然而，在很多情况下，企业经过努力是可以找到理想的变革途径，从而使企业变得能够满足利用这些优惠政策的条件。

第四，各级政府相关部门发布的税收法规文件浩如烟海，为了找到对自己有利的政策，企业应当锲而不舍地深入挖掘、查找，不能敷衍了事，浅尝辄止。

此外，正如企业各项经济业务不是孤立的一样，由于各种税收优惠政策之间通常会有相辅相成的关系，在税收筹划中应该综合考虑、运用各种政策，由此及彼，因势利导，由此而提出息息相关的不同的税收筹划方案。

【案例 3-17】 鹏程国际是一家大型跨国公司，在深圳和湖北分别投资成立了鹏飞公司和前程公司，两家公司主要经营范围都是生产和销售电子产品。其中鹏飞公司主营新产品的研发、生产和出口，前程公司生产鹏飞公司研发的产品在国内销售。2011 年鹏飞公司实现销售收入 1.2 亿元，缴纳企业所得税 375 万元，税后利润 2625 万元；前程公司实现销售收入也是 1.2 亿元，但缴纳企业所得税 750 万元，税后利润仅 2250 万元。鹏飞公司和前程公司在管理模式、材料成本方面并无实质性差别；在人工成本上，前程公司比鹏飞公司更低，但前程公司的利润明显比鹏飞公司少。为此，鹏程国际遂委托税务顾问对前程公司的财务及税收情况进行分析。

税务顾问接受委托后，对鹏飞公司和前程公司两家公司的情况进行了比较，发现两家公司的税负差异主要是由税率差异导致的，其中鹏飞公司享受税收优惠，适用所得税税率为 12.5%，而前程公司适用的企业所得税税率为 25%。其原因如下。

鹏飞公司于 2008 年成立，从 2008 年取得第一笔生产经营收入，当年经申请并被认定为“高新技术企业”，享受深圳特区关于高新技术企业的优惠政策，即自取得第一笔生产经营收入所属纳税年度起，第一年至第二年免征企业所得税，第三年至第五年按照 25%的法定税率减半征收企业所得税（国发【2007】40 号）。因此鹏飞公司 2010～2012 年适用 12.5%的企业所得税税率。而前程公司成立时间较早，并且不是高新技术企业，目前适用 25%的企业所得税税率。

税务顾问认为，如果能通过重新规划，将前程公司的部分收入转移到鹏飞公司，就能够更充分地利用鹏飞公司享受的税收优惠政策，有更多的收入适用较低的优惠税率。基于以上分析，税务顾问给出如下建议：重新规划两个公司的分工，采用委托加工方式，由鹏飞公司提供原材料，委托前程公司加工该产品的半成品，鹏飞公司收回半成品后继续加工成产成品销售。这样，前程公司转变为鹏飞公司的加工厂，收取相应的加工费。而两家公司的利润都在鹏飞公司上体现出来，可以充分享受税收优惠。

以 2011 年的收益为例，两家公司的税前收益类似，都为 3000 万元。如果能改变生产模式，在产品材料成本、各种费用、销售收入等大致不变的情况下，将前程公司定位为加工厂，仅收取加工费 500 万元，则鹏飞公司的税前收益应该达到 5500 万元。这样纳税状况就变为

鹏飞公司企业所得税＝5500×12.5%＝687.5（万元）

前程公司企业所得税＝500×25%＝125（万元）

两公司合计缴纳企业所得税 812.5（687.5＋125）万元，远低于实际缴纳的 1125（375＋750）万元。这一节税的效果就来源于充分利用了鹏飞公司享受的税率优惠政策。

而且，从发展的眼光来看，鹏飞公司在 2012 年还可以享受继续享受税收优惠。即

使在税收减免期满后，如果仍然能保持高新技术企业，可按税法规定的15%的税率征收企业所得税。因此，时期越长，以上税收筹划方案所利用的税收优惠就越充分。这样，即使在生产模式改变的当年会由于生产设备的运输、人员的调整等产生一定的成本，但当年的税收筹划收益已经足以补偿，更何况在以后的年度中还可以继续获得税收筹划收益，因此，鹏程国际决定立即开始生产模式的调整。

在上例中，鹏程国际调整前的生产方式也利用了针对高新技术企业的税收优惠和针对深圳等经济特区的税收优惠，但没有让这些优惠政策发挥最大的效用。而调整后的生产方式尽管利用的是同样的税收优惠政策，但利用得更为充分，因而税收负担有大幅度的减轻。

复习题

1. 税收筹划的基本策略有哪几种？分别以哪些税制要素为基础依据？

2. 税收筹划各个策略之间有什么样的区别与联系？举例说明。

3. 什么是税负转嫁？影响税负转嫁的因素有哪些？

4. 流转税与所得税相比较，哪一个更适用缩小税基策略？为什么？

5. 延迟纳税对企业有什么意义？延迟纳税有哪些筹划方法？

6. 谈谈你对充分利用税收优惠政策策略进行税收筹划的理解。

7. 规避纳税义务的表现形式是什么？

8. 适用低税率策略有哪几种表现形式？它们的共同点是什么？

9. 目前我国理论界对纳税筹划的方法进行了不同的分类和总结。例如，有学者将纳税筹划的方法归纳为下列八种技术，但这其实都可以归结到纳税筹划的六种基本策略里。请分别对下列八种技术进行辨析，看属于本书哪一种筹划策略，依据什么税制要素？

（1）免税技术：使纳税人成为免税人、使征税对象成为免税对象等。

（2）减税技术：在法律范围下，使纳税人减少应纳税额而直接减轻税收负担。

（3）税率差异技术：使用税率的地区差异、国别差异、行业差异，以及企业类型等差异而达到减轻税收负担的目的。

（4）分割技术：使所得财产在两个或更多个纳税人之间进行分割而减税。

（5）扣除技术：使扣除额、宽免额、冲抵额等尽量增加而直接节减纳税，或者调整各个计税期的扣除额而相对节税。

（6）抵免技术：使税收抵免额增加而绝对节税。例如，国外所得已纳税款的抵免，技术开发费用等鼓励性抵免。

（7）延期纳税技术：使纳税人延期缴纳税款而相对节税。

（8）退税技术：指在法律允许的范围内，使税务机关退还纳税人已纳税款而直接节税。

练习题

1. 某企业在市区有一幢原值为200万元的房产，如果将其出租，每年可获租金收入50万元，在不考虑企业所得税情况下，其承担的各种税收负担是多少？请设计一个税收筹划方案，降低该企业税负，并指出使用的是什么税收筹划策略？

2. 某计算机公司是增值税小规模纳税人，既从事计算机硬件销售，也从事计算机软件的开发与转让。去年 12 月，该计算机公司硬件销售额为 25 万元，另接受委托开发并转让软件取得收入 7 万元，已知硬件销售的增值税税率为 3%，转让无形资产的营业税税率为 5%。该企业应该将计算机销售、计算机软件开发分开核算，还是合并核算？这属于哪种税收筹划基本策略，为什么可以使用这一策略？

3. 某企业 2006 年亏损 160 万元，2007 年亏损 60 万元，2008～2011 年一共实现利润 150 万元，2012 年实现利润 50 万元，2013 年实现利润 80 万元，计算 2006～2013 年应缴纳的税款。考虑到采用权责发生制原则可以很容易地调节利润，请问怎样筹划可使税负最低，在此过程中采用了哪些税收筹划基本策略？

4. 刘先生于去年 12 月 10 日，从北京市某汽车公司购买一辆奥迪轿车供自己使用，支付车款 460 000 元（含增值税），另外支付的各项费用有：临时牌照费用 200 元，购买工具和零配件价款 6000 元，代收保险费 700 元，车辆装饰费 45 000 元。各种款项由汽车销售公司开具发票。如果考虑将各项费用与购车款分开分次支付，并分别由各有关单位单独开具发票，使除车款的其他费用不计入计税价格征收车辆购置税，可以少纳多少车辆购置税？这种方法应用了哪种税收筹划基本策略？

5. 近年来，个体工商户中出现了由夫妻二人共同经营管理的夫妻店，武汉汉正街的刘家就是这样一个例子。刘老板开了一家空调专售的店铺，由其妻负责经营管理。去年刘家获得空调销售净所得 48 000 元，上门安装净所得 28 000 元。考虑到个体工商户的生产、经营所得适用超额累进税率，应该怎么样进行税收筹划？筹划依据的税制要素有哪些？税收筹划前后税负相差多少？

6. 假定某设备租赁公司欲和某生产企业签订一租赁合同，租金每年 200 万元。但是如果在签订合同时明确规定租金 200 万元，则两企业均应交纳印花税，其计算如下：各自应纳税额＝2000000×1‰＝2000（元）。面对这样一个案例，应如何进行税收筹划？（提示：税法规定，有些合同在签订时无法确定计税金额，如技术转让合同中的转让收入，是按销售收入的一定比例收取或按其实现利润多少进行分成的；财产租赁合同，只是规定了月（天）租金标准而无租赁期限的。对这类合同，可在签订时先按定额 5 元贴花，以后结算时再按照实际的金额计税，补贴印花。）

7. 某外贸公司进口一批货物，假定海关从接受申报，进行对货物监管、查验到填发税款缴款书共需两天的话，那么，纳税人应该选择什么时间进行申报呢（提示：纳税人进口应税消费品，应当自海关填发税款缴纳凭证的次日起 7 日内缴纳税款）？

8. 王某欲将自有房产作为资本与其他合伙人共同投资组建一家有限责任公司，该房产价值 500 万元，当地规定的契税税率为 4%。王某以自有房产投资于有限责任公司，其房屋产权发生了转移，按规定有限责任公司应缴纳契税：500×4%＝20（万元）。在咨询税收顾问后，提出以下筹划方案：先以个人名义成立一家个人独资企业，并将自有房产投入这个企业，再对个人独资企业进行公司制改造，成立有限责任公司。请问这样筹划后，应缴纳的契税为多少？运用了什么税收筹划策略？在运用该筹划方案时要注意哪些问题？

第4章

增值税的税基税率筹划

增值税是对在我国境内销售货物，或者提供加工、修理修配劳务，交通运输服务，邮政服务业，部分现代服务及进口货物的单位和个人，就其取得的货物或应税劳务销售额，以及进口货物金额计算税款，并实行税款抵扣制度的一种流转税。增值税是对商品生产和流通过程中各环节的新增价值或商品附加值进行征税，所以叫作“增值税”。目前世界上已有100多个国家和地区实行了增值税。从增值税在国际上的广泛应用可以看出，增值税作为一个国际性税种是为适应商品经济的高度发展而生的。

我国从1979年起在部分城市试行增值税。1982年财政部制定了《增值税暂行办法》，并自1983年1月1日开始在全国的一些工业行业范围内试行。1984年9月，在总结经验的基础上，国务院又制定了《中华人民共和国增值税条例（草案）》，并自该年10月起施行。1993年12月13日，国务院发布了《中华人民共和国增值税暂行条例》（简称《增值税暂行条例》），并自1994年1月1日起施行。从总体看，国家总税收中，三分之一左右的税收收入来自于增值税。由此可见，增值税对我国财政收入及经济发展的影响极大，对企业的税收负担也有举足轻重的影响。增值税的税收筹划当然也成为企业税收筹划的主要内容。

本书将比较系统地介绍规避纳税义务、税负转嫁、缩小税基、适用低税率、延迟纳税和充分利用优惠政策等基本策略在现行增值税筹划中的应用，但由于相关内容较多，出于保持各章篇幅大体均衡的考虑，本书将分两章来讨论这些内容。本章将集中探讨缩小税基、适用低税率这两个直接与应纳税额计算相关的基本策略在增值税筹划中的应用，其他基本策略在增值税筹划中的应用则在下一章介绍。

我国现行增值税的计算分一般纳税人和小规模纳税人而有所区别：一般纳税人采用的是凭专用发票注明税款进行抵扣的“购进扣税法”，而小规模纳税人采用的是按销售额和征收率计算税款的简易计税方法。对于一般纳税人而言，增值税的税基主要由销售额与购进额之差确定，销售额与购进项目两个因素都会对税基的确定产生影响，因此本章将从销售价格和购进项目两方面剖析增值税一般纳税人缩小税基的筹划方法。而小规模纳税人的税基主要取决于销售额，对其缩小税基的筹划方法也在销售价格的筹划中一并介绍。

增值税一般纳税人和小规模纳税人都存在税率（征收率）筹划的空间。此外，之前有关混合销售行为与兼营行为的税收筹划方案，随着营改增的不断深入，两者之间的区别将不再存在，所以以前作为重点的筹划对象，本章只作简单介绍。

这里要说明的是，2008 年 11 月 5 日国务院第 34 次常务会议修订了《增值税暂行条例》，决定自 2009 年 1 月 1 日起全面实施增值税转型改革。为了完善税制抵扣链条，自 2012 年 1 月 1 日，上海成为首个增值税改革试点地区后，于 2013 年 8 月 1 日起，根据财税【2013】37 号文，在全国范围内进行营改增改革，并将陆路运输服务、水路运输服务、航空运输服务、管道运输服务、研发和技术服务、信息技术服务、文化创意服务、物流辅助服务、有形动产租赁服务、鉴证咨询服务、广播影视服务，纳入增值税征税范围。2014 年 1 月 1 日起，将铁路运输和邮政服务业纳入营改增试点，至此交通运输业已全部纳入营改增试点，并且预计在“十二五”期间内完成“营改增”。故本书只对增值税筹划进行探讨，而不再对营业税的筹划进行分析。

4.1 增值税销售价格的筹划

按现行《增值税暂行条例》规定，增值税一般纳税人应纳税额为当期销项税额抵扣当期进项税额后的余额，换个表达形式，也就是

应纳增值税＝销售额×适用税率－购进额×适用税率

由此可知，税基主要是销售额与购进额之差，销售价格是税基的主要决定因素，直接影响一般纳税人的销项税额和应纳增值税额。

而对于小规模纳税人或按简易方法计税的纳税人，其应纳增值税额为当期不含税的销售额乘以征收率。计算公式为

应纳增值税＝销售额×征收率

因此，无论对于增值税一般纳税人还是小规模纳税人而言，销售价格都与其增值税负担直接相关。在不影响纳税人利益的情况下，如果能降低计征增值税的销售额，则能够有效地减轻增值税负担。

4.1.1 分解销售额

《增值税暂行条例》规定，计算销项税额的销售额为纳税人销售货物或提供应税劳务时向对方收取的全部价款及价外费用。价外费用主要包括向购买方收取的手续费、补贴、基金、集资费、返还利润、违约金（延期付款利息）等。凡收取的价外费用，无论其会计制度如何核算，均应并入销售额计算应纳税额。但上述价外费用不包括以下三项费用。

（1）向购买方收取的销项税额，因为增值税是价外税，其税款不应包含在销售货物的价款之中。

（2）受托加工应征消费税的消费品，由受托方向委托方代收代缴的消费税。

（3）承运部门的运费发票是开具给购货方，并由纳税人将该项发票转交给购货方时，纳税人所代垫的运费。

增值税一般纳税人销售行为中的价外费用如果并入销售额计算销项税额，由于17％或13％的税率比较高，其可抵扣的进项税额又极少，由此会带来比较重的增值税负担，所以对销售过程中的价外费用应该尽量回避。

如果销售对象为增值税一般纳税人，由于增值税专用发票互相制约，降低销售额则意味着降低购买者的购进额及进项税额，损害其利益，故不能采取少开增值税专用发票、降低销售额的方法，但可以将价外费用分解至其他业务核算。例如，采取联营方式、股份合作制方式或固定资产投资方式收取费用，回避价外收入；对于随同货物销售的包装物，要单独处理，不要计入销售收入；销售货物后的加价收入或价外补贴收入，尽量采取措施不要计入销售收入，如可以考虑将加价收入或价外补贴收入与销售额分开收取，转作其他收入项目。

如果销售对象为小规模纳税人或消费者，由于销售对象不需要索取增值税专用发票，也不依靠所取得的专用发票计算抵扣进项税额，则可以考虑降低销售价款，减少的那部分价款在其他业务收入核算。这样就可以降低企业增值税税额，同时将部分销售额转化为营业税应税业务，缴纳营业税，从总体上降低流转税税负。

【案例 4-1】　某工业企业某月销售产品分为两部分。第一部分为门市部零售，销售额为 30 万元，同时随货收取包装费 2 万元；第二部分销售给小规模纳税人，销售额仍为 30 万元，同时收取对方运输费 5 万元。那么该企业未分别核算前，当期销项税额为

(30＋2＋30＋5) ×17％＝11.39 (万元)

筹划方案：若该企业将上述货款及价外费用进行分解，避免价外费用计入销售收入，同时可以避免因增值税混业经营行为导致的从高适用税率。则税负可以大大降低。

比如，将上述销售行为进行调整：门市部销售收取的包装费处理为以仓库名义另外收取包装费；将车队独立，运输费以企业车队名义收取，则企业当期销项税额为

(30＋30) ×17％＝10.2 (万元)

包装费按物流辅助业缴纳增值税＝2÷ (1＋6％) ×6％＝0.113 (万元)

运输费缴纳增值税＝5×11％＝0.55 (万元)

与前一种情况相比，后者增值税销项税额减少了 0.527 (11.39－10.2－0.113－0.55) 万元，总体流转税减少了 0.527 万元。

4.1.2　降低销售额

在不存在价外费用的情况下，销售额的大小直接决定销项税额的大小和增值税税负的高低，降低销售额（包括视同销售的销售额）是缩小增值税税基和减轻增值税税负的基本思路。但是，增值税作为中性税种，在商品生产经营的每个环节，都对各环节产生的增值额计征增值税款，某一个环节的增值税负担减轻了，就意味着其前面的环节或后面的环节增值税负担将增加。而且增值税制度通过增值税专用发票注明税款将本环节的应纳税额与上、下环节的应纳税额联系起来，使得纳税人之间相互制约，保证纳税人不能随意增加或降低销售额。在这样的制度下，降低销售额以减轻增值税负担的筹划空间

就非常小，其主要考虑的是降低视同销售行为中的销售额，或者及时剔除不该认定为应税收入的项目。

降低销售额的方法有四种。

(1) 将销售过程中收取的回扣通过佣金的形式合法化记账，并以此冲减销售收入。

(2) 对销货退回，应及时取得有关凭证并作冲减销售收入的账务处理，以免虚增收入。

(3) 商品性货物用于本企业专项工程或福利设施，应视同销售计征增值税销项税额，这种情况下可以采取低估价、折扣价等方式降低销售额，但要注意定价时掌握一定的度，如果价格偏低比如说低于成本价，税务机关则有权核定销售额。

(4) 将合格商品（或产品）降为残次品，再用于公关、赠送、发放福利等，但也要掌握定价的尺度。

应注意有相当一部分企业在降低销售额方面采取了一系列逃税方法，如漏记收入、私设小金库、账外设账，或者将收入隐匿于往来账户等，这些都是违反税法规定的，不可效仿。

4.1.3 价格折扣销售方式的筹划

在市场经济体制下，企业之间的竞争日趋激烈，因此企业越来越注重其营销方式的选择，好的营销方式能够给企业的生产经营活动带来直接的推动作用，这其中使用得比较广泛的就是折扣销售。

企业在采用折扣销售等营销方式时，除了要研究其实施方法和效果外，也不能忽视其税收处理方法和纳税成本问题，否则就会造成销售额和纳税额同步增长甚至纳税额增长快于销售额增长的局面，达不到增加经济效益的目的。

折扣销售，也叫“价格折扣”，是市场经济体制下企业常用的营销手段之一。它是指销售方在销售货物或提供劳务时，因购货方购货批量大或批次多，以及防止产品积压等，而给予购货方的价格优惠。

有折扣，销售收入自然会相应减少，那么，企业的“折扣”能否直接冲减销售收入及销项税额呢？增值税制度规定，纳税人采取折扣销售方式销售货物，如果销售额和折扣额在同一张发票上分别注明，可按折扣后的销售额征收增值税；如果将折扣额另开发票，不论其在财务上如何处理，计征增值税时均不得从销售额中减除折扣额（国税函【2010】56号）。

1. 销售时价格折扣的处理

一般情况下，折扣是和销售同时发生的，此时企业须注意折扣额和销售额的发票处理，即应注意将销售额和折扣额在同一张发票上分别注明，以保证按折扣后的销售额征收增值税，避免虚计应计算增值税的销售收入。

【案例 4-2】 海东家用电器制造公司为增值税一般纳税人，其主要经营业务是生产和销售某品牌的电视机。某月，该公司销售给A商场电视机一批，增值税率17%，不含税价格为100万元，因对方购买量大而给予销售折扣5%。

方案一：海东家用电器制造公司给予 A 商场 5 万元的折扣不在销售发票上注明，而是另外开具红字发票，这种情况下，折扣额不允许从收入中减除，计征增值税时按销售额全额计算增值税销项税额。则 A 商场共须支付价税合计款项：

(100－100×5%)＋100×17%＝112（万元）

海东家用电器制造公司入账的销售收入净值，应纳增值税销项税额分别为

销售收入净值＝100－100×5%＝95（万元）

增值税销项税额＝100×17%＝17（万元）

方案二：海东家用电器制造公司将销售折扣额与销售额在同一张增值税专用发票上注明，则可以按照折扣后的销售额 95 万元计征增值税。

A 商场支付价税合计＝95×（1＋17%）＝111.15（万元）

海东公司增值税销项税额＝95×17%＝16.15（万元）

对比以上两种情况，在方案一的销售方式下，海东家用电器制造公司没有将折扣额与销售额在同一张发票上注明，其折扣额不允许从增值税计税收入中减除，从而导致销售方多缴纳增值税款，购货方多支付价税合计款。

所以，纳税人在采取折扣销售手段时，一定要熟练地掌握其税务处理方式，以免不明不白多缴纳税款。

2. 销售后价格折扣的处理

大多数情况下，折扣是和销售同时发生的。但是，也有许多企业在采用价格折扣销售方式销售时，往往是以每一家购货商的年累计购货量来确定应给予购货商享受的销售折扣率的，也就是说，折扣是在销售后才确认的，在销售发生时由于无法确定有无折扣和折扣多少，故无法在销售的发票中体现销售的折扣额，从而不能按折扣额冲减销售收入和销项税额，这种情况容易造成多缴税款的局面。

【案例 4-3】　海东家用电器制造公司规定：每台电视机销售价格 1000 元，对于年购进额在 800～1000 台的（含 1000 台），给予 2%的折扣；对于年购进额在 1000～1500 台的（含 1500 台），给予 5%的折扣；对于年购进额在 1500～2000 台的（含 2000 台），给予 10%的折扣；对于年购进额在 2000～2500 台的（含 2500 台），给予 12%的折扣。在年中，由于海东家用电器制造公司不知道也不可能知道每家购货方到年底究竟能有多少累计购进额，也就不能确定每家购货方应享受的折扣率。所以，只好在平时按销售价格全额开具发票，收取货款，等到年底或第二年的年初，一次性地结算应给购货方的折扣总金额，再单独将折扣额开具红字发票。按照税法规定，这样开具的红字发票是不能冲减计征增值税的销售额的。

某年海东家用电器制造公司年度内销售给 A 商场电视机 900 台，销售给 B 商场电视机 1300 台，销售给 C 商场电视机 1800 台，在销售时均按原价收款和开具发票。

对 A 商场，开具的增值税专用发票注明价款和增值税款分别为 90 万元和 15.3 万元，价税合计共收取 A 商场 105.3 万元。

对 B 商场，开具的增值税专用发票注明价款和增值税款分别为 130 万元和 22.1 万元，价税合计共收取 B 商场 152.1 万元。

对C商场，开具的增值税专用发票注明价款和增值税款分别为180万元和30.6万元，价税合计共收取C商场210.6万元。

在第二年的年初，根据当年各购货单位的采购量，结算出应给购货方的折扣总金额，按折扣额进行退款，并单独将折扣额开具红字发票。各购货方的折扣情况为

A商场折扣额＝90×2%＝1.8（万元）

B商场折扣额＝130×5%＝6.5（万元）

C商场折扣额＝180×10%＝18（万元）

折扣总额＝1.8＋6.5＋18＝26.3（万元）

折扣款退了，红字专用发票也开具了，海东家用电器制造公司却不能冲减增值税销项税额，也不能对客户按折扣款退还增值税销项税额。不能冲减的增值税销项税额为4.471（26.3×17%）万元，这实际上造成缴纳的增值税销项税额超过了销售收入的17%的比例。那么，这种情况下，企业如何才能减少这样的损失呢？

企业在采用价格折扣销售方式销售时可以采取预先估计折扣率的方法来解决这一问题。也就是说，在销售发生时就按最低折扣率或根据上一年每一客户的实际销售量（或者本年预计销售量）初步确定一个折扣率，在每次销售时预扣按此折扣率计算的折扣额来确定销售收入，即在每一份销售发票上都预扣一个折扣额，这样企业就可以理所当然地将折扣额在产品销售收入中进行冲销，并相应冲减增值税销项税额。到年底或第二年年初每一客户的销售数量和销售折扣率确定后，只要稍作一些调整即可。如果预先估计的折扣额低于实际确定的折扣额，调整部分的折扣额虽不能再冲减销售收入，但绝大部分的销售折扣已经在平时的销售中直接冲减了销售收入；如果预先估计的折扣额高于实际确定的折扣额，企业可以采取另外预收一定量押金等办法来加以预防，在年底或第二年年初实际折扣额确定后再补记销售收入和增值税销项税额。当然，企业可以将预先估计的折扣率测算得更准确些，或者在年度中间适时根据销售情况对估计折扣率进行调整，以减少结算时的折扣调整额。

在本例中，如果海东家用电器制造公司事先对A商场估计折扣率为5%，对B商场估计折扣率为2%，对C商场估计折扣率为12%，则三家商场年度中记账销售收入、计账销项税额、年终结算应计销售收入、结算应计销项税额对比情况见表4-1。

表4-1 预估折扣率的记账及结算收入和增值税 单位：万元

	记账销售收入	记账销项税额	记账价税合计	结算应计销售收入	结算应计销项税
A商场	85.5	14.535	100.035	88.2	14.994
B商场	127.4	21.658	149.058	123.5	20.995
C商场	158.4	26.928	185.328	162	27.54

对A商场和C商场，预先估计的折扣额高于实际确定的折扣额，造成记账销售收入、计账销项税额少于应计数，在下年初再补记销售收入和增值税销项税额，其款项从事先收取的押金中支付；对于B商场，预先估计的折扣额低于实际确定的折扣额，造成记账销售收入、计账销项税额高于应计数，多计的销售收入可以在下年初用红字发票

冲减，但多计的销项税额则不能用红字发票冲减。在本例中，不能冲减的销项税额为 0.663（21.658－20.995）万元，与筹划前不能冲减的销项税额 4.471 万元相比，损失大为减轻。

4.1.4　实物折扣销售方式的处理

实物折扣也是商业折扣的一种。例如，企业为鼓励买主购买更多的商品而规定每买 10 件送 1 件，或者为了促销推行“买一赠一”活动等。采取实物折扣的销售方式，其实质是将货物无偿赠送他人的行为，其税务处理不同于价格折扣。根据《增值税实施细则》规定，将货物无偿赠送他人，无论赠送的货物是自己生产的还是委托他人加工的或购进的，均应视同销售货物计算缴纳增值税。也就是说，采取实物折扣方法销售货物，相当于将部分货物赠送给购买方，赠送的实物不论会计上如何处理，均应按规定视同销售计算缴纳增值税。另外，按照现行企业所得税制度规定，对外赠送实物的支出不允许在企业所得税前扣除。按照个人所得税制度的规定，如果购买方为个人消费者，其得到的实物赠送属于偶然所得，应缴纳个人所得税。为保证促销的效果，企业在销售中附赠的实物一般不含个人所得税，是税后净收益，该税则应由促销企业承担，即由促销企业代付代缴个人所得税。可见，实物折扣的税收负担是比较重的，企业应做好其税收筹划工作，规避不应承担的税收负担。

【案例 4-4】　某纺织品商场 2012 年举行元旦假日促销活动，推出“买一赠一”的方式搞促销活动三次，通过促销活动增加销售额 35 690 万元，同时赠送小商品按销售价计 2910 万元，小商品的不含税购进成本为 1500 万元。次月，当地主管国税机关对该企业纳税情况进行检查时，发现该企业在促销活动中作为礼品赠送出去的小商品没有按税法规定作视同销售处理，应补缴增值税及附加。

补缴增值税＝2910÷（1＋17％）×17％＝422.82（万元）

补缴附加税费＝422.82×10％＝42.28（万元）

当地主管地税机关对该企业促销活动的个人所得税和企业所得税情况也进行了税务检查，认为在促销过程中，纺织品商场应代扣代缴个人所得税，未代扣代缴的由纺织品商场赔缴。

赔缴个人所得税＝2910÷（1－20％）×20％＝727.5（万元）

纺织品商场在计算当期企业所得税时，将赠送的小商品成本进行了扣除。由于对外赠送的支出不能在企业所得税前扣除，地税机关责成纺织品商场补缴企业所得税。

补缴企业所得税＝1500×25％＝375（万元）

对于促销活动，企业共补各税：

422.82＋42.28＋727.5＋375＝1567.6（万元）

对这笔业务进行补税，原因在于该企业在促销活动中操作不适当。以销售服装为例，凡购买一套某品牌西服便赠送该品牌领带一条，两种产品实际对外销售价格分别是 488 元和 68 元（均为含税价）。该商场的具体操作方法为：对客户出具的发票是填写西服一套，价格为 488 元，同时以领料单的形式领出领带一条，客户付款当然是 488 元，在账务处理上其销售收入为 417.09（488÷1.17）元，增值税销项税额为 70.9（417.09

×17%）元。对于赠送的领带则按实际进货成本予以结转，进入当期“经营费用”科目核算。

当税务机关进行纳税检查时，便要求企业补缴税款。对于“购西服赠领带”的促销行为，税务机关将赠送领带的行为视同销售，要求补缴增值税销项税额 9.88（68÷1.17×17%）元，同时补缴相应的企业所得税和个人所得税。这样共补各税 1567.6 万元。

对于商场而言，“买一赠一”活动本身旨在借这样的销售活动来吸引顾客，提高市场占有率，其结果却加重了企业的税收负担，进一步增加了企业的现金流出，降低了企业的经济效益。其实对于实物折扣导致的税负增加的被动局面，企业是可以进行税收筹划的。如果将实物折扣“转化”为价格折扣或直接调低价格，则可以达到不增加额外税收负担的目的。筹划方法包括以下两种。

筹划方案一：降低销售价格，实行捆绑式销售。仍以“购西服赠领带”的促销行为为例，将西服和领带价格分别下调，使它们的销售价格合计数等于 488 元，并将西服和领带一起销售。这个方案中捆绑的销售额由于下调到 488 元，就可以直接按照 488 元含税销售价计征增值税销项税额，不存在按 68 元含税销售额补征视同销售的增值税问题，当然也不存在补征企业所得税和个人所得税的问题。

筹划方案二：将赠送的货物作为销售折扣来对待。还以“购西服赠领带”的促销行为为例，此方案中将促销的主要商品按正常销售来对待，同时把赠送货物按其价值以销售折扣的形式返还给客户，即在普通发票上填写西服一套价格 488 元，同时填写领带一条，价格 68 元，同时以折扣的形式将 68 元在发票上反映，直接返还给客户，发票上净额为 488 元，客户实际付款为 488 元，这样便达到促销的目的。折扣额 68 元能够冲减商场的销售收入，从而减少了增值税销项税额 9.88 元。同时也避免了补缴企业所得税和个人所得税的问题。

4.1.5 商品流通企业促销经营方式的选择

随着市场经济体制的建立，企业特别是商品流通企业之间的竞争日益激烈，各种促销方式也应运而生，而且花样不断翻新。企业在选择促销手段时，一方面应考虑其市场营销效果，同时也不能忽视其税收成本，这一点是很重要的。否则有可能企业的促销活动开展得轰轰烈烈，然而促销完结税收成本和经营成本之和却超过收入之和，造成得不偿失的结局。因此有必要将各种促销方式进行一下对比分析，以便于企业进行选择与筹划。

商业零售企业目前促销商品常采用打折销售、实物赠送销售、加量不加价销售等让利形式，每种形式的特点、收效可以说各有千秋，其税收负担也不完全一样。下面对这些方式的涉税问题进行比较，以便于企业进行选择和筹划。

【案例 4-5】① 某大型超市，为增值税一般纳税人，企业所得税实行查账征收方式，适用所得税税率为 25%。假定每销售 1000 元（含税价，下同）的商品其成本为 700 元（含税价），购进货物有增值税发票，为促销拟采用以下三种方案的一种。

① 吴安南．让利促销税方式下的税收负担之比较．中小企业管理与科技，2011，4.

方案一：商品 8 折销售（折扣销售，并在同一张发票上分别注明）。

方案二：购物满 1000 元，赠送 200 元大礼包商品（合计商品成本 120 元，含税价）。

方案三：对购物满 1000 元的消费者返还 200 元现金。

假定企业单笔销售了 1000 元的商品，试计算分析三种方案的纳税情况和盈利情况（不考虑城建税和教育附加税对结果的影响，因为两种税率相对较小。）

根据上述资料，计算分析如下。

方案一：这种方式下，企业销售价格 1000 元的商品由于折扣销售只能收取 800 元，即销售收入为 800 元（含税价），其成本为 700 元（含税价）。

（1）增值税情况：

企业应纳增值税额＝800÷（1＋17％）×17％－700÷（1＋17％）×17％＝14.53（元）

（2）企业所得税情况：

销售利润＝800÷（1＋17％）－700÷（1＋17％）＝85.47（元）

应纳企业所得税额＝85.47×25％＝21.37（元）

税后净利润＝85.47－21.37＝64.10（元）

方案二：购物满 1000 元，赠送 200 元大礼包商品。

根据税法规定，赠送行为视同销售，应计算销项税额，缴纳增值税视同销售的销项税由超市承担，赠送商品成本不允许在企业所得税前扣除，按照个人所得税制度的规定，企业还应代扣代缴个人所得税其纳税及盈利情况如下。

（1）增值税情况：

应纳增值税额＝1000÷（1＋17％）×17％－700÷（1＋17％）×17％＝43.59（元）

按照《增值税暂行条例》规定，赠送 200 元大礼包商品应视同销售，其增值税的计算如下：

应纳增值税额＝200÷（1＋17％）×17％－120÷（1＋17％）×17％＝11.62（元）

合计应纳增值税额＝43.59＋11.62＝55.21（元）

（2）个人所得税情况：根据《个人所得税法》规定，为其他单位和部门的有关人员发放奖金实物等应按规定代扣代缴个人所得税，税款由支付单位按照规定履行扣缴义务。为保证让利消费者 200 元，超市赠送的价值 200 元的商品为不含个人所得税额的金额，该税应由超市承担。

超市需代消费者缴纳偶然的个人所得税额＝200÷（1－20％）×20％＝50（元）

（3）企业所得税情况：赠送商品成本不允许在企业所得税前扣除，同时代消费者缴纳的个人所得税款也不允许税前扣除，因此：

企业利润总额＝1000÷（1＋17％）－700÷（1＋17％）－120÷（1＋17％）－50＝103.85（元）

应纳企业所得税额＝［1000÷（1＋17％）－700÷（1＋17％）］×25％＝64.10（元）

税后净利润＝103.85－64.10＝39.75（元）

方案三：购物满 1000 元，返还现金 200 元。

在这种方式下，返还的现金属于赠送行为，不允许在企业所得税前扣除，而且按照个人所得税制度的规定，企业还应代扣代缴个人所得税。为保证消费者得到200元的实惠，超市赠送的200元现金应不含个人所得税，是税后净收益，该税应由超市承担。因此，和方案二一样，赠送现金的超市在缴纳增值税和企业所得税的同时还需要为消费者代扣个人所得税

(1) 增值税情况：

应纳增值税额＝1000÷（1＋17%）×17%－700÷（1＋17%）×17%＝43.59（元）

(2) 个人所得税情况：

应代消费者缴纳个人所得税50元（计算方法同方案二）

(3) 企业所得税情况：

企业利润总额＝（1000－700）÷（1＋17%）－200－50＝6.41（元）

应纳企业所得税额＝（1000－700）÷（1＋17%）×25%＝64.10（元）

税后净利润＝6.41－ 64.10＝－57.69（元）

从以上计算可以得出各方案综合税收负担比较见表4-2。

表4-2 三种方案税收负担比较表 单位：元

方案	增值税	企业所得税	个人所得税	税收净利润
一	14.53	21.37	—	64.10
二	55.21	64.10	50	39.75
三	43.59	64.10	50	－57.69

通过比较可以得出，从税收负担角度看，方案一最优；方案二次之；方案三，即采用返还现金促销的方案最不可取。由此可见，采用不同的让利促销方式不仅税收负担截然不同，对商家利润的影响也显而易见。

4.2 增值税购进项目的筹划

增值税购进项目的筹划是一般纳税人缩小增值税税基筹划的另一个方面。

在一般纳税人购进扣税法计征增值税的制度下，购进项目避税的关键在于增大购进项目所涉及的进项税额。在所支付的购货款一定的情况下，进项税额越大，反映的应纳税额就越小，实际承担的税负就越轻；反之，税负越重。在不增加成本的情况下，尽量增加购进项目可抵扣的进项税额，以此来减轻增值税负担，是增值税购进项目筹划的主要思想。

4.2.1 涉及进项税额的企业购进项目

进项税额作为可抵扣的部分，对于纳税人实际纳税多少就产生了举足轻重的作用。然而，并不是纳税人支付的所有进项税额都可以从销项税额中抵扣。当纳税人购进的货物或接受的应税劳务不是用于增值税应税项目，而是用于非应税项目时，其支付的进项税额就不能从销项税额中抵扣。税法对于可以抵扣和不能抵扣进项税额的项目作了严格的规定。因此，掌握进项税额的内容，把握哪些进项税额可以抵扣，哪些进项税额不能抵扣十分重要。

根据增值税制度的规定，对于一般纳税人企业而言，准予从销项税额中抵扣的进项税额，包括增值税扣税凭证上注明的进项税额和按规定的扣除率计算的进项税额。

（1）从销售方或提供方取得的增值税专用发票（含货物运输业增值税专用发票、税控机动车销售统一发票及邮政通信业专用发票）上注明的增值税额（增值税暂行条例）。

（2）进口货物从海关取得的完税凭证上注明的、按组成计税价格和适用税率计算的进项税额（增值税暂行条例）。

（3）企业购置增值税防伪税控系统专用设备和通用设备，可凭购货所取得的专用发票所注明的税额从增值税销项税额中抵扣。其中，专用设备包括税控金税卡、税控 IC 卡和读卡器；通用设备包括用于防伪税控系统开具专用发票的计算机和打印机（财税【2012】15 号）。

上述三款所指税额已直接在凭证上注明，因而不必另行计算。

（4）增值税一般纳税人向农业生产者购进的免税农业产品，或者向小规模纳税人购买的农产品，准予按照买价和 13%的扣除率计算抵扣进项税额。其买价价款是指经主管税务机关批准使用的收购凭证上注明的价款或取得的普通发票上注明的价款（增值税暂行条例第八条）。

4.2.2　增加购进额的一般方法

由于增值税专用发票对购销双方形成牵制，所以一般纳税人外购货物，购进时让销售方在专用发票上高开购进额是不可能的；进口货物的情况由于海关管理也特别严格，让海关高开组成计税价格也是不可能的。对于这两种情况，我们可以考虑扩大抵扣范围以增加抵扣额。其他以普通发票计算抵扣进项税额的情况则可以考虑增加购进额以规避增值税。具体方法有三种。

（1）优先购进一般纳税人的货物或应税劳务。现行增值税制度规定，一般纳税人购进小规模纳税人的货物或应税劳务，接受普通发票，不得抵扣进项税额。即使从小规模纳税人那里取得的，由当地国税部门代开的增值税专用发票，也只能按 3%的征收率抵扣进项税额。因此，在价格相等的情况下，应优先选择购进一般纳税人的货物或应税劳务。在这方面，如果企业不懂得相关的税收政策法规并进行相应的税收安排，会给企业带来惨痛的代价。

（2）索取增值税专用发票或海关完税凭证。增值税一般纳税人有凭专用发票注明税款抵扣进项税额的权利，但抵扣进项税额必须要有增值税专用发票或海关完税凭证，因此纳税人购买货物或应税劳务，或者进口货物时，要索取增值税专用发票或海关完税凭证，并注明增值税税额。

（3）适当提高农产品收购价格。由于收购免税农产品可以享受按 13%的扣除率计算抵扣进项税额，企业可以考虑适当提高收购价格，然后以其他形式获得对收购成本提高的补偿，这样可以规避税收负担。

【案例 4-6】　某县供销合作社向农民收购黄花、木耳 12 万元，可以抵扣进项税额为 1.56（12×13%）万元，县供销合作社净支出 10.44（12×87%）万元，农民收入为 12 万元。

若县供销合作社平时对农民进行一些相关技术培训和指导，则可以合理抬高收购价。比如说收购价定为18万元，另外企业再向农民收取农业技术培训指导费6万元。农业技术培训指导费属于增值税技术培训收入，按6%税率征收，根据营改增过渡政策相关规定，享受营业税优惠政策的企业，在剩余优惠期内享受有关增值税优惠，按照现行营业税条例规定，农业技术培训指导可以减免营业税，因而也暂免征收增值税。于是

进项税额＝18×13%＝2.34（万元）

合作社收购支出＝18×87%＝15.66（万元）

合作社净支出＝15.66－6×94%－6×6%＝9.66（万元）

农民收入＝18－6＝12（万元）

经过筹划，农民收入虽然与筹划前相同，但县供销合作社多抵扣进项税额，其增值税负担减轻0.78万元，净支出比筹划前减少了0.78万元。

4.2.3 存货损失的处理方法

企业的存货发生毁损时，经常面临两种处置方案：报废或低价甩卖。哪种方案能将企业的损失降到最低？我们首先分析有关税收处理规定。

（1）关于“报废”。从增值税角度分析，由于报废没有相应的销售行为，增值税专用发票“链条”在这个环节产生中断。报废属于非正常损失的货物，按照增值税实施细则规定，报废货物相应的进项税额须转出，不得在销项税额中抵扣。就是说，报废货物，如果货物的购进成本为C，企业承担的所得税前损失是所报废货物按购进价（购进成本）计算的价税合计数（C×1.17）。在企业所得税方面，这个损失（C×1.17）可以在所得税前扣除。

（2）关于“低价甩卖”。低价甩卖产生了销售行为，有销项税额（尽管很低，或者低于进项税额），购进货物的增值税专用发票的“链条”没有中断，故无须进行进项税额转出，货物的进项税额在甩卖形成的销项税额中进行了扣除，而不是由企业承担。仍然假定货物的不含税购进成本为C，不含税甩卖价为P，此时，企业承担的所得税前损失是所甩卖货物的成本价减去甩卖价格后的余额（$C-P$）。同样，此时的损失（$C-P$）可以在企业所得税前扣除。

很显然，（$C-P$）＜（C×1.17）。就是说，比较两种处理方案，低价甩卖产生的损失更小。

【案例4-7】 某零售企业2008年年初购进一批价值30万元（不含税）的服装，进项税额5.1万元。由于在洪灾中浸水霉变，产生毁损。企业有两个处理方案，第一为报废；第二为1万元低价甩卖。两个方案的有关税收负担情况如下。

方案一：报废。

企业须作增值税进项税额转出＝5.1（万元）

所得税前产生的财产损失＝30＋5.1＝35.1（万元）

抵减的企业所得税额＝35.1×25%＝8.775（万元）

企业净损失＝35.1－8.775＝26.325（万元）

方案二：以1万元低价甩卖。

增值税销项税额＝1×17％＝0.17（万元）

应纳增值税额＝0.17－5.1＝－4.93（万元）

所得税前产生的财产损失＝30－1＝29（万元）

抵减的企业所得税额＝29×25％＝7.25（万元）

企业净损失＝29－7.25＝21.75（万元）

本例中，方案二“低价甩卖”的损失更小一些，而且企业还有4.93万元的增值税可以留待以后发生销售时抵扣。

在实际操作中须注意，根据《企业财产损失所得税前扣除管理办法》（国税发【2009】88号）的规定，报废属于非正常的财产损失，须经过严格的向税务机构报批和等待税务机构审批手续，这个过程中须提交大量的证明材料和损失清单，消耗较多的涉税管理人员时间精力，之后才可以申报在企业所得税前扣除。而低价甩卖属于企业在经营过程中的市场风险和经营不善造成的经营无利润而产生的损失，无须税务机构的审批。就是说，从办税的手续角度看，相比而言，低价甩卖执行过程更简单，纳税人可以减少办税成本，可以节约涉税管理人员的人力成本。

还须注意的是，根据规定，企业的各项财产损失，应在损失发生当年申报扣除，不得提前或延后；非因计算错误或其他客观原因，企业未及时申报的财产损失，逾期不得扣除。因此，企业发生存货毁损，应于年度终了之前，组织人员进行清理，及时申报，以免过期被视为权益放弃造成不必要的损失（国税发【2009】88号）。

4.3　增值税适用低税率和征收率的筹划

税率反映征税的深度，税负的轻重与税率直接相关。尽管增值税税率（征收率）比较简单，税率档次少，但毕竟不是单一税率，存在一定的税收筹划空间。

对于增值税一般纳税人和小规模纳税人来说，在计算增值税额时要分别采用增值税税率和征收率，本节将按不同的纳税人分别讨论适用低税率和适用低征收率策略的应用。

尽管增值税一般纳税人和小规模纳税人都可以各自选择适用低税率（低征收率）的税收筹划策略，同时我们也应该看到，两类纳税人的税收负担却不一样而且具有转换的可能性，这关键取决于“有效税率”，即实际增值税负担与销售额的比例。增值税与营业税的税负孰轻孰重其实质也取决于“有效税率”，由于营改增的实施，这部分内容只作简单介绍。本节还将基于有效税率讨论一般纳税人、小规模纳税人及营业税纳税人的转换。

4.3.1　增值税的税率与征收率

我国现行增值税规定，一般纳税人的税率有五档，即基本税率17％、低税率13％、交通运输业服务及邮政业通信业的基础服务11％、现代服务业服务（有形动产租赁服务除外）及通信业中的增值服务6％和出口零税率，这五档税率的适用范围在税法中已有明确规定。零税率仅限于出口，11％与6％的税率又仅限于运输业等三个行业和部分服务业，税收筹划空间不大，但纳税人可以在17％、13％两档税率间作出取舍。其原则是在有限的空间内计算销项税额时尽量套用13％的税率，计算进项税额时尽量套用17％的税率，即争取“高进低出”政策。

例如，农业生产资料适用13％的低税率。对于小型汽车制造厂而言，在产品设计上考虑农用的特点，给产品增加农用性能，这样就可以按农用车依13％的税率计算销项税额，而其耗用的材料按17％的税率计算进项税额，从而降低其增值税负担。需要指明的是，享受低税率的农用车是指农用车整车，而农用车零部件则不属于“农用车”范围，生产农用车零部件的企业可以通过与农用车厂合并、组合的形式，使产品符合低税率标准，从而实现节税效益。应注意这种方法只适用于特定的产品和经营范围，其筹划空间非常小。

另外，对于兼营高低不同税率产品的纳税人，一定要分别核算各自的销售额，杜绝从高适用税率的情况发生。

增值税一般纳税人和小规模纳税人在税收征管上的主要区别是增值税计算方法和增值税专用发票的使用。一般纳税人采用购进扣税法计算其应纳增值税，可以从税务部门购买增值税专用发票、销售货物或应税劳务时可以开具增值税专用发票、购进货物时可以向对方索取增值税专用发票，并按所取得的增值税专用发票注明的税额抵扣当期应纳增值税。而小规模纳税人销售货物或提供应税劳务不得使用专用发票，即使确需开具专用发票，也只能申请由主管国家税务机关按征收率代开；并且小规模纳税人按简易办法计算应纳税额，不能抵扣进项税额。

由于存在上述区别，小规模纳税人在生产经营活动中常处于不利的地位。一方面由于不能使用专用发票，不能抵扣进项税额，既影响小规模纳税人的销售，又增加其税收负担；另一方面，有相当多的一般纳税人都是由小规模纳税人提供原材料和零配件，在这种政策下，其从小规模纳税人那里采购的原材料和零配件不能取得专用发票，也不能抵扣进项税额，这势必增加其税收负担，也给其经营活动带来不方便。从税收公平的角度讲，这是一种税收歧视。

4.3.2 改变小规模纳税人身份的方法

如果小规模纳税人的销售毛利率较高，选择小规模纳税人的身份有利于减轻增值税税负。但是在有些情况下，一般纳税人身份对拓展业务和减轻增值税负担还是非常有用的。比如经营生产资料的企业，其销售对象大多数是厂矿企业，必须使用增值税专用发票；或者经营的商品毛利率较低的企业，按简易办法征税，其增值税负担率就较重。这些情况下，企业就要积极创造条件争取一般纳税人资格。

那么，企业应具备什么条件才能被认定为一般纳税人呢？

按照《增值税暂行条例》的规定，划分两种纳税人的标准是会计核算制度是否健全、能否规范准确地计算增值税，但为了便于操作，这一标准被量化为年销售额。一般纳税人的具体认定标准有三条。

(1) 从事货物生产或提供应税劳务的纳税人，以及以从事货物生产或提供应税劳务为主，并兼营货物批发或零售的纳税人，年应征增值税销售额（以下简称应税销售额）

在 50 万元以上（含本数，下同）的；“以从事货物生产或提供应税劳务为主”是指纳税人的年货物生产或者提供应税劳务的销售额占年应税销售额的比重在 50%以上。

（2）从事货物批发或零售的纳税人，以及以从事货物批发或零售为主，并兼货物生产或提供应税劳务的纳税人，年应征增值税销售额（以下简称应税销售额）在 80 万元以上的；“以从事货物批发或零售为主”是指纳税人的年货物批发或零售的销售额占年应税销售额的比重在 50%以上。

（3）应税服务的年应征增值税销售额超过财政部和国家税务总局规定的 500 万元标准。

一般纳税人是超过以上标准，且会计核算健全，能按规定报送有关税务资料的增值税纳税人。这类纳税人需经税务机关认定之后，才能成为一般纳税人。一般纳税人在申请办理纳税人认定手续时，必须具备以下资料：①营业执照；②有关合同、章程、协议书；③银行账号证明；④税务机关要求提供的其他有关证件、资料。税务机关在审批时，主要审查其资料内容的真实性及准确性。

对新开业的符合一般纳税人条件的企业，税务机关对其预计年应税销售额超过小规模纳税人标准的暂认定为一般纳税人；其开业后的实际年应税销售额未超过小规模纳税人标准，但会计核算健全的，可以认定为一般纳税人。否则，不能申请一般纳税人资格。

一般纳税人认定的申报权限，在县级以上的税务机关。符合一般纳税人条件的，在其《税务登记》副本首页上方加盖“增值税一般纳税人”确认专章，作为领购增值税专用发票的证件。

年应税销售额在规定标准以下的小规模企业，要获取一般纳税人资格，可以通过增加销售额来达到规定标准。企业在实际操作中，可以采取以下措施来增加销售额。

（1）合并，即几个小规模企业合并，将小船捆绑成大船，在经营上统一管理，财务上统一核算，统一纳税。合并后销售额就可以达到一般纳税人标准，对大家都有利。

（2）年底突击销售货物增加销售额。如果小规模企业的年应税销售额接近规定标准或相差不多，就要在短期内设法增加销售额。向有较稳定购销关系的客户销售货物，或者与这些客户达成协议互相在购销关系上予以支持，是短期内达到规定的销售额标准的有效途径。

（3）接受兼并。小规模企业找一家具有一般纳税人资格的企业，接受其兼并并成为这家企业的一个部门或分公司，这样就可顺理成章地摆脱小规模纳税人身份。

4.3.3　增值税计税方法的选择

人们通常认为，小规模纳税人的税收负担重于一般纳税人，但实际上并不一定如此。我们知道，纳税人进行税收筹划的目的是减少税负支出，减少现金流出量，创造比较宽松的纳税环境或延迟纳税时间。对于小规模纳税人而言，在暂时无法扩大经营规模的前提下实现由小规模纳税人向一般纳税人转换，必然会增加企业财务成本，如变更税务登记、增设会计账簿、培养或聘请有一定能力的财务人员、调整财务核算制度等。如果小规模纳税人由于减轻税负而带来的收益尚不足以抵扣这些成本的支出，则宁可保持小规模纳税人的身份。同时现行税收政策也规定，一般纳税人生产下列货物，可按简易办法依照3%的征收率计算缴纳增值税，并可由其自己开具专用发票。①县级及县级以下小型水力发电单位生产的电力。小型水力发电单位，是指各类投资主体建设的装机容量为5万千瓦以下（含5万千瓦）的小型水力发电单位。②建筑用和生产建筑材料所用的砂、土、石料。③以自己采掘的砂、土、石料或其他矿物连续生产的砖、瓦、石灰（不含黏土实心砖、瓦）。④用微生物、微生物代谢产物、动物毒素、人或动物的血液或组织制成的生物制品。⑤自来水。生产上述货物的一般纳税人，也可不按简易办法而按有关对一般纳税人的规定，按照购进扣税法计算缴纳增值税（财税【2014】57号）。那么，到底哪种计税方法较优呢？这要考虑多方面的因素。

1. 税收负担状况

计税方法的选择应主要考虑税收负担。如果企业可以抵扣的进项税额占销售额的比重较大或增值率较低时，按购进扣税法计算的增值税应纳税额就较小，企业可选择购进扣税法计算增值税款；反之，如果企业可以抵扣的进项税额占销售额的比重较小或增值率较高时，企业可选择按小规模纳税人的身份或按简易方法计算增值税款。比如自来水、电力、建筑用砂土、石料等这些产品的原材料大多数不能抵扣进项税额，故可抵扣的进项税额一般都较少，按一般纳税人的购进扣税法计算出来的增值税负担就较重。所以当可抵扣的进项税额较少时，企业宜选择简易计税方法。那么可以抵扣的进项税额到底多少才算“少”呢？我们可以依据毛利率判别法进行判断。

这里毛利率是指不含税的毛利率，即不含税的毛利占不含税销售额的比重。计算方法为

毛利率＝（销售额－购进额）÷销售额

毛利率判别法的原理：在适用税率一定的情况下，税负的高低主要取决于企业取得的进项税额多少或毛利率的高低。对于一般纳税人而言，毛利率与应纳税额成正比，超过了一定的毛利率，按一般纳税人缴纳增值税的税负就比较重。

假定在完全的增值税抵扣链条内，即购进货物和销售货物均按照同样的增值税率和一定的购进价（销售价）计算进项税额和销项税额。设企业生产的产品适用增值税税率为17%，征收率为3%，其销售额为B，可取得增值税专用发票且能抵扣进项税额的购进额为A，则有

作为一般纳税人应纳增值税＝$(B-A)\times 17\%$

作为小规模纳税人应纳增值税＝$B\times 3\%$

令$(B-A)\times 17\%>B\times 3\%$，解得$(B-A)\div B>17.65\%$

其中，$(B-A)\div B$为毛利润率。

如果该产品增值税税率仍为13%，增值税征收率为3%：

令$(B-A)\times 13\%>B\times 3\%$，解得$(B-A)\div B>23.08\%$

由此我们得出以下结论。

（1）对于适用增值税征收率为3%的企业，若经营产品适用增值税税率为17%，当销售毛利润率高于17.65%时，企业选择小规模纳税人身份税负轻一些；反之，则选择一般纳税人身份税负轻一些。

（2）同样，对于适用增值税征收率为 3％的企业，若经营产品适用增值税税率为 13％，税负平衡点为毛利润率 23.08％，即当销售毛利润率高于 23.08％时，企业选择小规模纳税人身份税负轻一些；反之，则选择一般纳税人身份税负轻一些。

同理，我们可以推出适用增值税税率 11％和 6％的企业的税负平衡点的毛利润分别为 27.27％和 50％。

根据上述分析，我们可以总结出有关税负平衡点毛利率的情况，见表 4-3。

表 4-3　税负平衡点毛利率一览表　　单位：％

一般纳税人税率	小规模纳税人征收率	税负平衡点毛利率
17	3	17.65
13	3	23.08
11	3	27.27
6	3	50

如果不在完全的增值税抵扣链条内，如购进免税农产品、购进其他免税产品等，可以抵扣进项税额的含税购进额占含税销售额的临界点会发生变化，但总体原则不变，即企业增值率较低时，适合按购进扣税法计算增值税；反之，增值率较高时，企业可选择按小规模纳税人的身份或按简易方法计算增值税。

【案例 4-8】　东风粮食加工有限公司是一家私营企业，主要从事粮食加工和粮食贩运业务。2012 年，晚稻收购价平均每吨 1000 元，大米售价平均每吨 1600 元。该企业生产每吨大米需支付电费 23 元，稻谷出米率为 70％左右，稻谷加工后的副产品可以销售给饲养场做饲料，每吨价格 100 元左右。当年，稻谷外销价为每吨 1100 元，该企业经销晚稻 500 吨，取得销售收入 55 万元；企业购进晚稻 400 吨加工成大米，取得销售收入 44.8 万元；销售副产品取得收入 4 万元，全年合计取得收入 103.8 万元。

该企业自成立以来，其增值税纳税人身份一直为小规模纳税人，按照 3％的征收率计算增值税。2012 年纳税情况和成本、利润情况如下：

增值税＝103.8÷1.03×3％＝3.02（万元）

不含税销售收入＝103.8÷1.03＝100.78（万元）

材料成本＝（0.05＋0.04）×1000＝90（万元）

电力成本＝0.04×70％×23＝0.644（万元）

毛利润＝100.78－90.64＝10.14（万元）

该企业忙活了一年，扣除掉各种成本、费用、税金后利润非常低，没有赚到什么钱。其实在本例中，东风粮食加工有限公司承担了比较重的增值税负担。该公司无论是从事粮食加工业务还是从事粮食贩运业务，毛利润率都不高。具体毛利润率如下：

加工毛利率＝（1600×0.7－1000－23×0.7）÷（1600×0.7）＝9.27％

贩运毛利率＝（1100－1000）÷1100＝9.09％

而且作为小规模纳税人，该企业收购的晚稻无法享受依 13％扣除率计算抵扣进项税额的政策。前面已经证明，对于适用增值税征收率为 3％的企业，若经营产品适用增值税税率为13%，税负平衡点为毛利润率23.08%。当毛利润率低于平衡点时，企业应选择一般纳税人身份。更何况，一般纳税人企业在收购农副产品的情况下，还可以享受依13%的扣除率计算抵扣增值税进项税额的优惠政策，这实际上相当于降低了材料采购成本。

因此，如果该企业改变其增值税纳税人身份，以一般纳税人身份缴纳增值税，其税负将会减轻。假设该企业当年具有一般纳税人的身份，那么当年其纳税情况和成本、利润情况如下（其中稻谷、大米、电费等价格均为含税价格，要进行价税分离处理）：

销项税额＝103.8÷1.13×13%＝11.94（万元）

进项税额＝90×13%＋0.644÷1.17×17%＝11.79（万元）

应纳增值税＝11.94－11.79＝0.15（万元）

不含税销售收入＝103.8÷1.13＝91.86（万元）

材料及电力成本＝90×（1－13%）＋0.644÷1.17＝78.85（万元）

毛利润＝91.86－78.85＝13.01（万元）

以上计算结果表明，东风粮食加工有限公司在生产规模不变的情况下，选择一般纳税人身份可以大大减轻税负，并且企业毛利润也增加了2.87万元，因此该企业应该争取一般纳税人资格。

2. 主要销售对象

按照增值税的立法意图，增值税环环紧扣，上一环节的销项税额就是下一环节的进项税额。一般纳税人购进货物，都要索取增值税专用发票，据以抵扣进项税额。但是个人消费者和小规模纳税人购买货物时不能取得增值税专用发票，而且他们也不会考虑其税额的大小，他们关心的是含税价格即总支出额。

增值税一般纳税人采用简易计税方法，则按3%的征收率计税，也只能按实际税额开具增值税专用发票，带来购货方相对抵扣税款不足。如果是小规模纳税人，按照3%的征收率计税，一般情况下是不能开具增值税专用发票的。因此纳税人选择计算方法，要考虑到销售对象的具体情况。如果销售对象主要是个人消费者，或者非增值税一般纳税人，选择简易计税方法不会影响销售；如果销售对象主要是增值税一般纳税人，则要慎重选择计税方法。

3. 信誉成本等因素

在选择纳税人类别时，除了要比较税收负担之外，下面一些方面也要注意。一般纳税人的经营规模往往比小规模纳税人大；一般纳税人的信誉往往要比小规模纳税人好；从一般纳税人那里购货可抵扣的税额要比从小规模纳税人那里购货可抵扣的多等，这些因素会使一般纳税人有更多的顾客。但是，一般纳税人要有健全的会计核算制度，要建立健全的账簿，培养或聘用专业财务人员，这将增加财务核算成本；一般纳税人的增值税征收管理制度比小规模纳税人复杂，需要投入的财力、物力和精力也多，会增加纳税人的纳税成本等。这是想要转为一般纳税人的小规模纳税人必须考虑的。

4.3.4 分支机构增值税纳税人身份的筹划

许多工业企业在其生产经营达到一定规模后，就要考虑设置分支机构扩大产品销售的问题。分支机构如果不独立进行注册登记，就不具备独立法人资格，也就不具备企业所得税纳税义务人的条件，其企业所得税要汇总到总机构统一缴纳。但是分支机构是增值税的独立纳税义务人。《增值税暂行条例》规定：在中华人民共和国境内销售货物或提供加工、修理修配劳务，以及进口货物的单位和个人，为增值税的纳税义务人（以下简称纳税人），应当依法缴纳增值税。因此分支机构要独立缴纳增值税，对这一点，工业企业要有清醒的认识，否则就会受到税务机关的制裁。对于分支机构缴纳增值税，应选择一般纳税人还是小规模纳税人身份，这仍然取决于不同纳税人身份的有效税率。

下面就是一个没有准确认识到分支机构的增值税独立纳税人资格而造成企业税负增加的案例。

【案例 4-9】①　清泉啤酒厂是某地区纳税数额较大的国有企业之一，主要生产清泉牌啤酒。该厂在某年初为扩大啤酒销量，在本省其他县市设立了五个经销处，该厂和各经销处签订了啤酒经销协议。主要内容如下。

（1）为了维护清泉牌啤酒价格稳定，进行正当竞争，经销处在经销本厂啤酒过程中，价格不得低于本厂在本地区统一确定的销售价格。

（2）啤酒厂按经销处的销售量付给销售费用，用于支付经销处在销售本厂啤酒过程中的各种费用支出。支付经销处的费用标准为经销处销售额的4%。

（3）经销处在销售过程中，由经销处与购买用户自行结算货款，实行自负盈亏，经销处应自备办公场所、住房、运输车辆及装卸人员等。所需费用及管理人员工资、办公经费等可从啤酒厂支付的销售费用中自行支配。

（4）经销处为本厂内部销售部门，所销售的啤酒在本厂出厂时已经计税，经销处不存在税收负担。经销处在经销过程中如果与行政管理部门，如工商、税务、物价等部门发生分歧，啤酒厂、经销处和有关管理部门协商解决。

协议经双方负责人签字盖章后生效，啤酒经销处领取了酒类经营许可证，便开始正式销售啤酒。

在 2000 年度，各经销处实际销售啤酒的销售额（含税）为 600 万元，共收取啤酒厂支付的费用 24 万元（600×4%）。啤酒厂总共销售啤酒的销售额（含税）为 1000 万元，这其中包含各经销处的 600 万元销售额。当年，啤酒厂可以抵扣的增值税进项税额为 102 万元，啤酒厂共缴纳增值税额为

1000÷（1+17%）×17%－102＝43.30（万元）

2001 年 3 月，当地国税部门稽查人员在对经销处进行纳税检查时，对经销处经销啤酒的行为确定为销售，认为应征收增值税。而啤酒厂认为，设立的啤酒经销处为本厂内部销售单位，经销处在经销过程中不以盈利为目的，啤酒厂只付给经销处正常的销售费用，不应对经销处进行征税。

① 曲扬，张炎华．税收筹划的一篇好案例．特区财会，2001. 本案例在原文基础上进行了改编。

税务稽查人员在仔细分析了啤酒厂与经销处双方所签订协议的具体内容、经销处实际经营方式及经销处与购销双方结算过程后，根据《增值税暂行条例》及《增值税实施细则》的规定，统一核算的总机构向不在同一县（市）的分支机构移送货物，视同销售货物，总机构应在机构所在地缴纳增值税；同样，分支机构实现销售时，也应在分支机构当地缴纳增值税。

依照上述规定，税务稽查人员确认经销处构成了销售货物的行为，应认定为增值税纳税义务人，并对经销处作为商业企业小规模纳税人下达了《税务处理决定书》，责令其依法补缴增值税。补缴的增值税额为

600÷（1+3%）×3%＝17.48（万元）

此外，税务稽查部门还对该厂课征税收滞纳金2万元，并处罚金5万元。最后这笔款项由啤酒厂和经销处共同负担。

增值税是对商品在生产经营过程中产生的增值额征收的税种，商品每经过一个生产经营环节，都要就其产生的增值额征收增值税。在本案例中，啤酒厂销售啤酒要缴纳增值税，经销处作为增值税的独立纳税义务人，其销售啤酒的行为当然也要缴纳增值税。经销处没有主动办理增值税纳税人身份认定，税务部门只能将其按商业企业小规模纳税人对待，按小规模纳税人的征收方法征收增值税。由于啤酒厂和经销处都没有认识到这个问题，所以除补缴了税款外，还被罚了税收滞纳金，的确有些冤枉。我们现在要讨论的问题有两个：如果啤酒厂和经销处各自作为独立的增值税纳税人缴纳增值税，其中经销处以商业企业小规模纳税人身份纳税，可以减少哪些损失？作为独立的增值税纳税人，经销处在增值税小规模纳税人身份和一般纳税人身份之间，应该如何取舍？

第一，经销处作为独立的增值税纳税人主动缴纳增值税可以避免损失。

该案例中，如果事先将经销处作为独立的增值税纳税人，而且是小规模纳税人，那么经销处需按3%的征收率就其600万元的销售额缴纳17.48万元的增值税，故缴纳增值税是不可避免的，但税收滞纳金和罚金是可以避免的。另外，在本案例中，600万元作为经销处的销售额，就不应该再包含于啤酒厂的销售总额中。由于经销处从啤酒厂得到24万元的经销费用，这24万元实际可以理解为经销处的进销差价，相当于经销处从啤酒厂以576万元购进啤酒，以600万元销售，那么啤酒厂的销售总额就不是1000万元，而是976（400+576）万元。啤酒厂的销售总额减少了24万元，应纳增值税也相应会减少，金额为

24÷（1+17%）×17%＝3.487（万元）

因此，如果事先将经销处作为独立的增值税纳税人，而且是小规模纳税人，从集团总体看，可以避免两方面的损失：一是可以避免经销处的税收滞纳金和罚金损失；二是可以减少啤酒厂增值税纳税额3.487万元。

第二，经销处应争取一般纳税人身份认定。

作为独立的增值税纳税人，经销处由于没有主动申报缴纳增值税，被责成按小规模纳税人的增值税计算方法补缴税款。那么经销处可否选择按一般纳税人的身份计算缴纳增值税款呢？对于经销处而言，作为小规模纳税人或一般纳税人，哪一种的税收负担更轻？

首先，经销处完全有条件选择按一般纳税人的身份计算缴纳增值税。按照《增值税暂行条例》规定，企业只有会计核算制度健全才能够被认定为增值税一般纳税人，为便于操作，这种标准被量化为年应征增值税的销售额，也就是说，企业的年应征增值税销售额必须达到财政部规定的标准。但是，现行增值税制度又规定，实行统一核算的总机构为一般纳税人时，即使其分支机构年应税销售额未达到一般纳税人标准也可申请为一般纳税人（国家税务总局令第 22 号）。经销处作为啤酒厂（一般纳税人）的分支机构，被认定为一般纳税人资格是可能和可行的。

其次，经销处选择一般纳税人的身份，其税收负担会轻于选择小规模纳税人身份的税收负担。作为本厂的内部销售单位，经销处的经营活动是为了扩大本厂的销售，经销处的存在不以盈利为目的，经销处从销售额中提取的费用主要用于补偿其在销售本厂啤酒过程中的各种费用支出。因此，经销处提取的费用比例不大，其进销差价率也不会高。在进销差价率较低的情况下，选择一般纳税人身份缴纳增值税可以降低税负，提高收益率。

在本例中，经销处按销售额的 4%提取销售经费，则进销差价率为

$$4\% \div (1-4\%) = 4.17\%$$

这样的进销差价率适宜选择一般纳税人身份缴纳增值税。

在本例中，如果经销处选择按小规模纳税人身份缴纳增值税，其应纳增值税额为

$$600 \div (1+3\%) \times 3\% = 17.48\text{（万元）}$$

如果经销处主动选择按一般纳税人身份缴纳增值税，假定各经销处的进、销价格及开支的费用等条件与原来的数额相同，则经销处应纳增值税额为

$$(600-576) \div (1+17\%) \times 17\% = 3.487\text{（万元）}$$

比较两项应纳增值税额，我们可以看出，如果经销处将自己的小规模纳税人身份变换为一般纳税人身份，经销处的增值税负担就由原来的 17.48 万元下降到 3.487 万元。税负大幅度下降的原因主要是经销处的进销差价率低，以一般纳税人身份缴纳增值税的税收负担将较轻。

4.4　混合销售行为和混业经营行为的税收筹划

首先，我们对混合销售、兼营及混业经营进行区分。混合销售行为是指一项销售行为既涉及货物又涉及非增值税应税劳务，货物销售与非增值税应税劳务有很强的关联性；兼营行为是指纳税人经营两种业务，即销售货物的同时又提供非增值税应税劳务，与混合销售不同的是，货物销售与非增值税应税劳务行为不存在很强的关联性；混业经营是营改增试点办法中首次引入的概念，仅适用于试点纳税人。混业经营是指试点纳税人“兼有”不同税率或征收率的销售货物、提供加工修理修配劳务或应税服务的行为。

在过去的几年中，增值税和营业税在所涉及的经济业务中常常会交叉，在实践中经常会出现混合销售行为、兼营行为等特殊情况，而且混合销售行为、兼营行为在一定的条件下还可以相互转换。以上情况导致增值税征税范围具有选择性，或者是具有比较大的税收筹划空间。然而随着“营改增”的不断深入，预计从 2016 年起将实现全国范围

内的“营改增”改革，这就表明在我国实行20多年之久的营业税将退出历史舞台。因而有关混合销售行为的税收筹划将不复存在，而兼营行为的税收筹划也只存在于兼营不同税税率即混业经营的情形中，但鉴于混合销售所体现的筹划思想依旧值得借鉴，故本节通过例子简单介绍一下混合销售行为的筹划方案。

4.4.1 混合销售行为的筹划

对于以货物销售为主的一般纳税人的混合销售行为，其涉及货物和涉及增值税非应税劳务的营业额合并缴纳增值税，扩大了增值税税基。而且增值税税率较高，这样企业承担的增值税税收负担也较重。如果一般纳税人企业涉及营业税的项目无进项税额抵扣，或者可抵扣的进项税额较少，则宜将混合销售行为转化为兼营行为。也就是说，涉及货物的有进项税额抵扣的销售行为缴纳增值税，无进项税额抵扣的销售行为缴纳营业税，将全部的增值税纳税义务转化为部分增值税和部分营业税纳税义务，其结果可使企业总体税负最轻。

【案例4-10】[①] 某建筑材料企业，从事建筑材料销售业务的同时，还对外承接安装工程作业。假定该企业某年度混合销售行为较多，当年建筑材料的销售额为400万元，可抵扣购进项目金额为360万元，取得施工作业收入为360万元，增值税税率为17%，营业税税率为3%。

(1) 若不分开核算。

合并缴纳增值税＝(400＋360)÷(1＋17%)×17%－360÷(1＋17%)×17%＝58.12(万元)

(2) 若分开核算。

销售建筑材料应纳增值税＝(400－360)÷(1＋17%)×17%＝5.81(万元)

提供劳务应纳营业税＝360×3%＝10.80(万元)

纳税共计＝5.81＋10.80＝16.61(万元)

可见，选择分开核算可以节税41.51(58.12－16.61)万元。之所以这里分开核算有利，是因为增值税含税征收率14.53%(1÷1.17×17%)大于营业税税率3%，那么360万元的营业税应税收入按增值税含税征收率计算的税额，就大于按营业税税率计算的税额。

4.4.2 混业经营行为的筹划

兼营行为分为两类：一类为兼营不同税率的货物，即混业经营行为；另一类为兼营非增值税应税劳务。税务机关对待两类行为也有区别：纳税人兼营不同税率的货物，应当分别核算不同税率货物的销售额，未分别核算销售额的，从高适用税率；纳税人兼营非增值税应税项目的，应分别核算货物或应税劳务的销售额和非增值税应税项目的营业额，未分别核算的，由主管税务机关核定货物或应税劳务销售额。由于“营改增”的推进，第二类兼营行为将不存在，本节举例简要说明对混业经营行为的筹划。

---

① 高勇．兼营与混合销售行为“混搭”的税务筹划．财会月刊，2011，(6)．

【案例4-11】 某装修公司，销售装修材料的同时，还为客户提供送货服务，当年装修材料的不含税销售额为500万元，取得送货服务不含税收入为160万元（两笔收入未分开核算），其中可抵扣购进项目金额为20万元，销售装修材料增值税税率为17%，交通运输业增值税税率为11%。

本案中该公司未分开核算两项收入，故税务机关在征缴税款时，将合并征收并从高适用税率，即（500＋160）×17%－20＝92.2（万元）

可以看到，交通运输业相比于销售材料所适用的税率更低，因而企业应当分开核算两项收入，此时缴纳税款为500×17%＋160×11%－20＝82.6（万元）

可见，选择分开核算可以节税9.6（92.2－82.6）万元。所以纳税人兼营不同税率的货物，应当分别核算，否则必然会有一项收入从高适用税率。商家在进行生产经营决策时，一定要认真考虑利弊，以免多缴税，增加额外税收负担，同时也防止少缴税款而遭受税务机关的处罚。

复习题

1. 增值税一般纳税人税基的筹划可以从哪几个方面着手？为什么？

2. 对销售中出现的价格折扣，为规避不必要的税收负担，企业在进行涉税处理时应注意哪些方面？

3. 对销售后的价格折扣，企业在进行涉税处理时应注意哪些方面？

4. 什么是实物折扣？其税务处理有哪些规定？对于纳税人的实物折扣应如何进行税收筹划？

5. 比较直接折扣销售、实物赠送销售、加量不加价销售这三种促销方式的税收负担，并举例进行说明。

6. 增值税购进项目的税收筹划可以从哪些方面开展？

7. 存货发生毁损有哪些处置方案？其税务处理有什么不同的规定？企业发生存货毁损时应如何选择处置方案？请举例说明。

8. 增值税一般纳税人和小规模纳税人的计税方法哪个更优？其增值税负担孰轻孰重？纳税人应如何选择？

9. 企业设立的分支销售机构应如何缴纳增值税？其增值税纳税人身份是否应该进行税收筹划？根据什么进行筹划？

10. 请分析经营酒水饮料会出现哪些种流转税纳税人身份？纳税人应如何选择？

练习题

1. 某电梯生产企业为增值税一般纳税人，主要生产销售电梯并负责安装，以及保养和维修，属于混合经营行为，某年发生如下购销业务：全年取得含税收入1170万元，其中安装费占总收入的30%，保养费、维修费约占收入总额的10%，本年度可以抵扣的进项税额为80万元。请计算该企业当年度应纳的增值税额。针对该企业的情况，你有什么税收筹划的建议呢？

2. 某石油公司为促进销售，在加油站推行按购油金额的多少分别送毛巾、手套、电饭锅等赠品的活动。以天龙加油站为例，其某月油品销售收入为100万元，赠送的毛巾、手套、电饭锅等赠品按市场价计算价值为2.5万元，按购买价计算不含税成本为2万元。请以天龙加油站为例分析石油公司这种促销行为的税收负担，并提出税收筹划建议。

3. 节假日期间，亲朋好友外出聚餐逐渐成为时尚，有的饭店推出“用餐抽奖”活动以促进销售，增加人气。例如，某饭店推出的抽奖活动包括三个奖项：一等奖一名，奖价值600元的微波炉一台；二等奖两名，奖价值400元的厨宝一台；三等奖五名，奖价值100元的电风扇一台。活动规则如下：凡参加当日用餐，每桌消费满800元的，均有一次抽奖机会，中奖者既可以领取奖品，也可以按奖品同样的价值抵减当晚的用餐费用。中奖者的税款按规定由饭店代扣代缴。微波炉进价500元/台，厨宝进价340元/台，电风扇进价85元/台。

某日，王先生在饭店和家人用餐，消费900元，幸运地中了一等奖。那么，王先生应该选择领取微波炉，还是选择抵减600元餐费呢？两种选择对王先生和饭店在税收负担方面各有什么影响？

4. 清馨服饰店是销售服装饰品的增值税一般纳税人。临近换季，该服饰店推出了“买一赠一”的促销方式：顾客只要买一件价值588元的外套，便可获赠价值59元的丝巾一条；买一套价值1688元的西服，可获赠价值170元的公文包一个。活动当月，清馨服饰店销售外套700件，销售西服600套。请分析清馨服饰店这种促销行为的税收负担，并提出税收筹划建议。

5. 宏伟工贸有限责任公司是一家面粉加工企业，为增值税一般纳税人。为开拓新的销售市场，公司决定到农村送货上门进行以货易货的贸易：用面粉从农民手中兑换小麦。公司将小麦按市场价格每公斤2元计算，面粉和麸皮按销售价格每公斤2.5元和1.5元计算，1.15公斤小麦兑换0.8公斤面粉和0.2公斤麸皮。当月公司以800 000公斤面粉（入账价值2 000 000元）、200 000公斤麸皮（入账价值300 000元）兑换小麦1 150 000公斤（入账价值2 300 000元）。公司财务人员认为该项业务是以货易货的贸易，反映为库存面粉产品和麸皮产品减少、原材料小麦增加，并且小麦和面粉都属于农产品范围，所适用的税率相同，在购销金额相等的情况下，销项税额与进项税额相减后，无应纳增值税额。

请对宏伟工贸有限责任公司上述税务处理进行评述，并提出你的处理方法。

6. 某企业与某国外大公司联合出资成立中外合资企业，其投资总额7000万元，注册资金5000万元。在注册资金中，中方占40%，投入资金2000万元；外方占60%，投入资金3000万元。中方打算以自己使用过的机器设备（原价2500万元，现价值2000万元）和房屋建筑（价值2000万元）投入。在选择投入方式上，中方有两个备选方案。

方案一：以机器设备作价2000万元作为注册资金投入，房屋建筑作价2000万元作为新企业负债投入。

方案二：以房屋建筑作价2000万元作为注册资金投入，机器设备作价2000万元作为新企业负债投入。

请分别计算这两种方案的相关税负，并进行比较选择。

第5章 增值税的其他筹划策略

第4章讨论了缩小税基和适用低税率两种基本策略在增值税筹划中的应用，本章将继续探讨税收筹划其他基本策略在增值税筹划中的应用，即探讨规避纳税义务、税负转嫁、延迟纳税、充分利用税收优惠政策等基本策略寻找或提出增值税其他涉税问题中具体的税收筹划方法。

5.1 规避增值税纳税义务

税收筹划的基本策略之一“规避纳税义务”并不是指企业完全不承担纳税义务，事实上，完全能够回避掉纳税义务的企业几乎不存在。完全规避掉增值税纳税义务的税收筹划方法也不一定就是最优方案。规避纳税义务通常是指回避重税负而选择轻税负。

规避增值税纳税义务策略的应用主要表现是：在可能的情况下运用税收优惠政策，或者在增值税和营业税业务交叉部分选择合适的纳税税种从而选择轻税负。

5.1.1 小规模纳税人代购代销方式的选择

增值税制度将纳税人分为一般纳税人和小规模纳税人。在所经营的货物毛利率较低的情况下，小规模纳税人从事销售货物等应纳增值税的业务，一方面由于不能抵扣进项税额，其税收负担偏重；另一方面也由于其不能使用和开具增值税专用发票，不能满足一般纳税人索取专用发票抵扣进项税额的要求，这给小规模纳税人销售货物的正常业务设置了一道很大的障碍，造成小规模纳税人流失了大量一般纳税人客户。这些因素都使得小规模纳税人企业在市场竞争中处于被动地位。

但是，属于小规模纳税人的企业在市场竞争中还要生存，要发展壮大，必须靠自己摆脱不利地位。在有稳定客户的条件下，采取收取手续费的代购代销经营方式，将应纳增值税的业务转换为应纳营业税的业务，回避其经营劣势，不失为一个较为明智的选择。

在收取手续费的代购代销经营方式下，小规模纳税人企业不垫付资金，销售发票由供货方直接开具给购货方，因而供货方与购货方之间仍可按正常的销售情况开具增值税专用发票。小规模纳税人在销售行为中起协调和衔接作用，其经营行为转化为应纳营业税的提供中介服务行为。这样企业规避了小规模纳税人增值税纳税义务而选择了营业税纳税义务，其优点是：可以避免小规模纳税人的身份缺陷，激活小规模纳税人的经营行为。

【案例 5-1】①　湖北省郧西县某烟草站是专门从事批发、零售卷烟的小型商业企业，因为其年销售额达不到80万元，而不能被认定为一般纳税人。其在当地销售卷烟的对象就只好局限于部分个体户和周围的零散消费者。距烟草站只有几步之遥的供销社，其营业窗口点多面广，除乡政府所在的集镇外，还延伸到了全乡所属的各个管理区和村组，拥有较为固定的消费者群体，其烟草的年销售额达到80万元左右。这样大的卷烟零售量，在烟草站眼里无疑是个十分诱人的巨大市场。然而，这两家近在咫尺的企业之间，却一直无法建立正常的业务往来关系。原因很简单，供销社是一般纳税人，烟草站是小规模纳税人，前者采购卷烟时必须索取到合格的增值税专用发票，才能申报抵扣进项税额，并由此减少自己的应纳税额，以降低税负，增加盈利。烟草站虽然有供销社所需要的卷烟出售，但不能出具增值税专用发票，即使请当地国税机关代开专用发票，也只能按3%的税率开具，并注明3%的进项税额，与17%相比还是使购货方少抵扣14%的进项税额。因此，供销社舍近求远，每次都到200公里之外的县烟草公司（一般纳税人）那里进货。外出采购，一年下来，采购运杂费用居高不下，供销社经营成本无法降低，盈利大打折扣。然而，运费虽高，但相比直接从烟草站购货而要少抵扣14%的进项税额而言，还是低不少。望着门口的生意做不成，烟草站确实感到很无奈。其实，供销社也不愿意劳苦奔波，外出采购。

在这种被动的情况下，烟草站改变经营方式，成功地避开其小规模纳税人的身份缺陷，在烟草站与供销社之间架起了一道流通的桥梁。其具体做法有四种。

第一，烟草站与供销社之间签订一份代购货物协议书。协议书主要约定：供销社委托烟草站代购一定数量的某品牌卷烟，供销社按一定的比例向烟草站支付代购业务手续费。

第二，供销社按县烟草公司的供应价格（含增值税）计算，将购货款预付给烟草站，使烟草站不垫付购货资金。

第三，县烟草公司凭烟草站与供销社之间签订的代购协议书，将增值税专用发票开具给供销社，并通过烟草站将货物发给供销社。

第四，烟草站另外开具普通发票向供销社收取协定的代购手续费。手续费收入属于营业税应税收入，按照5%税率计算缴纳营业税。

以上四点内容，需区分每一笔购销业务分别操作。

将自营购销业务改为代购代销业务之后，购销双方互惠互利，皆大欢喜。

（1）烟草站找到了一个大客户，赚了一笔可观的手续费收入。按现行税收政策规定，手续费收入不缴增值税，只缴营业税。

---

① 徐经能．变经销为代购，既激活业务又减轻税负．中国税务报，2000-03-15．本案例在原文基础上进行了改编。

(2) 供销社由远距离采购改为就近进货，显然方便多了，虽然要支付一定的代购代销手续费，但与原高额运杂费用和采购费用相比，还是减少了不小的一笔费用支出。更重要的是，供销社花点钱请人代购货物，同样还能取得自己所需要的专用发票，可谓两全其美。

对本案例的税收筹划我们可以进行一个简单的小结。尽管商业小规模纳税人增值税含税征收率为2.91%（3%÷1.03），低于服务业营业税税率5%，就是说，选择代购代销业务缴纳营业税，税率还要高于自营购销业务缴纳的增值税征收率，但本案例中烟草站选择代购代销缴纳营业税的实际税收负担仍然减轻了，其原因在于营业税的税基为手续费收入，远远低于增值税的税基即销售额。另外，烟草站的税收筹划方法由于回避了小规模纳税人的身份缺陷，规避了增值税纳税义务而选择营业税纳税义务，既减轻了税收负担，又解决了为客户提供增值税专用发票的问题，从而扩大了市场经营范围，开拓了业务，这对于烟草站而言是最重要的。

5.1.2　一般纳税人代销方式的选择

在企业不具备一般纳税人资格的情况下，由于不能开具和使用增值税专用发票，不能按照取得的增值税专用发票抵扣进项税额，所以其生产经营处于劣势。这种情况下，为摆脱经营的被动地位，企业规避增值税纳税义务而选择营业税纳税义务，回避其经营劣势，这是一种明智的选择。但是在具备增值税一般纳税人资格的情况下，企业的选择还同小规模纳税人一样吗？或者说，所发生的代销行为应选择缴纳增值税还是缴纳营业税呢？是应该规避营业税纳税义务还是规避增值税纳税义务呢？本小节将对此问题进行分析。

事实上，代销行为通常也发生在具备增值税一般纳税人资格的商品流通企业。有些生产企业由于其产品在市场上知名度不大，产品不畅销，为了促进销售，这些企业往往给予中间商比较优厚的条件，这其中包括委托中间商代销其产品。在代销行为中，中间商不垫付资金，销售完毕再结账，售不出去的部分可以退回，因而中间商的风险较低，所以虽然产品不是很畅销，但中间商有时也乐于从事这种代销行为。

对于中间商而言，代销行为通常有两种方式，其税务处理各不相同。

(1) 收取手续费的代销方式，即中间商按照生产企业制定的市场价格代销其产品，中间商根据实现销售的代销商品数量，按照一定的比例向生产企业收取手续费。这种手续费收入对于中间商而言是一种劳务收入，中间商应该就这种收入按5%的税率缴纳营业税。

(2) 视同买断的代销方式，即中间商和生产企业约定一个协议价，如果产品可以销售出去，双方按照此协议价结算。至于中间商以什么样的价格销售产品，不受生产企业的约束。在这种情况下，相当于中间商以协议价买入代销产品，再自行定价销售，协议价和销售价之间的差额是属于中间商的进销差价。由于不垫付资金，这种销售仍是代销，但中间商所获取的收入来自于商品销售，应按增值税制度规定缴纳增值税。

这两种代销方式下，中间商都能够获取一定的收入，但这两种收入的纳税方式和税收负担不同。假设在这两种方式下，中间商的毛收入相等，那么哪种方式税收负担更轻一些，中间商获取的纯收益更大一些？中间商应选择哪种代销方式呢？让我们再看一个例子。

【案例 5-2】 长安家用电器制造公司（简称长安公司）新近推出一种家用电动搅拌器，由于在市场上尚无知名度，产品销售状况不佳，长安公司决定委托中新商业公司代销其产品，并借此打开销路。对于中新商业公司而言，待选的代销方案有两种。

方案一：中新公司按照长安公司制定的价格 1000 元/件对外销售，并另收 170 元/件的增值税，价税合计 1170 元/件。每月月底，中新公司向长安公司返回销售清单，并按实际销售价格和销售数量与长安公司结算货款；同时，中新公司根据代销的数量和销售额，向长安公司收取 20%的代销手续费。预计中新公司月销售数量为 100 件，不含税销售额为 10 万元，则中新公司每月的手续费收入为 2（10×20%）万元。消费者最终以 10 万元的价格购买了产品并承担了全部增值税负担，消费者总支出为 11.7（10+10×17%）万元。

长安公司收到中新公司的代销清单时，要确认销售收入额 10 万元及销项税额 1.7 万元，同时要支付中新公司手续费，所支付的手续费作为销售费用在企业所得税前支出。设长安公司销售的这批产品的成本费用为 5.5 万元，可以抵扣的进项税额为 1.1 万元。则长安公司的收益与税负如下（在此案例分析中，忽略附加税费）：

增值税=1.7－1.1=0.6（万元）

销售利润=10－5.5－2=2.5（万元）

而中新公司在此代销业务中，收到的手续费收入属于营业税征收范围中的代理业务收入，应缴纳营业税。则中新公司的收益与税负如下：

营业税=2×5%=0.1（万元）

营业利润=2－0.1=1.9（万元）

方案二：中新公司与长安公司首先约定结算价格为 800 元/件。中新公司按照 1000 元/件的价格对外销售，实际售价 1000 元/件与协议价 800 元/件之间的差额，即 200 元/件，由中新公司所有。假定中新公司的月销售数量仍然为 100 件，则中新公司每月获取的进销差价为 2 万元（200×100÷10000）。

长安公司月底收到中新公司代销清单时，要确认销售收入 8 万元（800×100÷10000）及销项税额 1.36 万元（8×17%）。则长安公司的收益与税负如下：

增值税=1.36－1.1=0.26（万元）

销售利润=8－5.5=2.5（万元）

而中新公司在此代销业务中，购进成本为 8 万元，销售收入为 10 万元，该公司应对此业务缴纳增值税。则中新公司的收益与税负如下：

增值税=10×17%－1.36=0.34（万元）

销售利润=10－8=2（万元）

此方案下，消费者最终仍以 10 万元的价格购买了产品并承担了全部增值税负担，消费者总支出同方案一，仍为 11.7 万元。

两个方案比较：对比两方案可以看出，两种代销方式下两企业缴纳的增值税总和一样，都是 0.6 万元，这是由于两种代销方式下最后对消费者的销售价格一样，增值税是中性税种，不论中间流转环节有多少，中间各环节价格如何安排，从产品制造环节到最终销售环节之间的总税收负担总是一个固定数，即 0.6（1.7－1.1）万元。在方案二中，长安公司缴纳的增值税相对于方案一要少 0.34 万元，这是由于其销售额从 10 万元减少到了 8 万元，销售额减少 2 万元同时手续费支出也减少 2 万元，其销售利润保持不变。中新公司的手续费收入 2 万元变为了进销差价收入 2 万元，中新公司就其进销差价缴纳增值税 0.34 万元，在增值税价外税可转嫁的情况下，并不会影响中新公司的收益；方案二中中新公司的收益增加 0.1 万元，其原因在于此方案中，中新公司没有缴纳营业税。而方案一中，中新公司缴纳了营业税 1000 元，营业税不是价外税，其负担在企业的收益中扣除，这造成了方案二中中新公司收益的增加。

总之，两种方案中，两个企业的增值税负担总和一样，但方案一中新商业公司增加了营业税负担 1000 元，造成方案一两个企业的总收益比方案二要少 1000 元。两种方案相比较，长安公司的收益没有变化，而中新公司在方案二中的收益比方案一增加了 1000 元。显然，从双方的共同利益出发，应选择视同买断的代销方式。

在实际运用中，选择视同买断的代销方式的优越性只能在双方都是一般纳税人的前提下才能得到体现。这种情况下，依据增值税按增加值征税的原理，委托方工业企业和商品流通企业缴纳的增值税之和为两个环节的增值额之和与税率的乘积，且在增值税负担转嫁的情况下，两个环节的企业都没有承担增值税的经济负担（每个环节销售收入中不含增值税）。所以选择视同买断的代销方式就是选择增值税纳税义务而规避营业税纳税义务。

如果一方为小规模纳税人，则受托方或双方的增值税进项税额就不能抵扣，增值税负担也不能顺利转嫁给消费者，因而不适宜采取这种方式。

5.2　增值税的税负转嫁筹划

增值税是间接税，税收立法者在设计增值税制度时预期其税收负担会转嫁给最终消费者，也就是企业可以将应纳的增值税加到货物的销售价格上去，让货物的购买者负担税收。因此，在增值税可以完全转嫁的情况下，纳税人可以不考虑其增值税税负。

5.2.1　税负完全转嫁下的税收和利润分析

如果增值税负担可以完全转嫁，纳税人则可以不承担增值税负担。由于是价外税，在完全转嫁的情况下，纳税人缴纳的增值税也不会抵减企业的收益。先以增值税一般纳税人的情况进行说明。

例如，荣华公司是生产自行车的一般纳税人。某月该公司购入钢材等原辅材料不含税价格 10 万元，价税合计共支付 11.7 万元，取得了增值税专用发票，专用发票注明税款 1.7 万元。当月这些材料全部投入生产，花费生产费用 3 万元，生产出自行车 500 辆，而且当月这些自行车全部销售出去，获不含税销售收入 15 万元，向购买方共收取价税合计 17.55 元。则该公司当月应纳增值税和利润情况如下：

增值税＝（15－10）×17％＝0.85（万元）

销售利润＝15－10－3＝2（万元）

从上面的计算过程可以看出，荣华公司购入材料时支付增值税款（进项税额）1.7万元，销售产品时向购买方收取了2.55万元的增值税（销项税额），比进项税额多出0.85万元，但按照增值税制度规定荣华公司须向税务机关缴纳增值税款0.85万元，由此可以看出，荣华公司并未承担增值税负担，该公司将其承担的增值税负担转嫁出去了。

小规模纳税人则可将购进货物时支付的税款和销售时按简易方法计算的增值税款均通过提高销售价格转嫁给产品的购买者。

例如，富华公司是生产自行车的小规模纳税人。某月该公司购入钢材等原辅材料的不含税价格为10万元，价税合计共支付11.7万元，取得了一般增值税发票，专用发票注明税款1.7万元。当月这些材料全部投入生产，花费生产费用3万元，生产出自行车500辆，而且当月这些自行车全部销售出去。由于小规模纳税人购进货物所支付的增值税款不能作为进项税额抵扣，故富华公司的实际材料成本变为11.7万元。为了维持企业的利润，富华公司决定将购进货物所支付的增值税款1.7万通过提高销售价格转嫁给自行车的购买方，因此，富华公司的500辆自行车不含税销售价格定为16.7(15＋1.7)万元，向购买方共收取价税合计17.201（16.7×1.03）万元。则富华公司当月应纳增值税和利润情况如下：

购货支付的增值税＝10×17%＝1.7（万元）

销售收取的增值税＝1.67×3%＝0.0501（万元）

销售利润＝16.7－11.7－3＝2（万元）

5.2.2 税负转嫁的影响因素

在上面的情况中，增值税一般纳税人荣华公司和小规模纳税人富华公司都通过提高销售价格转嫁了税负，它们的利润都没有受到影响。但是在市场竞争中，销售价格是影响销售数量和市场占有率的重要因素，如果企业为了转嫁税收负担而提高销售价格，很可能会使其在市场竞争中处于不利地位，因此企业为了维持其利润而通过提高销售价格转嫁税收负担就不一定行得通。

在上面的例子中我们注意到，尽管作为小规模纳税人的富华公司可以通过销售价格转嫁增值税负担，但从购买者的角度看，其销售价格要比作为增值税一般纳税人的荣华公司的销售价格高出0.152（17.702－17.55）万元，这很可能会使富华公司在与荣华公司的市场竞争中处于不利地位。在这种情况下，富华公司为了竞争，有可能自己来负担这0.152万元的增值税款，其利润由此会减少。

当然，假定在税负可以完全转嫁的情况下，也并不总是小规模纳税人使购买方承担的销售价格更高。如果企业生产的产品增值率比较高，结论就会相反，即在增值率较高的情况下，一般纳税人使购买方承担的销售价格会高于小规模纳税人使购买方承担的价格，这个时候一般纳税人就比小规模纳税人更难转嫁增值税负担。

从上面的分析可以看出，无论是一般纳税人还是小规模纳税人，都只有在增值税负担完全可以转嫁的情况下才能够维持其利润不变。但是税负转嫁只是一个理论上的概念，它主要用于经济分析，完全的税负转嫁几乎是不存在的。增值税负担的转嫁是要具备一定条件的，比如市场供不应求、供应有充分弹性、需求没有弹性等。而如果市场供大于求，供应没有弹性，需求有充分弹性，小规模纳税人和一般纳税人都很难通过提高销售价格把税负转嫁出去，这时纳税人本身将负担部分甚至全部税收。实际上，大多数情况下，增值税负担都不可能完全转嫁，纳税人或多或少要承担一定的增值税负担，因此纳税人规避增值税负担的愿望一直都是存在的。

5.2.3　税负不易转嫁时的税收和利润分析

由于两类纳税人的适用税率和计税方法不同，两类纳税人的税收负担也不同，在增值税负担不易转嫁的情况下，增值税一般纳税人和小规模纳税人的税收和利润必将存在差异，纳税人对此要有清醒的认识。

例如，假定荣华公司和富华公司的原材料购进、生产及销售价格仍然如上所述，此时市场调研的结果表明自行车产品市场和其原辅材料市场均处于饱和状况，增值税负担难以转嫁。为了把自行车产品销售出去，荣华公司和富华公司将负担本环节的增值税负担，原辅材料环节的增值税纳税人负担原辅材料的增值税负担。这时荣华公司和富华公司含税销售价格均为 15 万元，购进原辅材料的含税价格为 10 万元。两公司的利润会由于税收负担不同而不同。

（1）一般纳税人荣华公司当月应纳增值税和利润情况：

增值税＝（15－10）÷1.17×17％＝0.7265（万元）

销售利润＝（15－10）÷1.17－3＝1.2735（万元）

相比税负完全转嫁情况下其利润减少了 0.7265 万元（2－1.2735）。

（2）小规模纳税人富华公司当月应纳增值税和利润情况：

购货包含的增值税＝10÷1.17×17％＝1.453（万元）

销售产品的增值税＝15÷1.03×3％＝0.4369（万元）

产品销售利润＝15÷1.03－10－3＝1.5631（万元）

相比税负完全转嫁情况下其利润减少了 0.4369 万元（2－1.5631）。

作为小规模纳税人，富华公司购进货物价款中所含的增值税 1.453 万元不能被作为进项税额进行抵扣，其材料采购成本为 10 万元；销售产品按简易方法计算的增值税款 0.4369 万元应由富华公司全部缴纳给税务机关。

如果增值税负担不易转嫁，在上述情况下，作为一般纳税人的荣华公司要比作为小规模纳税人的富华公司增值税负担重 0.2896（0.7265－0.4369）万元，利润也少 0.2896（1.5631－1.2735）万元。

当然，此结论不能作为一般规律。如果企业生产的产品增值率比较低，结论就会相反，即在增值率较高的情况下，一般纳税人缴纳的增值税款会多于小规模纳税人，当税收负担不易转嫁时，一般纳税人承担的税收负担会更重，利润将随之更少。

因此，纳税人在选择增值税身份时，既要考虑增值税转嫁的可能性及转嫁程度，也要考虑企业生产产品的增值率，以便作出有利于企业自身的选择。

5.3 增值税延迟纳税的筹划

增值税本期应纳税额为本期销项税额与本期进项税额之差。销项税额的实现是按收讫价款或取得索取价款凭据而确定的；进项税额的抵扣是以取得增值税专用发票并通过税务机关认证为依据而确定的。要推迟纳税时间，一方面要设法推迟销售额的实现；另一方面要提前进项税额的抵扣。因此必须了解税法关于增值税纳税义务发生时间的规定。

5.3.1 纳税义务发生时间的规定

增值税的缴纳即销项税额的实现，以纳税义务发生时间为依据。企业的销售方式多种多样，各种销售方式下增值税纳税义务发生时间都不尽相同，税法中具体的规定如下。

（1）采取直接收款方式销售货物，不论货物是否发出，均为收到销售款或取得索取销售款凭据的当天。

（2）采取托收承付和委托银行收款方式销售货物，为发出货物并办妥托收手续的当天。

（3）采取赊销和分期收款方式销售货物，为书面合同约定的收款日期的当天，无书面合同的或书面合同没有约定收款日期的，为货物发出的当天。

（4）采取预收货款方式销售货物，为货物发出的当天，但生产销售生产工期超过12个月的大型机械设备、船舶、飞机等货物，为收到预收款或书面合同约定的收款日期的当天。

（5）委托其他纳税人代销货物，为收到代销单位的代销清单或收到全部或部分货款的当天。未收到代销清单及货款的，为发出代销货物满180天的当天。

（6）销售应税劳务，为提供劳务同时收讫销售款或取得索取销售款的凭据的当天。

（7）纳税人发生《增值税暂行条例实施细则》第四条第（三）项至第（八）项所列视同销售货物行为，为货物移送的当天。

可见，不同的销售方式及结算方式，增值税纳税义务的发生时间是不一样的，企业应注意选择于自己有利的销售方式，否则就会承担提前缴纳增值税带来的损失。

5.3.2 进项税额申报抵扣的时间规定

目前已不存在非防伪税控系统开具的专用发票。纳税人取得防伪税控系统开具的增值税专用发票，抵扣的进项税额按以下规定处理：增值税一般纳税人取得2010年1月1日以后开具的增值税专用发票应在开具之日起180天内到税务机关办理认证，并在认证通过的当月向主管税务机关申报抵扣进项税额，否则不予抵扣进项税额（国税函【2009】617号）。

5.3.3 采取合适的结算方式

由于不同的结算方式对纳税义务发生时间有不同的认定标准，就会形成纳税时间的不一致。

例如，凯利机械公司是生产销售大型机械产品的企业，一直采用委托银行收款方式进行销售。由于大型机械产品在销售以后，还需要进行安装、调试、验收，周期长，货款回收慢。根据现行增值税制度规定，纳税人采取托收承付和委托银行收款方式销售货物，增值税纳税义务发生时间为发出货物并办妥托收手续的当天。在这种情况下，不论企业是否收到货款，只要将货物发出、开具发票，并向银行办妥收款手续，就必须承担销项税额。某月，凯利机械公司与某工业企业签订一份购销合同，由凯利公司向该企业出售总价值为100万元的机床产品，双方约定采取委托银行收款方式销售货物。凯利公司当天就向该企业发货，开具了增值税专用发票，表明交易成立，并到当地银行办理了托收手续。合同约定，下月中旬设备调试完毕后，该工业企业再通过银行向凯利机械公司支付货款。

按照税法规定，凯利机械公司在货物发出的当月就缴纳了这批货物的增值税款。对于凯利公司而言，货款还没有取得，就先垫付了增值税款，提前交的增值税款似乎有点“冤枉”。如果能够及时收回货款倒还损失不大，而如果一旦对方支付货款延期交易失败，凯利公司就会遭受损失。

下月初，该工业企业的款项没到，凯利机械公司却收到对方的拒收货物和拒付款项通知，理由是产品质量有问题。经调解无效，凯利机械公司同意了对方的退货要求，双方的交易最终没有成立，货款收不回来，凯利机械公司却垫交了增值税款。虽然，这部分增值税款在退货的当月可以冲减销项税额，但凯利机械公司的资金被无偿占用了一段时间，造成资金时间价值损失。

税法是比较固定的，不能轻易改变，但交易方式是灵活的，企业可以通过与交易对方协商确定。因此，企业在销售货物时，可以根据自己的实际情况，选择比较方便的而且能够避免提前垫付税款的方式进行交易。一般情况下，应该尽量回避采用托收承付和委托银行收款方式销售货物，尽可能采用支票、银行本票和汇兑结算方式销售货物，在求得采购方理解的基础上，货款不到不要开具专用发票，以达到递延税款的目的，减少不必要的损失。对发货后一时难以回笼的货款，作为委托代销商品处理，待收到货款时才出具发票纳税；或者在不能及时收到货款的情况下，采用赊销或分期收款结算方式也可以避免垫付税款。

所以，要推迟纳税义务的发生时间，关键是采取合适的结算方式。其主要筹划方式有两种。

1. 充分利用赊销和分期收款方式

赊销和分期收款结算方式，都以合同约定日期为纳税义务发生时间，这就表示，在纳税义务发生时间的确定上，企业有充分的自主权，也有充分的筹划空间。因此，企业在产品销售过程中，在应收货款一时无法收回或部分无法收回的情况下，可选择赊销或分期收款结算方式，尽量回避直接收款方式。采取直接收款方式销售货物，不论货物是否发出，均为收到销售款或取得索取销售款凭据的当天；而赊销或分期收款结算方式则可以在合同约定日期计提增值税销项税额，承担纳税义务，企业具有相当大的主动性，完全可以在货款收到后履行纳税义务，有效推迟增值税纳税时间。

【案例 5-3】 某电视机厂（增值税一般纳税人），当月发生销售业务 6 笔，共计货款 2000 万元（含税价），货物已全部发出。其中，4 笔共计 1200 万元，货款两清；一笔 300 万元，两年后一次付清；另一笔一年后付 250 万元，一年半后付 150 万元，余款 100 万元两年后结清。

企业若全部采取直接收款方式，则应在当月全部计算为销售额，计提销项税额。

销项税额＝2000÷1.17×17%＝290.60（万元）

这种结算方式下，有 800 万元的货款实际并未收到，但企业又不能不计提增值税销项税额，因为按照现行增值税制度规定，若对未收到款项业务不记账，则违反了税收政策，属于偷税行为。

为了使企业既能推迟纳税，又不违反税法规定，企业可以进行安排。对未收到的 300 万元和 500 万元两笔应收账款分别在货款结算中采用赊销和分期收款结算方式，就可以延缓纳税。推迟纳税的销项税额具体数额及天数为（假设以月底发货计算）

（300＋100）÷1.17×17%＝58.12（万元）［天数为 730 天（两年）］

150÷1.17×17%＝21.79（万元）［天数为 548 天（一年半）］

250÷1.17×17%＝36.32（万元）［天数为 365 天（一年）］

毫无疑问，采用赊销和分期收款方式获得的推迟纳税的效果，可以为企业节约大量的流动资金占用，并节约银行利息支出近 10 万元。

2. 利用委托代销方式销售货物

委托代销商品是指委托方将商品交付给受托方，受托方根据合同要求，将商品出售后，开具销货清单，交给委托方，这时委托方才确认销售收入的实现并计提增值税销项税额，确认纳税义务的发生。根据这一原理，如果企业的产品销售对象是商业企业，且在商业企业实现销售后再付款结算，就可采用委托代销结算方式，回避直接收款方式、托收承付和委托银行收款方式等结算形式。这样企业就可以根据其实际收到的货款分期计算销项税额，从而延缓纳税。

【案例 5-4】 某空调机厂，某年 5 月向外地某批发站销售空调机 117 万元（含税），货款结算采用销售后付款的形式。10 月汇来货款 30 万元。

企业如果采用直接收款方式、托收承付和委托银行收款方式等结算形式，则 5 月就应计提销项税额：

117÷1.17×17%＝17（万元）

如不进行会计处理申报纳税，则违反税收规定，属于偷税行为。

此笔业务，由于购货企业是商业企业，并且采用了销售后付款的结算方式，所以可选择委托代销货物的形式，与批发站签订委托代销协议，按委托代销结算方式进行税务处理。这样 5 月可不计算销项税额，10 月按规定向代销单位索取销货清单并计算销售，计提销项税额：

30÷1.17×17%＝4.36（万元）

对尚未收到销货清单的货款可暂缓申报计算销项税额，也不承担增值税纳税义务。因此，此类销售业务选择委托代销结算方式对企业最有利。

5.3.4　其他推迟缴纳增值税的方法

除上述方法之外，还有一些其他小技巧也可用于延迟增值税的纳税时间。

（1）利用节日顺延记账时间。属于本期实现的销售额，记账时充分利用财务核算遇到节假日顺延的规定，后移到下期核算销售额的实现，从而推迟销项税额的确定。

（2）创造条件及早抵扣进项税额。取得防伪税控系统开具的专用发票的，企业应在取得专用发票后尽快到税务机关认证，并在认证通过的当月核算当期进项税额并申报抵扣。

（3）期末大量采购材料推迟纳税时间。现行增值税政策规定，只要是一般纳税人当期购进的货物或应税劳务所支付的增值税进项税额，符合增值税条例规定，都可以得到抵扣。工业企业和商业企业维持正常的经营活动需要有一定比例的原材料或库存商品，若企业在纳税期末还有可周转的资金，则可以将其用于购进材料或商品。购进的货物越多，抵扣的进项税额越大，应纳税额就越小。一般纳税人这样处理的好处：将税收资金延迟到以后，暂时用于购货，减少了银行贷款利息支付；同时也减少了当期应纳税额，保持了正常周转的原材料和库存商品。

5.4　充分利用增值税优惠政策

税收优惠就是国家对纳税人生产经营中的一些特殊情况给予减税或免税，将本应征收的税款有条件地让渡给纳税人。税收优惠的产生原因是：国家出于宏观经济调控的需要，对某些特定的地区、行业或企业组织形式给予特殊的照顾。税收优惠对于国家而言，有其存在的必要性和必然性；对于纳税人而言，更具有进行税收筹划的可操作性。纳税人如果能够使自己具备享受税收优惠的条件，就可以比按照正常税收制度缴纳低得多的税款。因此，税收优惠通常也称为税收诱因。

利用税收优惠政策进行税收筹划，是伴随着国家税收优惠政策出台而产生的，符合国家税法的立法意图，因此也得到官方的承认与支持。

增值税是我国的主体税种，是我国宏观经济调控的主要手段，其征收面广，纳税人税收负担状况和经济承受能力相差很大。因此增值税的税收优惠比较多，它是除企业所得税外优惠政策最多的一个税种，而且其税收优惠的许多项目都与中范围的不完全增值税制度设计有关。如能很好地利用这些优惠政策，可为企业大大减轻税负。

5.4.1　增值税优惠的主要类型

增值税的优惠形式有免税、减征税款、起征点和退税。现行增值税优惠政策主要有以下几种类型。

（1）按行业优惠类。现行增值税制度针对不同行业设立减免税或低税率政策，如对农业、医疗卫生业、宣传文化业等税收优惠政策多。

（2）按产品优惠类，如生态环保产品、资源综合利用产品、销售自己使用过的物品或旧货、软件产品、集成电路产品等有比较多的增值税优惠政策。

（3）按地区优惠类，如经济特区、东北老工业基地和中部地区部分行业等可以享受到一定的增值税优惠政策。

（4）按生产主体性质优惠类，如校办企业、民政福利企业、高科技企业等税收优惠政策多。

根据上述优惠政策类型，企业在设立、投资等经营活动中应充分考虑企业的投资地区、投资行业、产品类型和企业的性质，以最大限度地享受税收优惠，用足用够税收优惠政策。

5.4.2 直接利用增值税优惠政策

国家为了促进某些行业和地区的发展，给予在这些行业、地区进行生产经营活动的纳税人以必要的税收优惠政策。由于这些税收优惠政策符合国家总体的经济目标，所以纳税人可以正大光明地加以利用，为自己企业的生产经营服务。例如，为了振兴东北老工业基地，2004 年 9 月，我国在东北老工业基地部分行业实行增值税改革试点，规定在部分特定行业的增值税一般纳税人购进固定资产的进项税额准予按规定扣除（财税【2004】156 号）。该政策出台后，东北地区立刻成为投资的热土，这就是税收政策的宏观调控作用的充分体现，也是广大的纳税人直接利用税收优惠政策进行税收筹划的结果。

再如，为鼓励综合利用资源、保护环境、节约能源，现行税收制度规定，生产原料中掺兑废渣比例不低于 30%的砖（不含烧结普通砖）、砌块、陶粒、墙板、管材、混凝土、砂浆、道路井盖、道路护栏、防火材料、耐火材料、保温材料、矿（岩）棉的特定建材产品，享受增值税优惠政策（财税【2008】156 号）。针对这些税收优惠政策，企业可以大力发展资源的综合利用，根据资源搞税收筹划。如果纳税人经过核算其成本和收益后，觉得资源综合利用可以获得更高的经济利益，则可以直接通过资源综合利用改变生产方向，获取税收优惠和经济利益。

【案例 5-5】 湖北襄樊某水泥厂是个生产普通硅酸盐水泥的中型企业。由于近几年水泥行业竞争激烈，全行业出现了效益下滑的局面。另外，增值税政策实施以来，由于其原材料大多为泥土、砂石及工业企业的废物（如粉煤灰等），在购进时大都获取不到增值税专用发票，因而无法抵扣进项税额，税负较高。

当了解到有关资源综合利用税收优惠政策之后，水泥厂专门成立了资源综合利用办公室进行水泥配方的革新。企业在资金本来就不富裕的情况下投入资金、人力、物力，认认真真开始攻关。通过研究，在生产水泥过程中，用粉煤灰代替以前使用的玄武岩，用煤矸石代替部分黏土，用煤泥代替部分燃煤等，通过多次实验，终于研制成功了以废渣为原料的新型水泥。经测试利用这些废物生产出的水泥在质量上比以前的还好，完全达到合格产品的标准。

通过这种科技处理，企业得到了以下几方面的好处。

首先是税收上取得了优惠。由于利用了废料进行生产，企业享受了免征增值税及免征所得税 5 年的优惠，从而度过了资金困难阶段。

其次是降低了生产成本，使用废渣只需花运费，其他成本很小，这使得企业的产品极具竞争力。

最后，使用废渣减少了环境污染，造福了一方百姓，有较好的社会效益。

该企业通过资源综合利用，实实在在得到了好处，可谓利国也利己。

对于一些本身就是排污大户的企业，由于其生产造成严重的环境污染，企业会受到当地政府的处罚，而且企业与周围居民的关系也难以相处。在这种情况下，企业更应在资源综合利用上动脑筋，充分利用现有的废弃资源，生产新型的环保产品。此做法既可以解决长期困扰企业发展的工业污染问题；更重要的是，它符合国家的产业政策，能获得较大的税收利益。

企业通过资源综合利用享受税收优惠，减轻企业税负，应具备两个前提：一是使自己的产品属于减免税范围，并且得到有关方面的认可；二是避税成本不是太大。否则，如果一个企业本不是资源综合利用型企业，为了获得减免税优惠，不惜改变生产形式和生产内容，将会导致更大的损失。

5.4.3　起征点的利用

税收优惠都有特定的条件，满足了税法规定的条件则可以享受税收优惠，否则不能享受。这种条件许多是以数量标准界定的，由此，形成了许多“质量互变”的边界，这就是“临界点”。起征点就是一种临界点，通过突破起征点可以争取降低税率、减轻税负、获得优惠。

起征点与免征额不同，免征额是在征税对象的全部数额中给予免税的数额，而起征点则意味着对达到或超过起征点（即临界点）的全部数额进行征税，如果没有达到或超过起征点则不进行征税。所以，起征点上下的部分税负变化很大。

我国以不含税销售额来规定增值税的起征点，以便照顾销售额较小的纳税人。我国《增值税实施细则》规定，增值税起征点的适用范围只限于个人。有关起征点的幅度如下。

销售货物的起征点为月销售额 5000～20 000 元，销售应税劳务的起征点为月销售额 5000～20 000 元，按次纳税的起征点为每次（日）销售额 300～500 元。其具体金额由各省级税务机构决定。增值税的个人纳税人销售额如果在起征点上下，应注意利用起征点进行税收筹划。

例如，某地规定，若月销售额大于或等于 15 000 元，即征收增值税，也就是说增值税的起征点为 15 000 元时，对个人纳税人征收率为 3%。例如，甲经营一个小商铺，其某月取得的价税合计销售额为 15 460.3 元，依 3%的征收率折算为不含税销售额 15 010 元；乙也经营小商铺，其某月取得的价税合计销售额为 15 439.7 元，折算为不含税销售额 14 990 元。于是甲需要缴纳增值税 15010×3%＝450.3（元），其税后净收入为 15 010 元；而乙无须缴税，净收入也就是 15439.7 元。甲的月销售额大于乙的月销售额，但是其税后收入反而小于乙的税后收入，其原因就在于甲的月销售额超过了起征点而需要纳税，而乙的月销售额没有超过起征点而不必纳税。

那么甲应如何筹划以规避其税收负担呢？答案非常简单。其只需在应税收入上减少 10 多元，就可免除增值税款 450.3 余元，从而多获得 440.3 元左右的净收入。

5.4.4 以固定资产抵债的方式选择

随着经济生活的日益活跃及企业流动资金的缺乏，企业间以物抵债的现象日益增多，部分企业常常不得不被动地接受一些本企业不需要的资产。这部分资产不仅容易出现价值高估的情况，而且对接受抵债物的企业用处不大，企业只能早日设法变现。在变现过程中这部分资产不仅有可能遭受资产减值损失，接受抵债物的企业还要承担一定的销售费用和税金支出，同时债务企业在此过程中也要承担一定的税负。因此通过税收筹划降低该部分资产在抵债、变现过程中的税负，减少损失就显得十分必要。

根据抵债资产的不同类型，抵债资产涉及的税收负担状况会出现差异：如果抵债资产为不动产，抵债资产出让方需缴纳营业税及附加税费、契税；如果抵债资产属于货物，其出让方需缴纳增值税及附加税费。本小节专门讨论属于货物的固定资产抵债的筹划。我们先看一案例。

【案例 5-6】 金沙服装实业有限公司（简称金沙公司）是增值税一般纳税人，2012 年 5 月其销售给某纱厂 20 万元（价税合计）的货物。因纱厂资金紧张，无力支付货款，金沙公司多次索要账款未果。纱厂提出将该公司一辆购进价为 35 万元、已使用两年的小汽车给金沙公司，以抵偿所欠货款，金沙公司为不受损失，只得违心地接收了小汽车。几经打听，金沙公司终于找到了小汽车的买主，对方愿以 22 万元购买这辆小汽车。

在本例以物抵债的交易行为中，而金沙公司取得的小汽车由于没有增值税专用发票而不能抵扣增值税进项税额，在转手销售后，其还应缴纳增值税及附加税费：

增值税及附加＝22÷1.17×17%×1.1＝3.516（万元）

扣除以上税收及附加后，金沙公司实际收回的货款只有 18.484 万元（22－3.516）。也就是说，金沙公司并没有足额收回其货款。

在本例中，由于将用作抵债的固定资产转手销售要承担 17%的增值税金，而且没有进项税额抵扣，所以其税负是比较高的。这里有没有税收筹划的空间呢？回答是肯定的。金沙公司可以采取如下方案：变转手贸易为委托销售。金沙公司作为中介，帮助纱厂以 22 万元销售这辆小汽车，并获中介费收入 2 万元。在这笔交易中，金沙公司变转手贸易为委托代理销售，从而既收回了 20 万元的销货款，又取得了中介费收入。

在这种方案下，金沙公司收回的小汽车销货款为债权回收，不存在流转税负担，其获得的中介费收入缴纳营业税及附加 0.11（2×5.5%）万元。相比筹划前，其流转税负担降低不少。

5.4.5 通过农业机构分设增加进项税额抵扣

目前我国实行的是中范围不完全的增值税，即对工业制造业、商业批发和零售业，以及部分生产性劳务征收增值税，但有部分领域包括部分服务行业、农业还未实行增值税。随着营改增的不断深入，这种缺陷将越来越少。从行业角度分析，由于增值税征税范围的不完全性，在未实行增值税的行业与实行增值税的行业发生业务往来时允许企业按账面金额依一定的扣除率计算进项税额进行抵扣，并且存在一个方面在增值税抵扣链条上不完整，从而给纳税人带来税收筹划机会。

例如，增值税一般纳税人向农业生产者购进的免税农业产品，或者向小规模纳税人购买的农产品，准予按照买价和13％的扣除率计算抵扣进项税额；这就是说，对于免税农产品的购销，销售方农业生产者享受免税待遇，而收购方却可以依13％计算进项税额，这其中有13％的税收利益。

如果以上这一业务所涉及的产品服务都由企业内部提供，如企业自己生产农产品作为原材料投入生产，这种情况便不符合增值税抵扣条件，不能按账面金额计算进项税额进行抵扣，那么企业就要设法创造条件利用政策争取进项税额抵扣。

下面先讨论将农牧产品的生产部门分设为一个企业的问题。对一些以农牧产品为原料的生产企业，如果从生产原料到加工出售均由一个企业完成，企业使用自产的农牧产品原料是不能抵扣进项税额的，则企业可供抵扣的进项税额很少，增值税负担较重。这种情况下，企业可以将农牧产品原料的生产部门独立出去，以减轻税收负担。

【案例 5-7】 城市乳品厂为保证每天不间断地向市场供应各种新鲜奶制品，通常都自设有牧场和乳品加工厂。牧场喂养奶牛，提供新鲜原奶；乳品加工厂将原奶加工成含不同成分的袋装、盒装牛奶、酸奶出售。根据现行税收制度，这种城市乳品厂属于工业企业，不属于农业生产者，不享受农产品自产自销的免税待遇。按增值税条例规定，该企业生产的奶制品适用17％的增值税税率，全额按17％税率计算销项税额，而该企业可以抵扣进项税额的主要有饲养奶牛所消耗的饲料，饲料包括草料和精饲料。草料大部分为向农民收购或牧场自产，但只有向农民收购的草料经税务机关批准后，才可按收购额的13％扣除进项税额；精饲料由于前道环节（生产、经营饲料单位）是免税（增值税）的，而本环节又不能取得增值税专用发票，当然不能抵扣。这样企业可以抵扣的项目仅为外购草料的13％，以及一小部分辅助生产用品，这样，企业的实际增值税税负是很高的，往往超过10％，这必然会影响到企业的正常生产经营和发展壮大。

假定城市乳品厂每天销售的袋装牛奶、盒装牛奶、酸奶销售额为46 800元（含税），每天牧场向乳品加工厂提供未经加工的鲜奶价值20 000元，平均每天向农民外购的草料价值为500元，每天的生产成本及开支的其他期间费用假定为30 000元。则该厂每天：

不含税销售额＝46800÷1.17＝40000（元）

增值税＝40000×17％－500×13％＝6735（元）

经营利润＝40000－（500－500×13％）－30000＝9565（元）

由上述结果可知其增值税税负率为16.84％（6735÷40000）。显然，这个税负率是偏重的。分析一下该企业税负偏重的原因，在于牧场生产原奶却不能享受增值税对农业生产者免税的待遇，乳品加工厂使用原奶却不能享受收购农产品依购买价的13％计算进项税额的优惠政策。如果牧场可以享受增值税对农业生产者免税的待遇，乳品加工厂可以享受收购农产品依购买价的13％计算进项税额的优惠政策，对于整个企业而言，销项税额没有增加，可抵扣的进项税额却增加了，这当然会减轻企业的增值税负担。

为此，该企业可以经过有关审批手续，将牧场和乳品加工厂分为两个独立的企业法人，分开独立核算，在生产协作上仍按以前程序不变，其他的费用开支同分开核算前一样，只不过分别在两个独立核算的单位进行。但牧场和乳品加工厂之间按正常的企业间购销关系结算。企业重新分设后，牧场自产自销未经加工的鲜奶属于农业生产者销售自产农产品，可享受增值税免税待遇，其销售给乳品加工厂的原奶按正常的成本利润率定价；分立后的乳品加工厂从牧场购进鲜奶，属于收购农产品，可按收购额计提 13%的进项税额，其销项税额的计算不变，那么其税负将大为减轻。经过以上的机构分设，解决了企业税负偏重的问题，而且也不违背现行税收政策的规定。

经调整后，对于牧场而言，由于享受增值税免税待遇，其每天向农民外购的草料不能计算抵扣增值税进项税额，也不计算增值税销项税额，即不承担增值税负担。

乳品加工厂将鲜奶加工后每天仍然以 46 800 元（含税）的价格对外销售。对于乳品加工厂而言，其每天向牧场购进的 20 000 元鲜奶依 13%的扣除率计算抵扣增值税进项税额，故可抵扣 2600（20 000×13%）元。草料不在乳品加工厂计算抵扣增值税进项税额。则两个厂总体每天的纳税情况和经营利润为

增值税＝40000×17%－2600＝4200（元）

经营利润＝40000＋2600－500－30000＝12100（元）

与分设前相比，两个厂每天总体缴纳的增值税负担减轻了 2535（6735－4200）元，总体经营利润增加了 2535（12100－9565）元。

将牧场和乳品加工厂分设后，其增值税负担的减轻和总体利润水平的提高来自于机构分设后享受的增值税优惠待遇。机构分设后对于牧场而言，鲜奶的价值免征增值税；对于乳品加工厂而言，鲜奶的价值可以依 13%的扣除率计算抵扣增值税进项税额 2600 元；而对于集团总体而言，由于机构分设只是损失了每天收购 500 元草料带来的 65 元进项税额抵扣权，但集团整体增值税负担由此减轻了 2535（2600－65）元，经营利润也增加 2535 元。

进一步分析，如果牧场和乳品加工厂之间鲜奶的交易价格提高，乳品加工厂可抵扣的进项税额也会按 13%的比例提高，在对牧场销售鲜奶免征增值税的情况下，集团整体增值税负担将会更进一步减轻。又由于乳品加工厂购进鲜奶的成本是以收购价减去计算抵扣的增值税进项税额计算的，随着鲜奶价格的提高和乳品加工厂计算抵扣增值税进项税额的增加，其利润额也会增加，从而使总体经营利润增加。

由于牧场和乳品加工厂是一个企业分设出来的，属于关联企业，它们之间的产品交易价格可以有一定的浮动空间。在本例中，如果牧场将提供给乳品加工厂的鲜奶价格提高，我们会发现两个厂总体的增值税负担和经营利润都会变化。

假定每天牧场向乳品加工厂提供未经加工的鲜奶量同以前一样，只是价格提高到 25 000 元。其他条件仍同前面一样。此时牧场照样不承担增值税负担，而乳品加工厂缴纳增值税。其每天纳税情况和两个厂总体利润情况为

增值税＝40000×17%－25000×13%＝3550（元）

经营利润＝40000＋25000×13%－500－30000＝12750（元）

与提高鲜奶价格前相比，两个厂每天总体增值税负担降低了 650（4200－3550）元，总体经营利润增加了 650（12750－12100）元。这里增值税负担的降低和经营利润的增加来自于鲜奶价格提高 5000（25000－20000）元带来的进项税额抵扣增加 650（50000×13%）元。

复习题

1. 请分析增值税的特点及税收筹划要点，并举例说明。

2. 规避增值税纳税义务是否就代表不缴纳增值税？不缴纳增值税的方案是否就是最佳的税收筹划方案？请举例说明。

3. 请分析规避增值税纳税义务的筹划空间。

4. 代购代销有几种方式？各方式下应如何缴纳流转税？从税收筹划的角度看，企业应该如何选择对其有利的代购代销方式？

5. 租赁经营应该如何缴纳流转税？企业应该如何选择租赁经营的方式？

6. 请介绍增值税负担转嫁的影响因素。如何运用增值税负担转嫁的原理进行税收筹划？

7. 销售结算方式与增值税纳税义务发生时间有什么关系？如何选择合适的结算方式进行增值税延迟纳税的筹划？

8. 简单介绍我国增值税优惠的类型及优惠力度？如何充分利用增值税优惠政策进行税收筹划？请举例说明。

练习题

1. 长安公司是生产销售空调、电冰箱、彩电等家用电器的企业，公司年营业额 3 亿元左右。由于其产品中嵌入了一定含量的软件，软件产品成本约占总成本的 10%，长安公司于 2002 年向当地行业协会和主管部门申报并获批了软件企业和软件产品资质，并自 2002 年起就其产品中嵌入式软件产品的比例享受了软件产品超过 3%的部分即征即退的政策。但 2005 年财政部、国家税务总局明确发文规定，嵌入式软件不属于享受增值税即征即退政策的产品。这一下子将长安公司排除在了软件产品增值税优惠大门之外。2006 年财政部、国家税务总局又出台文件，对嵌入式软件比照执行有关税收优惠在管理上提出要求。文件规定，增值税一般纳税人销售其自行开发生产的用于计算机硬件、机器设备等嵌入的软件产品，仍可按照有关规定，凡是分别核算其成本的，按照其占总成本的比重，享受有关增值税即征即退政策。未分别核算或核算不清的，不予退税。

对于长安公司，从财务核算可操作性角度，嵌入式软件由于仅仅是中间产品而不是最终产品，公司一直未对其成本进行分开归集和单独核算。公司计划从 2006 年度起对嵌入式软件进行单独核算，由于没有相关财务制度和核算经验，税务机关一直不予认可。这样长安公司 2005 年度和 2006 年度均没有享受到嵌入式软件产品的增值税优惠，企业在 2005～2006 年每年多缴纳增值税数百万元。

那么长安公司还可以继续享受增值税优惠政策吗？应如何筹划呢？

2. 乾坤商贸公司是增值税一般纳税人企业，公司按照当地国税局的要求于 2010 年 7 月购置了增值税防伪税控系统专用设备和通用设备，其中购置税控金税卡、税控

IC卡和读卡器1500元（不含税），购置用于防伪税控系统开具专用发票的计算机一台价值5000元（不含税）和打印机2500元（不含税），以上设备均按规定取得了增值税专用发票。公司按其价税合计数全部计入“固定资产——增值税防伪税控系统设备”价值。

2012年1月该公司又按照当地国税局的要求购置了采集专用发票抵扣联信息的扫描仪一台价值4000元（不含税），也取得了增值税专用发票。公司仍然按其价税合计数全部计入“固定资产——增值税防伪税控系统设备”价值。

在购置以上设备后，乾坤公司均按照4年的平均使用年限、5%残值率提取折旧。

对于企业购置增值税防伪税控系统专用设备和通用设备，国办发【2000】12号文件、国税发【2000】183号文件及国税函【2006】1248号文件均进行了相关规定，即对纳税人购置以上设备（包括用于采集增值税专用发票抵扣联信息的扫描器具和计算机）发生的费用，准予在当期计算缴纳所得税前一次性列支；同时可按购置上述设备取得的增值税专用发票所注明的增值税税额，计入当期增值税进项税额。

请根据国家相关政策规定对乾坤商贸公司购置以上设备的账务处理进行评价，并提出税收筹划建议。

3. 近年来，天然五彩棉花织品在市场上很受消费者欢迎，但是以五彩棉花为原料生产布料的卓美纺织实业公司效益却不尽如人意。该企业2012年实现彩棉坯布销售3000万元，由于新品研究开发费用和市场开拓费用比较大，全年利润比较低。

经了解，为保证产品质量，该公司内部设有农场和纺纱织布分厂。纺纱织布分厂的原料棉花主要由农场提供，不足部分向当地供销社定点采购。2010年该公司自产棉花的生产成本为350万元，通过供销社定点采购棉花金额为450万元，取得增值税专用发票注明进项税额为58.5万元，其他辅助材料可抵扣进项税金为45万元。请分析卓美纺织实业公司当年增值税纳税情况，分析有无税收筹划空间，并提出可行的税收筹划方案。

4. 根据下列资料，扼要指出存在影响纳税的问题，正确计算企业2005年12月应纳和应退各流转税额（各步骤计算结果保留小数点后两位数），并对企业的流转税处理提出税收筹划建议。

资料：北京天瑞科技有限公司系增值税一般纳税人，成立于1998年2月，经营注册地在北京西城区，当年盈利并被有关部门认定为软件生产企业（以后每年均认定为软件生产企业），主要从事企业纳税申报软件的研制开发、技术咨询、技术培训业务，计算机、读卡器等硬件产品销售业务。其生产的软件产品获得北京市软件企业和软件产品认证小组颁发的《软件产品证书》。2010年12月企业由西城区迁至海淀中关村高新技术开发区内，并自2011年起又获得高新技术开发企业认定证书。企业均依法办理了税收优惠审批手续。企业财务部门在研究并报有关部门批准后，决定在流转税纳税上选择软件企业的税收优惠政策，即对增值税一般纳税人销售其自行开发生产的软件产品，按17%的法定税率征收增值税后，对其增值税实际税负超过3%的部分实行即征即退政策。增值税一般纳税人在销售计算机软件的同时销售其他货物，其计算机软件难以单独核算进项税额，应按照开发生产计算机软件的实际成本或销售收入比例确定其应分摊的进项税额。北京天瑞科技有限公司符合享受相关优惠政策的条件。

2012 年 12 月有关流转税涉税资料如下。

(1) 12 月 5 日，外购原材料一批，既用于软件产品生产又用于硬件产品生产，取得增值税专用发票上注明价款 200 000 元，税款 34 000 元，以支票结算货款，原材料已入库。另外以现金支付运费 500 元，取得货运定额发票五张，每张 100 元。企业计增值税进项税额 34 035 元。

(2) 12 月 10 日外购低值易耗品一批，取得增值税专用发票注明价款 1200 元，增值税额 204 元，以支票结算货款，企业计增值税进项税额 204 元。

(3) 12 月 4～10 日，在申报期内向崇文区国税局所辖范围内的增值税一般纳税人销售 480 套软件产品，每套含税价格 994.5 元，并随同每一软件产品销售配套读卡器一份，每份含税价格 117 元，收取培训费 88.5 元/人（定于 12 月 15 日办培训班，报名人数 480 人)。企业会计认为软件产品使用权转让及培训业务不属货物范围，开具了普通发票，并计算应交营业税 2124 元。读卡器和软件销售属货物销售范畴，开具了增值税专用发票，并分别计算相应的增值税销项税额。

(4) 12 月 15 日，举办培训班时，又有零散企业 20 户财会人员参与，因增值税专用发票数量有限，企业会计将软件产品、读卡器、培训费合计每户 1200 元，全部开具在一张普通发票上，共开具了 20 份普通发票。核算时，对培训费计算了应纳营业税额，对软件和读卡器销售合计计算了增值税销项税额。

(5) 12 月 30 日支付供电部门电费，取得增值税专用发票上注明电费 3000 元，税额 510 元；支付供水部门水费，取得增值税专用发票上注明水费 600 元，税额 36 元。

(6) 12 月 31 日，外购生产硬件产品材料一批，取得增值税专用发票上注明价款 80 000元，税额 13 600 元，货款尚未支付，原材料已入库。

第6章

消费税的税收筹划

消费税是对特定的消费品或消费行为所征收的一种税，其目的在于调节产品结构、引导消费方向和增加财政收入。现行的《中华人民共和国消费税暂行条例》（简称《消费税暂行条例》）是国务院为适应市场经济体制改革的需要于1993年12月13日颁布，并于1994年1月1日起实施的，国务院第34次常务会议于2008年11月5日对该条例进行了修订。依据《消费税暂行条例》，我国在对商品普遍征收增值税的基础上，有选择地对在境内生产、委托加工、零售和进口特定消费品征收消费税，其特殊调节职能和增值税的普遍调节职能相配合，构成我国流转税的双重调节机制。

消费税和增值税有许多共同点，如当消费税采用从价计征时，除部分酒类产品外，其计税依据和增值税销项税额的计税依据是相同的，均为纳税人销售应税消费品时向购买方收取的全部价款和价外费用。所以，增值税的许多税收筹划方法通常都可以同样适用于消费税。当然，消费税在一些税制要素上，如征税对象、税率等，存在许多和增值税的差异，因此消费税存在许多自身特有的筹划方法。本章主要就一些消费税特有的税收筹划方法展开讨论，和增值税类似的筹划方法可以参考增值税税收筹划章节的有关内容。

根据《消费税暂行条例》，消费税具有以下几个显著特点。①征收范围具有选择性。②征收环节具有单一性。③消费品种类和税率或税额具有一一对应性。④征收环节具有差别性。⑤同时采用从量计征和从价计征。结合这些特点，本章将重点介绍规避纳税义务、缩小税基、适用低税率、充分利用优惠政策等基本策略在消费税筹划中的具体应用。

6.1 消费税规避纳税义务的筹划

按照《消费税暂行条例》规定，成为我国消费税的纳税人需同时具备两个条件：一是在国内生产、进口、委托加工应税消费品或从事金银首饰零售业务；二是所经营的产品是《消费税暂行条例》中列明的应税消费品。因此，如果单位和个人能够使自己的经营范围避开相应的环节，或者生产的产品是非应税消费品就可以避免成为消费税的纳税人。以上筹划的思路是根据消费税征税范围具有选择性及征收环节具有单一性的特点展开的。

征税范围的选择性指我国消费税只是针对一部分消费品和消费行为征收，而不是对所有的消费品和消费行为征收，因此在经营条件允许的前提下，可以采用生产、使用非应税消费品或通过将产品转换成非征税对象的方式进行税收筹划。例如，企业在生产过程中出现以应税消费品作为中间产品时就可以想办法改变生产工艺，避免这一生产流程从而规避纳税义务。再如企业也可以通过改变产品的性质、类型、价格等，避免产品成为应税消费品从而规避纳税义务。

征收环节的单一性是指我国消费税只在消费品生产、进口、委托加工或零售这些环节中的某一环节征收一次，而不是每一个环节都征收，因此企业可以通过合理设计经营模式来规避纳税义务。例如，按照税法规定，纳税人通过自设非独立核算门市部销售的自产应税消费品，应当按照门市部对外销售额或销售数量计算征收消费税，此时，该门市部是消费税的纳税人。但如果设立独立核算的门市部，由于税法对于独立核算的门市部没有规定，所以独立核算的门市部只要不是销售金银饰品，则仅成为增值税的纳税人而非消费税的纳税人，从而规避了消费税纳税义务。

当然，以上仅仅是消费税纳税中规避纳税义务的税收筹划思路，具体是否具有可行性还需针对实际情况进行分析，作出最恰当的选择。

6.1.1　通过降低价格规避纳税义务

根据《消费税暂行条例》，有些消费品是否成为消费税的征税对象取决于其价格。例如，高档手表，如果销售价格在 1 万元以上，则需征收 20%的消费税，而销售价格在 1 万元以下，则无须缴纳消费税（财税【2006】33 号）。因此，对于此类消费品，如果能调整价格使其无须缴纳消费税，就可以达到规避纳税义务的效果。

【案例 6-1】　泰华手表厂（增值税一般纳税人）2013 年生产了一种新型手表，该种手表外形独特，做工精良，市场调查的结果令人非常满意。因此，泰华手表厂决定将手表定价在 1.1 万元（不含增值税）上市销售，并且在头一个月内成功售出 1000 只。正当泰华手表厂经理为良好的销售业绩欣喜时，财务部门的同期报表反映的利润却并不理想，因为仅消费税就占到了销售额的 20%。经理回忆起在泰华手表厂原来的销售过程中，并不需要缴纳消费税，于是，找来厂里的财务人员进行询问。原来根据财政部、国家税务总局 2006 年 3 月 20 日颁布的（财税【2006】33 号）文件，从 2006 年 4 月 1 日起对高档手表征收 20%的消费税，纳税人为在中华人民共和国境内生产、委托加工、进口高档手表的单位和个人。这里的高档手表包含销售价格（不含增值税）每只在 1 万元（含）以上的各类手表。泰华手表厂由于每只手表售价为 1.1 万元，所以需要缴纳消费税。那么，这种新型手表具体要承担的税额是多少呢？财务人员为经理进行了详细计算和分析。

销售手表需要缴纳增值税、消费税、附加税费、企业所得税等。其中增值税尽管额度较大，但由于增值税是价外税，并不影响其税后收益，所以在分析企业利润时可以不考虑。企业所得税是根据企业扣除各种成本、费用、损失、销售税金及附加之后的税前利润来计算的，所以需要先核算企业的销售税金及附加（附加包含城市维护建设税和教育费，共计 10%）。手表厂目前的销售税金及附加为

消费税额＝1.1×20％×1000＝220（万元）

附加税费＝［（1.1×1000×17％）＋220］×10％＝40.7（万元）

所以当月泰华手表厂因为这种手表的销售应承担相应税负共260.7万元。

实际收益＝1.1×1000－260.7＝839.3（万元）

经理开始进一步分析，销售1000只手表总共需承担260.7万元税收，分摊后每只手表需要承担2607元。而每只手表售价为1.1万元，这样实际核算下来，每只手表售价实际相当于只有8393元，还不到1万元。想起1万元，经理注意到财务人员提到价格在1万元以下的手表是不需要缴纳消费税的，那就意味着如果将售价降低到1万元以下，就不再是消费税的纳税人，无须缴纳消费税。如果减少220万元的消费税，尽管价格降低了，但实际收益可能会增加。由于最接近1万元的价格是9999元，于是，经理要求财务人员针对手表销售价格为9999元的情况进行核算。此时，手表厂无须缴纳消费税，其需要缴纳的销售税金及附加为

附加税费＝9999×1000×17％×10％＝169983（元）

因此泰华手表厂的实际收益为

9999×1000－169983＝9829017（元）

在成本、费用、损失相同的情况下，计征企业所得税后并不会影响销售方案的可行性。当征收企业所得税时，假定泰华手表厂的企业所得税率为25％，则改变销售方案后增加的税后收益为

（9829017－8393000）×（1－25％）＝1077012.75（元）

得知这一结果后，泰华手表厂经理决定从下个月开始就将手表的销售价格调整为9999元。这一过程中泰华手表厂经理的行为就是一种规避纳税义务的税收筹划行为。实际上，不仅仅是售价1.1万元的手表需要调整到9999元，根据消费税中关于的高档手表规定，可以推算出手表销售的边际价格。假定手表价格为P，增值税、消费税的税率分别为17％、20％。无须缴纳消费税时，其所得税前收益为

9999－（9999×17％）×10％＝9829.017（元）

如果需要缴纳消费税时，其所得税前收益为

$P-P\times20\%-(P\times17\%+P\times20\%)\times10\%$

规避纳税义务的目的是使收益最大化，需要下式成立：

$P-P\times20\%-(P\times17\%+P\times20\%)\times10\%<9829.017$

由此可解得

$P<12882.07$

换句话说，即当每只手表销售价格为10000～12882.07元时，不如将手表的销售价格降到9999元，可以获得更大的税后收益。

6.1.2 通过改变企业结构规避纳税义务

除了通过降低价格来规避纳税义务外，纳税人还可以通过选择自己的组织形式来规避税负。以酒类产品为例，1994年我国实施消费税以来，对酒类产品的消费税税率进行了数次调整：最先规定从1994年1月1日起对酒类产品开征消费税，且区别对待，

其中粮食白酒税率最高，为 25%；2001 年 5 月 1 日，在从价征收消费税的税率不变的情况下，增加从量征收，具体方法是对每生产一斤（500 克）白酒按 0.5 元从量征收消费税，同时取消以外购酒勾兑生产酒的企业可以扣除其购进酒已纳消费税的抵扣政策（财税【2001】84 号）；2006 年将粮食白酒和薯类白酒的从价比例税率统一为 20%（财税【2006】33 号）。针对我国消费税体制的这些变化，纳税人可通过企业之间的并购来降低税负，甚至规避纳税义务。

【案例 6-2】 咸丰酒厂的生产模式为从当地的老井酒厂购入粮食类原料白酒，然后进行勾兑或加浆降度等，生产出对外销售的成品酒。其每月从老井酒厂购入原酒 1 万公斤，不含增值税价格为每公斤 20 元，勾兑后可生产成品酒 2 万公斤，对外销售的不含税价格为每公斤 36 元。在 2001 年前，两企业合作非常愉快，但 2001 年白酒的消费税政策调整后，两企业都发现税负增加了许多。在政策出台之前，两企业的消费税税收负担如下（当时粮食白酒和薯类白酒的消费税率没有调整，分别为 25%和 15%）：

老井酒厂消费税＝1×20×25%＝5（万元）

咸丰酒厂消费税＝2×36×25%－5＝13（万元）

此时两企业的整体消费税负担为 18 万元。而政策出台后，两企业发现税收负担都增加了，尤其是咸丰酒厂。这时两企业的消费税税收负担如下：

老井酒厂消费税＝1×20×25%＋1×2×0.5＝6（万元）

咸丰酒厂消费税＝2×36×25%＋2×2×0.5＝20（万元）

两酒厂的整体消费税负担为 26 万元，仅消费税负担就增加了 8 万元，导致两企业出现了经营亏损，而且，附加税费也会相应增加。因此，企业的经营很快陷入了困境。由于这些白酒厂家面对的是低端市场，如果将增加的税收成本通过提价的方式转嫁给消费者，则可能会失去市场；若再不采取其他方法，亏本经营的结果恐怕只能是坐以待毙。事实上，许多类似企业在财税【2006】33 号文生效后逐渐销声匿迹，企业真的没有出路吗？

两个酒厂经理在咨询了税务顾问后，拟定采取并购战略。通过以企业资产入股的方式，两酒厂合作成立了丰井酒业集团，丰井酒业集团拥有原咸丰酒厂和老井酒厂的全部产权。在生产方式上，咸丰酒厂将勾兑等生产工序转移到老井酒厂完成，同时允许老井酒厂使用原咸丰酒厂的品牌直接对外销售。

这一做法取消了原咸丰酒厂和原老井酒厂之间的购销环节，避免了重复征税，因此成品酒的消费税总额为

2×36×25%＋2×2×0.5＝20（万元）

相比于并购前 26 万元的消费税税额，税负大为减轻。通过以上案例可以看出，采用适当的企业组织形式是存在规避税收负担的空间的。通过将咸丰酒厂和老井酒厂合并，将原来的两家酒厂都作为消费税的纳税人转变为仅有一家是消费税的纳税人，避免了中间购销环节的重复纳税，获得了较大的税收收益。这一方法实质上是将两酒厂之间的购销行为通过企业组织形式的改变转换为企业内部的生产行为，从而规避这一环节的消费税纳税义务。

6.1.3 通过改变生产流程规避纳税义务

消费税对部分商品征收，但这些商品中有些对于部分企业来说不是最终产品，只是企业在生产过程中所用到的中间材料。如果利用这种产品所生产出的最终商品无须缴纳消费税，那么，企业将这些中间产品用于连续生产仍然需要缴纳消费税。如果能通过改变生产流程避免采用这些中间产品，就能规避纳税义务。当然，是否可以采取这一措施，取决于企业是否有相应的生产工艺。

【案例 6-3】[①] 某化工厂，主要生产经营醋酸酯。2012 年产品销售收入 8 亿元，实现利润 3000 万元，缴纳各项税金 7500 万元，其中消费税 1500 余万元。

该企业生产流程如下。

(1) 以粮食为原材料，生产酒精。一般发酵中，仅含 10%的乙醇，经蒸馏后可得到 95.6%的酒精。

(2) 将酒精进一步发酵制取醋酸。

(3) 醋酸与乙醇发生酯化反应，生成醋酸酯。

根据《消费税暂行条例》及其实施细则的有关规定，纳税人将自产应税消费品用于连续生产非应税消费品的，应视同销售行为，要按规定计算缴纳消费税。视同销售业务应按同期同类产品售价计算消费税，若无同类产品售价的，应按组成计税价格计算。该企业最终产品是醋酸酯，按照《消费税暂行条例》规定它不是消费税的应税消费品，但由于生产醋酸酯需用自产的应税消费品酒精，因此领用酒精时需要缴纳消费税。2012 年该企业领用自产酒精生产成本 28000 万元，酒精的消费税税率为 5%，国家规定的成本利润率也为 5%，因此：

$$消费税=28000\times(1+5\%)\div(1-5\%)\times5\%=1547.37（万元）$$

面对高额的消费税，公司财务总监一直很头痛。能否通过合法的税收筹划减轻税负呢？该企业之所以需要缴纳消费税，是因为其中间产品酒精是应税消费品，如果能够通过改变生产流程，把作为中间产品的酒精替换掉，同样生产出醋酸酯，那么就可以规避消费税的纳税义务了。

生产醋酸酯必然需要醋酸，而生产醋酸的渠道很多，既可以通过粮食发酵方法取得，也可以通过其他方法生产。根据以上的税收筹划思路，可以发现制作醋酸有四种方法，该公司采用的发酵方法，是比较原始的方法。这种方法不仅消费粮食，而且生产成本高。国外大多数企业早已不采用此制作方法了。制取醋酸的其他三种方法如下。

(1) 用合成法制备工业醋酸。该方法由乙烯或电石合成乙醛，乙醛在乙酸锰催化下，用空气中的氧或氧气氧化成醋酸。

(2) 用石油气 C2—C4 直接馏分氧化制醋酸。这种方法国外早已投产使用，并有逐渐替代乙醛氧化法的趋势。

(3) 由甲醇和一氧化碳在常压下制取醋酸。因为甲醇是由一氧化碳和氢制得的，因

---

① 北京中立诚会计师事务所. 醋酸制法不同节税效果迥异. 中国税网，2005-08-06. 本案例进行了改编。

此可用一氧化碳和氢作为原料生产醋酸。

以上三种方法均无须缴纳消费税。经过调查，在以上三种方法中，采取石油气 C2-C4 直接馏分氧化制醋酸不仅简便易行、而且投资成本低，所以化工厂决定采用这一方法。

当然，应用本例中的方法进行税收筹划时，除了受到生产工艺的限制，还要考虑生产流程改变后对企业生产成本的影响以及目前生产设备是否需要投资改造。当生产流程改造可行，同时可以降低成本时，利用这一方式进行税收筹划无疑是一个一举多得的好办法。

6.2　消费税缩小税基的筹划

消费税的计税依据分为两种：一种是以应税消费品的数量作为计税依据，采取从量定额的方法计算，这种方法仅限于啤酒、黄酒、汽油、柴油等少数几种应税消费品；另一种是以应税消费品的销售额为计税依据，采取从价定率方法计算，这种方法适用于除上述第一种方法外的其他应税消费品。对于卷烟和白酒则同时采用这两种计税依据。

当采用从量定额征收时，计算应纳税额的公式为

应纳税额＝销售数量×单位税额

销售数量包括销售时的销售数量、自产自用时的移送适用数量、委托加工时纳税人收回的数量及进口时海关核定的征税数量。由于销售数量比较固定，弹性区间小，适用面也比较窄，税收筹划的空间一般不大。

当采用从价定率征收时，计算应纳税额的公式为

应纳税额＝销售额×税率

销售额是指纳税人销售应税消费品向购买方收取的全部价款和价外费用，但不包括向购货方收取的增值税税款。如果纳税人应税消费品的销售额中未扣除增值税税款或者因不得开具增值税专用发票而发生价款和增值税税款合并收取的情形时，在计算消费税时，应当将含税销售额换算为不含增值税税额的销售额。消费税中应税销售额的确定和增值税中应税销售额的确定是一样的，因此这里着重指出消费税的特殊规定，这是在进行消费税税收筹划时必须予以关注的。

其一是对于包装物押金。按从价定率办法计算应纳税额的应税消费品连同包装物一起销售的，无论包装物是否单独计价，也不论在会计上如何核算、均应并入应税消费品的销售额中征收消费税；包装物不作价随同产品销售，而是收取押金，此项押金则不应并入应税消费品的销售额中征税。但对因逾期未收回包装物因而不再退回或已收取一年以上的押金，应并入应税消费品的销售额，按应税消费品的适用税率征收消费税；对既作价随同应税消费品销售又另外收取押金的包装物押金，凡在规定的期限内没有退回的，均应并入应税消费品的销售额，按照应税消费品的适用税率征收消费税；从 1995 年 6 月 1 日起，对酒类产品生产企业销售酒类产品而收取的包装物押金，无论押金是否允许返还以及会计上如何核算，均需并入酒类产品销售额中，依酒类产品的适用税率征收消费税（财税字【1995】53 号）。

其二是纳税人用于换取生产和消费资料、投资入股和抵偿债务等方面的应税消费品，应当以纳税人同类应税消费品的最高销售价格作为计税依据计算消费税（国税发【1993】156号）。

其三是纳税人销售应税消费品的计税价格明显偏低又无正当理由的，由主管税务机关核定其计税价格。应税消费品的计税价格核定权限如下：第一，卷烟和粮食白酒的计税价格由国家税务总局核定；第二，其他应税消费品的计税价格由国家税务总局所属税务分局核定；第三，进口的应税消费品的计税价格由海关核定（消费税暂行条例）。

6.2.1 设立销售公司以降低计税价格

前文已经指出，消费税征税环节具有单一性，也就是通常所说的单环节征收，因此消费税税基集中在单一的纳税环节。所以，如果纳税人将其生产的应税消费品的销售价格在纳税环节予以降低，就能有效降低该环节的应纳消费税税额，同时也不会将少纳的消费税负担转移到下一环节。但是，降低价格销售虽然可以减轻消费税税收负担，可同时也会使企业的利润下降。那么如何解决这一矛盾呢？针对消费税单环节征收的特点，企业可以通过增加应税消费品的中间流转环节来解决这一矛盾。

具体而言，企业可以设立一个独立核算的销售公司，或者通过关联公司中转，应税消费品以较低的价格先销售给销售公司或关联公司，然后再由销售公司或关联公司按市场正常价格对外销售。这样可以降低销售额，从而减少应纳消费税税额。独立核算的销售公司或关联公司，由于处在销售环节，只缴纳增值税，不缴纳消费税，因而可使企业的整体消费税税负下降。当销售公司或关联公司为增值税一般纳税人时，增值税税负是不会改变的，因此企业的整体流转税负担会减少。企业在向销售公司或关联公司低价销售时，尽管降低了利润，但实际上只是将利润转移到了销售公司或关联公司，并不会减少企业投资者的整体获益。

【案例 6-4】 威汉汽车集团下属汽车制造公司小汽车的正常出厂价为 30 万元/辆（不含增值税），适用税率为 9%。集团当月制造小汽车 1000 辆，全部销售，其应纳税额为：

消费税及附加＝30×1000×9.9%＝2970（万元）

税前收益＝30×1000－2970＝27030（万元）

集团董事会在咨询税务师事务所后，了解到可以通过设立独立核算的销售公司来减轻税负。制造公司向销售公司销售汽车时，消费税税率是根据小汽车的排放量确定的，不会发生改变。但制造公司可以通过降低销售价格来缩小税基，使得应纳消费税减少，为集团带来税收收益。当然，这一筹划方法会受到税务机关的限制，如前文所述，当应税消费品的计税价格明显偏低又无正当理由的，由主管税务机关核定其计税价格。因此如果价格过低，会导致税务机关重新核定价格，带来不必要的经营风险。最终，董事会参考税务师事务所的建议，让制造公司以 24 万元/辆（不含增值税）的供货价格将所有汽车销售给销售公司，然后再由销售公司将汽车向市场销售。在这种情形下，制造公司的应纳税额为

消费税及附加＝24×1000×9.9%＝2376（万元）

而销售公司再向市场销售时，不属于生产环节，不再缴纳消费税。因此威汉汽车集

团所属汽车制造公司和销售公司共计缴纳税金为 2376 万元，其所得税前收益为

$$30\times1000-2376=27624\text{（万元）}$$

较直接销售方案增加 594（27624－27030）万元。在这一过程中，由于集团的汽车制造成本没有改变，其最终销售价格也一致，所以增值额是一样的。所以当销售公司为一般纳税人时，应该缴纳的增值税在两种销售模式中并没有区别，和增值税同时征收的附加税费在两种销售模式中也一样，因此本例中没有加入进行比较。

从以上案例中可以看出利用消费税单环节征收的特点，在征收环节通过降低销售价格，将利润转移到独立核算的销售公司来进行税收筹划可以减轻税收负担。另外，由于增加流通环节后销售额的累计额会增加，所以成立销售公司还可以增加整个集团广告费用、业务宣传费、业务招待费等费用的税前扣除限额，从中取得所得税利益。这一筹划方法不仅可以用在生产环节，对在零售环节征收消费税的金银首饰也可以参照同样的原理进行筹划。

需要强调的是，在上例中汽车制造公司向汽车销售公司出售应税消费品时，只能适度压低价格。由于独立核算的汽车制造公司与汽车销售公司之间存在关联关系，根据《中华人民共和国税收征收管理法》（以下简称《征管法》）第三十六条规定："企业或者外国企业在中国境内设立的从事生产、经营的机构、场所与其关联企业之间的业务往来，应当按照独立企业之间的业务往来收取或者支付价款、费用；不按照独立企业之间的业务往来收取或者支付价款、费用，而减少其应纳税的收入或者所得额的，税务机关有权进行合理调整。"因此，制造公司销售给汽车销售公司的汽车价格应当参照独立销售给其他商家当期的平均价格确定。如果降低幅度过大，可能导致税法所指的"价格明显偏低"，税务机关就可能行使对价格的调整权。因此，这一筹划方法更适用于市场上同类产品较少，或者类似产品价格相差非常大的产品。如前文案例中提到的手表、本例中提到的汽车及酒类产品等，由于手表、汽车、酒类产品的规格众多，功能不一，价格相差大，所以出厂价格的调整空间比较大。对于酒类产品中的白酒，在确定出厂价格时，需要考虑幅度。因为销售给销售公司的白酒，出厂价格低于销售公司对外销售价格的 70%时，税务机关有权在根据生产规模、白酒品牌、利润水平等情况在销售单位对外销售价格 50%～70%范围内核定计税价格（国税函【2009】380 号）。而对于卷烟类产品，国家规定了计税价格，实际销售价格高于计税价格和核定价格的卷烟，按实际销售价格征收消费税；实际销售价格低于计税价格和核定价格的卷烟，按计税价格或核定价格征收消费税。其中：

$$\text{核定价格}=\frac{\text{该牌号规格卷烟市场零售价格}}{1+35\%}$$

因此在对此类产品进行税收筹划时，需注意不要将出厂价格定在核定价格之下。

6.2.2 利用包装物押金缩小税基

根据消费税中对包装物的规定，若包装物押金单独核算又未过期的，则此项押金不并入应税消费品的销售额中征税，所以企业可以考虑在情况允许时，不将包装物作价随同产品出售，而是采用收取包装物押金的方式。这样操作有如下好处：首先，有助于降低计税依据，从而减轻税收负担；其次，有些购买方只需要消费品，并不需要包装物，

通过以押金的形式先获取包装物，以后再赎回押金的方式正好满足他们的需求；最后，对于收取的押金超过 1 年的，虽然还是要并入销售额计税，但是将纳税期限延缓了 1 年，获得了资金的时间价值；并且，对于逾期未归还包装物的押金，应视为含税收入，在计征消费税时应首先换算成不含税收入，再并入销售额计税，这会在一定程度上降低应缴消费税税额。

【案例 6-5】 顶固公司 2013 年 6 月销售汽车轮胎 10 000 件，每件价值 0.4 万元，该价格为不含增值税的价格。另外包装物的价值 400 元。下面我们通过两种方案的对比来分析顶固公司的消费税税收负担状况。

方案一：采取连同轮胎一并销售包装物的方式。

在这种方案下，由于包装物作价随同产品销售的，应并入应税消费品的销售额中征收消费税。此时，企业应纳消费税税额为

消费税＝10000×0.44×3%＝132（万元）

方案二：采取收取包装物押金的方式。

在这种方案下，企业将每个轮胎的包装物单独收取押金 400 元，则此项押金不并入应税消费品的销售额中征税。这又分为两种情况：

一种情况是：若包装物押金 1 年内收回，则企业仅就轮胎销售缴纳消费税，因此：

消费税＝10000×0.4×3%＝120（万元）

在这种情况下，该企业可节税 12（132－120）万元。

另一种情况是：若包装物押金 1 年内未收回，则企业销售轮胎时的应纳消费税税额为 120 万元。由于 1 年后不再退还押金，则需补缴消费税。

包装物押金应补消费税＝10000×400÷1.17×3%＝102564.12（元）

在这种情况下，该企业可节税 17 435.88（120000－102564.12）元，同时将金额为 102 564.12 元的消费税的纳税期限延缓了 1 年，获得了资金的时间价值。

可见，企业可以考虑在情况允许时，不将包装物作价随同产品出售，而是采用收取包装物押金的方式，不管押金是否收回，都会少缴或晚缴税金，从而获得税收筹划的税收收益。

总之，企业在进行“包装”之前，不能盲目进行，而应当全面权衡，综合筹划，选择最佳的方式，以便降低税收成本，获取最大的经济效益。最后，需说明的是，消费税是可以在计算所得税前扣除的，因此少缴消费税的同时增加了利润，从而导致所得税的多缴，但是少缴消费税所带来的收益肯定是大于多缴所得税所带来的成本的。

6.2.3 利用进口环节的价格缩小税基

纳税人进口应税消费品，其税目、税率（税额）依照《消费税暂行条例》所附的《消费税税率（税额）表》执行，按照组成计税价格和规定税率计算应纳税额。通过《进口环节消费税税目税率表》可以看到消费税最高可达 45%的分类分项差别税率，高税率也说明了进行税收筹划的必要性。进口环节的消费税和国内征收的消费税一样，同样分为从量定额、从价定率及从价定率与从量定额相结合三种征收方式，具体计算公式如下。

(1) 实行从量定额办法计征的应税消费品的应纳税额的计算公式：

应纳税额＝应税消费品数量×消费税单位税额

应税消费品数量是指海关核定的应税消费品进口征税数量。

（2）实行从价定率办法计征的应税消费品的应纳税额的计算公式：

$$组成计税价格=\frac{关税完税价格+关税}{1-消费税税率}$$

应纳税额＝组成计税价格×适用税率

（3）如进口的应税消费品属于适用从价定率与从量定额相结合的办法计征的产品，其计算公式为

$$组成计税价格=\frac{关税完税价格+关税+消费税定额税}{1-消费税税率}$$

应纳税额＝组成计税价格×适用税率

从上面的计算公式可知，对商品进口的消费税进行税收筹划时，对于从量定额计征的消费品，由于数量的刚性及定额税率的确定性，筹划空间是非常小的。而对涉及从价定率征收的商品，其组成计税价格中，主要包括关税完税价格、关税，在需要同时从量定额征收时，还包括消费税定额税。其中可以筹划的主要为关税完税价格及关税，尤其是关税完税价格具有相对更大的筹划空间。我国以海关审定的正常成交价格为基础的到岸价格作为关税完税价格。到岸价格包括货价，加上货物运抵我国关境内输入地点起卸前的包装费、运费、保险费和其他劳务费等费用。如果可以适当降低货价或降低费用就可以降低相应的关税完税价格，从而降低消费税的计税依据。

【案例 6-6】　奔马汽车公司是一家全球性的跨国大公司，该公司生产的汽车在世界汽车市场上占有一席之地。2006 年 7 月，该公司希望扩大在中国的市场占有份额，决定利用我国汽车关税税率从 30％下降到 25％的有利时机，大幅度降低公司汽车的国内销售价格，从而占有中国市场。该公司汽车的消费税税率为 15％，以前的到岸价格为 80 万元人民币（不含增值税）。

关税税率降低后，公司汽车进口时应纳关税及消费税为

关税＝80×25％＝20（万元）

消费税＝（80＋20）÷（1－15％）×15％＝17.65（万元）

而在关税税率降低前，公司汽车进口时应纳关税及消费税为

关税＝80×30％＝24（万元）

消费税＝（80＋24）÷（1－15％）×15％＝18.35（万元）

相比原来的关税税率，公司的汽车价格下降空间为 4.7（24＋18.35－20－17.65）万元，空间并不大。因此公司决定采用另一方案。由公司在国内寻找一个合作伙伴，公司将以 60 万元的价格将汽车销售给合作伙伴，然后由销售公司在国内进行销售。当然，公司和合作伙伴之间签订了相关的协议，对于销售价格减少的 20 万元由合作伙伴以其他方式返还给奔马汽车公司。

此时，公司汽车进口时应纳关税及消费税为

应纳关税＝60×25％＝15（万元）

应纳消费税＝（60＋15）÷（1－15％）×15％＝13.24（万元）

这样，公司汽车在进口环节缴纳的税收较关税税率降低前减少 14.11（24＋18.35－15－13.24）万元，如果考虑增值税因素，减少的税收更多。因此可以在保证公司利润不减少的情况下，汽车的市场销售价格下降 15 万元以上，大幅度地提高了该公司汽车的市场竞争力。

当然，在采用类似方法进行筹划时，还需要考虑海关对完税价格的确定方法。如果进口货物的成交价格不符合法律规定的条件，或者成交价格不能确定，海关与纳税义务人进行价格磋商后，会依次以下列方法审查确定该货物的完税价格。

一是相同货物成交价格估价方法，即以与该货物同时或大约同时向我国境内销售的相同货物的成交价格来估定完税价格。

二是类似货物成交价格估价方法，即以与该货物同时或大约同时向我国境内销售的类似货物的成交价格来估定完税价格。

三是倒扣价格估价方法，即以与该货物进口的同时或大约同时，将该进口货物、相同或类似进口货物在第一级销售环节销售给无特殊关系买方最大销售总量的单位价格来估定完税价格，但应当扣除同等级或同种类货物在我国境内第一级销售环节销售时通常的利润、一般费用及通常支付的佣金，进口货物运抵境内输入地点起卸后的运输及其相关费用、保险费，以及进口关税及国内税收。

四是计算价格估价方法，即以按照下列各项总和计算的价格估定完税价格：生产该货物所使用的料件成本和加工费用，向我国境内销售同等级或同种类货物通常的利润和一般费用，该货物运抵境内输入地点起卸前的运输及其相关费用、保险费。

五是其他合理方法，即当海关不能根据上述方法确定完税价格时，海关根据客观、公平、统一的原则，以客观量化的数据资料为基础审查确定进口货物完税价格的估价方法。

在该例中，当奔马汽车公司将进口价格从 80 万元降到 60 万元时，要注意海关是否会对其价格按以上顺序进行调整。在缺乏市场同类货物可比价格时，该方法是可行的。比如高档汽车由于品牌差异，价格空间巨大，所以该调整是可行的。另外在该例中，由于该公司汽车在国内市场的价格也会下降，所以即使海关采用倒扣价格估价方法也是可行的。

在进口应税消费品时，还需注意对不同税率的消费品或同时进口的非应税消费品分别组织进口，这样也可以降低消费税。因为根据税法规定，对于下列情况，应按适用税率中最高税率征税。

（1）纳税人兼营不同税率的应税消费品，即进口或生产销售两种税率以上的应税消费品时，应当分别核算不同税率应税进口消费品的进口额或销售数量，未能分别核算的，按最高税率征税。

（2）纳税人将应税消费品与非应税消费品，或者将适用不同税率的应税消费品组成成套消费品销售的，应根据组合产品的销售金额按应税消费品的最高税率征税。

最后需要注意的是：金银首饰，以金银为基底的包镀及其他贵金属的首饰，以及上述首饰的镶嵌首饰，免征进口环节消费税（消费税实施细则）。

6.2.4 利用外汇结算的折合率缩小税基

根据《消费税暂行条例》，纳税人销售的应税消费品，以外汇结算销售额的，其销售额的人民币折合率可以选择结算当天或当月 1 日的国家外汇牌价（原则上为中间价）。纳税人应事先确定采取何种折合率，确定后 1 年内不得变更。企业在对外结算时，获取的外汇数量是合同约定，而在计算消费税时，按折合率换算人民币。因此如果选用不同的折合方式，消费税也会有所差异。纳税人以外汇销售应税消费品时，存在筹划的可能性，其筹划的空间就在于对人民币折合率的选择上。选用了较低的折合率，可以使得折合后的人民币数额减少，也缩小了计算消费税的税基，从而实现降低消费税税收负担的目的。

因此，纳税人选择采取何种折合率的依据就是使折算后的人民币销售额尽可能少。一般来说，外汇市场波动越大，通过选择折合率进行税收筹划的必要性和可能性也越大。当预期人民币处于上升通道时，当月 1 日的国家外汇牌价往往会相对结算当天的国家外汇牌价较高，因此应该选择结算当天的外汇牌价作为折合率；当人民币处于下跌通道时，当月 1 日的国家外汇牌价往往相对结算当天的外汇牌价较低，因此应当选择以当月 1 日的外汇牌价作为折合率。

【案例 6-7】　某外商投资企业专营鞭炮、焰火，其大部分销售业务均以美元结算。在将外汇结算的销售额换算成人民币时，公司长期以来选择当月 1 日的国家外汇牌价（中间价）作为折合率。从 2011 年年底开始人民币一直处于上升通道中，而且根据中国的经济宏观形势，可预期在 2012 年，人民币将保持整体上升趋势。2012 年第一季度，该公司销售额共 50 万美元，其销售具体情况见表 6-1。

表 6-1　该企业 2012 年一季度销售统计（采用当月 1 日汇率折合）

时间	销售额/万美元	汇率	折合人民币/万元	税率/%	消费税/万元
1 月 1 日	10	6.35	63.5	15	9.525
2 月 1 日	15	6.3	94.5	15	14.175
2 月 1 日	10	6.3	63	15	9.45
3 月 1 日	15	6.21	93.15	15	13.9725

第一季度，该公司共应纳消费税 47.1225 万元。

此例中，当预计到人民币币值可能将上扬时，该企业应在年初及时调整折合率，采用当日的国家外汇牌价作为折合率折算人民币销售额。如果以当日的汇率折算，该企业第一季度各月的人民币销售额和缴纳消费税见表 6-2。

表 6-2　该企业 2012 年第一季度销售统计（采用当日汇率折合）

时间	销售额/万美元	汇率	折合人民币/万元	税率/%	消费税/万元
1 月 6 日	10	6.31	63.1	15	9.465
2 月 8 日	15	6.25	93.75	15	14.0625
2 月 12 日	10	6.23	62.3	15	9.345
3 月 13 日	15	6.15	92.25	15	13.8375

可知该公司需纳消费税为 46.71 万元。因此，以当日汇率折合人民币销售额后计算的第一季度应纳消费税可节税 0.4125 万元。

由本例可以看出税收筹划不仅要灵活运用税法条文，而且常常需要充分利用税收以外的其他经济要素，如汇率、价格、利率等，创造出节税的可能性。对于以外汇结算的公司，汇率始终是一个税收筹划的工具。采用合适的汇率，往往可以减轻企业的税负。不仅对于消费税是如此，其他一些税种也是如此。以所得税为例，由于人民币目前从长期趋势看，处于升值阶段，而我国所得税法规定所得税按年计算，分季预缴。企业在季度预缴时，采用该季度季末汇率，年度汇算清缴时，只就全年未纳税的外国所得按年度汇率计算应税所得额，据此计算应纳所得税额，从而避免了采用较高的人民币汇率而缴纳更多的税收。

除了汇率以外，在其他一些方面纳税人也有可选择的余地，因而也具有节税的可能性。例如，对存货的核算，采用先进先出法还是后进先出法会极大地影响企业的生产成本，从而影响企业的应纳所得税。因此，企业财务人员应保持高度的敏锐性，时刻关注汇率、利率、市场价格等的变化，及时调整核算方法，尽可能地降低收入，增加成本，减少企业的税收。

6.2.5 将应税消费品用于其他方面时的筹划

《消费税暂行条例》中规定，纳税人自产自用的应税消费品，除用于连续生产应税消费品外，用于其他方面的，于移送使用时纳税。这里所说的其他方面是指用于生产非应税消费品、在建工程、管理部门、非生产机构、提供劳务，以及用于馈赠、集资、赞助、广告、职工福利、奖励等方面。在税法上，将应税消费品用于这些方面应作为视同销售处理，缴纳消费税。

当纳税人自产自用应税消费品，计算其消费税时，计税销售额依次有三种选择。

（1）按纳税人当月生产的同类消费品的销售价格。

（2）当月同类消费品的销售价格的加权平均或上月或最近月份的销售价格。

（3）计税销售额根据组成计税价格计算，其中：

$$组成计税价格=\frac{成本+利润}{1-消费税税率}$$

值得注意的是，企业用自产的应税消费品进行对外投资、换取生产资料和消费资料，以及抵偿债务也是一种自产自用行为。而如前文所述，纳税人用应税消费品进行投资、换取生产资料和消费资料，以及抵偿债务等，应当按纳税人销售同类应税消费品的最高销售价格作为计税依据计算缴纳消费税。因此，当纳税人用应税消费品进行投资、换取生产资料和消费资料，以及抵偿债务等时，可以采用先销售然后再以货币资金投资、换取生产资料和消费资料，以及抵偿债务，从而达到降低企业消费税税收负担的目的。

【案例 6-8】 2 月 8 日，宇丰汽车厂以小汽车 20 辆向宇南出租汽车公司进行投资。按双方协议，每辆汽车折价款为 16 万元。该类型汽车的正常销售价格为 16 万元（不含税），宇丰汽车厂上月销售该种小汽车的最高售价为 17 万元（不含税）。该种小汽车对应的消费税税率为 5%。

如果宇丰汽车厂直接以小汽车作为投资，则宇丰汽车厂该项业务应纳消费税税额为

应纳税额＝17×20×5％＝17（万元）

宇丰汽车厂实际投资额度为 320 万元。其实，宇丰汽车厂可以采用如下方法进行税收筹划。首先向宇南出租汽车公司投资 320 万元，然后由宇南出租汽车公司向宇丰汽车厂购买小汽车 20 辆，价格为 16 万元。和前面的方案相对比，宇丰汽车厂投资汽车数一样，投资额也一样，而且每辆 16 万元的价格完全在正常区间内，尽管宇丰汽车厂和宇南出租汽车公司为关联公司，也不会被税务机关认为价格偏低而调整计税价格。此时，宇丰汽车厂的应纳消费税税额为

应纳税额＝16×20×5％＝16（万元）

可以达到节税 1 万元的税收筹划效果。

从该例可以发现，在实际操作中，当纳税人用应税消费品换取货物或投资入股时，一般是按照双方的协议价或评估价确定的，而协议价往往是市场的平均价。如果按照同类应税消费品的最高销售价格作为计税依据，显然会加重纳税人的负担。由此，我们不难看出，如果先销售后入股（换货、抵债），则会少缴消费税，从而达到减轻税负的目的。

当企业需要以应税消费品换取生产资料时，其筹划原理和投资方式非常类似。

【案例 6-9】　精诚集团为摩托车生产企业，当月对外销售同型号的摩托车时共有三种价格，以 4000 元的单价销售 50 辆，以 4500 元的单价销售 10 辆，以 4800 元的单价销售 5 辆。当月以 20 辆同型号的摩托车与甲企业换取原材料。双方按当月的加权平均销售价格确定摩托车的价格，摩托车消费税税率为 10％。

由给定条件可知，当月共销售 65（50＋10＋5）台，加权平均价格应为 4138.4615［（4000×50＋4500×10＋4800×5）÷65］元。如果该企业按照当月的加权平均价格将这 20 辆摩托车销售后，再购买原材料，则应纳消费税为

4138.4615×20×10％＝8276.92（元）

如果不这样做，而是按常规方法直接用摩托车换取原材料，则按税法规定，其应纳消费税为

4800×20×10％＝9600（元）

可见，先销售再购买原材料的操作方式可以节税，节税额为 1323.08（9600－8276.92）元。

6.3　消费税适用低税率的筹划

消费税按不同的消费品划分税目，税率在税目的基础上，采用“一目一率”的方法，每种应税消费品的消费税率各不相同。由于应税消费品所适用的税率和消费品类型是一一对应的，每种应税消费品都有明确而且固定的税率，看似难以进行税收筹划。其实，在很多情形中，《消费税暂行条例》中界定的消费品类型是具有一定可转换性的，而消费品类型转换后就意味着会适用不同的税率，因此这种可转换性为税收筹划提供了空间。

6.3.1 适当进行子目转换

消费税采用列举性税目，并根据“一目一率”的原则确定了每种税目对应的税率，见表6-3，可见，消费税在一些税目下设置了多个子目，不同的子目适用不同的税率，而同一税目不同子目项目具有很多的共性，因此纳税人可以利用客观条件进行子目转换，从而能够选择较低的税率。

表6-3 消费税税目、税率（税额）简表

税目	计税单位	税率（税额）
一、高尔夫球及球具		10%
二、高档手表	10 000元及以上/只	20%
三、游艇		10%
四、木制一次性筷子		5%
五、实木地板		5%
六、烟		
1. 卷烟		
甲类卷烟	每标准条调拨价70元以上（含）	56%加0.003元/支（生产环节）
乙类卷烟	每标准条调拨价70元以下	36%加0.003元/支（生产环节）
批发环节		5%
2. 雪茄烟		36%
3. 烟丝		30%
七、酒及酒精		
1. 白酒		20%加0.5元/500克（或者500毫升
2. 黄酒	吨	240元
3. 啤酒		
甲类啤酒	每吨出厂价3000元以上	220元
乙类啤酒	每吨在3000元以下的	250元
4. 其他酒		10%
5. 酒精		5%
八、化妆品		30%
九、贵重首饰珠宝玉石		5%或10%
十、鞭炮、焰火		15%
十一、成品油		
1. 汽油		
（1）无铅汽油	升	1.00元
（2）含铅汽油	升	1.40元
2. 柴油	升	0.80元
3. 石脑油	升	1.00元
4. 溶剂油	升	1.00元
5. 润滑油	升	1.00元
6. 燃料油	升	1.00元
7. 航空煤油	升	0.80元

续表

税目	计税单位	税率（税额）
十二、汽车轮胎		3%
十三、摩托车		
气缸容量＞250 毫升		10%
气缸容量≤250 毫升		3%
十四、小汽车		
1. 乘用车		
气缸容量＞4000 毫升		40%
气缸容量≤4000 毫升		25%
气缸容量≤3000 毫升		12%
气缸容量≤2500 毫升		9%
气缸容量≤2000 毫升		5%
气缸容量≤1500 毫升		3%
气缸容量≤1000 毫升		1%
2. 中轻型商用客车		5%

在利用消费税“一目一率”的特点进行税收筹划时，首先应当谨防将非应税项目计缴税款及错用税率，适用较高税率等问题。需要注意消费税中以下几种消费品是不征收消费税的（财税【2006】33 号）。

（1）舞台、戏剧、影视演员化妆用的上妆油、卸妆油、油彩、发胶和染发剂等。

（2）体育上用的发令纸及鞭炮引线。

（3）工业汽油，即溶剂汽油不属于汽油。

（4）农用拖拉机，收割机、手扶拖拉机专用轮胎。

（5）特种用车，如急救车、抢修车。

然后还可以通过分析同一税目下子目的区别来讨论子目直接的可转化性。最容易进行转化的是由价格的变化而导致的税率差异。例如，按消费税政策规定，每一标准箱卷烟在征收 150 元定额税的基础上，如果销售价格（不含增值税）在 17 500 元以下时，按 36%的税率计税，而销售价格超过 17 500 元时，则全额按 56%的税率计税。也就是说，当每一标准箱卷烟的实际销售价格超过 17 500 元时，税率将由 36%提高到 56%，因此，卷烟价格的提高，会引起纳税人应缴纳的消费税税额的增加，如果价格的增长没有达到无差别平衡点的临界价格时，价格的提高，将会减少企业的收益。因此，纳税人在商品提价前，应事先计算价税平衡点的临界价格。

【案例 6-10】　某卷烟厂拟销售 10 标准箱卷烟，将每一标准箱的销售价格从 15 000 元提高到 18 000 元，（不计附加税费），每一标准箱成本为 5000 元，企业所得税税率为 25%。调价前，企业应缴纳的消费税和所得税税后净收益为

消费税＝10×（150＋15000×36%）＝55500（元）

税后净收益＝10×（15000－5000－5500）×（1－25%）＝33750（元）

而调价后，企业应缴纳的消费税和所得税税后净收益为

消费税＝10×（150＋18000×56％）＝102300（元）

税后净收益＝10×（18000－5000－10230）×（1－25％）＝20775（元）

因此可见，每一标准箱卷烟的价格虽然提高了3000元，但企业的税后净收益总额下降了12 975元，其原因就是每一标准箱卷烟的实际销售价格低于无差别平衡点的临界价格25 454.55元。这一临界价格可以按如下方式计算得出，假定临界价格为P，有

$P-P\times56\%-150\geqslant17500-17500\times36\%-150$

由此可以解得P为25 454.55元。

需说明一点，如果价格变动后，应税消费品所适用的税率没有发生累进变化时，是不需要考虑无差别临界点计税价格的。比如，承前例，每一标准箱卷烟的价格由原来的12 000元提高到15 000元。但由于价格提高后，税率没有发生变动，仍为36％，所以，价格提高了3000元，企业的税后净收益将增加1440［3000×（1－36％）×（1－25％）］元。

此外，在消费税税目中，对于实行从量全额累进计税的税目，只要价格的增长幅度超过定额消费税的增长幅度，价格的提高，就会给企业带来超额收益。目前，我国消费税税目中，实行从量全额累进计税的只有啤酒税目，税收法规规定，每吨啤酒在出厂价格（不含增值税，含包装物及包装物押金，下同）不超过3000元时，定额税为220元，超过3000元时，定额税为250元（财税【2001】84号），因此，在不考虑其他税金的情况下，每吨啤酒的临界点计税价格应为3030元，否则，价格的提高将会增加企业的税负。

【案例6-11】 某啤酒厂生产销售“黄河”品牌啤酒。对市场进行了广泛调查后得出的结论如下：该厂生产的“黄河”品牌啤酒，虽然在当地市场已近于饱和，但是自从厂家对该品牌啤酒的生产工艺进行改进后，此啤酒喝起来口感更纯、更清爽、更受消费者的欢迎。鉴于啤酒市场竞争十分激烈，广大消费者对啤酒的销售价格普遍偏高反映强烈，如果能够较大幅度地下调销售价格，那么将促使产品的销售数量的大幅上升。因此，啤酒厂决定调整“黄河”品牌啤酒的价格，以期扩大产品的市场份额。啤酒厂销售部经理提出销售价格确定在3010元，这样估计每月可以销售啤酒100吨。此时，啤酒厂要考虑的因素不单是销售价格和销售数量，还必须考虑消费税的因素。

在定价为每吨3010元的情形下，企业当期收入及纳税状况为

销售收入＝100×3010＝301000（元）

消费税＝100×250＝25000（元）

税后收入＝301000－25000＝276000（元）

财务部经理认为销售部经理所确定的价格从市场角度考虑可能是比较适合的，而从企业收益的角度考虑则明显存在问题。如果将价格降到每吨3000元以下，尽管销售收入会减少，但由消费税定额税率降低导致的消费税额减少的额度更大，所以企业的实际收益会增加。财务部经理因此提出应该将销售价格定为每吨2990元，此时企业当期收入及纳税状况为

销售收入＝100×2990＝299000（元）

消费税＝100×220＝22000（元）

税后收入＝299000－22000＝277000（元）

可增加收入＝277000－267000＝1000（元）

而且，随着销售价格的下降，还会带来销售量的增长，从而增加企业的销售收入。因此酒厂应该将啤酒价格下降至 2990 元。当然，如果下降的幅度超过定额税率的差值 30 元，则会减少实际收益。

除了降低价格可以改变应税消费品的所属税目外，应税消费品品质变化也可能改变税目从而影响税率。在适当的环境下，企业可以通过对产品的加工来改变所对应的税目，以适用低税率。例如，消费税中白酒的税率为 20%，而其他酒的税率为 10%。所以纳税人可以在市场条件允许的情况下，将白酒加入香料、药材、果汁等，将白酒转为配制酒或滋补酒，税率也就相应从 20%降到 10%。此外，纳税人还要注意，在连续生产应税消费品时，如果最终应税消费品适用的税率比前序阶段应税消费品所适用的税率低时，在条件允许的情况下，应尽可能将中间应税消费品加工成最终应税消费品然后再出售，这样可以减轻税负。

除转化子税目，从而适用低税率外，我国消费税法中还存在由征税环节的差异导致税率不同的情况。例如，消费税法规定，金银珠宝首饰的税率在生产环节为 10%，在销售环节为 5%。从 2003 年 5 月 1 日起，铂金首饰消费税改为零售环节征税，对应税率为 5%。在零售环节征收消费税的首饰包括金、银和金基、银基合金首饰，以及金、银和金基、银基合金的镶嵌首饰（财税【2003】86 号）。不属于上述范围的应征消费税的首饰，如镀金（银）、包金（银）首饰，以及镀金、镀银的镶嵌首饰（简称非金银首饰），仍在生产环节征收消费税，税率为 10%。所以对销售金银首饰，又销售非金银首饰的生产经营单位，应将两类商品划分清楚，分别核算销售额。凡划分不清楚或不能分别核算的，在生产环节销售的一律从高适用税率征收消费税，在零售环节销售的一律按金银首饰征收消费税。

6.3.2　兼营和成套销售的税率筹划

消费税的兼营行为，主要是指消费税纳税人同时经营两种以上税率的应税消费品的行为。对于这种兼营行为，《消费税暂行条例》明确规定：兼营多种不同税率的应税消费品的纳税人，应当分别核算不同税率应税消费品的销售额、销售数量；未分别核算销售额、销售数量，或者将不同税率的应税消费品组成成套消费品销售的，应从高适用税率。

这一规定要求兼营多种不同税率的应税消费品的企业，应当分别核算不同税率应税消费品的销售额、销售数量，避免给企业造成不必要的税收负担。

【案例 6-12】　太保酒厂既生产税率为 20%的粮食白酒，又生产税率为 10%的药酒。8 月，该厂对外销售 12 000 瓶粮食白酒，单价 50 元/瓶；销售 8000 瓶药酒，单价 58 元/瓶，每瓶酒为 500 克。酒厂如何作好纳税筹划？

如果两类酒单独核算，应纳消费税税额为

白酒消费税＝50×12000×20%＋12000×0.5＝126000（元）

药酒消费税＝58×8000×10％＝46400（元）

消费税额合计＝126000＋46400＝172400（元）

如果两类酒未单独核算，则应依据税率从高的原则，因此：

消费税＝（50×12000＋58×8000）×20％＋12000×0.5＝218800（元）

由此可见，如果企业将两种酒单独核算，可节税：

218800－172400＝46400（元）

因此，企业兼营不同税率应税消费品时，若能单独核算，最好单独核算以尽量降低企业的税收负担。

在涉及成套消费品销售的问题上，要注重是否确有必要组成成套的消费品，避免给企业造成不必要的税收负担。对于确有必要成套销售的情况，可以变“先包装后销售”方式为“先销售后包装”方式，这样往往能在保持增值税税负不变的情况下大幅降低消费税税负。具体的操作方法可以从两方面着手。第一，先分别将两种以上的产品销售给零售商，然后再由零售商成套包装后对外销售，这样做实际上只是在生产流程上换了一个包装地点。当然，生产厂家需要对不同品种和类别的产品分别开具发票，在账务处理环节要对不同的产品分别核算销售收入。第二，如果当地税务机关对有关操作环节要求比较严格，还可以采取设立分支机构的操作方法，即另外再设立一个独立核算且专门从事包装业务，然后对外销售的门市部，来完成将产品成套包装然后销售的工作。

【案例 6-13】 为了进一步扩大销售，信义公司采取多样化生产销售策略，生产粮食白酒与药酒组成的礼品套装进行销售。2007 年 9 月，该厂对外销售 700 套套装酒，单价 100 元/套，其中粮食白瓶、药酒各 1 瓶，均为 1 斤装（若单独销售，粮食白酒 30 元/瓶，药酒 70 元/瓶）。假设此包装属于简易包装，包装费忽略不计，那么该企业对此销售行为应当如何进行纳税筹划？（根据现行的税法规定，粮食白酒的比例税率为 20％，定额税率为 0.5 元/斤；药酒的比例税率为 10％，无定额税率）

多数公司的惯常做法是将产品包装好后直接销售。在这一销售模式中，根据“将不同税率的应税消费品组成成套消费品销售的应按最高税率征税”的规定，在这种情况下，药酒不仅要按 20％的高税率从价计税，而且还要按 0.5 元/斤的定额税率从量计税。这样，该企业应纳消费税为

消费税＝100×700×20％＋700×1×2×0.5＝14700（元）

在现实经营活动中，仍然有很多工业企业销售应税消费品时，按照习惯思维而采用“先包装后销售”的方式进行，人为地将低税率产品和非应税产品并入高税率产品一并计税，造成不必要的税负增加。其实如果可以改为“先销售后包装”方式，就能大幅降低消费税税负，增加企业经济收益。当采取“先销售后包装”方式时，先将上述粮食白酒和药酒分品种销售给零售商，然后再由零售商包装成套装消费品后对外销售。在这种情况下，药酒不仅只需要按 10％的比例税率从价计税，而且不必按 0.5 元/斤的定额税率从量计税。这样，企业应纳消费税税额为

消费税＝（30×20％＋70×10％＋0.5）×700＝9450（元）

通过比较可以看出，“先销售后包装”比“先包装后销售”节税 5250（14700－9450）元。因此，企业兼营不同税率应税消费品时，在单独核算的基础上，对没有必要

组成成套消费品销售的商品，最好单独销售，以尽量降低企业的税收负担。对于确有必要组成成套消费品进行销售的，可以采用变通的方式，即先销售后包装，来降低应税消费品的总体税负率，从而降低税负。

6.3.3　合理降低销售价格以适用低税率

在消费税的税目中，有一些税目对同一产品仅根据价格的差异制定了不同的税率，如卷烟、啤酒。对于这一类产品，当企业的销售价格位于消费税暂行条例中规定的临界价格附近时，一定要注意价格变化所导致的税率变化。因为此时的税率变化会形成实质上的全额累进税，所以当销售价格在临界价格附近时，税收是不公平的，相对高的收入可能会由于税收的更大幅增加而导致实际收益减少。如果企业的产品定价刚刚在临界价格之上，不妨考虑将价格降低到临界价格之下，这时，可以适用低税率从而取得更高的实际收益。

【案例 6-14】　天虹卷烟厂生产卷烟，价格为每条 75 元，每月销售 2000 条，其每条烟的成本为 25 元。该企业应当如何进行税收筹划？

天虹卷烟厂以每条 75 元销售卷烟时，要按 56%的比例税率计征消费税，同时还要从量定额征收，为 150 元每大箱，每大箱指 50 000 支卷烟，即 250 条。该企业当月纳税和盈利情况为

消费税＝2000÷250×150＋75×2000×56%＝85200（元）

销售利润＝75×2000－25×2000－85200＝14800（元）

当卷烟价格低于每条 75 元时，消费税税率降为 36%，那么天虹卷烟厂是否应该将价格下调呢？价格下调会在带来税收负担下降的同时也会减少企业的收入，但在一定的价格区间内，税收的减少额度会大于收入的减少额度，因此企业的利润会增加。如假定天虹卷烟厂将卷烟价格降低为 70 元，那么该企业当月的纳税和盈利情况就变为

消费税＝2000÷250×150＋70×2000×36%＝51600（元）

销售利润＝70×2000－25×2000－51600＝38400（元）

通过比较我们可以发现，企业降低销售价格后，企业的销售收入减少了 10 000 元，但应纳消费税也减少了 33 600 元，其结果，销售利润不但没有减少，反而还增加了 23 600元。因此在消费税税率的筹划中，一定要注意这种由价格的变化导致的税率变化，避免不必要的税收负担。

6.4　消费税充分利用税收优惠的筹划

消费税的税收优惠形式上包括免税、减税、出口退（免）税、先征后返、以税还贷和税项扣除等。

免税的内容包括：①对炼油企业销售给外商投资企业、来料加工企业的柴油免征消费税；②外交物品免税；③边境地区边民通过互市贸易进口的商品，每人每日价值在人民币 1000 元以下的，免征进口消费税等。这些免税条款都有很强的针对性，纳税人如果符合免税条件时，应该尽量享受相应优惠。但一般而言，就企业的经营来说，如果没

有相应的经营环境也没有必要一味追求免税而影响正常的经营（国经贸贸易【1998】653 号）。

减税的内容主要如下。①金银首饰减税。金银首饰、钻石、铂金首饰的消费税税率都由 10%调整为 5%，征收环节也从生产和进口环节改到零售环节（财税【2003】86 号）。该项条款使金银首饰的生产者都能从中获利。②汽车减税。从 2004 年 7 月 1 日起，对生产销售达到相当于低污染排放限值（欧洲 III 标准）的小汽车，按法定税率减征 30%的消费税。所以企业要享受这一优惠，应当提高产品品质。这样不仅可以提高产品的市场竞争力，而且能获得较大的税收收益（财税【2000】26 号）。

出口退税的优惠主要针对有出口业务的公司。当纳税人出口应税消费品时，除少数有特殊规定的商品外，免征消费税。对指定企业出口部分高税率应税消费品和贵重消费品，准予退还消费税。具体出口退税状况可参看有关具体条款。

先征后返主要指进料加工出口货物先征后返。对有进出口经营权的生产企业，以境外带料加工装配业务方式出口的货物，消费税实行先征后返。当然，还有经济特区和上海浦东新区等特定地区在“九五”期间按国家核定的额度，消费税实行先征后返等相关规定，但一般都有期限限制，目前都已不再适用，因此不再详述。

税项扣除优惠面较大，对于大多数以委托加工收回或是外购的已税消费品作为原材料继续生产的企业，都可以享受该优惠。具体来说，包括以委托加工收回的已税烟丝、化妆品、珠宝玉石、鞭炮焰火、汽车轮胎、摩托车进行连续生产应税消费品的，准予从应纳税额中扣除已纳消费税税款；另外，以外购已税卷烟、化妆品、珠宝玉石、鞭炮焰火、汽车轮胎、摩托车为原料连续生产应税消费品的，扣除外购已税消费品买价后的余额作为计税价格计征消费税。

对于计征消费税时允许扣除的项目，需要注意两点。一是除了卷烟、贵重首饰、高尔夫球杆和石脑油外，能够扣税的产出物与其已税投入物应属于同一税目，因此，对于不属于同一税目的已税消费品，不得扣除其投入物所含的消费税。例如，当纳税人用已税的酒精（投入物之一）生产化妆品（产出物）时，因为投入物和产出物不属于同一税目，因此，在计算化妆品的消费税时，其投入物酒精中所含的消费税就不能扣除。二是可以扣税的已税投入物，必须是外购（国内采购或进口）或委托加工收回的，不能是其他方式取得的。因此，对于通过接受投资、赠与、抵债等方式取得的已税投入物，其所含的消费税也是不能扣除的。

在税收优惠中，适用面较广，筹划空间较大的是税项扣除，因此下面将就这类税收优惠来讨论其税收筹划方法。

6.4.1 利用委托加工方式

社会分工的细化和专业化生产与协作的加强，使得委托加工成为经济活动中一种常见的现象。例如，某私营企业将购来的小轿车底盘和零部件提供给某汽车改装厂，加工组装成小轿车供本企业管理部门使用，则加工、组装成的小轿车就需要缴纳消费税。

依“消费税暂行条例”规定，委托加工的应税消费品，由受托方在向委托方交货时代收代缴税款。当委托加工应税消费品时必须由委托方提供原料和主要材料，受托方只收取加工费和代垫部分辅助材料。如果委托方不能提供原材料，而是由受托方提供原材料，或者受托方先将原料卖给委托方，然后再接受加工，以及由受托方以委托方名义购买原材料生产的，都不得作为委托加工计征消费税，而应按销售自制应税消费品缴纳消费税。委托加工的应税消费品，按照受托方的同类消费品的销售价格计算纳税，没有同类消费品销售价格的，按组成计税价格计算纳税。组成计税价格计算公式：

$$\text{组成计税价格}=\frac{\text{材料成本}+\text{加工费}}{1-\text{消费税税率}}$$

根据《消费税暂行条例》，在委托加工过程中，纳税人将应税消费品用于连续生产的，可以抵扣外购的应税消费品所含的消费税。所谓连续生产，是指应税消费品完成一个生产环节后直接转入下一个生产环节，不经过市场流通。允许扣除已纳消费税外购消费品仅限于直接从生产企业购进的，不包括从商品流通企业购进的应税消费品。当期准予扣除的已纳消费税税款的计算公式为

$$\text{当期准予扣除的外购应税消费品已纳税款}=\text{当期准予扣除的外购应税消费品的买入价}\times\text{外购应税消费品税率}$$

其中：

$$\text{当期准予扣除的外购应税消费品的买入价}=\text{期初库存外购应税消费品的买入价}+\text{当期购进外购应税消费品的买入价}-\text{期末库存外购应税消费品的买入价}$$

《消费税暂行条例》中的以上规定实质上是税项扣除的优惠方式。企业在符合委托加工形式要求的前提下，应当充分利用这一税收优惠方式，减轻自己的消费税负担。

【案例 6-15】　丰收卷烟实业公司是一家大型国有卷烟生产企业。某日接到一笔 7000 万元甲类卷烟订单。如何生产这批产品？公司的总经理与销售总监、财务总监的意见不一。事情的起因如下。

由于企业成立了十年多，公司一直处于满负荷运行状态，2003 年年底公司董事会决定对企业的部分设备进行大修理。目前烟丝的生产线正在维修过程中，无法进行烟丝的生产。公司总经理认为应该暂停烟丝生产线的大修理工作，尽快恢复生产秩序，由本企业组织生产从而提高本企业的生产业绩；销售总监提出，为了兑现合同，公司应该与厂外合作，请正兴卷烟厂加工生产成烟丝，收回后由本企业继续生产成品卷烟；公司的财务总监则提出应该由正兴卷烟厂直接生产成品卷烟后，收回后直接销售出去。但是，由于正兴卷烟厂的规模不大，考虑到交货期限，销售总监担心会因延误合同的交货期限而受罚。

公司三个领导提出了三个操作方案，但是只能采取其中的一种，哪一种方案更可行，更有效益呢？为了对此作出决策，公司董事会开会进行了具体的协调。公司的法律顾问从税收的角度为大家就三个方案分别算了一笔账（考虑到增值税是价外税，对企业利润没有影响。在这里不作分析，附加税费、印花税等忽略不计。烟丝消费税税率为 30%，甲类卷烟消费税税率为 45%）。

下面就公司领导的三个操作方案分别进行分析。

由于卷烟的消费税政策目前已作了调整：自 2001 年 6 月 1 日起，卷烟消费税税率由单一的比例税率调整为定额税率和比例税率，规定定额税率为每标准箱 150 元，比例税率为调拨价格 50 元以上的 45%，50 元以下的 30%。计税办法由从价定率计征改为从量定额和从价定率相结合的复合计税办法。也就是说，生产销售卷烟首先按销售数量每箱征收 150 元的定额消费税，再按调拨价格征收一道定率的消费税（财税【2001】91 号）。在该案例中，产品的销售量都不变，故定额税率可以不作考虑，同时产品的消费税适用税率都为 45%。

第一，总经理方案：整个卷烟都由本企业全部生产。

丰收卷烟厂将购入的 1000 万元的烟叶自行加工成甲类卷烟。加工成本、分摊费用共计 1700 万元，售价 7000 万元。

丰收卷烟厂消费税额计算如下。

消费税＝7000×45%＝3150（万元）

税后利润＝（7000－1000－1700－3150）×（1－33%）＝770.5（万元）

第二，销售总监方案：发外加工成烟丝，本企业继续生产成卷烟。

委托正兴卷烟厂将一批价值 1000 万元的烟叶加工成烟丝，协议规定加工费 680 万元；加工的烟丝运回丰收卷烟厂后，丰收卷烟厂继续加工成甲类卷烟，加工成本分摊费用共计 1020 万元，该批卷烟售出价格 7000 万元。这一方案中，丰收卷烟厂消费税额计算如下：

（1）丰收卷烟厂向正兴卷烟厂支付加工费的同时，向受托方支付其代收代缴的消费税为

组成计税价格＝（1000＋680）÷（1－30%）＝2400（万元）

消费税＝2400×30%＝720（万元）

（2）丰收卷烟厂销售卷烟后，应缴消费税为

7000×45%－720＝2430（万元）

（3）丰收卷烟厂的税后利润（所得税税率 33%）为

（7000－1000－680－720－1020－2430）×（1－33%）＝770.5（万元）

第三，财务总监方案：整个卷烟产品都委托外单位加工。

丰收卷烟厂委托正兴卷烟厂将烟叶加工成甲类卷烟，烟叶成本不变，加工费用为 1700 万元；加工完毕，运回丰收卷烟厂后，丰收卷烟厂对外售价仍为 7000 万元。

丰收卷烟厂消费税额计算如下。

（1）丰收卷烟厂向正兴卷烟厂支付加工费的同时，向其支付代收代缴的消费税为

（1000＋1700）÷（1－45%）×45%＝2209.09（万元）

（2）由于委托加工应税消费品直接对外销售，丰收卷烟厂在销售时，不必再缴消费税，其税后利润为

（7000－1000－1700－2209.9）×（1－33%）＝1400.91（万元）

通过以上计算我们可发现：①如果生产者购入原料后，自行生产成应税消费品对外销售，应缴纳消费税 3150 万元，企业取得税后净利润 770.5 万元；②将烟叶委托加工成烟丝后，再由自己生产成应税消费品对外销售，应缴纳消费税 3150（720＋2430）万元，企

业取得税后净利润 770.5 万元；③委托加工的消费品收回后，直接对外销售需要缴纳消费税 2209.09 万元，企业获得税后净利润 1400.91 万元。

由该例可以看出，在各相关因素相同的情况下，完全的委托加工方式（收回后不再加工直接销售）的消费税税收负担比自行加工方式低 630.41（1400.91－770.5）万元。

通过计算和分析，董事会发现财务总监的方案可以给企业带来更多的利润，于是决定采用财务总监的方案。对于委托正兴卷烟厂加工卷烟可能带来的质量下降等问题，由有关职能部门协调解决。在董事会作出决议后，总经理向税务专业人士咨询了委托加工和自行加工的税负问题。税务专业人士结合前文的三种方案指出：在销售价格、加工成本等因素相同的情况下，完全的委托加工方式比自行加工方式的税后利润多，其税负要低。因此，卷烟厂可根据这个结果，结合实际情况确定应税消费品的加工方式。形成这一现象的原因是计算委托加工的应税消费品应缴纳的消费税与自行加工的应税消费品应缴纳的消费税的税基不同。在通常情况下，委托方收回委托加工的应税消费品后，要以高于成本的价格售出以求盈利。不论委托加工费大于或小于自行加工成本，只要收回的应税消费品的计税价格低于收回后直接出售价格，委托加工应税消费品的税负就会低于自行加工的税负。对于委托方来说，其产品对外售价高于收回委托加工应税消费品的计税价格部分，实际上并未纳税。

总经理仔细思考了税务专业人士分析，提出这样一个问题。目前是在设备大修理期间，企业才考虑到将卷烟生产采取委托加工方式，而这一方式其税负要低于自行加工，那么，是否意味着在可以控制委托加工的成本及产品的销售渠道的前提下，以后都应该采取委托加工方式？如果都采用委托加工方式，卷烟厂的各种生产设备将失去作用，那么卷烟厂以后将如何发展呢？

对于总经理的这一疑问，税务专业人士作出了进一步分析。在完全委托其他卷烟厂加工生产模式下，长期而言，企业将失去市场竞争力，而且在生产成本、加工费用等方面也必然受限于其他企业，不利于企业的发展。但可以换一个角度来解决这一问题，委托其他厂家加工会产生上述不利影响，那么是否能够将加工厂家置于企业的完全控制之下呢？具体操作上，丰收卷烟厂可以采取企业分设方法，将企业分为集团总部和生产厂两个独立的企业法人，然后由集团公司委托生产厂加工卷烟，最终由集团总部收回产成品后直接对外销售。这样，既可以保证企业对生产流程的控制，又可以减轻税负，不正是一种两全其美的企业发展模式吗？税务专业人士的分析让总经理收益良多，决定抓紧对卷烟厂的运营模式进行改革。

但是，在这里有一个问题需要说明，税收筹划过程中要随时关注税法的变化，在上例中可以筹划的方法如果沿用到 2012 年 9 月 1 日后，则就变成违法逃税了。因为在（财法【2012】8 号）文中将“委托加工的应税消费品直接出售的，不再缴纳消费税”解释为“委托方将收回的应税消费品，以不高于受托方的计税价格出售的，为直接出售，不再缴纳消费税；委托方以高于受托方的计税价格出售的，不属于直接出售，需按照规定申报缴纳消费税，在计税时准予扣除受托方已代收代缴的消费税”。在新的税收环境下，可以采用成立销售公司等其他税收筹划方法。

6.4.2 利用外购应税消费品方式

外购已税卷烟等应税消费品用于连续生产时，按照《消费税暂行条例》规定，可以扣除外购已税消费品已缴纳的消费税额，这也是税项扣除形式的税收优惠。但在扣除时，需要注意，由于消费税的纳税环节是在生产和进口环节，因此只有从生产企业购进原料，才能享受税收优惠，扣除购入已税消费品的已纳税额。所以当纳税人决定外购应税消费品用于连续生产时，应选择生产厂家，而不应是商家，除非生产企业的价格扣除已纳税款后的余额比商家的价格还要高。

【案例 6-16】 江圣卷烟厂 8 月 1 日库存外购烟丝的进价成本为 48.6 万元。8 月 8 日从佳音烟叶加工厂购入烟丝一批，价款为 20 万元，增值税专用发票注明增值税税额为 34 000 元。8 月末企业库存外购烟丝的进价成本为 49.2 万元。向外销售甲级卷烟取得销售收入 56 万元，增值税税额为 95 200 元，销售乙级卷烟取得销售收入为 24 万元，增值税额为 40 800 元。则江圣卷烟厂 8 月实际应纳消费税税款如下（甲级卷烟和乙级卷烟的税率均为 40%）。

按照规定，企业用外购已税烟丝生产的卷烟，可以从应纳消费税税额中扣除原料中已纳消费税税款，则当期准予扣除的外购应税消费品买价和已纳税款分别为

应税价格＝48.6＋20－49.2＝19.4（万元）

已纳税款＝19.4×30%＝5.82（万元）

按当期销售收入计算的应纳消费税额为

应纳消费税＝（56＋24）×40%＝32（万元）

实纳消费税＝32－5.82＝24.18（万元）

而如果江圣卷烟厂选择从商业企业购入烟丝，则不能扣除烟丝的已纳消费税，从而会增加企业的成本。比如在烟丝的购进价格、取得销售收入完全相同的情况下，江圣卷烟厂应纳消费税为 32［（56＋24）×40%］万元，实际也应该向税务机关缴纳消费税 32 万元，因而多缴纳消费税 5.82 万元。

当然，如果从商业企业购入烟丝时价格比生产企业的还低，并且额度超过已纳消费税额，则还是应该从商业企业购入。税收筹划应该以最终的税后利润作为比较方案优劣的依据，而不是税收负担的最小化。比如在取得销售收入相同的情况下，目前卷烟厂当期所耗用烟丝的成本为 19.4 万元，如果该批烟丝从商业企业购买时价格低于 13.58（19.4－5.82）万元，则应该从商业企业购入烟丝。

6.4.3 外购应税消费品对发票的选择

依《消费税暂行条例》，纳税人用已税烟丝等 8 种应税消费品连续生产应税消费品的，允许扣除已纳消费税款。如果企业购进的已税消费品开具的是普通发票，就应换算成不含增值税的销售额。在换算为不含增值税的销售额时，一律采取 6%的征收率换算。因此，纳税人在利用外购已税消费品连续生产时，获得的是普通发票还是增值税专用发票会影响其应纳增值税额和消费税额。对于小规模纳税人而言，在商品需要同时缴纳消费税和增值税时，取得普通发票和取得增值税专用发票其增值税都不能抵扣进项税

额，但可以扣除的消费税额增加了。所以，小规模纳税人应索取普通发票。对于一般纳税人，索取普通发票会导致不能抵扣增值税额，因此需要比较索取普通发票时多抵扣的消费税额和不允许抵扣的增值税额之间的大小后再作出选择。

【案例 6-17】　卓越化妆品公司是增值税小规模纳税人，以外购已税化妆品生产高档化妆品。某月，该公司从协作厂家购进已税化妆品，共支付价税合计 58 500 元，这批化妆品当月全部被车间生产领用（化妆品消费税率为 30%）。

由于卓越化妆品公司是增值税小规模纳税人，所以无论取得普通发票还是增值税专用发票，都不能抵扣增值税，因此只考虑消费税的可扣除额。

若取得普通发票，那么：

可扣除消费税＝58500÷1.06×30%＝16556.60（元）

若取得专用发票，那么：

可扣除消费税＝58500÷1.17×30%＝15000（元）

取得普通发票比取得专用发票多扣除消费税额 1556.60 元。

但是如果卓越化妆品公司是增值税一般纳税人，同样的方法却不一定是最优的。这里假定其经济业务与前例相同。

如果取得的是增值税专用发票，那么：

可抵扣增值税进项税额＝58500÷1.17×17%＝8500（元）

可扣除消费税＝58500÷1.17×30%＝15000（元）

如果取得普通发票，那么不允许抵扣增值税进项税额。

可扣除消费税＝58500÷1.06×30%＝16556.60（元）

获取普通发票比获取增值税专用发票多扣除消费税额 1556.60（16556.60－15000）元，却损失了 8500 元的增值税进项税额抵扣，也就是说，要多缴纳增值税 8500 元。相比之下，还是选择获取增值税专用发票更能节约税收成本。对于增值税一般纳税人，比较索取普通发票时多抵扣的消费税额和不允许抵扣的增值税额时，可以采用如下表达式：

不允许抵扣的增值税进项税额＝$P\div 1.17\times 17\%$

可多扣除的消费税额＝$P\div 1.06\times T-P\div 1.17\times T$

其中，P 为外购的金额；T 为外购产品的消费税税率。比较后可知，只有当 T 大于 1 的情形下，才可能出现索取普通发票时多扣除的消费税额大于不允许抵扣的增值税进项税额的结果。但这显然不符合我国消费税的实际税目税率状况，因此，对于增值税一般纳税人，肯定是索取增值税专用发票税负更低一些。

根据以上分析，由于小规模纳税人不享受增值税抵扣，所以并不增加增值税税负。很显然，作为小规模纳税人的生产企业，在购买应税消费品用于连续生产时，宜选择普通发票为佳。但销售方是否会配合小规模纳税人的选择呢？这笔业务，对于销售方来说，无论开具何种发票，其应纳增值税和消费税是不变的。在上例中，不论开具何种发票，销售方应纳的税收均为

增值税＝58500÷1.17×17%＝8500（元）

消费税＝58500÷1.17×30%＝15000（元）

因此，销售方完全可以配合小规模纳税人，给予其普通发票。而且，对于销售方来

说，开具普通发票也更便捷一些。

6.4.4 利用出口退税政策

税法规定，企业应将不同消费税税率的出口应税消费品分开核算和申报，凡划分不清适用税率的，一律从低适用税率计算应退消费税税额。这就要求企业在申报出口退税时，应分开核算不同税率的应税消费品，以获得应有的退税额，避免因适用低税率退税而减少收益。

同时，还须强调的是，消费税出口退税仅适用于有出口经营权的外贸企业购进应税消费品直接出口，以及外贸企业受其他外贸企业委托代理出口应税消费品，而生产企业出口或委托外贸企业代理出口应税消费品，则是不予退还消费税的。因此对于出口业务较多、出口较频繁的生产企业来说，可以考虑组建独立核算的外贸子公司，由生产企业将应税消费品销售给外贸子公司，交纳消费税，再由外贸子公司将应税消费品出口，获得出口退税，从而在实质上减轻企业的税收负担。当然，这一过程中能获得税收筹划收益的原因在于生产企业销售给外贸公司时价格较低，需缴纳的消费税额少，而外贸公司出口时，出口额较高，获得的消费税退税额度较高。但是须注意的是，组建外贸子公司会带来人员工资、场地租金等管理成本，这些成本很可能会高于出口退税所带来的收益。因此企业应进行成本-收益分析，从长远利益和整体考虑，而不能片面追求出口退税所带来的短期利益。

复习题

1. 消费税具有哪些税制特点，各有可能提供怎样的税收筹划空间？

2. 消费税采用单环节征收，利用这一特点可以应用哪些税收筹划基本策略？

3. 增值税中的筹划方法哪些可以应用在消费税中，为什么？

4. 请分析消费税中采用适用低税率策略时有哪些具体的的筹划方法，请举例说明。

5. 请讨论消费税中哪些征税对象存在税目转换的可能性，在进行税目转换时应该分别考虑哪些因素？

6. 根据本章内容，请分析手表制造厂可以采用哪些筹划方法？啤酒厂呢？它们的筹划思路存在哪些差异？

7. 消费税在征收过程中存在重复征税吗？如果存在，请问如何避免？

8. 请比较从量征收和从价征收消费税时，税收筹划空间及税收筹划方法的异同。

9. 规避消费税的纳税义务可以采用哪些方法，请举例说明。

10. 请介绍消费税的税收优惠的有关规定，纳税人应如何利用这些规定降低自己的税收负担，请举例说明。

练习题

1. 某日用化妆品厂，将生产的化妆品、护肤护发品、小工艺品等组成成套消费品销售。每套消费品由下列产品组成：化妆品包括一瓶香水（100 元）、一瓶指甲油（20

元)、一支口红(30 元);护肤护发品包括一瓶浴液(20 元)、一瓶摩丝(15 元);化妆工具及小工艺品(10 元)、塑料包装盒(5 元)。上述价格均不含税,共销售 1 万套。化妆品消费税税率为 30%,护肤护发品消费税税率为 17%。化妆品厂这种将产品成套销售的方法从税收角度考虑合适吗?你有何税收筹划的建议,根据你的方案可以减少多少税收负担?

2. 甲公司有一批需要加工的价值为 200 万元的原材料,公司初步拟定委托乙公司加工成 A 半成品,加工费 150 万元,收回 A 半成品后,公司继续加工成 B 产品,其加工成本、费用预计 300 万元。这一做法正确吗?你有何税收筹划的建议,根据你的方案可以减少多少税收负担(B 产品售价 1500 万元,A 半成品消费税税率为 30%,B 产成品消费税税率为 50%,所得税税率为 33%。按税法规定 B 产品收回委托加工时,支付的消费税可以抵扣)?

3. 某小汽车生产企业,当月对外销售同型号的小汽车共有三种价格,以 20 万元的单价销售 150 辆,以 22 万元的单价销售 200 辆,以 24 万元的单价销售 50 辆。汽车厂当月以 5 辆同型号的小汽车与一汽车配件企业换取其生产的汽车玻璃,双方约定按当月的加权平均销售价格确定小汽车的价格。小汽车的消费税税率为 8%。汽车厂的这一业务应纳消费税为多少?你有何税收筹划的建议,根据你的方案可以减少多少税收负担?

4. 某集团公司下属酒厂专门进行一知名品牌粮食白酒的生产,产品主要销售给全国各地的批发商。另有部分白酒是本市的一些零售户、酒店、个体消费者自行到工厂直接购买的。按去年的销售状况,其销售量大约为 10 000 箱(500ml×12 瓶/箱),每箱 500 元,粮食白酒的适用消费税税率为 20%,从量定额为 0.5 元/斤。对于酒厂的销售状况你有何好的税收筹划方案,您的方案可以比直接销售节约多少税收?

5. 某地区有两家大型酒厂甲和乙,均为独立核算的法人企业。甲企业主要经营粮食类白酒,以当地生产的大米和玉米为原料进行酿造,适用 25%的消费税税率。乙企业以甲生产的粮食类白酒为原料,生产系列药酒,适用 10%的消费税税率。甲企业每年要向乙企业提供价值 3000 万元的粮食白酒。2002 年 6 月,乙企业由于缺少资金和人才,无法经营下去,准备破产。乙企业资产账面价值 5200 万元,资产评估价值 6000 万元,其中房屋建筑物等不动产账面价值 2600 万元,评估价值 3100 万元;机器设备账面原值 1500 万元,评估价值 1800 万元,其他资产 1100 万元。负债也是 6000 万元,其中 2000 万元为欠甲企业的货款。甲企业有两个方案可供选择。

方案一:甲企业以现金 4900 万元购买乙企业的不动产和机器设备,乙企业宣告破产。假设乙企业破产财产扣除各项费用后,甲企业可收回货款 1800 万元,损失 200 万元。

方案二:采取另一种兼并方式,甲企业以承担债权债务的方式并购乙企业,即由甲企业承担乙企业的全部债务,不需支付另外的其他费用。由于乙企业生产的药酒市场前景很好,甲企业并购后可以继续利用乙企业的设备生产药酒。假设甲企业需要投入 200 万元对乙企业的设备进行改造。

请你为甲企业选择一个方案,并说明你的理由。

6. 某酒厂于 1998 年在四川某市成立,处于经济相对欠发达的地区,主要生产粮食白酒，是当地一个大型骨干企业，也属于当地的税源大户。该酒厂的产品按照既定的渠道销售给全国各地的批发商。随着市场的日益活跃和企业规模的扩大，商品销售出现了多元化的格局，部分消费者也直接到生产企业买一定数量的白酒，也出现了一些固定的大客户。这些大客户主要位于白酒消费量大的新疆地区，为增强酒厂在新疆地区的市场竞争力，酒厂希望能降低消费税负担，经初步研究，制订了以下两个方案。

方案一：在新疆投资建立一个商业企业，通过转让定价让其享受新疆的企业所得税优惠。

在新疆投资建立一个商业企业，避免让税务局将新疆商业企业认定为该四川酒厂的关联企业，通过转让定价，压低白酒售价卖给新疆商业企业，从而降低消费税，并将利润转移给新疆商业企业，因新疆商业企业可以享受3免4减半的企业所得税（2004～2010年）和5年免地方企业所得税的优惠，因此还可以降低企业所得税。如果新疆商业企业再雇用符合税法人数的下岗工人，以及选择优惠地区建立企业，还可以享受更多优惠。采用方案一税收筹划后，该酒厂将实际上为1000万元收入的白酒以800万元的价格转让给新疆商业企业，再由其以1000万元的价格转让给批发商。

方案二：与新疆地区的某小酒厂达成协议，由其进行贴牌包装和销售，并支付给四川的该酒厂相应的商标使用费。由于商标属于无形资产，具有“独此一家”的特点，其价格不具有可比性，可以用单独的形式或隐藏其他价格进行，达到减少税负的目的。

首先，由四川的该酒厂为其生产的白酒注册一个商标，为贴牌运作方式奠定基础。其次，在新疆找到合适的合作方，与其签订商标使用合同，规定商标使用费为销售收入的10%。仍以上述数据为例，采用方案二税收筹划后，该酒厂将实际上为1000万元收入的白酒以60万元的价格转让给新疆小酒厂，由其进行最后的贴牌包装后以1000万元的价格转让给批发商。新疆小酒厂必须支付给该酒厂100万元的商标使用费。

根据上述资料分析计算各方案中的下列各项。

（1）该酒厂的税负：应纳增值税、应纳消费税、应纳附加税费、（该项业务）应纳企业所得税、总税负。

（2）该新疆商业企业的税负：应纳增值税、应纳附加税费、（该项业务）应纳企业所得税、总税负。

（3）酒厂和新疆商业企业的总税负。

第7章

企业所得税的缩小税基策略

企业所得税是国家对我国境内的企业和其他取得收入的组织，就其来源于我国境内、境外的生产经营所得和其他所得征收的一种税，它是国家参与企业利润分配的重要手段，也是我国税收收入的主体税种之一，如2012年全国企业所得税税收收入小计达19 654.53亿元，占当年全国税收收入总额100 614.28亿元的19.53%，是仅次于增值税的第二大税种。[①] 在我国，只要有经营收入的单位和组织都属于企业所得税的征收范围，当然也就存在着税收筹划的必要性。

我国现行企业所得税制度的法律依据是在2007年3月16日中华人民共和国第十届全国人民代表大会第五次会议讨论通过的《中华人民共和国企业所得税法》（简称《新企业所得税法》），以及与之配套的《中华人民共和国企业所得税法实施条例》（简称《企业所得税实施条例》）。《新企业所得税法》的出台标志着我国内、外资企业所得税制度的合并宣告完成，长达十多年的两种企业所得税制度并行局面终于结束。《新企业所得税法》统一了内、外资企业适用的企业所得税法、企业所得税税率、税前扣除办法和标准，以及税收优惠政策，旨在创造一个有利于各类企业公平竞争的舞台和一个规范、透明的税收环境。

企业所得税的税基是应纳税所得额，它的计算与收入、成本、费用等密切相关，特别是要进行各种扣除，每项扣除的规定也不尽相同，因而相当复杂。另一方面，在应纳税所得额的确定上，按照财务制度和税收制度的规定企业有一定的自主性和选择空间，而且企业的经营管理决策也会对财务核算和应纳税所得额产生影响，这又使得它具有较大的不确定性。由于这两个原因，通过税收筹划缩小企业所得税的税基就既有较大的空间，又十分复杂，故本章将集中介绍缩小税基策略在企业所得税筹划中的应用，尤其是各种成本费用的充分扣除，其他基本策略在企业所得税筹划中的应用则在下一章介绍。

7.1 企业所得税的税基及筹划思路

按照《新企业所得税法》的规定，企业所得税的税基即计税依据是应纳税所得额，

---

① 资料来源：国家统计局，http：//www. chinatax. gov. cn.

它是指企业在一个纳税年度内的收入总额减除不征税收入、免税收入、各项扣除及允许弥补的以前年度亏损后的余额。其一般计算公式为

应税所得额＝年度收入总额－不征税收入额－免税收入－准予扣除项目－允许弥补以前亏损

要对企业所得税税基进行筹划，企业必须详细了解哪些收入应包括在总收入额内，哪些收入是不征税收入或免税收入；哪些成本、费用、损失不能在所得税前扣除，哪些是可以扣除的，哪些是有条件扣除的。为了便于讨论，我们将上式中的“收入总额—不征税收入－免税收入－允许弥补的以前年度亏损”定义为“计税收入”，于是，企业所得税的税基就可以表示为

应纳税所得额＝计税收入－准予扣除项目金额

由上面这个应纳税所得额的表达式容易看出，企业所得税缩小税基的基本途径应为：在取得的总收入和发生的成本费用开支既定的情况下，尽可能缩小计税收入的金额，尽可能增加税前准予扣除项目金额。所以，本节将首先讨论计税收入和可扣除项目的具体内容及相关规定，当然重点是可扣除项目。

7.1.1 计税收入的确定

根据前述的定义，计税收入包括了收入总额、不征税收入、免税收入和允许弥补的以前年度亏损等四个项目。

企业的收入总额是企业以货币形式和非货币形式取得的来源不同的收入，包括以下内容：①销售货物收入；②提供劳务收入；③转让财产收入；④股息、红利等权益性投资收益；⑤利息收入；⑥租金收入；⑦特许权使用费收入；⑧接受捐赠收入；⑨其他收入。

不征税收入为收入总额中的下列收入：①财政拨款；②依法收取并纳入财政管理的行政事业性收费、政府性基金；③国务院规定的其他不征税收入。

免税收入为收入总额中的下列收入：①国债利息收入；②符合条件的居民企业之间的股息、红利等权益性投资收益；③在中国境内设立机构、场所的非居民企业从居民企业取得与该机构、场所有实际联系的股息、红利等权益性投资收益；④符合条件的非营利性组织的收入。

允许弥补的以前年度亏损是总收入中用于弥补发生在当年度前五年之内的亏损的部分。其中“亏损”是指企业依照企业所得税制度的规定将每一纳税年度的收入总额减去不征税收入、免税收入和各项扣除后小于零的数额。企业所得税新旧制度均规定，企业在纳税年度发生的亏损，准予向以后年度结转，用以后年度的所得弥补，但结转年限最长不得超过五年。因而发生在当年度前五年之内的尚未在税前弥补的亏损可以用于减少当年度的计税收入，不过，从税收筹划的角度来看，利用亏损弥补的技巧性主要不是表现在缩小税基方面，而是更多地表现在企业所得税优惠政策的“充分”利用上，因而相关内容将在第 8 章介绍。

7.1.2　关于税前扣除项目的规定

纳税人的支出中，有些项目可以在计算应纳税额时从总收入中扣除，而有些项目则不能扣除，这主要取决于支出项目是否与纳税人取得应税收入有关。

1. 准予扣除的项目

按照新的税法规定，只有企业实际发生的与取得收入有关的、合理的支出，包括成本、费用、税金、损失和其他支出，才能够准予在计算应纳税所得额时扣除。

这里成本是指企业在生产经营活动中发生的销售成本、销货成本、业务支出及其他耗费，在企业账务处理上一般通过“销售成本”、“其他业务支出”等科目核算。

费用，是指企业在生产经营活动中发生的销售费用、管理费用和财务费用，也就是在财务核算时所说的期间费用，已经计入成本的有关费用除外。在企业账务处理上一般通过“销售费用”“管理费用”“财务费用”等科目核算。

税金，是指企业发生的除企业所得税和允许抵扣的增值税以外的各项税金及其附加，包括纳税人按规定缴纳的消费税、营业税、城乡维护建设税、资源税、土地增值税等。由于增值税是可以转嫁的价外税，大多数情况下销项税额可以抵扣进项税额，它在计价时没有包含于取得的营业收入中，所以计算企业所得税应纳税所得额时也不得在收入中扣除。这些税金在企业账务处理上一般通过“产品销售税金及附加”“其他业务支出”等科目核算。

损失，是指企业在生产经营活动中发生的固定资产和存货的盘亏、毁损、报废损失，转让财产损失，呆账损失，坏账损失，自然灾害等不可抗力因素造成的损失，以及其他损失。企业发生的损失，减去责任人赔偿和保险赔款后的余额，依照国务院财政、税务主管部门的规定扣除。对于企业已经作为损失处理的资产，在以后纳税年度又全部收回或部分收回时，应当计入当期收入。在企业账务处理上损失一般通过“待处理财产损益”转入“营业外支出”科目核算。

其他支出，是指除成本、费用、税金、损失外，企业在生产经营活动中发生的与生产经营活动有关的、合理的支出。

2. 不允许扣除的项目

企业不仅要掌握哪些项目准予从收入总额中扣除，同样也要了解哪些项目不得从收入总额中扣除。根据《新企业所得税法》，在计算应纳税所得额时，下列支出不得扣除：①向投资者支付的股息、红利等权益性投资收益款项；②企业所得税税款；③税收滞纳金；④罚金、罚款和被没收财物的损失；⑤超出税法规定标准的公益性捐赠支出，以及非公益性捐赠支出；⑥赞助支出；⑦未经核定的准备金支出；⑧与取得收入无关的其他支出。⑨企业之间支付的管理费、企业内营业机构之间支付的租金和特许权使用费，以及非银行企业内营业机构之间支付的利息，不得扣除。

此外，企业发生的支出应当区分收益性支出和资本性支出。收益性支出是与本年度生产经营有关的支出，如差旅费、办公费等，在发生当期直接扣除。资本性支出是指纳税人购置、建造固定资产，对外投资等支出，这种支出与好几个年度生产经营有关，如企业购置固定资产，形成了资产价值，其支出效益涉及多个纳税年度，所以资本性支出应当分期扣除或计入有关资产成本，不得在发生当期直接扣除。

7.1.3 成本费用的抵税作用

《新企业所得税法》规范了企业所得税的税收优惠政策。虽然利用税收优惠进行税收筹划的空间小了，但放宽了税前扣除项目的扣除标准和范围，如放开了计税工资扣除限制、广告费扣除限制等，为企业特别是内资企业从另一个方面扩大了税收筹划的空间。税前扣除项目将成为今后企业所得税税收筹划的一项重要内容。

在收入总额既定的情况下，采取合适的支出项目核算方法，充分列支准予扣除项目，就能有效地减轻企业所得税负担。由于企业发生的业务支出项目主要是成本费用，因此在本章中，以“成本费用”表示企业的业务支出。

对于税前扣除项目，仅仅了解税法规定的税前准予扣除项目的内容和不允许扣除项目的内容是不够的。因为税法对准予扣除项目的介绍是笼统的、原则性的。理论上说，企业只要是为生产经营所发生的属于税法规定的准予列支项目，就都可以在计算应纳税所得额时予以扣除。但由于费用支出具有收入分配性质，直接影响企业利润和所得税的大小，为合理收入、稳定税收收入，企业所得税制度根据不同支出项目的特点，规定了不同的税前列支方法，由此形成了不同抵税作用：有些开支项目不能在税前列支，有些开支项目可以在限定条件内部分税前列支，有些可以全额列支，还有少量项目甚至可以超额在税前列支。当然，对于税前列支规定不同的支出项目，企业也应该有不同的应对方法。

1. 成本费用的抵税作用分类

成本费用对企业所得税的影响，是通过成本费用的税前扣除减少企业所得税的税基即应纳税所得额，从而减轻企业所得税负担。这种作用称为成本费用的抵税作用。成本费用的抵税作用因其在所得税前的列支方式不同而分以下几种情况。

（1）不具备抵税作用的开支项目。按照税收制度的规定，有部分支出在计算应纳税所得额时不得扣除，起不到抵税的作用，如税收滞纳金、不符合规定的捐赠支出等。税前不得扣除的项目或者是国家不鼓励企业发生的项目，如税收滞纳金、生产经营过程中的罚金罚款等；或者是与企业生产经营没有直接关系的支出，如支付的权益性投资收益款、赞助支出等。

（2）在限定条件范围内具有抵税作用的成本费用，指限定条件在税前列支的成本、费用和损失项目，在限定条件范围内具有抵税作用，在超过限定条件范围的部分不具有抵税作用。例如，企业对外捐赠支出、业务招待费支出、职工工会经费和教育经费支出等。

（3）在一定周期内逐步摊销缓慢抵税的成本费用，指不得一次在税前列支的成本、费用项目，只有按折旧方法或费用摊销方法在一段周期内将长期资产逐期计算并计入成本、费用的部分，才具有抵税作用，如固定资产折旧、无形资产摊销。

（4）可一次性全额在税前列支的成本、费用和损失项目。这类项目的抵税作用很明显，如生产用固定资产维修支出、企业办公经费的支出等。

（5）可超额在税前列支的成本、费用项目。这一类项目的抵税作用更加明显，如《新企业所得税法》规定的对研究开发费用按照 50%加计扣除，对安置残疾人支付的工资按 100%加计扣除。

2. 不同抵税作用的成本费用的应对方法

研究成本费用的抵税作用，目的在于分析和考察不同的成本费用支出所减少的税收负担的差别，以便于采取不同的应对方法，使尽可能多的成本费用能够在企业所得税前得到充分列支。

（1）不具备抵税作用的开支项目是国家不鼓励企业发生的项目，企业应该控制其发生额，尽量不要发生此类业务支出。如果是必须发生的支出，则尽可能转换为具有抵税作用或部分抵税作用的成本费用开支项目，以下举例说明。对企业向投资者支付股息红利等权益性投资收益，企业可以考虑变更支付方式，或者调整支付结构，让股东、董事在企业兼职，那么就可以将对他们支付的收益一部分改以工资支出在税前扣除。对赞助支出可以根据不同的情况采取不同的筹划措施。如果是为了扩大企业影响力的赞助支出，如企业冠名赞助比赛项目、赞助大型活动，企业可以在活动现场发布宣传信息和宣传资料，则赞助支出就可以转换为宣传费用在所得税前扣除。如果是公益性质的赞助支出，如赞助中小学办学经费和活动经费，企业可以通过公益性社会团体或县级以上人民政府及其部门实施赞助，则赞助支出就可以转换为捐赠支出在额定的比例范围内在所得税前扣除。

（2）对于在限定条件内具有抵税作用的成本费用，企业应该控制其发生额使其不要超出税法规定的标准，因为超限额部分在所得税汇算清缴时须调增应纳税所得额，就是说要在所得税后列支，这对企业是很不划算的；如果确因业务需要超限额开支，可以考虑通过合适的财务核算方法或经营活动策划，改变支出方式，将有限额的开支转换为没有限额或限额较宽松的开支，避免不必要的损失。

（3）对于在一定周期内逐步摊销缓慢抵税的成本费用也要充分重视，每个会计期间足额摊提相关费用，但是在开支项目有可能不计入长期资产的情况下，要尽可能计入可一次性在税前列支的成本费用。

（4）对于可一次性在税前列支的成本费用和损失项目，由于其强大的抵税作用，则要充分利用，用足政策。

（5）由于只有少量的业务支出项目可以超额在税前列支，故利用这类项目抵税的范围非常有限。但如果有此类费用发生，企业应创造条件充分利用。

7.1.4　税前可扣除成本费用的谨慎认定

从成本核算的角度看，成本费用的充分列支是减轻企业税负的最根本的手段。在企业的业务状况既定也就是收入和开支项目既定时，尽量增加准予扣除的项目，必然会减少应纳税所得额，最终减少企业所得税的计税依据，并达到减轻税负的目的。

但通常情况下，企业发生的业务支出都不能够全额或足额在税前扣除。每年年终在企业所得税的汇算清缴中，不论企业规模大小，税前可以扣除的成本费用被税务机关剔除的比率相当高，这些成本费用被剔除后，不仅要求企业补缴所得税，而且还会按照其金额处以一定的罚款。这其中既有企业所得税制度的原因，也有企业税务处理不当的原因。因此作为经济主体，企业应该将成本费用的准确认定与计算作为企业所得税筹划的基础，充分注意成本费用的认定工作。在成本费用的认定工作中注意掌握以下谨慎原则。

（1）取得合法凭证。企业成本费用的列支必须要有真实、合法的凭证作为列支依据，不符合条件的凭证或没有相关凭证则不能作为账务处理的依据，这是企业财务制度和税收制度的基本要求，也是成本费用在税前列支的最起码的条件。比如企业参加产品展览会发生的有关费用在账务上可以作为销售费用入账，并在企业所得税前扣除，但是要求在入账时不仅需要提供参加展览会的发票，还要提供参加产品展览的合同书、参展邀请函等凭证。如果企业仅仅只能够提供参加展览会的发票，不能够提供参加产品展览的合同书、参展邀请函等凭证，所发生的开支就有可能按照有限额比例开支的“业务宣传费”或“业务招待费”入账，从而面临税前不能足额扣除的风险。再如果企业连参加展览会的发票都不能够提供，则所发生的开支就不能够入账，更谈不上在税前扣除了。企业如果在经济活动中取得有虚设行号的发票、取得非交易对象所开立的发票、取得交易对象开立的虚假发票、未及时按规定取得交易凭证等，应督促业务部门和财务部门尽快索取合法的统一发票，这样才能避免被税务机关处以罚款。

（2）及时向税务机关报告备案。税法规定部分费用及损失应事先向税务机关报告，向税务机关提供费用及损失发生的有效证明，并经主管税务机关审核后才能准予扣除，否则不予认定，也不予在税前列支，如企业发生的坏账损失和商品削价损失、按规定支付给总机构的与生产经营有关的管理费、当期发生的固定资产和流动资产盘亏、毁损净损失等。因此企业发生这些费用和损失后，应及时向税务机关办理相关报告备案手续。

（3）纳税申报前自行计算成本费用及开支限额。对于有开支限额的成本费用，如果企业实际开支超过限额规定就会被税务机关剔除并在所得税后列支；如果开支不足企业又没有充分享受到政策给予的权利。如企业发生的与生产经营活动有关的业务招待费，按新法规定，按照发生额的60%扣除，但最高不得超过当年销售（营业）收入的5‰。

假设某企业年度销售收入为5000万元，则其当年最多可在所得税前扣除招待费25万元。如果该企业当年实际发生业务招待费55万元，则只能在税前列支25万元，尚有30万元的招待费在所得税申报时要被剔除，起不到抵减所得税的效果。但如果该企业实际发生业务招待费为35万元，则就只能按21万元（35×60%）在企业所得税前扣除，尚有4万元税前扣除限额没有用上，这又没有充分享受到政策给予的权利。

企业在生产经营中总是希望所花费的费用最小化，但在缴纳所得税时又希望所发生的费用开支尽量足额甚至超额得到税前扣除。因此，在纳税申报前必须自行计算成本和费用，对于实际开支超过限额的成本费用应尽量转化为没有限额规定的成本和费用，或者没有达到限额的成本费用，以避免不应有的损失。

7.2　减少计税收入的方法

纳税人的收入项目一方面是企业的各种流转税，如增值税、消费税、营业税的征税对象，同时收入项目又是征收企业所得税的重要依据，因此可以说收入项目在企业税务策略中至关重要。

按照现行税收制度的规定，对于营业收入的实现，一般是以发出货物或提供劳务后收到价款或取得索取价款的凭据为准，分期付款销售以合同约定的收款日期确定收入实现，这在税法上有明确规定，因而收入的确定刚性较强，该认定为收入的须按税法规定予以认定，这一点不容置疑。缩小应税收入主要考虑及时剔除不该认定为计税收入的项目，及时认定不征税收入或设法增加免税收入。在实践中具体采取的方法有三种。

（1）对销货退回及折让，应及时取得有关凭证并作冲减销售收入的账务处理，以免虚增收入。

（2）年度计算收入总额时，对预收货款、应付账款等项目也应予以清理，防止错记为收入。

（3）多余的周转资金，用于购买政府公债，其利息收入可免交企业所得税。但是这种方法是在企业具有多余的流动资金但的确寻找不到更好的投资渠道的情况下采用的。

应注意有相当一部分企业在缩小应税收入项目上采取了一系列逃税方法：如漏记收入、私设小金库、账外设账，或者将收入隐匿于往来账户等，这些都是违反税法规定的，不可效仿。

在企业的经营活动中，缩小计税收入还有另一个税收筹划空间，就是将成本费用转化为收入项目的减项。企业发生的业务支出大多数情况下表现为成本费用，如果这些成本费用无法足额在税前扣除且无有效的充分列支方法时，我们可以转换一下筹划思路，变成本费用的发生为收入项目的减少。其前提条件是成本费用开支的承受人同时也是企业获得收入的客户对象。比如说，企业向客户销售商品房价款 60 万元，由于客户先行支付订金而须向客户支付利息 5 万元并在客户剩余房款项中抵扣。这种情况下可以将 5 万元的利息支付转换为营业收入减少，即商品房销售价款为 55 万元，同时不发生利息支付。

虽然，“成本费用的发生”和“收入项目的减少”，均表现为应纳税所得额的减少，这种转换从表面看似乎并不影响企业所得税的税负，但是其效果体现在两方面：第一，避免了成本费用不能充分在税前列支的困扰；第二，收入项目的减少还可以减少企业应纳的流转税。因此，从总体看这种方法可以减轻税收负担。

【案例 7-1】[①]　楚天房地产开发公司（简称楚天公司）是位于某省城的一家从事商品房开发业务的企业。为扩大销售并增加资金来源渠道，公司采用预收订金的方法促销商品房，即购房户先支付商品房价款的 40%作为购房订金，待商品房建成后再交足剩余款项。从收取订金日至商品房建成日的这段时间，公司按 12%的年利率对购房户缴

① 赵宁. 改变会计方法的所得税避税筹划. http://www.fs119.net. 本案例进行了改编。

纳的订金计息，在商品房剩余款项中抵扣。同期商业银行的贷款利率为7.2%。

比如，张先生向楚天公司购买价值60万元的商品房一套，于2012年5月1日向公司交付40%的定金24万元，11月1日房屋建成，张先生应得利息1.44（24×12%×6÷12）万元，张先生只需再支付34.56（60－24－1.44）万元。楚天公司向张先生开具60万元的房屋销售发票，张先生实际付款58.56万元，公司少收取的1.44万元作为张先生的预付款利息收入在企业“财务费用”科目列支。

2013年3月，当地税务局在对该公司进行企业所得税汇算清缴时发现此问题，经汇总查证，公司全年列支此类商品房定金利息150万元。税务机关认为，楚天公司商品房定金利息项目存在以下纳税问题。

（1）漏计个人所得税。张先生等业主在楚天公司取得的定金利息所得属于股息、利息、红利所得项目，应缴纳20%的个人所得税，其税款应由楚天公司代扣代缴。由于楚天公司未履行扣缴义务，又未及时向税务机关报告，按规定应由楚天公司赔缴。计算赔缴个人所得税金额时，需首先将这部分利息换算成不含税所得进行计算。

赔缴个人所得税＝150÷（1－20%）×20%＝37.5（万元）

此外楚天公司还需缴纳相应的税收滞纳金和未及时履行纳税义务的罚款。

（2）企业所得税前多列支财务费用。楚天公司按12%的年利率计算商品房定金利息在财务费用中列支，超过了同期银行贷款利率，其超过部分不得税前扣除，应按当年企业所得税利率补缴企业所得税。

多列支的利息支出＝150÷12%×（12%－7.2%）＝60（万元）

补缴企业所得税＝60×25%＝15（万元）

赔缴和补缴的税款合计＝37.5＋15＝52.5（万元）

对此楚天公司非常不理解。公司向购房户支付定金利息，让利给购房户，促进销售并增加流动资金，是于公司和购房户都有利的行为，但公司为此多承担了所支付利息35%（52.5÷150）的税负。就是说，楚天公司所开支的利息费用支出，不但没有得到企业所得税前足额扣除，还招致了额外的个人所得税负担。难道这种促销手段行不通吗？这近40%的税收负担有没有办法规避呢？

对楚天公司的这种定金利息处理方式进行分析，以张先生购房的情况为例，无论是从购房付款的形式上看，还是从销售方式的本质上看，实际上就是公司分两次共收取了58.56万元的房款，将原价60万元的商品房出售给张先生。这种方式下，须按照60万元的营业收入计算营业税及其附加、土地增值税，还有企业所得税。公司少收的1.44万元利息于购房户来说是收入，要计算个人所得税；于公司来说是超标准的利息支付，税前不得全额扣除，由此多承担企业所得税负担。

如果楚天公司采取降价销售的方式，将此商品房价格降至58.56万元卖给张先生：一是可以免除张先生应纳的个人所得税，以及免除楚天公司扣缴个人所得税的义务；二是免除了因利率超标准不能在企业所得税前足额扣除导致的企业所得税额外负担；三是降低了销售不动产应纳的营业税及附加、企业所得税的税基。

具体操作方法：仍然以张先生购房的情况为例。楚天公司于收到第二次房款时向张先生开具58.56万元的房屋销售发票，确认营业收入为58.56万元。这样张先生没有获得 1.44 万元利息收入，楚天公司也不用支付 1.44 万元利息支出。总体而言，筹划后楚天公司减少全年度营业收入额 150 万元。

按照上述筹划方案，相比于筹划前，楚天公司可以减轻的税收负担情况如下。

（1）减轻赔缴的个人所得税 37.5 万元。

（2）减轻补缴的企业所得税 15 万元。

（3）减轻营业税及附加：150×5％＋150×5％×（7％＋3％）＝8.25 万元。

（4）减轻土地增值税若干。具体数额视土地增值率决定的税率情况而有所不同。

（5）减轻税收滞纳金和罚款。

此案例楚天公司巧妙地将企业超标准开支的利息费用转化为收入项目的减少，其成功体现在两个方面。第一，缩小应税收入，即通过降价销售缩小了楚天公司的营业收入和购房户的利息收入，规避了相关的个人所得税及流转税、土地增值税。第二，在缩小收入的同时消除了给购房户的利息支付，净收入并不会减少，但不再存在利息支付税前扣除不足的问题，由此减轻了企业所得税负担。

7.3 限定扣除标准的成本费用筹划

限定扣除标准的成本费用是指在一定的额度和标准范围内可以在所得税前扣除，超出了标准就不得在税前扣除的当期所开支的成本费用。它属于限定条件内具有抵税作用的成本费用项目。这样的项目包括：利息费用、业务招待费支出、职工福利费、工会经费和教育经费等工资性费用、企业对外捐赠支出、广告费和业务宣传费。对于此类成本费用的筹划，首先是控制其发生额不要超出规定的标准；如果企业不得不超出开支限额，可以考虑通过筹划改变支出方式，将有限额的开支转换为没有限额或限额较宽松的开支。

7.3.1 分散利息费用

企业在生产经营活动中难免要采取借款的方式筹集资金，而借款要支付利息费用。大多数情况下，借款利息费用作为税前扣除项目享有所得税利益。所谓“可以税前扣除”，是指纳税人在生产经营活动中发生的合理的不需要资本化的借款费用，准予扣除。但纳税人购置、建造固定资产，取得无形资产等，在购置建造期间的借款费用应作为资本性支出计入有关资产的成本，而不能作为费用在所得税前列支；对于超出列支标准的利息费用，也不能得到所得税前扣除。

1. 不同筹资渠道借款费用的税前扣除规定

企业为生产经营活动筹集资金的渠道有多种，如可以向金融部门借款、发行债券、向其他单位或组织（包括关联企业）借款、吸收投资等，这些筹资方法所涉及利息的税前扣除标准和规定略有差异，企业在实施前应充分了解。

按照《新企业所得税法》规定，可以税前扣除的借款费用，应当区分如下情况。

（1）非金融企业在生产、经营期间向金融企业借款的利息支出，按照实际发生数予以税前扣除，包括银行按规定对逾期归还的贷款加收的罚息，也可以在税前扣除。

（2）金融企业自身发生的各项存款利息支出及同业拆借业务所支付的利息，允许按实际发生数予以税前扣除。

（3）对企业经过国家依法批准发行债券而按规定支付的利息支出，按照实际发生数予以税前扣除。

（4）非金融企业向金融机构以外的所有企业、事业单位及社会团体等企业、组织或个人借款的利息支出，按不超过按照金融企业同期同类贷款利率计算的数额的部分准予扣除。

（5）向关联企业借款的利息支出。《新企业所得税法》规定，企业从其关联方接受的债权性投资与权益性投资的比例超过规定标准而发生的利息支出，不得在计算应纳税所得额时扣除。财税【2008】121 号文规定了债权性投资与权益性投资比例的具体标准，标准如下：其接受关联方债权性投资与其权益性投资比例：①金融企业为 5∶1；②其他企业为 2∶1，超过规定比例的部分不得在发生当期和以后年度扣除。

（6）非银行企业内营业机构借款的利息支出，不得扣除。

2. 避免高息借款

企业需要筹集资金时应尽量向金融机构借款或通过金融机构发行债券，这样所支付的借款利息可以足额据实在税前扣除。

但有些企业筹集资金困难，不得不向其他企业拆借或向非金融机构私下高息借款，也有些企业为融通资金并且给职工谋取一定的经济利益，在企业内部职工中高息集资。以上种种情况，高于金融机构同类、同期贷款利率以外的部分利息支出，不得在税前列支。

例如，某商贸公司为筹集资金，某年向内部职工集资 1200 万元，按 15%年利率付息，而同期银行颁布贷款利率为 7%，多列支利率 8%，当年税前多开支利息费用 96［1200×（15%－7%）］万元。税务部门检查出问题后要求该公司将税前多开支利息费用 96 万元转入税后列支，补缴企业所得税 24（96×25%）万元。

所以企业筹集资金应尽量避免高息借款。在资金周转紧张、急需资金而发生高息借款后，应考虑将高息部分分散至其他名目开支。例如，转化为对员工的工资及福利、企业之间的业务往来开支，在产品销售费用、经营费用等列支，从而扩大在税前扣除的支出范围。

3. 变通关联企业借款形式

在企业经营过程中，关联交易经常发生。有时候，企业为了融资方便，会选择从关联方借款或贷款。关联企业之间借款首先要把握不超过金融企业同期同类贷款利率的原则，以防止超出部分税前不得扣除的情况发生。其次，要注意关联交易的特殊性，控制纳税人从关联方取得的借款金额不要超过一定比例。因为超过比例的借款利息支出，不得在税前扣除。如果以上两种情况均有发生，企业就要设法变通关联企业的借款形式。

【案例 7-2】 华星公司和华辰公司是两家关联的非金融公司，华辰公司对华星公司的权益性投资资本为 300 万元。由于业务发展需要，华星公司于 2012 年 2 月 1 日向华辰公司借款 900 万元。双方协议约定，借款期限为 10 个月，年利率 12%。同年银行贷款利率为7%，金融保险业营业税利率为5%，两企业说适用的企业所得税税率为25%。此业务涉税情况分析如下。

1. 华星公司相关支出和纳税调整情况

到期应付借款利息＝900×12%×10÷12＝90（万元）

当年12月1日，华星公司到期一次性向华辰公司还本付息690万元。华星公司当年“财务费用”账户列支的此笔借款利息支出为90万元。但根据财税【2008】121号文的规定，华星公司允许税前扣除的利息为

300×2×7%×10÷12＝35（万元）

在企业所得税汇算清缴时，华星公司须在会计利润的基础上调增应纳税所得额55万元（90－35），并补缴企业所得税：

55×25%＝13.75（万元）

2. 华辰公司相关收入和纳税情况

华辰公司收取借款利息90万元，应按照“金融保险业”的税率规定缴纳5%的营业税、相应的城市维护建设税和教育费附加，而且此收入还要以扣除营业税及附加后的金额为税基缴纳企业所得税。

营业税及附加＝90×5.5%＝4.95（万元）

企业所得税＝（90－4.95）×25%＝21.2625（万元）

3. 企业集团利益分析

华星公司向华辰公司借款这笔业务，对于整个企业利益集团来说，由于是内部交易，整个集团其实收支相抵后既无收益又无损失。但是，这两公司又是独立的企业法人。按照税收制度的规定，在这笔业务发生的流转环节，华辰公司须缴纳营业税及附加共4.95万元，使得企业集团在流转环节损失4.95万元的税收利益。在分配环节，华星公司按照35万元进行企业所得税前的利息费用扣除，而华辰公司要以85.05万元为税基缴纳企业所得税，整个集团多缴纳企业所得税12.5125［（85.05－35）×25%］万元。

此案例中，华星公司向华辰公司借款并支付利息的业务，无疑让企业集团多承担了流转税及企业所得税负担。而且，即便华星公司借款利息支出可以全额在企业所得税前扣除，由于是交易，一方获得有收入而另一方发生支出，就会存在流转税，导致整个集团承担流转税负担。对此类业务的筹划，可以从三个方面来考虑。

（1）控制借款金额和利率。华星公司借款金额控制在华辰公司对其权益投资额2倍以内，借款利率控制在国家规定的银行利率范围内，这样尽管在集团内部还是会产生流转税，但在企业所得税方面收支相抵，基本不会产生额外负担。如果一次需要的借款金额比较大，华星公司还可以分多次或分年度向华辰公司实施借款，这样就回避了一次性借款金额超过权益投资的2倍而产生的超额税负问题。

（2）变借款为预付货款。华星公司需要借款时，华辰公司以预付货款的形式支付其900万元，之后再在交易金额中扣减。这种方案的局限性在于，华星公司和华辰公司必须存在购销关系，比如华辰公司要从华星公司采购进货，或者华星公司生产的产品正好是华辰公司的原材料等情况。这种筹划方法下，华辰公司利息收入和华星公司利息支出

同时减少，免除了华辰公司利息收入的流转环节税收；另外，华星公司相当于获得了华辰公司提供的一笔“无息”贷款，从而解除了企业所得税制度对关联企业借款费用利息扣税的限制。

（3）变华辰公司贷款为华辰公司赊销销售。如果华星公司和华辰公司常年存在购销关系，比如华辰公司生产的产品正好是华星公司的原材料，这种情况下，华辰公司可以以赊销销售的方式向华星公司销售产品，华星公司需要支付的应付款项由华辰公司作为“应收账款”挂账，这样，华星公司同样相当于获得了一笔无息贷款。

方案二或方案三，采用预付货款和赊销的结算方式，可以将本金和利息都包含在结算资金价款内。其中结算的利息由于包含于销售结算价格内，不再涉及双方的营业税问题及是否能够在企业所得税前扣除问题，也就不会使资金供需双方出现额外的税收负担。

无论是预付货款还是赊销销售的结算方式筹划，需要资金的一方最好能提前提出资金需求计划，以便于资金供需双方事先作好安排并按照双方的购销业务金额提前作好预付或赊销的筹划，以免出现到用资的这一时间点正好是购销业务的空白期，没法采用这种方法的情况。

采用预付货款和赊销销售这两种结算方式均属于依靠商业信用筹资，对于这两种筹资方式，只要关联企业双方预付或赊销所占用的资金在正常的市场销售价格范围以内，那么资金供需双方是否结算借款利息或借款利息高低等都可以由购销双方自行决定，税法对此并无强制性规定。

7.3.2 控制业务招待费

业务招待费作为企业生产、经营业务的必须开支费用，会计制度规定可以全额据实在利润中扣减；但企业所得税制度对业务招待费有限额标准，在一定的比例范围内可在所得税前扣除，超过标准的部分不得扣除。这主要是为抑制社会奢靡风气，防止企业过分浪费。

《新企业所得税法》规定，企业发生的与生产经营活动有关的业务招待费支出，按照发生额的60％扣除，但最高不得超过当年销售（营业）收入的5‰。这主要是考虑到商业招待和个人消费之间难以区分，为加强管理，同时借鉴国际经验而制定的。也就是说，即便企业业务招待费不超过税法规定的销售收入的一定比例限制，企业至少还须由税后利润支付40％的业务招待费。这是新税法作出的一项重要变化。

事实上，由于请客送礼之风盛行，大多数企业为顺利开展工作，业务招待费超支是正常的现象。我们面过对税务稽查工作的调查，发现流通企业业务招待费平均占营业收入的1％～3％，远远超出税法规定的税前列支比例。对于超标准的业务招待费由于无法在企业所得税前列支，起不到企业所得税的抵税作用。因此，业务招待费在我国一直都是成本费用筹划中的重要内容。

1. 业务招待费核算与扣除的有关规定

对业务招待费进行筹划的基础是了解其核算与扣除的有关规定，其目的：一方面避免企业由于不了解政策而致业务招待费税前扣除不足；另一方面，寻找途径争取尽量多的业务招待费在企业所得税前得到扣除。

（1）关于业务招待费的开支范围。在业务招待费的范围上，企业财务会计制度和企业所得税制度没有明确规定纳税人应该以什么方式招待、哪些项目花费属于招待费。但是在财务核算和税务处理实践中，业务招待费通常被界定为企业因业务活动需要而发生的招待活动中的全部费用，包括餐饮、香烟、酒水、食品、赠送的礼品费、正常的娱乐活动费、安排客户旅游费用、接送交通费等产生的费用支出。所发生的业务招待费应能够提供证明其真实性的合法凭证，在会计核算中要在“管理费用——业务招待费”科目进行归集。如果不按规定而将属于业务招待费性质的支出隐藏在其他科目中，不允许税前扣除。

（2）关于业务招待费的税前扣除比例。《新企业所得税法》对业务招待费的扣除实行双重标准，即实际发生额的 60%，同时不得超过当年销售（营业）收入的 5‰，体现了在业务招待费扣除上从严掌握的原则。这意味着，业务招待费无论开支少还是开支多，都不可能全额在税前足额扣除；开支越多的，不能够在税前列支的份额越高。

（3）关于计算税前扣除的业务招待费的基数。税法规定，计算业务招待费税前扣除限额的基数为当年销售（营业）收入。相关税收制度又界定，销售（营业）收入包括纳税人按照会计制度核算的主营业务收入、其他业务收入及根据税收规定应确认为当期收入的视同销售收入（国税发【2008】101 号）。对经税务机关查增的收入，根据规定，销售（营业）收入是纳税人的申报数，而不是税务机关检查后的确定数，税务机关查增的收入应在纳税调整增加额中填列，不能作为计算招待费的基数。实际计算时要认清。

（4）对于业务招待费超支问题的账务处理。业务招待费超支问题属于计算缴纳企业所得税时确定应税所得额时的一个概念，对其的调整只是依照税法的规定，以会计利润为基础进行纳税调整而已，不属于会计处理范围（除因会计差错而导致的纳税调整以外）。因此其并不需要调整企业会计账簿和会计报表，也并不导致账表不符。

【案例 7-3】　某公司在某年度销售产品取得收入 7500 万元，产品销售所发生的成本、费用与税金计 5800 万元，其中广告费和业务宣传费支出 600 万元，业务招待费 100 万元。以价值 400 万元的产品（成本 300 万元）抵偿债务，将价值 600 万元的产品（成本 450 万元）对外进行捐赠。企业没有其他所得调整项目。企业所得税制度规定，企业广告费和业务宣传费支出，不超过当年销售（营业）收入 15%的部分，准予扣除。企业财务人员对有关企业所得税项目的计算如下。

税前可以扣除的广告费和业务宣传费＝7500×15%＝1125（万元），实际发生 600 万元，允许据实扣除。

按业务招待费发生额的比例，税前可以扣除 60（100×60%）万元，但税前可以扣除的业务招待费限额为 37.5（7500×5‰）万元，税前可以扣除金额执行 37.5 万元，应调增应纳税所得额 62.5 万元。

应纳税所得额＝7500－5800＋400－300＋600－450＋62.5＝2012.5（万元）

企业所得税＝2012.5×25%＝503.125（万元）

对本案例进行分析，表面上看，企业上述处理中计算税前可扣除的广告费、业务宣传费及业务招待费的限额标准与方法都是正确的，但实际上，上述计算并不正确，其中最重要的就是计算税前扣除费用所依据的基数不正确。按照规定，计算广告费、业务宣传费及业务招待费税前扣除限额的基数还应包括视同销售收入，即以产品抵债的收入400万元、以产品对外捐赠的收入600万元，这个基数应该为8500（7500＋400＋600）万元。按照这个新确定的基数，对有关企业所得税项目重新计算如下。

税前可以扣除的广告费和业务宣传费＝8500×15%＝1275（万元），实际发生600万元，允许据实扣除。

按发生额比例，业务招待费税前可以扣除60（100×60%）万元，但税前可以扣除的业务招待费限额为42.5（8500×5‰）万元，税前可以扣除金额执行42.5万元，应调增应纳税所得额57.5万元。

应纳税所得额＝7500－5800＋400－300＋600－450＋57.5＝2007.5（万元）

企业所得税额＝2007.5×25%＝501.875（万元）

由于提高了计算基数，与纳税自行计算的结果相对比，税前可扣除的业务招待费增加了5万元，应纳税所得额减少了5万元，最终直接少缴企业所得税1.25万元。

该例的筹划点在于计算税前扣除的业务招待费的基数。当业务招待费发生额的60%低于按营业收入5‰比例计算的扣除限额时，尽量扩大税前扣除的业务招待费的基数是有效的筹划方法。该例中扩大有关费用税前扣除的基数，对业务招待费项目有筹划收益，而对广告费和业务宣传费则无筹划收益。这是因为，本例中广告费和业务宣传费实际发生额远远还未达到税法规定的扣除限额，这也说明广告费和业务宣传费扣除标准比业务招待费扣除标准要宽松。

2. 掌握业务招待费节税临界点

按照《新企业所得税法》对业务招待费的扣除规定，无论企业开支多少业务招待费，至少有40%的费用不能够在企业所得税前扣除；如果发生额的60%超过了当年销售收入的5‰，不得在所得税前扣除的费用比例更高。那么企业如何能够充分使用业务招待费的限额又可以减少纳税调整事项呢？

假设企业年销售收入为X，当年业务招待费为Y，则当年允许税前扣除的业务招待费为$Y\times60\%$，须满足：

$$Y\times60\%\leqslant X\times5‰$$

$$Y\leqslant X\times8.3‰$$

即业务招待费在销售收入的8.3‰的临界点以下，企业才可能充分利用好上述政策。

一般情况下，企业的销售收入是可以测算的。我们假定某企业年销售收入为1000万元，则允许税前扣除的业务招待费最高不超过1000×5‰＝5万元，那么财务预算全年业务招待费$Y\leqslant8.3$万元。那么如果实际发生的业务招待费高于或低于临界点，情况会怎样呢？

假定该企业实际发生业务招待费11万元，高于临界点8.3万元，即大于销售收入的8.3‰。其发生额的60%为6.6万元，当年销售收入的5‰为5万元。按照两个标准孰低的原则进行比较，取其低值5万元为税前扣除额，税前扣除额只占实际发生业务招待费的 45.45%（5÷11），尚余 54.55%的费用得不到税前扣除。业务招待费须进行纳税调整，共调整增加应纳税所得额 6（11－5）万元，此一项须补缴企业所得税 1.5（6×25%）万元。

假定该企业实际发生业务招待费 4 万元，低于临界点 8.3 万元，即小于销售收入的 8.3‰。其发生额的 60%为 2.4 万元，当年销售收入的 5‰为 5 万元。按照两个标准孰低的原则进行比较，取其低值 2.4 万元为税前扣除额，税前扣除额占实际发生业务招待费的 60%，尚余 40%的费用得不到税前扣除。此时业务招待费仍须进行纳税调整，共调整增加应纳税所得额 1.6（4－2.4）万元，此一项须补缴企业所得税 0.4（1.6×25%）万元。

通过上述分析可以得出结论：当企业的实际业务招待费大于销售收入的 8.3‰时，能够得到税前扣除的业务招待费将不足实际发生额的 60%；当企业的实际业务招待费小于销售收入的 8.3‰时，60%的限额可以充分利用。

3. 适当情况下进行业务招待费转换

事实上，由于《新企业所得税法》对业务招待费的税前扣除按双重标准从严执行，所有企业的业务招待费都不可能全额在税前得到扣除（至少有 40%得不到扣除）。所以对业务招待费，企业应于申报前自行计算，在业务招待费开支比较大的情况下应自行调整减除，将部分招待费转移至其他科目税前扣除。

实际工作中，业务招待费与会议经费、业务宣传费存在着可以相互替代、相互交叉的项目内容。比如说，外购礼品用于馈赠客户，在业务招待费列支，但如果礼品是纳税人自行生产或提出需求委托加工，对企业的形象、产品有标记及宣传作用的，也可作为业务宣传费入账。相反，企业参加产品交易会、展览会等发生的餐饮、住宿费等（取得有合法的发票）如果参会凭证齐全就作为会议经费列支，如果参会凭证不全则可以列为业务招待费支出。参会凭证包括会议时间、地点、出席人员、内容、目的、费用标准、支付凭证等。这就为业务招待费与其他费用项目的相互转化提供了“筹划”空间。

业务宣传费虽然和广告费一起有不超过营业收入 15%的限额限制，但其开支范围毕竟大于业务招待费，且限额之内的费用可以全额在税前扣除，如果超限额，超过部分可无限期向以后纳税年度结转；而会议经费的列支甚至没有限额限制。这对企业是有利的。

鉴于上述政策和筹划空间，纳税人可以根据支出项目性质合理运用自己的权利实施税收筹划。例如，在“管理费用”科目下设置“业务招待费”和“业务宣传费”明细科目，在“销售费用”科目下设置“会议经费”明细科目，用于分别核算平时发生的业务招待费、业务宣传费和会议经费，并在平时有意识控制这些项目特别是业务招待费的发生额，以防年终申报或在税务机关检查时对近似项目产生不必要的争议。

4. 妥善处理筹建期间支付的业务招待费

企业在筹建期间所支付的业务招待费应列入开办费而资本化，并在规定的期限内摊销，在企业所得税前进行扣除。开办费总额不受业务招待费限额限制，企业可妥善运用此项规定，以达到减轻税负的效果。

7.3.3 合理安排工资及工资费用

工资薪金是企业支付给员工的报酬。准确地说，工资薪金，是指企业每一纳税年度支付给在本企业任职或受雇的员工的所有现金形式或非现金形式的劳动报酬，包括基本工资、奖金、津贴、补贴、年终加薪、加班工资，以及与员工任职或受雇有关的其他支出。企业除给职工支付工资外，还按工资的一定比例支付职工福利费、工会经费、职工教育经费等工资费用，以用于职工福利和教育等开支需要。

《新企业所得税法》规定，企业发生的合理的工资薪金支出，准予扣除。企业发生的职工福利费、职工教育经费、拨缴的工会经费，分别在不超过工资薪金总额14%、2.5%、2%以内的部分，准予扣除；对职工教育经费超过限额的部分，准予在以后纳税年度结转扣除。

1. 工资薪金的税收筹划

相比于旧的企业所得税制度，《新企业所得税法》取消计税工资制度，对真实、合法的工资支出准予扣除，即对工资的扣除强调实际发生的、与收入有关的、合理的支出。取消计税工资规定对内资企业是一个很大的利好政策，也是《新企业所得税法》给企业带来最大效益的一条，是最大亮点之一。对工资薪金“真实、合法性”的判断，主要从雇员实际提供的服务与报酬总额在数量上是否配比合理进行，凡是符合企业生产经营活动常规而发生的工资薪金支出都可以在税前据实扣除。企业在作税前抵扣工资支出时，一定要注意参考同行业的正常工资水平，如果工资支出大大超过同行业的正常工资水平，则税务机关可能认定为“非合理的支出”，而予以纳税调整。

在新的企业所得税政策下，工资薪金支出应综合考虑对企业所得税、个人所得税的影响。在工资薪金可以在企业所得税前全额扣除的情况下，假设企业所得税适用税率为25%，企业每支出职工工薪100元，就会减少企业所得税负担25元，只要工资薪金适用的个人所得税平均税率不超过25%，多发放的工薪从纳税的角度看就没有增加额外的税收负担。经测算，只有职工月工资高于67 300元/人，个人所得税平均税率才会超出25%。因此《新企业所得税法》工资薪金足额扣除政策为企业实施高薪政策提供了较为宽松的税收环境。

工资薪金的税收筹划除了考虑足额税前扣除外，还可以利用加计扣除政策。在新的企业所得税制度中，加计扣除政策体现在对研究开发费用和对残疾人工资支出两方面。其具体内容在7.5节讨论。

2. 工资费用的税收筹划

在旧的企业所得税制度基础上，《新企业所得税法》继续维持了对职工福利费、工会经费和职工教育经费的扣除规定。《新企业所得税法》对三项工资费用处理最大的变化，是由原来的计提扣除改为据实扣除。而且由于计税工资已经放开，新制度将“计税工资总额”调整为“工资薪金总额”，扣除额实际也就相应提高；对职工教育经费不但提高了税前扣除比例，且本年超过限额的部分还可以在以后纳税年度结转扣除。这表明对与工资有关的三项费用扣除标准也更加宽松。但是在据实扣除的政策下，如果企业不开支上述工资费用，则表示主动丧失税法赋予的税前扣除权利。

实际工作中，建立工会组织的纳税人，按每月职工工资总额的 2%向工会拨交经费，凭工会组织开具的《工会经费拨缴款专用收据》在税前扣除。凡不能出具《工会经费拨缴款专用收据》的，其提取的职工工会经费不得在企业所得税前扣除。

7.3.4　合理安排对外捐赠

企业所得税对企业的符合有关规定的捐赠是准予税前扣除的，当然一般都会有扣除限额，但对于政府特别鼓励的若干种捐赠，也允许全额税前扣除。

1. 限额扣除及相关规定

为防止纳税人假借捐赠之名而虚列费用，转移利润，规避税负，税法对捐赠金额及捐赠对象均有限制规定。《新企业所得税法》对公益性捐赠支出规定，在按国家统一会计制度规定计算的年度会计利润总额 12%以内的部分，允许扣除。超过 12%的部分，不得在企业所得税前扣除（财税【2008】160 号）。

这里“公益性捐赠”是指企业通过公益性社会团体或县级（含县级）以上人民政府及其部门，用于《中华人民共和国公益事业捐赠法》规定的公益事业捐赠，且这些捐赠必须通过中国境内的非营利性社会团体，如中国青少年发展基金会、希望工程基金会，宋庆龄基金会、减灾委员会、中国红十字会、中国残疾人联合会、全国老年基金会、老区促进会及经民政部门批准成立的非营利性的组织（具体参见财税【2013】10 号）。此外，如纳税人通过各级政府的捐赠也允许扣除。纳税人直接向受赠人的捐赠不允许扣除。

除了扣除比例变化，企业还应注意公益性捐赠扣除的计算基础不同。原所得税法为年度应纳税所得额，《新企业所得税法》为年度利润总额。如果存在纳税调整项目，年度利润总额与年度应纳税所得额是不同的数额，通常年度利润总额大于年度应纳税所得额，而且差距可能很大，企业在考虑对外公益性捐赠能否扣除时，一定要注意正确计算扣除基础，准确把握可扣除的量。

2. 捐赠扣除筹划的注意事项

由于我国的企业所得税制度是非累进的，所以在大多数情况下，对公益、救济性捐赠进行筹划的主要目标是使捐赠额能够获得全额扣除，也就是说，企业每对外捐赠 100 元，可以减少 25 元的应纳所得税额，这就相当于有 25 元是用国家的税收捐赠的，企业实际付出只有 75 元。在允许全额扣除时，这是自然达到的。但全额扣除显然是特例，一般的还是限额扣除，因此在捐赠扣除的税收筹划中主要应注意如下几点。

（1）把握捐赠时机。企业对外捐赠时应充分兼顾当年度的盈利情况及是否享受税收优惠，对外捐赠宜选择在盈利的纳税年度，盈利多的年度多捐赠，盈利少的年度少捐赠，没有盈利的年度不捐赠，以便使尽可能多的捐赠得到税前扣除。

（2）认清捐赠对象和捐赠中介。企业应通过税法规定的社会团体和机关实施捐赠，不要直接向受赠人捐赠，否则这将得不到企业所得税前扣除。

（3）注意限额。企业实施捐赠时应权衡其利润额及可列支限额，对捐赠额应尽量掌握在本年度利润总额的12%范围之内。因为捐赠支出造成的税前会计利润与应纳税所得额之间的差异属于永久性差异，超过税法规定标准的部分，永远得不到扣除。

（4）利用临界点。在累进所得税制度下，在略高于税率跳跃临界点的收入状况下，纳税人实施公益救济性质的捐赠，不但能够获得税前抵扣，还可以随应纳税所得额的减少而带来税率档次的降低，获得税基和税率的双重降低，从而使应纳所得税额大幅度减少；有时候减少的所得税额甚至比捐赠额还高，这种情况下，捐赠起到的是“四两拨千斤”的效果。在西方国家，在累进所得税制度和遗产税制度双重导向下，高收入的有产阶层经常通过捐赠行为“名利双收”，即一方面获得良好的社会声誉，另一方面也获得规避税收负担的好处。我国的企业所得税制度是非累进性的，但在特殊情况下如对年度应纳税所得额低于30万元的小型微利企业有20%的低税率优惠，这相当于两档全额累进所得税，所以在30万元的临界点附近利用小额捐赠可以起到大幅度减少税额的作用。这方面筹划思想将在9.2节的内容中进行讨论。

7.3.5 合理利用广告费和业务宣传费开支

随着市场经济的不断深入，企业之间争夺市场也越来越激烈。为了提高市场占有率，越来越多的企业日益依赖于广告和其他形式的业务宣传。

广告费是指企业为扩大购销业务，通过媒体向公众介绍商品、劳务和企业信息等发生的相关费用。企业申报扣除的广告费支出必须同时具备三个条件。

（1）广告是通过工商部门批准的专门机构制作的。

（2）已实际支付费用，并已取得相应发票。

（3）通过一定的媒体传播。

因此，对支付给非法承办广告业务的单位和个人的广告费，或者尚未实际支付的广告费，或者虽已支付但未取得相应发票的广告费，或者虽已取得发票但未通过媒体传播的广告费等均不得税前扣除。

业务宣传费是企业开展业务宣传活动所支付的费用，主要是指未通过媒体的广告性支出，包括企业发放的印有企业标志的礼品和纪念品、义卖特卖或展览费用、赠送样品或销货赠送、抽奖等费用。

我国的企业所得税制度对广告费和业务宣传费的税前扣除一直都有相关规定。新税法规定，广告费和业务宣传费支出不超过当年销售（营业）收入15%的部分，准予扣除；超过部分，准予在以后纳税年度结转扣除。应该说，广告费和业务宣传费支出税前扣除的政策是极为宽松的，对于销售（营业）收入15%的限额，绝大部分企业是足够用的。企业可充分利用此项目扩大税前准予扣除金额达到规避税负的目的。

从广告费和业务宣传费的开支范围看，它与业务招待费部分视同销售行为，赞助支出等均有相似之处。但是业务招待费的开支限额较紧张，且只能按发生额的60%及不低于销售收入5‰的标准扣除；视同销售行为要核算收入从而多纳流转税，赞助支出不得税前列支。广告费和业务宣传费在税前准予扣除的比例较大，限额较为宽松，而且如果超限额，还可以无限期向以后纳税年度结转，不至于当年就在税后利润中列支。因此，企业在必要的时候可以选择在这几种开支间进行规划，创造条件将部分上述费用与广告费和业务宣传费进行转化，就可以减轻企业实际税收负担。

7.4　分期扣除的成本费用筹划

在企业开支的各项费用中，有的开支项目按规定不得一次扣除，而必须分期逐步扣除。这样的开支项目从长期看，其在企业所得税前扣除的总额是一个相对固定数，但由于会计处理特别是税务处理的方法不同，会造成各个纳税期间税前扣除额的区别，从而导致不同年度纳税额的不同。选择什么样的会计处理和税务处理方法，决定着不同年度纳税情况，是值得研究的问题。

7.4.1　存货计价方法的选择

企业存货包括原材料、产成品、半成品、低值易耗品、包装物等，其发出的计价方法关系到企业的生产成本、销售成本和其他费用的大小，直接影响所得税额。如从事批发的商品流通企业期末（月底）要计算出商品销售成本并予以结转。由于企业商品的进货渠道、进货批量、付款条件和交货方式各不相同，同种规格的商品，前后不同批次进货的单价可能也各不相同，因此必须根据商品的特点和核算要求，采用一定的方法来确定一个适当的计价方法，从而计算发出商品的价格即已销商品的销售成本。

按照《新企业所得税法》规定，企业使用或销售存货的成本计算方法，可以在先进先出法、加权平均法、个别计价法中选用一种。计价方法一经选用，不得随意变更。利用不同的计价方法，计算出的存货价值不同，成本不同，实现的应纳税所得额不同，缴纳的税款也不同，这既是企业财务管理的重要步骤，也是企业进行税务筹划活动所需要研究的一项内容。一般企业为了规避税负，会在存货的几种计价方法中选择对企业有利的计价方法，将存货计价作为调节利润从而调节应纳所得税的工具。

（1）先进先出法，又称永续盘存制，是依据先收到的先发出（销售或耗用）这种假定的存货实物流动顺序，对发出存货成本和结存存货成本计价的一种方法。因此，在先进先出法下将存货计入成本时，是根据存货的入库时间，按先后顺序，将先入库的存货优先计入成本。

（2）加权平均法，这是在各期末以期初存货数量和本期各批收入的存货数量作权数，平均计算单位存货成本的一种计价方法。其计算公式如下：

$$\text{加权平均单位成本}=\frac{\text{期初结存存货金额}+\text{本期增加的存货金额}}{\text{期初结存存货数量}+\text{本期增加的存货数量}}$$

发出存货成本＝本期发出存货的数量×加权平均单位成本

期末结存存货成本＝期末结存存货的数量×加权平均单位成本

（3）个别计价法，又称分批计价法，也叫具体辨认法，是以某种存货或某批存货收入时的实际成本作为该种存货或该批存货发出时的实际成本的一种方法，它主要适用于贵重商品或大件商品。

以上几种存货计价方法各有特点，企业应结合自身的情况选用。存货计价方法一经选定，在一个年度内不得随意变更，以保持年度会计核算的口径一致。

例如，某企业上月甲商品结存 200 件，单价 4.00 元/件，本月甲商品购进资料如表 7-1 所示，本月该企业销售甲商品 650 件。

表 7-1　当月购进甲商品的数量及价格表

日期	数量/件	单价/元	金额/元
1 日	150	4.40	660
8 日	100	4.80	480
15 日	200	5.00	1000
23 日	100	5.20	520
合计	550		2660

采用不同计价方法，销售成本计算如下。

（1）采用先进先出法，本期销售成本为

200×4.00＋150×4.40＋100×4.80＋200×5.00＝2940（元）

期末结存金额＝800＋2660－2 940＝520（元）

（2）采用加权平均法，则 9 月商品加权平均单价为

（800＋2660）÷（200＋500）＝4.6133（元）

销售成本＝650×4.6133＝2 998.65（元）

期末结存商品金额＝800＋2660—2998.65＝461.35（元）

个别计价法这里不再举例介绍。

以上几种方法，计算出的销售成本不同，其结果对企业应纳税所得额的多少及缴纳所得税多少的影响也不同。一般来说，在物价下降时期，采用先进先出法计算，期末存货为最近成本，其价值较低，发出商品成本则较高，应纳税所得额也低。而采用加权平均法计算发出商品成本值较稳定，起伏不大，适合于采用累进所得税率的情况。

如果企业处于征税期，其应纳税所得额越多，则缴纳所得税越多，那么公司宜选择发出存货成本最大、结存存货占用资金最少的计价方法，将当期成本尽量扩大，以达到减少当期应纳税所得额，减少所得税的目的。相反，如果企业处于所得税的免税期，企业实现的应纳税所得额越多，得到的免税额越大，那么公司宜选择发出存货成本最小而结存存货占用资金最大的计价方法，将当期成本缩小，扩大当期应纳税所得额，而将成本费用留在以后征税期实现。

作为企业内部核算的具体方法，存货计价方法的选择是通过利用市场价格水平变动的差异来达到避税的目的。由于商品的市场价格总是处于变动之中，政府对商品市场上的价格控制也总是有一定的限度，这就为企业利用这种价格变动使自己得到最大利益创造了前提。对于存货费用而言，企业获得最大利益的基本手段就是选择存货计价方法，以达到少缴税的目的。但是，国家规定，企业一旦选定了某一种计价方法，在一定时期内不得随意变更。这就要求企业在选择存货计价方法时，要谨慎处理，长短期利益兼顾。

7.4.2　固定资产的筹划方法

固定资产是指企业为生产产品、提供劳务、出租或经营管理而持有的、使用时间超过 12 个月的非货币性资产，包括房屋、建筑物、机器、机械、运输工具，以及其他与生产经营活动有关的设备、器具、工具等。

固定资产在企业属长期资产，购置固定资产的支出属于资本性支出，企业所购置固定资产在其有效使用期内应按期计提折旧，将折旧费用计入成本费用，从财务管理和企业税收利益角度看，折旧具有抵税的效果。因此出于缩减企业所得税税基的目的，企业应研究固定资产的税务处理方法。具体而言，对固定资产的税务处理应按以下原则。

1．增大固定资产价值

这种做法的好处在于可以扩大以后各期提取折旧的金额，增加各期成本费用支出。如果企业在盈利年度，由于折旧额的增加，企业可以减少当期利润，从而相应减少应缴纳的企业所得税；如果企业在亏损年度，因当年亏损可以用以后 5 年的税前利润弥补，对以后年度的应纳企业所得税会产生一定的影响。

增大固定资产价值的一种方法是：将有开支限额的费用加以分散，即将超限额开支的费用计入固定资产价值。比如说，企业购置的固定资产，按购进价加上发生的包装费、运杂费、安装费、缴纳的税金及使固定资产达到预定用途发生的其他支出后的价值入账，这其中包括为固定资产购置建造而发生的借款利息支出。通过这种渠道分散部分超限额的利息支出，既突破了这些费用限额的限制，又增大了固定资产价值，增加了后期折旧费。

增大固定资产价值的另一种方法是利用资产评估的机会使固定资产合理增值。我国现行税法并没有将资产评估增加的价值列入企业所得税的征收范围，只规定中外合资企业进行股份制改造时对资产评估增值要征收企业所得税。因此企业就可以利用产权交易、产权变动、清产核资（由国家统一规定）带来的资产增值机会，增加折旧提取额，减少利润，达到合理规避企业所得税的目的。

2．尽量将固定资产购进改为费用支出

增大固定资产价值虽然可加大折旧费，但折旧费毕竟要分多年逐期计入成本，其抵税效果不如当期费用效果明显。所以有可能的话，企业应尽量将固定资产购置开支转为费用开支。

比如说当企业购置需要安装的固定资产时，安装费要记入固定资产原值，以逐期计提折旧的方式计入成本费用。但固定资产修理费可直接在本期费用中开支。安装费与修理费并无严格的界限。通常的区分方法：发生在固定资产交付使用前的为安装调试费，发生在固定资产交付使用后的为修理费。企业可以采取措施，将可以推迟的安装调试费用推延到固定资产交付使用后再予以开支，这样就可将固定资产安装费转化为固定资产修理费，从而转为当期费用处理。

7.4.3 及时提足或分摊有关费用

按权责发生制的原则，在企业费用的开支中，有的是现付列支，但也有部分可以是通过预提或摊销列支的。

预提费用是指本期已经受益，应由本期负担但尚未支付的费用，采用预提的方式在本期费用中列支。企业出于资金周转的原因或是本期不必要开支的原因，没有在本期开支的费用，可以将其转为预提列支，就是说，该属于本期负担的费用，不论有无支付能力，都应提足，这样既可增大本期费用，又符合谨慎性原则。

例如，在20世纪90年代初油源紧张时，某地方政府为鼓励当地石油公司多组织货源，曾下发红头文件，允许企业按采购数量每吨油在企业所得税前提成13元作为采购人员奖金。随着市场变化，石油市场由卖方市场转化为了买方市场，市场竞争日趋激烈，很多企业为降低成本费用，逐步取消了采购人员提成。但该地燃油公司却将该规定变通为预提列支方式一直执行。也就是说该公司每年都按购进数量每吨预提13元作为职工奖励基金。

这样处理可加大费用。若企业经济效益好，企业就在“其他应付款——职工奖励”账户开支公共福利支出、年终奖金等。若效益不好，资金周转困难，企业就将提取的基金放至来年开支。其结果，扩大了企业开支范围，又达到了规避税负效果。此方法一直用到2000年该地方政府废止该文件为止。

同样，按权责发生制的原则，企业在生产经营中使用的各种财产物资的价值及集中发生的大额开支采取摊销方式转入本期费用，如长期待摊费用、无形资产摊销、固定资产折旧、生物性资产折旧等。此外还有一些待摊费用或递延资产如开办费等，也要采取分期摊销方式在规定的期限内摊销并在本期费用中列支。

在企业纳税年度，为实现费用最大化，企业对于该分摊的费用一定要摊足。不论盈亏均要摊销。在对一些企业的调查中我们发现，有的企业在亏损年度为减少账面亏损，对该摊的费用不摊，如不提折旧费，不摊销无形资产，不摊开办费等，意图有待经济效益好转时再补摊、多摊。殊不知，各项费用都有其摊销的期限和方法，若擅自不摊，则过期作废，希望在来年多摊在税法上是不允许的。其实企业在亏损年度摊销该摊的费用，虽然增大了账面亏损，但一旦经济效益好转时企业就可以利用亏损弥补政策少缴所得税，在纳税上是划算的。

7.5 可加计扣除的成本费用筹划

会计制度和税收制度的区别，造成成本费用在企业所得税前大多数情况下是扣除不足，对成本费用进行筹划的目的在一般情况下也是足额扣除。但是企业所得税制度规定有两项加计扣除政策，就是对研究开发费用、安置残疾人及国家鼓励安置的其他就业人员所支付的工资可以在企业所得税前加计扣除，企业须用足这两项加计扣除政策，从而获得成本费用超倍抵税效果。

7.5.1　安置残疾人员工资的筹划

在促进就业、再就业税收优惠政策中，安置残疾人员享受税收优惠的力度是比较大的。长期以来，国家对安置残疾人员就业的福利企业都给予减免税照顾，以鼓励企业吸纳残疾人员就业。关于安置残疾人员就业最新的优惠政策是 2009 年 4 月出台的财税【2009】70 号文，该政策对企业单位安置残疾人在企业所得税方面的税收优惠给予明晰。该政策进一步体现税法公平、公正原则，同时也规范了管理，对安置残疾人就业的有关定义、享受税收优惠的条件、工资的实际支付方式等都给予了明确界定。

现行对安置残疾人就业的税收优惠政策主要内容如下。

（1）流转税方面，对安置残疾人的单位，按单位实际安置残疾人的人数，限额即征即退增值税或减征营业税。实际安置的每位残疾人每年可退还的增值税或减征的营业税的具体限额，由县级以上税务机关根据所在区县最低工资标准的 6 倍确定，但最高不得超过每人每年 3.5 万元。兼营享受增值税和营业税税收优惠政策业务的单位，可自行选择退还增值税或减征营业税，一经选定，一个年度内不得变更。

（2）企业所得税方面，单位支付给残疾人的实际工资可在企业所得税前据实扣除，并可按支付给残疾人实际工资的 100％加计扣除。如果工资加计扣除部分大于本年度应纳税所得额的，可准予扣除其不超过应纳税所得额的部分，超过部分不得扣除。亏损单位不适用工资加计扣除的办法。就是说在企业所得税适用税率为 25％时，企业每发放 100 元残疾职工工资，可减少企业所得税负担 50（100×2×25％）元。

认真研究安置残疾人就业的税收优惠政策可以发现，运用此政策进行企业所得税税收筹划的要点包括以下方面。

1．正确把握税法与会计制度对工资标准的差异

按照《企业所得税实施条例》规定，职工工资、薪金，是指企业每一纳税年度支付给在本企业任职或与其有雇佣关系的员工的所有现金或非现金形式的劳动报酬，包括基本工资、奖金、津贴、补贴、年终加薪、加班工资，以及与任职或受雇有关的其他支出，如地区补贴、物价补贴和误餐补贴。

对于工资，《企业会计准则》明确规定，职工薪酬是指企业为获得职工提供的服务而给予各种形式的报酬及其他相关支出，包括职工在职期间和离职后提供给职工的全部货币性薪酬和非货币性福利，主要包括以下项目：一是职工工资、奖金、津贴和补贴；二是职工福利费；三是社会保险费；四是住房公积金；五是职工教育经费和工会经费；六是非货币性福利；七是辞退福利；八是股份支付。

由此可见，会计与税法对工资范围的界定差别较大，会计上的工资范围远远大于税法规定的工资范围，而税务机关办理安置残疾人的流转税退税减税和企业所得税加计扣除时是以税法规定的工资范围为计算依据，同时税收制度还规定企业必须通过银行等金融机构向安置的残疾人支付工资才可以享受税收优惠。

对于企业而言，要按照税法规定的工资范围有针对性地对发放工资的项目进行整理，在应发职工工资总额不变的情况下，尽量按税法规定的项目标准发放工资。同时可

以考虑对企业为职工缴纳的费用等项目进行调整，如企业为职工缴纳的商业保险不可以税前扣除，也不可以作为安置残疾人就业享受税收优惠计算退税免税和所得税加计扣除的依据；但是如果企业取消为职工缴纳商业保险，改为直接增加发放工资就可以在税前扣除并且作为享受税收优惠政策的计算依据。因此企业在进行筹划时应该有意识地增加税法规定可以作为退税计算的工资范围，尽量发放现金，少发放实物性福利，少承担职工的商业保险。

2. 履行税收制度关于享受税收优惠的各项要求

为充分保证安置残疾人就业的税收优惠政策能达到预期效果，税收政策对安置残疾人就业享受税收优惠的条件进行了界定，企业须履行相关要求，包括：依法与安置的每位残疾人签订一年以上的劳动合同或服务协议并且安置的每位残疾人在单位实际上岗工作；月平均实际安置的残疾人占单位在职职工总数的比例达到25%以上，并且残疾职工总人数达到10人以上；为安置的每位残疾人按月足额缴纳了国家政策规定的各项社会保险；通过银行等金融机构向安置的每位残疾人实际支付了不低于所在区县最低工资标准的工资；具备安置残疾人上岗工作的基本设施。

同时税收政策对企业采用签订虚假劳动合同或服务协议、伪造或重复使用残疾人证虚报残疾人数、不缴或少缴规定的社会保险、变相向残疾人收回支付的工资等手段骗取税收优惠的企业，规定了取消享受优惠资格并按法律规定处罚。这就要求企业遵循真实性、客观性原则，同时在企业核算资料中如实对履行税收制度要求的条件进行客观反映和记录。

总之，企业在运用安置残疾人就业享受税收优惠政策时，应将税收筹划与对社会责任有机结合起来通盘考虑，并根据企业自身的生产经营特点及长远发展的需要多安置残疾人到企业进行就业，从而多享受税收优惠政策，达到社会、企业、残疾人多赢的目的。

7.5.2 研究开发费用的筹划

企业研究开发费用，指企业在产品、技术、材料、工艺、标准的研究、开发过程中发生的各项费用。①研发活动直接消耗的材料、燃料和动力费用。②企业在职研发人员的工资、奖金、津贴、补贴、社会保险费、住房公积金等人工费用及外聘研发人员的劳务费用。③用于研发活动的仪器、设备、房屋等固定资产的折旧费或租赁费，以及相关固定资产的运行维护、维修等费用。④用于研发活动的软件、专利权、非专利技术等无形资产的摊销费用。⑤用于中间试验和产品试制的模具、工艺装备开发及制造费，设备调整及检验费，样品、样机及一般测试手段购置费，试制产品的检验费等。⑥研发成果的论证、评审、验收、评估，以及知识产权的申请费、注册费、代理费等费用。⑦通过外包、合作研发等方式，委托其他单位、个人或与之合作进行研发而支付的费用。⑧与研发活动直接相关的其他费用，包括技术图书资料费、资料翻译费、会议费、差旅费、办公费、外事费、研发人员培训费、培养费、专家咨询费、高新科技研发保险费用等。

按照《新企业所得税法》规定，企业为开发新技术、新产品、新工艺而发生的研究开发费用，未形成无形资产计入当期损益的，在据实扣除的基础上，再按照研究开发费用的 50%加计扣除；形成无形资产的，按照无形资产成本的 150%摊销。在企业所得税适用税率为 25%时，企业如果发生 100 元研究开发费用，可以按照 150 元进行税前扣除，就这一项，能够使企业应纳税所得额比会计利润减少 50 元，通过缩小企业所得税税基从而减轻企业所得税负担，减轻企业所得税 37.5（150×25%）元。在支付研究开发人员工薪方面，企业每支出工薪 100 元，按照 150 元进行税前扣除，就会减轻企业所得税 37.5 元，只要工资薪金适用的个人所得税平均税率不超过 37.5%，多发放的工薪从纳税的角度看就没有增加额外的税收负担。经测算，只有职工月工资高至 20.11 万元/人，个人所得税平均税率才会达到 37.5%，而这样的高工资是很难达到的。也就是说，一般情况下，对从事研究开发的科技人员，多安排一点工资薪金在纳税上是合算的。

因此企业如果需要进行技术开发或引进先进技术，可以充分利用此政策。

7.6　通过关联企业缩小税基

企业可以通过有目的地进行关联企业分立、兼并或利润转移等活动，改变企业所得税税基，从而改变税收利益。

7.6.1　降低所得税负担的企业分立筹划

企业分立是企业产权重组的一种重要类型。企业分立的动因很多，提高管理效率、提高资源利用效率、突出企业的主营业务等，都是企业分立的动因，获取税收方面的利益也是企业分立的一个动因。随着我国企业产权重组行为的日益频繁、规范，通过企业分立来进行税收筹划越来越受到企业重视。

企业分立是指一个企业因发挥专业化和职能化优势、扩大整体利益的需要，依照法律的规定，将部分或全部业务分离出去，分立成两个或两个以上新企业的法律行为。企业分立的形式一般有两种：第一种是原企业注销解散而成立两个或两个以上的新企业；第二种是原企业将部分子公司、部门、产品生产线、资产等剥离出来，组成一个或几个新公司，而原企业在法律上仍然存在。无论哪种分立形式，企业从本质上并没有消失，只是同原有企业相比，有了新的变化；但是分立后的新企业将作为独立的纳税主体按各自所适应的税收规定进行纳税。也正是这种实质上的企业存续和纳税上的变化，为企业税收筹划提供了可能。

企业分立带来的纳税上的变化，主要体现在流转税和企业所得税方面。

1. 从流转税的角度而言

由于一些特定产品是免税的，或者适用税率较低，或者适用税负轻的流转税税种，如果企业将这些特定产品的经营部门分立为独立的企业，能够获得流转税免税或税负减轻的好处。相关内容在 5.4 节中已经介绍。本章主要讨论减轻企业所得税负担的企业分立筹划。

2. 从企业所得税的角度而言

企业分立也主要考虑两个方面的因素：一是将可以获得减免税的项目分立为独立的企业，以便于享受税收优惠；二是通过企业分立获得低所得税税率。其减轻税负的机会体现在以下方面。

1）获得减免税优惠

为保证国家宏观经济调控的意图能够通过税收优惠政策这一经济杠杆来实现，政府对所颁布的税收优惠政策都界定了严格的条件。如果企业能够完全符合有关税收优惠条件，当然可以享受相关优惠政策。但有些情况下，企业可能只有部分项目符合税收优惠条件，也就是企业介于完全符合和完全不符合有关税收优惠条件之间。这时莫不如将符合优惠政策条件的项目分立出来成立新的企业（简称分立企业），这样便于认定分立企业的性质，使其真正能够享受税收优惠政策。

比如我国在1999年以后出台了大量关于高科技企业的税收优惠政策，在2008年实施的《新企业所得税法》中也明确高新技术企业享受15%的优惠税率，且在税收政策中对高新技术企业的认定标准进行了严格界定。高新技术企业一部分是新设立的符合条件的企业，还有一部分是传统企业经技术改造改变而成的。而其中部分传统企业在技术改造过程中，只是某些部门先引进先进技术，具备高新技术特色，其他部门仍然为传统项目，这种情况下，整个企业被认定为高新技术企业从而享受相关税收优惠政策很困难。而如果将高新技术部门从企业剥离出来成立新的企业，就比较容易被认定为高新技术企业并享受优惠税率。

与此类似的还有企业的环保项目、国家重点扶持的公共基础设施项目。尽管按照《新企业所得税法》及其实施条例规定，环保项目和公共基础设施项目都可以按照项目享受企业所得税优惠，但前提条件是企业要将各项目分开归集收入、成本并独立核算。但许多企业做不到分项目分开独立核算；或者是新项目刚启动没有相关财务制度和核算经验，分项目分开独立核算得不到税务机构的认可，这些情况下都不能享受税收优惠。此时采取分立企业的方法是比较明智的选择。

2）缩减税基适用企业所得税低税率

企业所得税如果采用累进税率，企业分立后，就可能分别适用相对较低的税率级次，从而降低企业整体所得税税负。我国《新企业所得税法》规定，企业所得税采用25%的比例税率，但符合条件的小型微利企业执行20%的税率。企业所得税实施细则将年度应纳税所得额、从业人数、资产总额作为小型微利企业的界定指标，这三项指标均是动态的，其中年度应纳税所得额的不确定性更明显，其标准为全年度应纳税所得额不超过30万元。

假定企业的从业人数、资产总额指标均符合小型微利企业条件，那么年度应纳税所得额就是决定企业适用的所得税率的关键指标。如果年应纳税所得额在30万元以下（含30万元），按20%的比例税率全额征收所得税；年应纳税所得额在30万元以上，按 25％的比例税率全额征收所得税。这实际上构成了一种全额累进税率，30 万元就是企业所得税税率变化的临界点。在这个所得税税率变化的临界点左右，税率级次和应纳所得税额的跳跃性都很大，因此进行税收筹划的效果也较明显。企业可根据其所得实现情况，事先筹划，合法分立，以减轻税负。

【案例 7-4】　华乐电子有限公司是一家生产电子产品的企业，公司内部有两个生产部门：零配件车间和产成品车间。公司 40％的利润来自零配件车间，60％的利润来自产成品车间。华乐电子有限公司从业人数、资产总额符合小型微利企业条件，但年应纳税所得额为 40 万元，超出了小型微利企业的标准，则企业所得税税率为 25％。

所得税＝40×25％＝10（万元）

华乐电子有限公司决策层认为，按照目前市场竞争格局和公司发展规划，该公司在近 5 年的发展中，经营规模不会有太大的增长，年度应纳税所得额将稳定在 40～50 万元。如果忽略规模经济和生产工艺流程对企业经营效益的影响，将华乐电子有限公司分设为甲、乙两企业，其中零配件车间为甲公司，产成品车间为乙公司，两家公司维持上下游供应关系不变，甲公司只生产乙公司所需要的零配件并按正常的市场价提供给乙公司。按当年的生产经营规模，分设后甲公司和乙公司年应纳税所得额分别为 16 万元和 24 万元，两企业年应纳税所得额之和仍为 40 万元，但两企业适用企业所得税税率都降低为 20％。则企业分设后企业所得税负担会发生变化。

筹划后，企业的税收负担发生了变化。

甲企业所得税＝16×20％＝3.2（万元）

乙企业所得税＝24×20％＝4.8（万元）

企业所得税合计＝3.2＋4.8＝8（万元）

比分立前实现节税额＝10－8＝2（万元）

企业分立后，在下一年的税务稽查中，税务人员并没有认为企业分立的行为是逃避纳税义务的违法行为。

根据企业所得税制度，给企业如下启示。①《新企业所得税法》给予小型微利企业的低税率优惠是一种普遍优惠，小型微利企业要充分利用。来自国家税务总局的信息，新的企业所得税制度之所以将年度应纳税所得额界定为 30 万元，是经过认真测算的，按此标准每年将有 40％左右的企业适用 20％的低税率[①]。②从新旧《所得税法》规定的优惠税率上可以看出，扶持力度正在与一般企业逐渐缩小，如旧的企业所得税制度小型企业享受到的优惠税率差为 15％或 6％，而新税法优惠税率差只有 5％。这说明今后小型微利企业只有加速发展自身的经济实力，才是应对税收政策变化、着力筹划最佳优惠的方向。

对于企业分设，应注意会增加某些方面的税收。①营业税。当被分立的企业相互之间提供劳务时，分立后应缴纳营业税，而分立前由于是企业内部之间提供劳务没有发生有偿销售行为而不用缴纳营业税。②增值税。被分立的企业相互之间提供商品及生产性劳务，在分立前由于增值税制度的中性原则，不会增加增值税负担；分立后如果有一方

---

① 张四海. 详解《企业所得税法实施条例》新意及亮点. 中国税务报，2007-12-17.

为小规模纳税人或都是小规模纳税人，就不能避免重复征税问题。③企业所得税。由于分立后，被分立企业相互之间的亏损与盈利不再可以汇总纳税，盈亏相抵效应的消失可能会增加部分企业所得税负担。

7.6.2 兼并亏损企业缩小税基

在谋求共同发展的基础上，盈利企业通过兼并有累计经营亏损的企业，选择合理的价款支付方式，以弥补被兼并企业的账面亏损，冲抵盈利企业的应纳税所得额，可以减轻企业整体所得税税负。

【案例 7-5】 A 企业于 2008 年 12 月合并 B 企业，并接管 B 企业的经营管理。B 企业当时有 2500 万元的经营性亏损需递延至以后年度由所得税前的应纳税所得额弥补。A 企业与被接管的 B 企业 2009～2013 年度各自盈亏情况如表 7-2 所示（假定盈利额与应纳税所得额相同），如果不合并，则两企业分别按各自的盈亏情况独立缴纳企业所得税（案例适用所得税税率为 25%）。

表 7-2　A、B 两企业独立缴纳企业所得税的情况　　单位：万元

年份	2009	2010	2011	2012	2013	5 年合计
A 企业盈利情况	500	700	800	800	900	3700
A 企业应缴纳所得税	125	175	200	200	225	925
B 企业盈利情况	100	200	200	400	300	1200
B 企业弥补亏损	100	200	200	400	300	1200
B 企业应缴纳所得税	0	0	0	0	0	0

由于 B 企业在 2008 年年底有巨额的经营性亏损尚未弥补，需要至少在 2013 年前弥补完毕（如果其中包括有 2008 年以前发生的亏损，则亏损的弥补期还要提前）。但从 B 企业 2009～2013 年度盈亏情况看，B 企业没有能力在 2013 年前将亏损弥补完毕，从而部分丧失了享受亏损弥补优惠的权利。如果不合并，两企业 5 年内的整体所得税负担为 925 万元。

A 企业与 B 企业合并后，B 企业亏损可以由 A 企业的盈利进行税前弥补，其 2009～2013 年度盈亏情况及缴纳企业所得税情况如表 7-3 所示。

表 7-3　A、B 两企业合并后缴纳企业所得税的情况　　单位：万元

年份	2009	2010	2011	2012	2013	5 年合计
合并企业盈亏	600	900	1000	1200	1200	4900
合并企业弥补亏损	600	900	1000	0	0	2500
合并企业缴纳所得税	0	0	0	300	300	600

通过表 7-3 可以看出，通过企业合并的税收筹划，A、B 两企业整体税负由原来的 925 万元降低到 600 万元，减少了 325 万元，归属于所有者的资金流入相应增加了 325

万元。之所以产生这样的效果，是因为合并后的企业可以在所得税前弥补被合并企业的巨额亏损，从而冲抵了企业的应纳税所得额，减轻了企业整体所得税税负。

运用此项税收筹划方法，必须首先看准被兼并企业在实施合并和接管后有足够的发展潜力，或者说企业有信心盘活被兼并企业，并不是单纯为了减税才实施合并，而是为了谋求更大的业务发展空间。否则，实施合并只会得不偿失。

在运用此项税收筹划方法时，应注意被兼并企业的纳税人资格必须消灭。按照税收政策规定，被兼并企业尚未弥补的经营性亏损有以下两种处理办法。①被兼并企业兼并后继续具有独立的纳税人资格的，其兼并前尚未弥补的经营亏损，在税收法规规定的期限内，由其以后年度的所得逐年延续弥补，不得用兼并企业的所得弥补。②被兼并企业在被兼并后不具有独立纳税人资格的，其兼并前尚未弥补的经营亏损，在税收法规规定的期限内，可由兼并企业用以后年度的所得逐年延续弥补。因此，在企业兼并的税收筹划中，必须取消被兼并企业的独立纳税人资格，才能适用弥补亏损的政策。

7.6.3　关联企业之间的利润转移筹划

企业所得税 25%的基本税率和小型微利企业 20%的照顾性税率主要依靠年度应纳税所得额是否超过 30 万元而界定，这相当于两级全额累进税率。如果某企业的应纳税所得额略高于 30 万元，其超出临界点增加的利润也许还不足以抵付增加的企业所得税负担，这时除了进行企业分设以减轻税收负担外，在关联企业之间进行利润转移，均衡安排各企业的税收负担结构，也能够收到一定的减轻税负效果。

【案例 7-6】　甲公司和乙公司为同一家母公司控股的两个独立企业，两家公司从业人数、资产总额符合小型微利企业条件。某年甲公司形成的应纳税所得额为 15 万元，乙公司形成的应纳税所得额为 34 万元。则甲公司应按 20%的税率缴纳企业所得税，乙公司应按 25%的税率缴纳企业所得税。

甲公司企业所得税＝15×20%＝3（万元）

乙公司企业所得税＝34×25%＝8.5（万元）

两公司企业所得税＝3＋8.5＝11.5（万元）

两公司平均所得税负担率＝11.5÷（15＋34）＝23.5%

如果两公司采取一定的手段，使利润自乙公司向甲公司转移，共转移 5 万元利润，这时甲公司的应纳税所得额变为 20 万元，而乙公司的应纳税所得额变为 29 万元，两公司适用的企业所得税税率均为 20%，则税负水平会发生变化。

筹划后纳税情况如下：

甲公司企业所得税＝20×20%＝4（万元）

乙公司企业所得税＝29×20%＝5.8（万元）

两公司企业所得税＝4＋5.8＝9.8（万元）

两公司平均所得税负担率＝9.8÷（20＋29）＝20%

可见，在存在差别优惠税率的情况下，关联企业通过转移利润，将高税率企业的利润部分转移到低税率的企业，可以减轻税收负担。

复习题

1.《新企业所得税法》对企业所得税的税基是如何界定的？其税基筹划应遵循怎样的思路？

2. 缩小应税收入通常采用哪些方法？应注意哪些问题？

3. 准予在计算应纳税所得额时扣除的项目有哪些内容？根据成本费用在所得税前的列支方式不同，成本费用的抵税作用分几类？不同抵税作用的成本费用应各自采取怎样的税收筹划方法？

4. 企业所得税规定有哪些成本费用的加计扣除政策？它们有哪些税收筹划的价值？

5. 企业分立或兼并对企业所得税税基有什么影响？它们有哪些税收筹划的价值？

练习题

1. 某生产性外商投资企业已享受完企业所得税的定期减免税政策，无以前年度未弥补的亏损。2008 年度实现产品销售收入 10 000 万元。企业当年发生业务招待费 90 万元，广告费 400 万元，业务宣传费 80 万元，发放工资 200 万元，无职工教育经费及工会经费发生额。另外当年还直接向社区游泳馆捐赠 10 万元，通过中国红十字会向雪灾地区捐赠 50 万元，支付交通违规罚款 1 万元。年底经董事会决议，从已提取的职工奖励及福利基金中拿出 20 万元用于奖励在产品开发、市场开拓和经营管理方面取得成就的员工，其中对作出突出贡献的 1 名科研人员奖励价值 15 万元的汽车 1 辆；对其他 5 名有功人员每人奖励价值 1 万元的笔记本电脑 1 台。企业发放时，借记“盈余公积”，贷记“银行存款”。年终决算，企业税前会计利润总额为 500 万元。请计算其应纳企业所得税额，并对企业上述处理提出税收筹划建议。

2. 滨海市是一个国际化水电旅游城市，军队单位较多，有大量的军人家属和军转干部，也有大量国有企业的下岗职工，当地政府也鼓励聘用残疾人员。该市某投资人拟利用当地一栋约 3000 平方米的闲置楼房创办一家融餐饮、住宿、旅游为一体的综合性旅行社。该旅行社 2008 年年初开业，据测算，从业人数需要 80 人，人均工资 1 万元/年，当地最低工资标准 6000 元/（人·年），预计前三年每年营业收入可以达到 800 万元，会计利润预计每年 100 万元。请为该旅行社设计几套聘用人员结构的方案，对其税负和可操作性进行比较分析，并给出你推荐的方案。

3. 甲乙两家公司都是增值税一般纳税人，所在地区推行增值税防伪税控系统，2004 年两家公司同时各购置了一台价税合计 4680 元的计算机、一台价税合计 3510 元的票据打印机、一台价税合计 4095 元的扫描仪，以及价税合计 1404 元的专用设备（金税卡、专用 IC 卡、专用读卡器）。甲公司购置上述设备时按规定取得了增值税专用发票，抵扣了相应的进项税额，并在当期将上述设备的购置成本全部计入管理费用。乙公司购置上述设备虽然也取得了增值税专用发票，但该公司将上述设备按照价税合计数全部计入了固定资产价值，并估计 5%残值率后按照 4 年进行直线折旧。请分析甲乙两家公司以上处理的税收政策和相应的税收负担情况，并进行评析。

4. 某市石油公司对固定资产采取分类折旧方法，以加油站的固定资产核算为例，营业用房、罩棚的折旧年限为 20 年，油罐的折旧年限为 10 年，加油机折旧年限为 6 年，以上固定资产残值率均为 3%。2008 年 3 月该公司以 200 万元整体收购一个私人加油站，由于私人加油站经营期间未建立固定资产账，石油公司收购加油站时没有获得资产的明细清单。石油公司财务人员为图核算方便，将加油站资产分为营业用房 100 万元和罩棚 100 万元计入固定资产账户。收购后石油公司于 3～4 月对加油站进行了改造维修，发生维修费支出 20 万元，维修结束后将维修费计入固定资产账户，其中营业用房和罩棚各 10 万元。请对该石油公司收购加油站的有关处理及税收负担进行分析，并研究有无改进方案。

第8章

企业所得税的其他筹划策略

第7章已经介绍了缩小税基策略在企业所得税中的应用，本章将介绍其他基本策略在企业所得税筹划中的应用。

企业所得税是典型的直接税，是在分配领域征收的税种，所有取得收入的企业或组织都要承担企业所得税负担，它和企业净收益是直接的此增彼减的关系，其税负不易转嫁，所以本章将不讨论税负转嫁策略的应用。

在各国税收制度中，企业所得税由于调节灵活，始终是税收优惠最多的一个税种。我国新的企业所得税制度也是如此。为体现国家宏观调控意图，企业所得税制度中存在大量的长期和短期优惠政策，如对高新技术企业、对安置残疾人单位、对资源综合利用企业等都制定了一系列税收优惠政策。这些税收优惠对于国家而言，有其存在的必要性和必然性；对于纳税人而言，更具有进行税收筹划的可操作性。纳税人如果能够使自己具备享受税收优惠的条件，就可以比按照正常税收制度缴纳低得多的税款。故在企业所得税筹划中尤其应该注重充分利用税收优惠政策。由于现行企业所得税的优惠政策很多，本章将这些政策分为两类，并用两节分别介绍这两类优惠政策的充分利用。

这样，本章将共分五节，前三节依次讨论规避纳税义务、适用低税率、延迟纳税等三个基本策略的应用，最后两节则都用于讨论充分利用税收优惠政策基本策略的应用。

8.1 企业所得税纳税义务的筹划

企业所得税纳税义务的筹划主要是企业组织形式的选择，因为企业的组织形式决定了企业所得税纳税人的身份和纳税方式。在现代高度发达的市场经济条件下，企业的组织形式日益多元化。从企业外部组织形式上看，依据财产组织形式和法律责任权限，国际上通常将企业分为公司制企业、合伙企业和个人独资企业。以上分类是从企业外部组织形式上进行的。从企业内部看，企业在设立分支机构时也有两种形式可以选择，即分公司和子公司，由此形成两对公司关系，即总分公司关系和母子公司关系。

在现行的税收制度下，不一样的企业组织形式，享受不一样的税收待遇，这是由国家宏观经济调控的意图决定的。因此，企业必须选择适合自己的、既有利于业务发展又能够在一定程度上减轻税收负担的组织形式，这是企业税收筹划中应该考虑的问题。

8.1.1　公司企业和合伙企业的选择

近年来，由于合伙企业、个人独资企业所要求的注册资本较少，申请较容易，成为广大有志创业者投资创业的一种常见形式。那么它们和公司企业有什么区别？投资人应如何选择呢？

从法律角度上看，公司企业属于法人企业，公司具有独立的法人资格，并且公司财产和股东个人财产要明确区分，出资者以其出资额为限承担有限责任。合伙企业和个人独资企业属于自然人企业，没有法人资格，个人财产和企业财产无法明确区分，股东需要承担无限责任，适用于规模小的企业。

在西方经济发达国家，这两种组织形式的企业税收属性是不一样的，在我国，这两种组织形式的企业在纳税上也有区别。公司企业是纳税实体，其经营利润首先要在企业环节缴纳企业所得税，税后利润以股息红利的形式分配给投资者，投资者还要就其获得的股息红利缴纳个人所得税，由此形成“双重征税”，使得总体税负增加；而合伙企业和个人独资企业不是纳税主体，其纳税主体分别是各合伙人或股东，因此对其营业利润不征收企业所得税，只对各个合伙人的生产经营所得，比照个体工商户的生产经营所得征收个人所得税（财税【2011】62 号）。

因此，在选择企业的组织形式时要比较是选择公司企业还是选择合伙企业或个人独资企业。选择公司企业承担有限责任，有利于公司的扩张、管理，但要承担双重税负；选择合伙企业或个人独资企业具有纳税上的好处，但要承担无限责任。企业要经过比较分析才能作出决策。当然，由于合伙企业或个人独资企业所适用的个人所得税为 5 级超额累进税，随着应纳税所得额的不同而分别适用 5%～35%不等的累进税率；而公司制小型企业也会因其应纳税所得额不超过或高于 30 万元而分别适用 20%或 25%的企业所得税税率。因此在比较合伙企业（个人独资企业）与公司制企业的所得税负担时，要考虑企业的盈利水平。

一般而言，对于规模庞大、管理水平要求高的大企业，宜采用公司企业的形式，这不仅因为规模大的企业筹资难度大，而且这类企业管理相对要求高，经营风险大，如果采用合伙企业或个人独资企业组织形式，很难正常健康地运转起来。另外，从不成文的规定看，公司企业的信誉好，在融资上存在优势，税务机关对这类企业也较放心，税收环境相对宽松。

对于规模不大的企业采用合伙企业（个人独资企业）形式比较合适。这类企业由于规模偏小，管理难度不大，合伙共管也可以见成效；最重要的还在于合伙企业（个人独资企业）由于纳税规定上的优惠，避免了重复征税的问题，会获得较高的利润。

【案例 8-1】　甲、乙两企业都是服装加工企业，投入资本金相同，生产规模相同，产量、利润也都相同。其中甲企业是个人独资企业，对其所得要按照个体工商户所得项目缴纳个人所得税。乙企业是由两人投资的公司制企业，对其缴纳企业所得税后的所得要按规定提取 10%的法定公积金，剩余的利润分红按 20%的税率缴纳个人所得税。

下面按照个人所得税税率和企业所得税税率的不同级次，分析以上两企业投资者的税负情况。当应纳税所得额（本例中假定就是企业利润，简称“利润”）低于60 000元时，甲企业缴纳个人所得税的最高边际税率为20%，平均税率低于20%；而乙企业缴纳企业所得税和个人所得税的税率均为20%，相比之下，甲企业的整体税负绝对低于乙企业。故我们分析的起点从利润为60 000元开始。

当两个企业的利润都在60 000～100 000元时：

(1) 甲企业应纳个税＝利润×30%－9750。

(2) 乙企业应纳企业所得税＝利润×20%（小型微利企业税率）。

应纳个税＝利润×（1－20%）×（1－10%）×20%＝利润×14.4%

合计应纳税款＝利润×20%＋利润×14.4%＝利润×34.4%

对比结果：甲企业税负轻，它比乙企业少缴纳税款：利润×4.4%＋9750。

当两个企业的利润都为100 000～300000元时：

(1) 甲企业应纳个税＝利润×35%－14750。

(2) 乙企业应纳企业所得税和个人所得税同上。

合计应纳税款＝利润×34.4%

对比结果：在此利润的取值范围内，利润×34.4%＞利润×35%－14750，故仍然是甲企业税负轻。

当两个企业的利润都高于300 000元时：

(1) 甲企业应纳个税＝利润×35%－14750

(2) 乙企业应纳企业所得税＝利润×25%

应纳个税＝利润×（1－25%）×（1－10%）×20%＝利润×13.5%

合计应纳税款＝利润×25%＋利润×13.5%＝利润×38.5%

对比结果：仍然是甲企业税负轻，它比乙企业少缴纳税款＝利润×3.5%＋14750。

通过上面的分析，在各种收入级次上，个人独资企业经营成果的所得税负担总是低于公司制企业。而且公司制企业在税后利润中提取10%的公积金，达到《公司法》规定的注册资本25%以上转为股本时，还要对投资人征收20%的个人所得税。两类企业的所得税负担孰轻孰重，一目了然。

8.1.2 分公司和子公司的选择

在市场经济条件下，许多公司发展到一定规模后，基于稳定供货渠道、开辟新的地域市场或方便客户服务等方面的考虑，不可避免地需要在异地设立分支机构，这也是企业扩张的必由之路。但此刻面临着分公司和子公司的选择问题。其中新设立的分支机构性质的不同，将决定公司所得税的缴纳方式，又会进一步影响到公司的整体税负水平。利润最大化是公司经营的目标，也是设立分支机构的初衷，因此相关的税收筹划是非常必要的。

从法律上看，子公司是独立法人，与母公司之间不是从属关系，母公司也不直接对它负法律责任。在外地创办子公司一般需要办理许多手续，要达到当地规定的公司创办条件，并缴纳企业注册登记的各项税费。根据公司法和企业所得税制度规定，子公司要独立承担企业所得税纳税义务，其他各项税收的计算和缴纳也都与母公司分别进行。但是子公司作为独立法人主体可以享受当地税收政策规定的众多优惠政策。

分公司则不能被视为独立法人主体，很难享受到地区的税收优惠待遇，但是分公司作为总公司统一体中的一部分，其业务活动由总公司控制，一切法律责任由总公司承担，分公司要接受总公司的统一管理，损益共计。在税收上分公司只就增值税、营业税等流转税在业务发生的当地缴纳，所得税须汇总到总公司统一缴纳，这样其亏损或损失可以冲抵总机构的利润。

在具体筹划公司形式时，还有许多可以考虑的因素，如公司的发展规律，预期盈亏状况，当地税率的高低、税基的宽窄、资金控制及税收优惠条件等。一般情况下可以作如下筹划。

(1) 开始时的选择。企业开始设置分支机构时，由于在外地拓展业务会遇到一定的困难，经费开支也较大，故容易发生亏损。此时如果总、分支机构税率一致，适宜选择分公司，以便用营运初期的亏损冲抵总公司的利润，从而减轻税负。

【案例 8-2】 北京一家公司某年初在武汉设立有一个销售分公司，这个分公司不具备独立纳税人条件，年所得额汇总到总公司集中纳税。当年底，该公司内部核算资料表明，武汉销售分公司产生亏损 50 万，而公司总部（不包括武汉销售分公司）盈利 150 万元，公司总部假设不考虑应纳税所得额的调整因素，适用所得税税率为 25%，该公司当年应缴所得税为

(150－50) ×25%＝25（万元）

在这个例子中，若武汉分支机构为子公司，实行单独纳税的话，那么，当年公司总部应缴所得税：

150×25%＝37.5（万元）

武汉子公司的亏损只能留至出现利润的以后年度弥补，且须在 5 年以内，否则过期不得弥补。在这种情况下，汇总纳税方式降低了公司当期税负，推迟了公司的纳税期。

(2) 扭亏为盈后的选择。分支机构扭亏为盈后，企业应适时将分公司转换为子公司，这样子公司又可以享受当地税法中的优惠待遇。

(3) 分支机构所在地可以享受税收优惠时的选择。可以享受税收优惠的地区，如西部地区，对具有独立法人地位的投资者会给予税收优惠待遇，因此在税收优惠地区设立的分支机构适宜选择子公司，这样可以利用其独立核算、独立纳税享受低税负待遇；同时，还可以通过转移定价的方法将处于高税区的总公司的利润转移至低税区，以使整个利益集团税负最低。

(4) 总机构所在地可以享受税收优惠时的选择。如果总公司所在地可以享受税收优惠，而分支机构设立在高税率地区，设立分公司汇总纳税，则分支机构仍可以按照总公司所在地享受税收优惠支持，这样会减少公司所得税税负。

现实中情况较复杂，但企业只要在规模扩张时，正确运用现行税收法规政策给予的所得税纳税方式，通过税收筹划，科学预测，理性决策，就可以合理合法降低税收成本，争取到更多发展资金，更快更好地走良性发展道路，这也符合国家政策导向。

8.1.3 承包、承租经营形式的选择

个人对企事业单位的承包、承租经营形式较多，分配方式也不尽相同，承包、承租经营者按照合同规定取得的所得如何征税也有不同的规定。国税发【1994】179号文对此作了适当分类并规定了相应的税务处理。

（1）承包、承租经营后工商登记仍为企业。个人对企事业单位承包、承租经营后，如果工商登记仍为企业的，不论其分配方式如何，均应先按照企业所得税的有关规定缴纳企业所得税。然后根据承包、承租经营者按承包、承租经营合同（协议）规定取得的所得，依照个人所得税法的有关规定缴纳个人所得税。具体如下：承包、承租人对企业经营成果不拥有所有权，仅按合同（协议）规定取得一定所得的，其所得应按“工资、薪金”所得项目征收个人所得税。承包、承租人按合同（协议）规定只向发包方、出租方缴纳一定费用，缴纳承包、承租费后的企业的经营成果归承包、承租人所有的，其取得的所得，按“对企事业单位承包经营、承租经营所得”项目征收个人所得税。

（2）承包、承租经营后工商登记改变为个体工商户。个人对企事业单位承包、承租经营后，工商登记改变为个体工商户的，应依照“个体工商户的生产、经营所得”项目计征个人所得税，不再征收企业所得税。

此外，《个人所得税法》规定，个体工商户的生产经营所得和对企事业单位的承包、承租经营所得共同适用5%～35%的五级超额累进税率，所不同的是，对实际经营期不满一年的经营所得，在计算确定应纳税所得额时，两者的计算方法存在着原则区别：个体工商户的生产经营所得应以每一纳税年度取得的收入计算纳税，对于生产经营期不满一年的，应将实际生产经营期间内取得的所得换算为全年所得，以正确确定适用税率；而对实行承包承租经营的纳税人，虽然原则上要求应以每一纳税年度取得的承包承租经营所得计算纳税，但是，对于在一个纳税年度内，承包承租经营不足12个月的，则应以其实际承包承租经营的月份数作为一个纳税年度计算纳税。

从上面的分析可以看出，纳税人对企事业单位进行承包、承租经营，如果不变更营业执照，则须先缴纳企业所得税，然后根据承包、承租经营者取得的收入还要缴纳个人所得税，这样就多征了一道企业所得税，出现了重复征税的问题，使得总体税负增加。如果变更营业执照为个体工商户的方式，则只征一道个人所得税，从而税收负担也较轻。现举例说明如下。

【案例8-3】 王先生所在的生产化工原料的集体工厂由于经营不景气，主管部门决定将该厂对外租赁经营承包。通过竞投，决定由王先生承包经营该厂。其承包合同上注明，王先生每年交纳10万元的费用后，所有经营成果全部归王先生个人所有。承包经营的第一年实现会计利润25万元（已扣除上交费用10万元）。那么王先生应该以什么样的身份来进行承包经营呢？

对该厂的工商登记和纳税问题，王先生请有关咨询机构设计了两套方案。

方案一：将原企业工商登记改变为个体工商户。原企业工商登记改变为个体工商户后，王先生只需缴纳个人所得税，企业不须缴纳企业所得税。按照规定，业主费用扣除标准为每月3500元。王先生该年度的应纳税额及税后收入情况如下：

应纳税所得额＝25－0.3500×12＝20.8（万元）

个人所得税＝20.8×35％－1.475＝5.805（万元）

税后收入＝25－5.805＝19.195（万元）

方案二：王先生仍使用原企业营业执照。这种情况下，企业要先缴纳企业所得税，税后利润才属于王先生个人。从企业角度看，王先生上交承包费是企业内部行为，对企业而言并不是成本费用开支，上交的租赁费不得在企业所得税前扣除，也不得把租赁费当作管理费用进行扣除，这样就要将王先生实现的会计利润调整为企业的应纳税所得额。为简化计算，我们在这里不考虑其他纳税调整因素。

应纳税所得额＝25＋10＝35（万元）

企业所得税＝35×25％＝8.75（万元）

王先生的收入＝25－8.75＝16.25（万元）

个人所得税＝（16.25－0.35×12）×35％－1.475＝2.7425（万元）

税后收入＝16.25－2.7425＝13.5075（元）

比较两种方案可知，作为王先生个人，第一种方案比第二种方案多获利 5.6875（19.195－13.5075）万元。

需要指出的是，在实际操作中，税务部门判断承包、承租人对企业经营成果是否拥有所有权，一般是按照对经营成果的分配方式进行的。如果是定额上交，成果归承包、承租人，则属于承包、承租所得；如果对经营成果按比例分配，或者承包、承租人按定额取得成果，其余成果上交，则属于工资薪金所得。因此，纳税人可以根据预期的经营成果测算个人所得税税负，然后再确定具体的承包分配方式，以达到降低税负的目的。

8.2　企业所得税适用低税率的筹划

两税并轨后我国企业所得税基本税率为 25％。但为了体现产业优惠政策，《新企业所得税法》规定了两档优惠税率，即高新技术企业执行 15％的优惠税率；小型微利企业执行 20％的优惠税率。

税率体现着征税的深度，是计算应纳税额的重要因素。企业所得税的优惠税率为企业所得税税率筹划提供了空间。企业应善于利用这种税收差异，努力创造条件使自己享受较低的适用税率。

8.2.1　高新技术企业税率筹划

《新企业所得税法》规定，对国家需要重点扶持的高新技术企业，减按 15％的税率征收企业所得税。所称国家需要重点扶持的高新技术企业，须拥有核心自主知识产权，并同时符合下列条件：

（1）拥有核心自主知识产权；

（2）产品（服务）属于《国家重点支持的高新技术领域》规定的范围；

（3）研究开发费用占销售收入的比例不低于规定比例；

（4）高新技术产品（服务）收入占企业总收入的比例不低于规定比例；

(5) 科技人员占企业职工总数的比例不低于规定比例；

(6) 高新技术企业认定管理办法规定的其他条件。

《新企业所得税法》较之旧所得税制度的变化主要在于：放宽了地域限制，取消了国家高新技术产业开发区内的限制；严格了高新技术企业的认定标准，确保真正的高新技术企业享受到税收优惠政策；同时取消了两年定期减免的所得税税收优惠。

利用高新技术企业的低税率进行筹划，首先要求企业选择国家鼓励的行业，即企业应适应国家政策鼓励方向，顺应潮流。其次，要创造条件满足高新技术企业的认定标准。对于现有的仅在某些部门开展高新技术业务的企业，可以将高新技术业务剥离出来，成立独立的高新技术企业，以适用15%的税率。

8.2.2 小型微利企业税率筹划

小型企业在世界各国的企业总量中都占有很大的比重，对于促进就业、鼓励创业、增强经济活力具有重要意义。但从税收负担能力来看，小型企业的税收负担能力相对较弱，让其与规模大、盈利能力强的企业适用同样的税收政策，不利于小型企业的发展壮大。因此世界各国对小型企业都在税收上给予优惠政策予以扶持。

为更好地发挥小型微利企业在自主创新、吸纳就业等方面的优势，利用税收政策鼓励、支持和引导小型微利企业的发展，我国《新企业所得税法》沿袭了老的所得税制度给予中小型低利润企业优惠税率的做法，在基本税率的基础上给予小型微利企业以20%的低税率优惠，这是企业所得税税率筹划的又一个机会。

1. 小型微利企业的认定

《新企业所得税法》在原来企业所得税制度基础上扩大了小型微利企业的税收优惠范围。按照税收制度规定，符合条件的小型微利企业，是指从事国家非限制和禁止行业，并符合下列条件的企业：对工业企业，年度应纳税所得额不超过30万元，从业人数不超过100人，资产总额不超过3000万元；对其他企业，年度应纳税所得额不超过30万元，从业人数不超过80人，资产总额不超过1000万元。

从企业所得税制度对小型微利企业的认定标准看，享受减免税优惠的小型微利企业必须同时满足如下四个约束条件。

(1) 企业所属行业，即不能从事国家限制和禁止的行业。

(2) 企业盈利水平，也就是企业的年度应纳税所得额不得超过30万元。

(3) 企业从业人数，指所属纳税年度内，与企业形成劳动关系的平均或相对固定的职工人数不得超过认定标准限制。例如，属工业企业，从业人数不得超过100人；如属其他企业，不得超过80人。这一认定标准限制，将对处于微利状态的劳动力密集型企业，如服装、箱包等加工企业产生较大的影响。

(4) 企业资产总额。这里的资产总额指企业拥有或控制的全部资产，它不得超过认定标准限制。例如，属工业企业，资产总额不得超过3000万元；如属其他企业，不得超过1000万元。这对于资产总额大、负债严重的企业将产生较大的影响，因为靠大量举债经营的小型企业会造成资产总额随负债同步虚增，在所有者权益没有增加的情况下却超出享受小型微利企业税收优惠的条件。

2. 小型微利企业税率筹划的突破点

要享受小型微利企业的低税率优惠，当然得符合税法规定的上述条件。仔细分析小型微利企业的认定条件，发现其中企业盈利水平不仅是动态变化的，而且相对不容易受企业主动掌控。因此应该将企业盈利水平作为小型微利企业税率筹划突破点。

假设企业已经满足作为小型微利企业的其他条件，仅考虑企业盈利水平的变化。年度应纳税所得额 30 万元以下，税率为 20%；30 万元以上，税率 25%。这实际上构成了 2 级全额累进税率，30 万元就是小型微利企业所得税税率变化的临界点。在这种税率机制下，以年度应纳税所得额 30 万元为基数，企业年度应纳税所得额在 30 万元的基础上增加一些，由于适用税率提高导致应纳所得税额比应纳税所得额增加得更快，其净所得不一定相应提高。这种情况下，我们可以计算出一个净所得增减平衡点。

应纳税所得额为 30 万元时，企业的应纳所得税和净所得（设企业应纳税所得额与会计利润一致，下同）分别为

应纳所得税额＝30×20%＝6（万元）

净所得＝30－6＝24（万元）

当应纳税所得额增加到 30.5 万元时，净所得没有随之增加，反而下降。此时情况为

应纳所得税额＝30.5×25%＝7.625（万元）

净所得＝30.5－7.625＝22.875（万元）

当然，随着应纳税所得额再增加，其净所得会逐步提高。那么应纳税所得额增加到什么程度时净所得可以不低于 24 万元（应纳税所得额为 30 万元时的情况）呢？设这个应纳税所得额为 X，有

$X-X\times 25\%\geqslant 24$

解方程，得

$X\geqslant 32$（万元）

32 万元就是应纳税所得额高于 30 万元的净所得增减平衡点。这就是说，当应纳税所得额为 30 万～32 万元，相比应纳税所得额为 30 万元的情况，净所得不升反降。只有应纳税所得额高于 32 万元，才可以获得净所得的增加。

那么当应纳税所得额为 30 万～32 万元时，企业不如设法减少自己的应纳税所得额，选择低档税率达到减少应纳所得税的目的。

从《新企业所得税法》对小型微利企业的低税率政策适用的限制条件看，小型微利企业限制从业人员不能超过规定的标准，有可能会导致一些企业为了追求低税率而裁员，这对促进就业是不利的，也违背了立法的初衷。但是作为纳税人，企业必须执行税法的规定，享受税收优惠就必须服从税法规定的标准。

总之，企业就是要创造条件使自己能够享受到各种税收优惠和低税率政策，这样就达到了企业所得税税率筹划的目的。

【案例 8-4】　大华服装厂是一家民营服装加工企业，全厂职工人数最多时为 80 人，全年资产总额均不超过 3000 万元。某年年终决算，该厂实现销售 600 万元，年度会计

利润和年度应纳税所得额均为 31 万元。财务经理在公司决策层会议上建议：年底结账前通过指定机构进行公益性捐赠 1.1 万元。

对此建议，服装厂决策层均表示不理解。财务经理解释说，“我们公司在社会上还没有知名度，需要树立一定的社会形象。”接着，财务经理进一步分析：“我们进行公益性捐赠，国家会加倍补偿我们，此时的捐赠能够名利双收。”为让大家理解他的用意，财务经理为大家进行了对比计算。捐赠前：

应纳所得税额＝31×25％＝7.75（万元）

净所得＝31－7.75＝23.25（万元）

对外公益性捐赠 1.1 万元，符合税法规定的抵扣范围，准予扣除，捐赠后应纳税所得额降低到 29.9 万元。由于人数和资产总额条件符合税法规定，此时大华服装厂完全符合小型微利企业条件，可以按照 20％税率计算缴纳企业所得税。故捐赠后：

应纳所得税额＝29.9×20％＝5.98（万元）

净所得＝29.9－5.98＝23.92（万元）

通过财务经理的对比计算，服装厂决策层明白了其中的奥妙：通过捐赠支出，使企业按照小型微利企业的低税率纳税，减轻了税负。比较这两种情况，决策层发现，企业发生捐赠支出 1.1 万元，使得所得税负担减少了 1.77 万元，而税后净所得反而增加了 0.67 万元。捐赠支出不仅为企业树立社会形象，增加知名度，还减少了应纳所得税额，增加了税后净所得，可谓“一举两得”。

类似地，当应纳税所得额处于税率变化的临界点与净所得增减平衡点之间时，企业还可以采取支付广告支出、购买办公用品列入管理费用等方法，既使企业增加开支，得到名义上和利益上的好处，又减少应纳所得税，增加净所得。

8.3 企业所得税的延迟纳税筹划

税收筹划的一个重要理念就是在遵守税法、尊重税法的前提下，不多缴一分钱也不早缴一分钱。延缓纳税日期，对于纳税人而言相当于享受到国家的无息贷款。一般而言，纳税人应尽可能利用纳税期限的有关规定，在纳税期内推迟纳税。

企业所得税本期应税所得额为企业每一纳税年度的收入总额，减除不征税收入、免税收入、各项扣除及允许弥补的以前年度亏损后的余额。从计算原理看，要推迟所得税纳税期，一方面要设法推迟收入的实现，另一方面要尽量提前税前扣除项目的列支。同时企业所得税的预缴方式对年度内纳税时间会产生影响，也应引起企业的重视。具体筹划方法有以下几种。

8.3.1 推迟收入的实现

一般情况下，应尽可能推迟销售收入的实现。销售收入的实现是以发出商品并取得索取货款的凭据为依据的。如果销售发生在月末或年末，企业可以试图延缓销售至次月或次年。企业当然不能为了自己推迟纳税而让客户推迟购买时间，这有可能失去一大批客户；同时，企业也不能为推迟纳税而推迟收款，这不利于企业资金周转；但企业可以先发出商品，只是要推迟结转商品发出时间，而收款时以“预收账款”处理即可。

在采取分期付款方式销售商品时，应尽可能推迟分期收款销售的实现。分期收款销售商品以合同约定的收款日期确定收入的实现。由于合同约定收款日期与具体实际收款日期可以不一样，所以企业经过策划，可以很容易做到既及时回笼资金，又推迟收入的实现。

对于长期工程，则应尽可能推迟长期工程收入的实现。长期工程，如建筑、安装、装配工程、加工、制造大型机械设备、船舶等，持续时间超过一年的，按完工进度或完成的工作量确定收入的实现。这里完工进度与完成的工作量是由企业自身经营情况决定的，因而在收入的实现时间上，企业具有很大的主动性，有可能尽量推迟收入的实现。

8.3.2　提前列支税前扣除项目

固定资产折旧方法和无形资产等费用的摊销在会计与税务上都有一定的选择余地，采取不同的方法折旧或摊销，虽然不会改变总的税前列支金额，但可以影响税前列支的时间，显然这又会影响到实际纳税时间。所以，可以通过提前折旧或摊销来间接推迟纳税时间。

1. 改变固定资产折旧方法和折旧年限

固定资产的价值在使用期内通过逐期计提折旧转入本期成本费用，有着“税收挡板”的效用。折旧的金额大小直接关系到成本的大小、利润高低和纳税额多少。在固定资产入账价值一定的条件下，每期计提折旧金额大小取决于采取的折旧方法和折旧年限。

一般情况下，固定资产按照税法规定的折旧年限采取直线法计算的折旧准予在税前扣除。对于技术进步造成的产品更新换代较快的固定资产或常年处于强震动、高腐蚀状态的固定资产，税法规定可以采取缩短折旧年限或者采取加速折旧的方法。缩短折旧年限的，最低折旧年限不得低于税法规定折旧年限的 60%；采取加速折旧方法的，可以采取双倍余额递减法或年数总和法。

虽然固定资产折旧方法有多种，折旧年限长短也不同，不同的计算方法计算出来的年折旧额不一样。但不论什么方法，在固定资产有效使用期内提取折旧之和却是一个固定值，它等于固定资产原值与残值之差。但从纳税的角度看，采取缩短折旧年限或采取加速折旧的方法提取折旧能够使固定资产在投入使用的前期多提取折旧，在后期少提或没有折旧额。就相当于推迟利润和应纳税所得额的实现，从而推迟纳税。所以企业应尽量采取缩短折旧年限或采取加速折旧的方法。

要注意的是，采取缩短折旧年限或采取加速折旧的方法一定要符合税法规定的条件。比如说以高新技术企业名义争取享受加速折旧待遇，来获得推迟纳税的好处。

2. 缩短无形资产、长期待摊费用的摊销期限

与固定资产提取折旧相类似，无形资产从开始使用之日起，其价值在有效使用年限内平均摊入管理费用或其他业务支出；长期待摊费用也要求在以后年度分期摊销，其中较为典型的有开办费。企业的开办费指除购建固定资产以外，企业在筹建期间所发生的

所有费用，包括筹建人员工资、办公费、培训费、差旅费、交际应酬费、咨询费、印刷费、注册登记费、开业典礼费等，以及不计入固定资产和无形资产成本的汇兑损益和利息等支出，这些支出先在长期待摊费用中归集，待企业开始生产经营后在税法规定的期限内分期摊销。

同样，无形资产、长期待摊费用等在其有效使用（摊销）年度内摊销总和是一定的，即等于无形资产原值和长期待摊费用金额，从纳税人利益看，应力争在较短的年限内足额摊销这些资产或费用，以达到推迟纳税效果。

无形资产按法定有效期限，或者合同与企业申请书规定的受益年限，以及不少于10年等几种可选方案确定摊销年限，这几种年限的确定弹性空间大，纳税人的回旋余地也大。纳税人可充分选择于自己有利的较短年限的方案。长期待摊费用的摊销，税法规定按照改建的固定资产预计尚可使用年限，或者合同约定的剩余租赁期限，以及不少于3年等几种可选方案确定摊销年限，且应自生产、经营月份的次月起逐年摊提，不得间断，并无强制应按平均法摊提。因此在正常的盈利年度，应尽量足额摊销，以达到推迟纳税的目的。

8.3.3 合理安排所得税的预缴方式

我国企业所得税制度规定，企业所得税按纳税年度计算，分月或分季预缴。月份或季度终了后15日内预缴，年度终了后5个月内汇算清缴，结清应缴应退税款。

而且企业所得税制度还规定，企业分月或分季预缴企业所得税时，应当按照月度或季度的实际利润额预缴。按照实际利润额预缴有困难的，可以按照上一纳税年度应纳税所得额的月度或季度平均额预缴，或者按照经税务机关认可的其他方法预缴。预缴方法一经确定，该纳税年度内不得随意变更。

就是说，企业所得税预缴的方法，纳税人可以自主选择，或者按实际数，或者按上一年度应纳税所得额的平均水平预缴，或者采用其他方法，哪种方法对企业有利，则选择哪一种。

我们知道，企业的会计利润是按照财务会计制度的规定计算出来的，它与企业所得税的计税依据即应纳税所得额不完全一致。按规定纳税人的财务会计处理和税收处理不一致的，在缴纳企业所得税时应按照税收规定予以调整。因此应纳税所得额是在会计利润的基础上，按照税法规定进行纳税调整而确定的。一般而言，企业所得税按年计算，企业的收入确认和费用的预提、摊销列支要到一个会计年度结束后才能准确地计算出来。因此将会计利润调整为应纳税所得额也要在每年预缴完企业所得税之后，在年度终了后5个月内进行。

目前按我国《新企业所得税法》规定将会计利润调整为应纳税所得额，大部分是调整增加项目，而且属于永久性差异，就是说，期末调整后的应纳税所得额一般会大于企业计算的会计利润。企业为了获得税收利益，推迟缴纳企业所得税，拥有更多的流动资金，在预缴所得税方式上，可以进行充分的税收筹划。

如果企业预计当年的效益好于上一年度，则可以选择按上一年度应纳税所得额的月度或季度平均额预缴，因为这种情况下，上一年度应纳税所得额将低于本年，这种方式可以减少企业预缴的企业所得税额。反之，如果企业预计今年效益差于上一年度，则选择按实际数预缴。

按实际数预缴的企业分月或分季预缴时，宜忽略会计利润与应纳税所得额的差异，按会计利润申报。由于一般情况下应纳税所得额会大于企业的会计利润，按会计利润申报也可以减少企业预缴的企业所得税额。这种方式下，企业可以于年度终了后 5 个月内进行企业所得税汇算清缴时再将会计利润调整为应纳税所得额，并缴纳少缴的部分税额。这样做是符合税法规定的，而且可以获得一定的税收利益。

8.4 减免期优惠政策的充分利用

企业所得税是在分配领域对企业经营成果所征收的税，它与纳税人的纳税能力密切相关。由于企业经营实力和经营规模差距很大，需要照顾扶持和鼓励的地区、行业、企业都非常多，所以各国的企业所得税制度中都免不了存在大量的税收优惠政策，这些税收优惠政策具有很强的政策导向和宏观调控作用。我国的新企业所得税制度也不例外。《新企业所得税法》的税收优惠体现了“以产业优惠为主、区域优惠为辅、兼顾社会进步”的原则，税收优惠的主要内容涵盖：促进技术创新和科技进步，鼓励基础设施建设，鼓励农业发展及环境保护与节能，支持安全生产，统筹区域发展，促进公益事业和照顾弱势群体等。这些优惠政策涉及范围广，优惠力度大，对符合国家产业政策导向的企业和项目能够提供比较大的支持。在我国，企业所得税是所有税种中税收优惠最多的一个，充分利用这些优惠政策是企业所得税筹划的重点。

正因为企业所得税的优惠政策非常多，有必要分两节来介绍充分利用优惠政策策略在企业所得税中的应用。现行企业所得税中有一类比较固定的优惠政策是与减免或抵免期限相关的，过了规定期限，就不得减免或抵免。本节将集中讨论这类优惠政策的利用方法。

8.4.1 合理安排所得实现年度

虽然推迟应纳税所得额的实现是一项较好的延迟纳税方法，但并不是任何情况下都适用的。在《企业所得税法》中，有一些特定的关于减免税年度的规定：如对于国家重点扶持的公共基础设施项目的投资经营所得及符合条件的环境保护节能节水项目所得，自项目取得第一笔生产经营收入所属纳税年度起，第一年至第三年免征企业所得税，第四年至第六年减半征收企业所得税。对于年度亏损企业，可用下一年度的所得弥补，下一年度不足弥补的，可以顺延至再下一年，延续弥补期最长不得超过连续 5 年。同时国家制定的新政策也提供了企业所得税优惠的内容，如对经济特区和上海浦东新区内在 2008 年 1 月 1 日之后新设的高新技术企业，在经济特区和上海浦东新区内取得的所得，自取得第一笔生产经营收入所属纳税年度起，第一年至第二年免征企业所得税，第三年至第五年按照 25%的法定税率减半征收企业所得税（国税发【2007】40 号）。企业若处于以上各项减免税年度前后，就要视情况合理安排应纳税所得额的实现。总的原则就是，让企业在减免税年度内实现的应纳税所得额尽可能地大，从而使企业在减免税年度内能够享受到最大限度的税收优惠，而不能按照正常盈利年度推迟利润的实现。

1. 将所得尽量安排在享受定期减免税期间

对于公共基础设施项目的投资经营所得、环境保护节能节水项目所得，以及经济特区和上海浦东新区内新设的高新技术企业，均可以自取得第一笔生产经营收入所属纳税年度起，享受定期免税和减半征税的优惠。

按一般生产经营规律，生产经营的初期，企业的产品市场未完全开拓，经营风险大，费用高，出现经营亏损是很正常的现象。享受定期减免税的企业，如果在经营初期尚没有充分盈利准备，可以暂不急于取得第一笔生产经营收入；如果第一笔收入的取得接近年底，可以设法将收入的取得及后续收入推迟到下一年度。这样做的目的是推迟享受定期减免税的起始年度。而一旦取得了第一笔收入，就意味着企业进入了减免税年度，由于可享受税收优惠，企业应该尽量安排将后期的收入提前，或者将本期的费用推后，使更多的应纳税所得额在减税、免税期间实现，这样就可以使企业享受的减免税优惠极大化。

这种对收入费用的安排可以通过权责发生制原则及其相应的处理方法来实现。

【案例 8-5】 薪火科技公司是 2008 年 8 月在经济特区新设的高新技术企业，主要业务是技术开发和系统集成。2008 年仅 11 月接到第一笔订单并获得营业收入 60 万元，预计开业后六个年度的获利情况如表 8-1 所示（设获利情况为会计利润经纳税调整后的应纳税所得额，单位为万元，下同）。

表 8-1 预计获利情况 单位：万元

年度	一	二	三	四	五	六
获利	20	－100	300	500	800	1000

高新技术企业减按 15％的税率征收企业所得税，对经济特区新设高新技术企业，在经济特区内取得的所得，自取得第一笔生产经营收入所属纳税年度起，第一年到第二年免征企业所得税，第三年到第五年按照 25％的法定税率减半征收企业所得税。薪火科技公司应该自开业第一年起享受减免税优惠。第一至第六年该公司企业所得税的纳税情况计算如下。

（1）第一年、第二年免征企业所得税两年，这两年不纳企业所得税。

（2）第三至第五年按照法定税率减半即 12.5％的税率计算企业所得税。

第三年弥补完上一年度的亏损后应纳税＝200×12.5％＝25（万元）

第四年纳税＝500×12.5％＝62.5（万元）

第五年纳税＝800×12.5％＝100（万元）

（3）第六年按照高新技术企业 15％的税率纳税＝1000×15％＝150（万元）。

（4）六年共纳企业所得税：25＋62.5＋100＋150＝337.5（万元）。

分析此例可知其失策表现在：薪火科技公司开业当年年底获得第一笔营业收入即进入减免税年度，当年盈利不高，且第二年亏损，两个免税年度的税收优惠利益均丧失了。

企业如果经过策划，将第一笔营业收入推迟到第二年度实现，并合理安排收入费用的实现和摊提，重新归属所得的实现，会得到较好的纳税效果。比如在六年盈利总和不变的情况下，将企业的获利情况重新安排如表 8-2 所示。

表 8-2　重新安排后的获利情况　　单位：万元

年度	一	二	三	四	五	六
获利	−100	800	500	20	300	1000

在此情况下，薪火科技公司自开业后第二年起进入减免税年度，享受两年免税三年减半征税的待遇。企业六年所得税纳税情况重新计算如下。

(1) 第一年无收入，且亏损，无税。

(2) 第二年、第三年免征企业所得税两年，这两年不纳企业所得税。

(3) 第四至第六年按照法定税率减半即 12.5％的税率计算企业所得税。

第四年纳税＝20×12.5％＝2.5（万元）

第五年纳税＝300×12.5％＝37.5（万元）

第六年纳税＝1000×12.5％＝125（万元）

(4) 六年共纳企业所得税＝2.5＋37.5＋125＝165（万元）

与上一种情况相比，六年共纳企业所得税税额减少了 172.5 万元。由此可以看出合理归属所得年度，即使在盈利总额一定的情况下，企业也能大大减轻税收负担。

2. 将所得尽量安排在享受亏损弥补政策期间

亏损弥补政策也在《新企业所得税法》中予以保留。《新企业所得税法》规定："企业纳税年度发生的亏损，准予向以后年度结转，用以后年度的所得弥补，但结转年限最长不得超过五年。"这是国家为扶持亏损企业而给予的税收优惠形式，对亏损企业的顺利发展具有重要作用，对具有风险的投资也有相当大的激励作用。这种办法的应用，需以企业在正常经营的某段时期有亏损发生为前提，否则就不具有鼓励的效果。

需要指出的是：亏损的弥补政策所说的"年度亏损额"的概念，不是企业财务报表中反映的亏损额，而是企业财务报表中的亏损额经主管税务机关按税法规定核实调整后的金额。进行税前弥补亏损，必须以调整后的亏损为依据，而不能以会计报表中反映的亏损为依据进行。税务机关对企业进行检查时，如发现企业多列扣除项目或少计应纳税所得额，从而多报亏损的，经主管税务机关检查调整后无论企业仍是亏损还是变为盈利的，应视为查出相同数额的应纳税所得额，一律按法定税率计算出相应的应纳所得税税额，以此作为进行偷税处罚的依据。如果企业多报亏损，经主管税务机关检查调整后有盈余的，还应就调整后的应纳税所得额，按适用税率补缴企业所得税。如果企业多报亏损已用以后年度的应纳税所得进行了弥补，则还应对多报亏损已弥补部分，按适用税率计算补缴企业所得税。因此，企业必须按税法规定计算纳税所得并依法向主管税务机关申报，才能做到合法地利用现行税收政策法规来取得合法权益。

此外，亏损必须顺序递延弥补，不得间隔弥补。因此，企业必须设置专门账户反映亏损结转和弥补情况。

亏损的弥补政策，应注意按政策规定是按年依序扣除，并以五年为限，超过五年以上的亏损，就无法适用该优惠政策在税前弥补；延续五年尚未弥补完的部分，从第六年起改用税后利润或盈余公积弥补。企业如果有五年内的亏损可供扣抵，应及早将亏损弥补完毕，否则若五年时限超过，企业会丧失亏损弥补权利，造成总税负增加的不利情况。及早弥补亏损的方法仍是提前利润的实现，以使应纳税所得额尽量在可以弥补亏损的年度实现，使企业不错过可以享受的税收优惠政策。其具体筹划方法有三种。

(1) 提前确认收入。企业在有前五年亏损可供抵补的年度，可以提前确认收入。

(2) 延后列支费用。如在有亏损可以弥补的年度，将可列为当期费用的项目予以资本化，或者将某些可控制的费用，如广告费等延后支付。

(3) 收购、兼并亏损企业。税法规定：企业以新设合并、吸收合并或兼并方式合并，被吸收或兼并企业已不具备独立纳税人资格的，各企业合并或兼并前尚未弥补的经营亏损，可在税法规定的弥补期限的剩余期间内，由合并或兼并后的企业逐年弥补。

【案例 8-6】 表 8-3 是某企业 10 年内的盈亏情况。假设该企业 10 年内一直执行 25%的企业所得税率，同时也享受亏损弥补政策。

表 8-3 某企业 10 年内的盈亏情况 单位：万元

年度	一	二	三	四	五	六	七	八	九	十
获利	90	−100	−80	−60	50	10	30	40	50	60

让我们来分析该企业 10 年的纳税情况。

该企业第二年的亏损可以弥补至第七年，但至第七年该企业只能弥补 90 万元亏损，尚有 10 万元亏损没有弥补，且失去弥补权。

第三年亏损可以弥补至第八年，但至第八年尚有 40 万元亏损未弥补，且失去弥补权。

第四年亏损可以弥补至第九年，但至第九年尚有 10 万元亏损未弥补，且失去弥补权。

第十年企业的应纳税所得额不能再弥补第二至第四年产生的亏损，按当年盈利额 60 万元及 25%税率纳税，该企业各年应纳所得税：

第一年所得税＝90×25%＝22.5（万元）

第二至第九年由于亏损或弥补亏损，无税；

第十年所得税＝60×25%＝15（万元）

10 年内企业所得税总额＝22.5＋15＝37.5（万元）

分析上述情况，该企业第二、第三、第四年发生的亏损中共有 60 万元亏损未弥补完，且自动失去弥补权，就是说，企业应享受的亏损弥补优惠政策没用足。如果企业通过合理安排收入、费用的实现、摊提，将第十年的应纳税所得额提前几年实现，则能充分享受亏损弥补政策，减轻税负。假设该企业对其各年的盈亏情况重新安排，如表 8-4 所示。

表 8-4　重新安排后的盈亏情况　单位：万元

年度	一	二	三	四	五	六	七	八	九	十
获利	90	−100	−80	−60	50	10	40	80	60	0

这种情况下，第二年发生的亏损正好于第七年（在 5 年内）弥补完，第三年亏损在第八年弥补完，第四年亏损在第九年弥补完。第二至第九年由于亏损或弥补亏损，无税；第十年无应纳税所得额，也无税。10 年中只有第一年纳税，纳税额为 22.5 万元。

由此也可看出，合理归属所得年度，对减轻税负效果是明显的。

总之，当企业处于企业所得税免税期或亏损弥补期，企业获得的利润越多，其得到的免税额就越大，此时企业就应采取提前实现应纳税所得额的方法，合理归属免税前后期间各年的所得额度，以享受最大程度的税收优惠。提前实现应纳税所得额的可能性，仍然来自于权责发生制收入的确认，费用的分摊、预提方法，成本计算方法等，企业利用税法赋予的各种税务处理方法选择权，按照前述推迟应纳税所得额实现的方法，反其道而行之，就可达到减轻税负的目的。

8.4.2　投资抵免期的充分利用

税收抵免是纳税人在计算缴纳税款时，准予在税法规定的限度内对应纳税款按照一定的标准进行冲抵，以减轻其税收负担。投资抵免所得税税款（简称“投资抵免”）是税收抵免的重要形式。

投资抵免是世界各国常用的刺激投资和经济增长的主要税收优惠政策之一，包括投资抵免、研究开发抵免等，在西方发达国家已使用多年。投资抵免是国家鼓励使用的优惠政策，利用这种政策进行税收筹划符合国家宏观调控导向。本节将基于投资抵免的税收优惠讨论利用税收抵免进行税收筹划的方法。

投资抵免技术运用的是绝对节税原理，直接减少纳税人的税收绝对额。总体来说，税收抵免一般计算简便，普遍适用于满足条件的所有纳税人。因此，投资抵免政策优惠力度大，税收收益相对稳定、风险较少，几乎适用于我国境内的所有制造企业。

1．关于税收抵免的相关政策演变及其调整

1999 年，为了鼓励企业加大对技术改造项目的投资，促进科学技术发展和国家产业结构调整，保持国民经济稳定发展，我国出台了财税字【1999】290 号文（已失效）。该政策规定：凡从事符合国家产业政策技术改造项目的企业，用银行贷款或企业自筹资金购进技术改造项目所需国产设备投资额的 40%，可以从企业技术改造项目设备购置当年比前一年新增的企业所得税中抵免。企业每一年度投资抵免的企业所得税税额，不得超过该企业当年比设备购置前一年新增的企业所得税税额。如果当年新增的企业所得税税额不足抵免时，未予抵免的投资额，可用以后年度企业比设备购置前一年新增的企业所得税税额延续抵免，但抵免的期限最长不得超过五年。如果企业设备购置前一年为亏损，其投资抵免年限内实现的利润先用于弥补亏损，弥补后应缴企业所得税可用于抵免国产设备投资额。

此政策出台，对当年急于加大技术改造投入、扩大再生产的企业来说，无疑是一个利好消息。在这个政策支持下，许多要进行技术改造的企业都享受了国家税收优惠，有效地促进了国家产业结构调整。

随着《新企业所得税法》的实施，该政策走到了终点。其主要原因是普遍抵免有违国民待遇原则。

购买国产设备投资抵免企业所得税的政策在我国加入世界贸易组织（WTO）后曾经历了严峻挑战。一些外国政府及企业认为，该政策明显违背了世界贸易组织国民待遇的原则。购买国产设备能够抵免企业所得税，而购买进口设备就不行，与国民待遇原则相悖。此外，自2004年在东北地区及2007年在中部部分地区实施扩大增值税抵扣范围的政策后，这些地区特定行业的企业购买国产设备既可以抵扣增值税进项税额，产生效益后又可以抵免企业所得税，享受了双重的税收优惠，加剧了不同地区企业税负的不公平。这些都要求对该政策进行调整。

但是，2007年出台的《新企业所得税法》及其实施条例并没有完全取消购买设备抵免企业所得税的优惠政策，相似的优惠政策在《新企业所得税法》中也有所体现，那就是用特定抵免取代了普遍抵免，即企业购置并实际使用《环境保护专用设备企业所得税优惠目录》《节能节水专用设备企业所得税优惠目录》和《安全生产专用设备企业所得税优惠目录》规定的环境保护、节能节水、安全生产等专用设备的，该专用设备的投资额的10%可以从企业当年的应纳税额中抵免；当年不足抵免的，可以在以后5个纳税年度结转抵免。

《新企业所得税法》这一规定，更加突出了产业政策导向，贯彻了国家可持续发展战略，符合构建和谐社会的总体要求。新的投资抵免政策的变化：一是将投资抵免企业所得税的设备范围规范为环境保护、节能节水、安全生产等专用设备；二是按照WTO原则不再限于国产设备；三是投资抵免的比例将在原40%的基础上降低到10%；四是明确规定企业享受税额抵免优惠的专用设备应是企业实际购置并自身实际投入使用的，对企业购置后又转让、出租或没有使用的，则不享受税额抵免优惠。

2. 利用投资抵免筹划的要点及方法

下面我们以购置环境保护、节能节水、安全生产等专用设备的投资抵免政策为例，介绍利用投资抵免筹划方法的计算方法及其注意点。

【案例8-7】[①] 某企业2010年度应纳税所得800万元，应纳企业所得税＝800×25%＝200（万元）。2010年7月，购置用于环境保护专用设备价税合计2800万元，取得增值税专用发票，进项税450万元已在当月认证抵扣。那么，企业的投资额＝2800－450＝2350（万元），抵免限额＝2350×10%＝235（万元），当年应纳所得税额200万元小于可以抵免限额235万元，可抵免200万元，余下的35万元可结转以后5个纳税年度抵免，2010年实际应纳所得税额为0。

实务操作中，纳税人还要注意：一是企业利用自筹资金和银行贷款购置专用设备的

① 尹平达，梁仁琼，永红．购置环保设备可抵免企业所得税．中国税务报，2011-05-16.

投资额，可按企业所得税法的规定抵免企业应纳所得税额，企业利用财政拨款购置专用设备的投资额，不得抵免企业应纳所得税额；二是企业购置税法规定的专用设备在 5 年内转让、出租的，应当停止享受企业所得税优惠，并应补缴已经抵免的企业所得税税款，但转让的受让方可以按照该专用设备投资额的 10％抵免当年企业所得税应纳税额，当年应纳税额不足抵免的，也可以在以后 5 个纳税年度结转抵免；三是融资租赁专用设备租赁期届满后所有权未转移至承租方企业的，承租方企业应停止享受抵免企业所得税优惠，并补缴已经抵免的企业所得税税款。

8.5　其他优惠政策的充分利用

如前所述，与减免或抵免期限相关的一些优惠政策是比较稳定的，另外一些调控性更强的政策则具有更多的灵活性或变动性，内容也更庞杂。本节将集中讨论现行的这一类优惠政策的充分利用方法，不过，因为篇幅所限，我们将首先概述这一类优惠政策的内容，具体筹划方法的介绍将只限于和特殊人员安置，以及技术服务相关的优惠政策的利用方面。

8.5.1　企业所得税税收优惠政策概述

《新企业所得税法》根据国民经济和社会发展的需要，借鉴国际上的成功经验，按照“简税制、宽税基、低税率、严征管”要求，统一实行了以产业优惠为主、区域优惠为辅、兼顾社会进步的税收优惠体系。税收优惠主要原则：促进技术创新和科技进步，鼓励基础设施建设，鼓励农业发展及环境保护与节能，支持安全生产，统筹区域发展，促进公益事业和照顾弱势群体等，构建和谐社会。

《新企业所得税法》中的税收优惠政策主要体现在以下五个方面。

1. 技术创新和科技进步的税收优惠政策

借鉴国际税收政策和我国高新技术产业发展的成功经验，《新企业所得税法》继续保持了促进技术创新和科技进步的税收优惠政策，并采取多角度全方位的优惠范围和优惠形式。其具体内容如下：①对符合条件的技术转让所得予以免征、减征企业所得税；②对国家需要重点扶持的高新技术企业减按 15％的税率征收企业所得税；③对企业发生的研究开发费用允许在计算应纳税所得额时加计扣除；④对创业投资企业从事国家需要重点扶持和鼓励的创业投资，可以按投资额的 70％，在股权摊销满 2 年的当年抵扣应纳税所得额；⑤企业的固定资产由于技术进步等因素需加速折旧的，可以缩短折旧年限或者采取加速折旧的方法。

2. 农林牧渔业、基础设施投资的税收优惠政策

农业是弱势产业，世界各国一般都对农业实行特殊扶持政策，对农林牧渔业项目给予税收优惠，有利于提高农业综合生产能力和增值能力，促进农业产业结构、产品结构和区域布局的优化，对引导社会向农业的投资、加强农业基础建设、增加农民收入，将起到积极作用。基础设施建设是经济发展的根本，对基础设施投资实行税收优惠也非常必要。

《新企业所得税法》保留了对农林牧渔业、基础设施投资的税收优惠政策，规定对从事农林牧渔业项目的所得可以免征、减征企业所得税；从事国家重点扶持的公共基础设施项目投资经营的所得可以享受两免三减半的企业所得税优惠。

3. 安置特殊就业人员的税收优惠

就业是民生之本、安国之策，是社会和谐的基础。残疾人员更是社会弱势群体。对安置特殊就业人员实行税收优惠有利于鼓励社会各类企业吸纳特殊人员就业，为社会提供更多的就业机会，更好地保障弱势群体的利益。

《新企业所得税法》对安置特殊就业人员的税收优惠体现在两个方面：①优惠范围不仅限于安置残疾人员，还包括安置国家鼓励安置的其他就业人员；②优惠形式由过去的直接减免税改为了间接优惠，即对安置特殊就业人员所支付的工资可以在计算应纳税所得额时加计扣除。

这样的税收优惠政策，既有利于使所有安置特殊人员就业的企业都能享受到税收优惠，也有利于把税收优惠真正落实到需要照顾的人群头上，避免出现作假带来的税收漏洞。

4. 对小型微利企业等弱势群体的税收优惠

《新企业所得税法》在多处体现了对社会弱势群体的扶持，其中对小型微利企业的税收优惠是其中一方面。在我国的企业总量中，小企业占比重很大，在国民经济中占有特殊的地位。为更好地发挥小企业在自主创新、吸纳就业等方面的优势，利用税收政策鼓励、支持和引导小企业的发展，《新企业所得税法》规定对符合规定条件的小型微利企业实行 20%的优惠税率。

另外，《新企业所得税法》还对于公益性捐赠支出给予了年度利润总额 12%的扣除限额；对于安置特殊就业人员给予了工资加计扣除的优惠。这些政策都体现了对弱势群体的照顾和扶持。

5. 环境保护、节能节水、安全生产的税收优惠

《新企业所得税法》对环境保护、节能节水、安全生产、资源综合利用继续实行税收优惠，主要目的是鼓励企业加大对以上方面的资金投入力度，更加突出产业政策导向，贯彻国家可持续发展战略，有利于我国节约型社会的建设。

《新企业所得税法》在环境保护、节能节水、安全生产、资源综合利用方面的税收优惠内容包括：①对环境保护、节能节水项目的所得实行定期减免税；②对综合利用资源生产符合国家产业政策规定的产品取得的收入，减按 90%计入收入总额；③购置并实际使用环境保护、节能节水、安全生产等专用设备的投资额，按照 10%在企业当年的应纳税额中抵免。

利用企业所得税的税收优惠政策进行税收筹划，本章前面的内容已经涉及了一部分：如利用小型微利企业、高新技术企业的低税率进行筹划；利用研究开发费用和支付残疾人员工资的加计扣除政策进行筹划等。本节则侧重讨论其他税收优惠政策的利用。

8.5.2　充分利用安置特殊人员就业的税收优惠

近年来，国家为了缓解社会就业压力，扶持残疾人员、下岗失业人员，以及军队转业干部、随军家属的就业，鼓励企业吸纳上述人员就业，出台了一系列税收优惠政策，税收优惠涉及增值税、营业税和企业所得税等多个税种。企业如果根据岗位设置的需要，选聘不同群体的职工，则将既能帮助社会解决就业难题，又能享受优惠税收政策带来的节税效益。对于安置残疾人员工资加计扣除的所得税筹划，已在第 8 章所得税税基的筹划中专门介绍，本章主要讨论安置下岗人员、安置随军家属、转退军人就业创业等的税收筹划。

可以说，我国现行的促进就业、再就业税收优惠政策涉及的税收种类、人群都很广泛，而且安置不同种类人员就业的税收优惠政策都各自具有明确的条件限制，其优惠政策的种类和力度也有所不同。因此，企业要充分利用现行促进就业的税收政策，综合考虑各种税收优惠政策的利弊，整体把握相关优惠政策的内涵，根据政策的最新变化和自身的实际情况灵活应用，以最大限度发挥税收优惠政策的效能。

1. 合理配置下岗人员

在现行促进就业的税收优惠政策中，针对下岗失业人员再就业的税收优惠最多，影响也最大。

为鼓励企业录用下岗人员或下岗人员自谋职业，缓解社会就业压力，我国出台了相关税收优惠政策。现行的下岗失业人员再就业税收优惠政策（财税【2005】186 号）主要如下。

第一，商贸企业、服务型企业（除广告业、房屋中介、典当、桑拿、按摩、氧吧外）、劳动就业服务企业中的加工型企业和街道社区具有加工性质的小型企业实体，在新增加的岗位中，当年新招用持《再就业优惠证》人员，与其签订 1 年以上期限劳动合同并依法缴纳社会保险费的，按实际招用人数享受定额依次扣减营业税、城市维护建设税、教育费附加和企业所得税优惠。定额标准为每人每年 4000 元，可上下浮动 20%。享受定额扣减营业税的单位仅为从事现行营业税“服务业”税目规定经营活动的服务型企业（国家限制行业除外），按“服务业”税目缴纳的营业税。其他类型企业发生的营业税应税行为所缴纳的营业税，不计入扣减范围。

第二，持《再就业优惠证》人员从事个体经营的（除建筑业、娱乐业以及销售不动产、转让土地使用权、广告业、房屋中介、桑拿、按摩、网吧、氧吧外），按每户每年 8000 元为限额依次扣减当年实际应缴纳的营业税、城市维护建设税、教育费附加和个人所得税。

第三，国有大中型企业通过主辅分离和辅业改制分流安置本企业富余人员兴办的经济实体（从事金融保险业、邮电通信业、娱乐业，以及销售不动产、转让土地使用权，服务型企业中的广告业、桑拿、按摩、氧吧，建筑业中从事工程总承包的除外），凡符合规定条件的，经有关部门认定，税务机关审核后，3 年内免征企业所得税。

安置下岗失业人员再就业按实际招用人数享受定额扣减相关税收，利用此优惠政策进行筹划，企业须认识到要想最大限度获得税收定额减免的效益，需要根据企业当年预期的纳税数额合理确定吸纳下岗失业人员的数量。例如，某小型服务企业预计当年缴纳的营业税、城市维护建设税、教育费附加和企业所得税合计为14万元，假定当地每吸纳1名下岗失业人员定额扣减4800元税款，其最多可吸纳30位下岗失业人员，再多吸纳是无法获得减税收益的。

【案例8-8】① 某大型国有企业（简称A企业）因产品转型、企业改制，造成部分房产主要是仓库闲置，下岗失业人员增加，为了盘活资产，增加效益，2012年该企业准备对闲置的房产进行经营。

该企业的基本情况是：闲置房产建于1976年，原值3000万元（现在市场价3000万元左右），使用年限40年，无残值，目前年折旧75万元；对闲置的房产进行整修，组织下岗失业人员进行物业管理，管理成本50万元/年；物流公司B拟租赁该房产，作为物流周转、仓储货物之用。为了便于分析，不考虑其他经营业务、资金时间价值及其他税种的影响。

A企业拟采用经营方式对物流公司B出租，合同为1000万元/年。为此A企业承担的税收负担及收益分别为

营业税金及附加＝1000×5.5％＝55（万元）

房产税＝1000×12％＝120（万元）

税前利润＝1000－55－120－75－50＝700（万元）

所得税＝700×25％＝175（万元）

净收益＝700－175＝525（万元）

纳税合计＝55＋120＋175＝350（万元）

总体税收负担达到30.5％（350÷1000），其税收负担是比较重的。为此A企业向会计师事务所咨询相关的税收筹划方案，税务师提出了以下三种方案供企业选择。

方案一，分解租赁合同。

因A企业对出租的房产进行的物业管理非常到位，税务师建议A企业将租赁合同分解为租赁和物业管理服务两项合同，租赁合同金额800万元/年，物业管理服务合同金额200万元/年。管理成本50万元/年不变。此方案下A企业承担的税收负担及收益分别为

营业税金及附加＝（800＋200）×5.5％＝55（万元）

房产税＝800×12％＝96（万元）

税前利润＝1000－55－96－75－50＝724（万元）

所得税＝724×25％＝181（万元）

净收益＝724－181＝543（万元）

纳税合计＝55＋96＋181＝332（万元）

方案二，变租赁合同为仓储保管合同。

B公司在接受A企业物业管理服务的同时，还招聘人员对仓储的货物进行收发保

① 史兆海．招用下岗人员、盘活闲置房产．中国税务报，2004-11-2. 已用新税率对案例进行了重新计算。

管，一年另支付收发保管费50万元。税务师建议A企业从物业管理人员中抽调部分精干人员加强对B公司仓储货物知识的学习，同时将租赁合同改变为仓储保管合同，由A企业对B公司的货物进行全方位的仓储保管。仓储保管合同金额1050万元（原合同金额1000万元加原由B公司支付的收发保管费50万元），假定A企业不增加其他成本。合同关系改变后，A企业缴纳房产税的计税依据不再是租金，而是房产计税余值。此方案下A企业承担的税收负担及收益分别为

营业税金及附加＝1050×5.5％＝57.75（万元）

房产税＝3000×70％×1.2％＝25.20（万元）

税前利润＝1050－57.75－25.20－75－50＝842.05（万元）

所得税＝842.05×33％＝277.88（万元）

净收益＝842.05－277.88＝564.17（万元）

纳税合计＝57.75＋25.20＋277.88＝360.83（万元）

方案三，在仓储保管合同条件下聘用下岗职工。

在此案例发生的当年，国家对下岗失业人员再就业的税收优惠政策值得利用：对新办的服务型企业（除广告业、桑拿、按摩、网吧、氧吧外）当年新招用下岗失业人员达到职工总数的30％以上（含30％），并与其签订3年以上期限劳动合同的，经劳动保障部门认定，税务机关审核，3年内免征营业税、城建税、教育费附加和企业所得税（财税【2002】208号）。根据此项税收优惠政策，A企业设计了第三种筹划方案。

A企业出闲置的房产，其控股的子公司H和部分职工出资金，共同投资成立大地仓储物流有限公司（与其控股的子公司H成立物流公司，是为了避免实现的利润流出本企业），同时全部招聘本企业的下岗失业人员从事仓储物流工作，并与其签订1年以上期限劳动合同，再履行一定的法律程序，可在3年内免征营业税、城建税、教育费附加和企业所得税。

为了便于分析，办理新公司的费用暂不考虑，A企业以闲置的房产出资价为3000万元，大地仓储物流有限公司与B公司签订保管合同金额为1050万元，其他有关资料与前述相同。此方案下A企业承担的税收负担及收益分别为

营业税金及附加为0，企业所得税也为0（企业享受3年税收优惠期）

房产税＝3000×1.2％×70％＝25.20（万元）

税前利润＝1050－25.2－75－50＝899.80（万元）

净收益＝899.80（万元）

纳税合计＝25.20（万元）

3年优惠期满后效益同方案二。

从以上方案比较可知，方案三的节税效果最为明显，与A企业拟采用的经营方式相比在税收优惠期内每年少纳税380.80万元，净收益增加430.80万元。免税期后每年少纳税45.17万元，净收益增加95.17万元。

说明：方案三所利用的对下岗失业人员再就业的税收优惠政策现已经失效，自2005年开始，对下岗失业人员再就业的税收优惠适用财税【2005】186号文。新的优惠政策与原优惠政策的区别主要在于减免税方式发生了变化：由三年内主要税种的全部减

免调整为按实际招用人数定额依次减免。这种调整既体现了对下岗失业人员再就业的支持，也方便了政策操作，减少了税收征管漏洞，应该引起企业重视。

在实施上述各筹划方案时应注意以下几点：①必须保证租赁、物业管理服务、物流仓储业务的真实性，不能一味地为了节税，使合同内容与真实发生的业务性质不一致，否则会被税务机关认定为偷税；②筹划前后B公司付出的现金流一样，都是1050万元，这样签订合同比较容易成功；③招用下岗失业人员必须经劳动保障部门认定，新办服务性企业必须经税务机关审核认定。企业最终是否选择以上税收筹划方案，还与企业的历史状况、市场环境及企业以后的发展战略有关，在实施方案三条件不成熟时，可以先实施方案二或方案一作为过渡性方案，在条件成熟后，再实施方案三。

2. 安置随军家属及转退军人

在就业、再就业税收优惠政策体系中，军队转业干部、城镇退役士兵、随军家属就业税收优惠政策占有重要地位，值得转退军人和企业双方研究和考虑。

首先，安置自主择业的军队转业干部或随军家属就业而新开办的企业，凡安置上述人员占企业总人数的60%（含60%）以上的，经主管税务机关批准，自领取税务登记证之日起，3年内免缴营业税和企业所得税（财税【2000】84号，财税【2003】26号）。

其次，新办的服务型企业（除广告业、桑拿、按摩、网吧、氧吧外）当年新安置自谋职业的城镇退役士兵达到职工总数的30%以上，并与其签订1年以上期限劳动合同的，3年内免缴营业税及城市维护建设税、教育费附加和企业所得税；如果比例不到30%，3年内可按比例减免企业所得税。

新办的商业零售企业当年新安置自谋职业的城镇退役士兵如果达到职工总数的30%以上，并与其签订1年以上期限劳动合同的，3年内免缴城市维护建设税、教育费附加和企业所得税；如果安置的转退军人比例不到30%，3年内可按比例减免企业所得税。而新办的从事商品零售兼营批发业务的商业零售企业，凡安置自谋职业的城镇退役士兵并与其签订1年以上期限劳动合同的，每吸纳1名自谋职业的城镇退役士兵，每年可享受企业所得税2000元定额税收扣减优惠（财税【2004】93号）。

最后，从事个体经营的军队转业干部、随军家属，经主管税务机关批准，自领取税务登记证之日起，3年内免缴营业税和个人所得税；自谋职业的城镇退役士兵从事个体经营（除建筑业、娱乐业以及广告业、桑拿、按摩、网吧、氧吧外）的，自领取税务登记证之日起，3年内免缴营业税、城市维护建设税、教育费附加和个人所得税（财税【2000】84号，财税【2003】26号、财税【2004】93号）。

在吸纳军队转业干部、随军家属和城镇退役士兵就业的税收优惠政策中，对企业实行按比例减免营业税和企业所得税政策，而且对行业限制很少。这对于营业额大、利润高的行业而言，如娱乐业和饮服务业，吸纳军队转业干部、随军家属和城镇退役士兵就业就是非常好的选择。

另外，各省、自治区和直辖市还根据国家的法律、法规制定了具体的优惠政策。企业在运用安置特殊人员享受税收优惠时要注意了解相关的税收政策及信息。

【案例 8-9】[①]　中天建筑公司是 2012 年 3 月新办的建筑施工企业，公司已经招聘了管理人员和技术人员 25 人，其中包括自主择业军队转业干部 15 人，另外计划招聘建筑工人 150 人。公司有几笔建筑施工合同正待签订，预计当年能够实现建筑业营业收入 7000 万元，扣除各项成本费用后实现企业所得税应纳税所得额 800 万元。由于中天建筑公司安置自主择业军队转业干部的比例仅为 8.57%（15÷175），所以不能享受安置军队转业干部的税收优惠。忽略印花税及税务机构代征的各种费用，则该公司预计当年应负担的主要税收负担为

营业税及附加＝7000×3.3%＝231（万元）

企业所得税＝800×25%＝200（万元）

合计税收负担＝231＋200＝431（万元）

企业安置军队转业干部达到规定的比例可以享受税收优惠，财税【2003】26 号文中进行了相关规定。既然中天公司已经安置了部分军转干部，只是未达到税法规定的比例，可否通过税收筹划享受税收优惠呢？

中天建筑公司投资人可以考虑再另外独立注册一个纯施工劳务公司。中天建筑公司主要从事建筑总承包，负责业务开拓和技术质量，如承接建筑工程业务，并负责工程技术、质量监督、施工材料采购，但将施工劳务分包给独立出去的施工劳务公司，主要业务留在中天公司，主要利润实现在中天公司。从人员安排上，当然主要管理人员和技术人员也留在中天公司，即原有员工中留用 24 位管理人员和技术人员，其中自主择业的军队转业干部 15 位，军队转业干部的比例达到 62.5%（15÷24），可以享受安置军队转业干部的税收优惠。

新注册的施工劳务公司的业务为承接中天建筑公司分包出来的工程劳务，人员安排上，中天建筑公司分过来一位管理人员从事工程施工管理，计划招聘的建筑工人 150 人由施工劳务公司实施招聘。很显然，施工劳务公司属于劳动密集型公司，人员多，利润薄。

筹划后，中天建筑公司原计划的业务流程关系不改变，但原有业务和人员均分解到两个公司。中天建筑公司是利润中心，由于负责业务开拓、技术及管理，业务收入和利润主要留在中天建筑公司，但它可以享受安置军队转业干部的税收优惠。施工劳务公司是劳动中心，主要负责施工劳务，人员多，尽管要缴纳营业税和企业所得税，但其业务收入和利润都不高。从两个公司整体情况分析，税收筹划后总体税收负担会下降。

以 2012 年度数据测算，按照原业务计划及分设劳务公司后的业务流程安排，中天建筑公司全年实现建筑业营业收入 7000 万元，其中分包给施工劳务公司 1000 万元；中天建筑公司全年实现应纳税所得额 720 万元，施工劳务公司实现应纳税所得额 80 万元。那么两个公司税收负担如下。

（1）中天建筑公司税收负担。由于享受到 3 年内免征营业税和企业所得税的税收优惠，当年无营业税和企业所得税负担。

（2）施工劳务公司税收负担。按照现行营业税的有关规定，施工劳务公司从中天建筑公司分包到施工劳务工程并提供施工劳务，属于提供建筑业应税劳务，应按照“建筑业”税目征收营业税。

---

① 熊臻．无中生有节税法．上海金融报，2008-02-05．本案例进行了改编。

营业税及附加＝1000×3.3％＝33（万元）

企业所得税＝80×25％＝20（万元）

合计税费负担＝33＋20＝53（万元）

筹划后，两个公司的税收负担共计减少了378（431－53）万元，税收负担减轻了87.7％。

在该筹划方案中，原本中天建筑公司没有达到享受税收优惠的条件，但通过人员和业务剥离后达到了享受税收优惠的条件，而且在原业务流程和人员分工不变的情况下，合理地将大部分利润实现在可以享受税收优惠的公司，从而极大地减轻了税收负担。可见，企业要享受税收优惠首先必须创造条件使自己符合相关条件。

其次，从税收减免的税种分析，利用享受安置军队转业干部的税收优惠进行税收筹划，只适合缴纳营业税的行业，如服务业、建筑安装业、交通运输业、文化体育业等，制造业和流通业由于在流转环节主要缴纳增值税，不适合选择此政策进行税收筹划。

8.5.3 技术服务所得的税收优惠筹划

21世纪是高科技的世纪，近年来，各国都制定了一系列科技优惠政策，我国也不例外。对生产经营中应用了先进技术的企业而言，充分利用科技优惠政策进行筹划是符合税收政策导向的。

1. 产品销售和技术服务税收优惠比较

在生产经营中应用了先进技术的企业，其业务构成一般既存在先进性产品的销售业务，也有技术成果转让、技术开发等技术服务业务。但产品销售收入和技术服务收入在税收上的待遇是不一样的。相比于产品销售而言，技术服务的税收待遇要更为优惠。

在企业所得税方面，仅对软件企业和集成电路企业实行若干税收优惠，包括：新企业自获利年度起第一年和第二年免征企业所得税，第三年至第五年减半征收企业所得税；部分集成电路生产企业自开始获利的年度起，第一年至第五年免征企业所得税，第六年至第十年减半征收企业所得税；软件企业职工培训费用在企业所得税前据实扣除；对符合条件的软件企业和集成电路企业投资者的再投资进行40％或80％的退税等（财税【2008】1号）。此外并没有专门针对其他产品销售的企业所得税优惠政策。但对技术转让所得在《新企业所得税法》和旧的所得税制度中均有普遍的企业所得税优惠。《新企业所得税法》及实施细则规定，在一个纳税年度内，居民企业技术转让所得不超过500万元的部分，免征企业所得税；超过500万元的部分，减半征收企业所得税。

在流转税方面的差别待遇更明显。对于产品销售，现行税收制度仅对软件产品和集成电路产品在增值税方面给予超税负即征即退的税收优惠，即对其增值税实际税负超过3％的部分实行即征即退政策（财税【2011】100号）。对先进技术企业生产的其他产品，则都没有流转税方面的优惠。但对技术服务有很优惠的流转税政策，即对单位和个人从事技术转让、技术开发业务和与之相关的技术咨询、技术服务业务取得的收入（四技收入），免征营业税（财税字【1999】273号）。其中技术转让是指转让者将其拥有的专利和非专利技术的所有权或使用权有偿转让他人的行为；技术开发是指开发者接受他人委托，就新技术、新产品、新工艺或新材料及其系统进行研究开发的行为；技术咨询是指就特定技术项目提供可行性论证、技术预测、专题技术调查、分析评价报告等；与技术转让、技术开发相关的技术咨询、技术服务业务是指转让方（或受托方）根据技术转让或开发合同的规定，为帮助受让方（或委托方）掌握所转让（或委托开发）的技术，而提供的技术咨询、技术服务业务。

因此，对于高新技术企业而言，技术服务收入的税收待遇要优于产品销售收入。

2. 利用技术服务收入与产品销售收入的税收差别待遇进行筹划

许多先进技术企业都存在着技术服务和产品销售的兼营行为，往往技术服务收入与产品销售收入是相伴随一起发生的，它们之间并无严格的界限。既然技术服务收入的税收待遇比产品销售更为优惠，企业如果在适当的范围内调整收入结构，将产品销售收入部分转化为技术服务收入，就意味着将高税负的收入转变为低税负的收入，从而可以减轻税收负担，增加净收入。

【案例 8-10】 科利达计算机公司（简称科利达公司）是先进技术企业，它既开发生产各种计算机产品，也从事技术开发和技术转让业务。2012 年科利达公司承接一笔业务，为其客户开发一项工业控制项目，并将该成果转让给客户，该项技术转让及技术服务价款共 200 万元。此业务中该客户还向科利达公司购买计算机产品 400 万元（不含税），预计计算机产品销售成本和相关费用 280 万元，可抵扣增值税进项税额 42.5 万元。科利达公司当年技术转让收入仅此一笔。

此业务中科利达公司技术转让收入免征营业税，但产品销售收入要缴纳增值税。技术转让收入为 200 万元，技术转让所得一定低于 200 万元，没有超过 500 万元，免征企业所得税；但产品销售所得要缴纳企业所得税。科利达公司纳税情况和营利情况：

营业税＝0

增值税＝400×17%－42.5＝25.5（万元）

企业所得税＝（400－280）×25%＝30（万元）

客户总支出＝200＋400×1.17＝668（万元）

其中 200 万元以无形资产入账，468 万元以固定资产入账，668 万元均属于长期资产。

对该业务分析：既然技术转让的税收待遇优于产品销售，如果能够将产品销售收入部分转化为技术服务收入，税负会减轻。

根据上述分析，科利达公司将从该客户取得的收入结构进行了调整，减少销售计算机产品收入，增加技术转让及技术服务收入。该计算机公司将技术转让及技术服务收入增加为 300 万元，将销售计算机产品收入减少为 300 万元（不含税）。

对于科利达公司而言，技术转让及技术服务价款 300 万元免征营业税和企业所得税，公司只需对销售计算机产品的收入 300 万元按规定缴纳增值税和企业所得税。相对于筹划前，科利达公司多获得了 100 万元收入免缴营业税和企业所得税的好处，其税收负担会减轻。

对于客户而言，接受技术转让及技术服务按无形资产入账，购买计算机产品按固定资产入账，这两项均为资本性支出，其对费用的影响基本相同；而且，购买计算机产品由于不能抵扣增值税进项税额，其实际购买成本为计算机产品的价款加上由此负担的17%的增值税进项税额，这样降低计算机产品销售价格实际上是减少了客户的总支出17万元。因此，这项筹划方案不会受到客户的反对。

筹划以后科利达公司流转税和企业所得税负担都减轻了，客户总支出也减少了。对科利达公司：

营业税=0

增值税=300×17%－42.5=8.5（万元）

企业所得税=（300－280）×25%=5（万元）

筹划以后增值税负担随产品销售收入减少而减轻了17万元，企业所得税负担随产品销售收入减少100万元而减少25万元，净收入增加25万元。

客户总支出=300+300×1.17=651万元

其中300万元以无形资产入账，351万元以固定资产入账，651万元均属于长期资产。客户总支出减少了17万元。

本筹划方案充分利用了技术转让与产品销售的税收差别待遇。通过调整收入结构，提高可以享受税收优惠的技术转让收入，降低无税收优惠的产品销售收入，从而最大限度地享受税收优惠政策，达到减轻税负的效果。

复习题

1. 请分析企业所得税的特点和筹划要点。

2. 公司企业和个人独资企业缴纳所得税有什么区别？纳税人应该如何选择？

3. 个人独资企业的收入项目是由企业获取时税收负担轻还是由投资人个人获取时税收负担更轻呢？这里面有无税收筹划的可能性和必要性？如果要进行税收筹划，可否总结出一般规律？

4. 分公司和子公司的法律地位及涉税情况有什么不同？企业在设立分支机构时应该如何选择？

5. 请分析企业所得税适用低税率筹划的空间？

6. 小型微利企业有什么认定标准？如何利用小型微利企业税收待遇进行税收筹划？

7. 请简要介绍《新企业所得税法》的税收优惠政策。企业如何利用这些优惠政策进行税收筹划？

8. 我国企业所得税制度在安置特殊人员就业方面制定有哪些税收优惠政策？请比较分析这些政策的优惠待遇，并分析利用这些优惠政策进行税收筹划的适用条件及范围。

9. 请介绍《新企业所得税法》中的投资抵免政策，如何利用投资抵免政策进行税收筹划？

10. 请比较分析产品销售和技术服务税收优惠政策的差别待遇，如何利用这种差别待遇进行税收筹划？

练习题

1. 某房地产公司，在其省会城市投资兴建了一个高档楼盘，其中一幢酒店式公寓楼建筑面积 5 万平方米，建设成本 4 亿元，市场价值 7 亿元。该项目建设完成后，拟由本集团新设立的“酒店经营公司”对酒店式公寓进行经营和管理。如何将酒店式公寓的资产由房地产公司转移到“酒店经营公司”，涉税支出最少？请设计几套方案，对其税负和可操作性进行比较分析，并给出你推荐的方案。

2. 振兴集团是一家具有一定规模的制造企业集团，由于近期生产经营效益不错，集团预测今后几年的市场需求还有进一步增加的趋势，于是准备扩展生产能力，离振兴集团不远的 M 公司生产的产品正好是其生产所需的原料之一，M 公司由于经营管理不善正处于严重的资不抵债状态，已经无力经营。经评估确认资产总额为 4000 万元，负债总额 6000 万元，但 M 公司的一条生产线性能良好，正是振兴集团生产原料所需的流水线，其原值为 1400 万元，评估值为 2000 万元。

振邦集团与 M 公司双方协商，初步形成了关于资产重组的以下几种方案：其一，振兴集团以现金 2000 万元直接购买 M 公司的原料生产线，M 公司宣告破产；其二，振兴集团以承担全部债务的方式整体并购 M 公司。请对这两个重组方案的税负及支出情况进行对比分析，并寻找是否还有更好的筹划方案？

3. 广菱公司成立于 2000 年，刚成立当年发生亏损 37 万元，从成立开始 7 年时间公司盈利情况如表 8-5 所示（设获利情况为会计利润经纳税调整后的应纳税所得额）。

表 8-5　广菱公司盈利情况　　单位：万元

年份	2000	2001	2002	2003	2004	2005	2006
利润	−37	−2.5	4	6	3.5	7	47

请计算该公司各年企业所得税纳税情况，并分析其税收处理有无筹划空间？

4. 海天公司是一家工业企业，该公司总人数为 1000 人，其中营销人员 20 人，近几年共安置城镇退役士兵 15 人。该公司 2012 年实现利润 1000 万元，应纳税所得额 850 万元。由于海天公司是工业企业，即使安置再多的城镇退役士兵也不能享受税收优惠，所以该公司须按照正常的所得税、流转税制度缴纳各项税费。请问该公司有没有可能利用安置城镇退役士兵的税收政策享受税收优惠？如何才能够做到？

5. 长江实业公司（以下简称长江公司）和天龙服装有限责任公司（以下简称天龙公司）在同一市区，双方具有良好的业务合作基础。2012 年 2 月 18 日，因业务发展需要，长江公司拟将一幢房产出售给天龙公司，双方商定售价 600 万元，房屋原价 500 万元，已提折旧 100 万元，房地产评估机构评定的重置成本价格为 550 万元，该房屋成新率 6 成。长江公司转让该房产时发生评估费用 2 万元。如果长江公司转让这笔房产，根据税法规定，应缴纳的各项税收如下：

营业税及附加＝600×5.5%＝33（万元）

印花税（产权转移书据）＝600×0.5‰＝0.3（万元）

土地增值税计算如下：

房产评估价格＝550×60％＝330（万元）

扣除项目金额合计＝330＋30＋3＋0.3＋2＝365.3（万元）

增值额＝600－365.3＝234.7（万元）

增值率＝234.7÷365.3×100％＝64.25％

适用40％的税率和5％的速算扣除系数：

土地增值税＝234.7×40％－365.3×5％＝75.62（万元）

所得税＝（600－400－30－3－0.3－75.62－2）×33％＝29.4（万元）

纳税合计＝30＋3＋0.3＋75.62＋29.4＝138.32（万元）

各项税收负担占销售额的比重达23.05％，长江公司确实心有不甘。那么你对长江公司有什么税收筹划的建议吗？如果税收筹划造成企业所得税负担上升，那么这是否意味着这个税收筹划方案是失败的呢？

第9章

个人所得税的税收筹划

我国现行个人所得税的基本依据是《中华人民共和国个人所得税法》（简称《个人所得税法》），该法于1980年9月10日经由第五届全国人民代表大会第三次会议通过，此后由全国人民代表大会常务委员会分别于1993年10月31日、1999年8月30日、2005年10月27日、2007年6月29日、2007年12月29日、2011年6月30日进行了六次修订。依据《个人所得税法》，我国的现行个人所得税具有以下特点：①实行分类所得税制；②存在多种税率形式；③有多种费用扣除方式；④在征管方式上，源泉扣缴和自行申报相结合。本章将根据这些特点来讨论如何应用基本方法，寻求合理有效的个人所得税的具体筹划方法。

由于我国城乡居民收入水平不断上升，特别是税务机关征收力度不断加大，我国的个人所得税收入增长的速度越来越快。1994年的个人所得税收入还只有72.7亿元2013年则达到了6531亿元，增长了88.8倍，而同期税收收入增长仅为21.8倍。因此，对个人所得税进行税收筹划变得越来越重要。

本章将分节介绍规避纳税义务、缩小税基、适用低税率、充分利用税收优惠政策等四个基本方法的应用。不过，个人所得税的税基由于可以从计税收入和费用扣除两个途径来筹划缩小，且内容也较多，故按这两个途径分成了两节，分别在10.2和10.3节讨论。由于个人所得税的税负转嫁一般来说是比较困难的；又由于个人所得税按月征收，额度相对较小，其资金的时间价值一般也就不太重要，所以本章对税负转嫁和延迟纳税方法的应用将不予讨论。

需要说明的是，我国个人所得税的免征额在近几次修订中都有所提高，为了便于讨论，本章案例中使用的免征额都按照2011年9月1日后税法规定的3500元。个别案例因为涉及较长的时间跨度，则根据案例发生时间统一规定如下：2006年以前的为800元，2006年1月1日后至2008年3月1日前的为1600元，2008年3月1日至2011年9月1日为2000元，2011年9月1日后为3500元。

9.1 个人所得税规避纳税义务的筹划

个人所得税的纳税义务人，包括中国公民、个体工商户，在中国有所得的外籍人员，中国香港、澳门、台湾同胞，以及个人独资企业和合作企业投资者。个人所得税的征税对象是纳税义务人的应税所得，我国实行分类所得税，应税所得被分成了十一项。纳税义务人取得应税所得才需要缴纳个人所得税，因此个人所得税应用规避纳税义务方法进行税收筹划时，可以分别从避免成为居民纳税人和规避应税所得两个方面展开。

9.1.1 避免成为居民纳税人

《个人所得税法》中规定我国个人所得税的纳税人包括居民纳税人和非居民纳税人。居民纳税义务人负有无限纳税义务，就其来源于中国境内或境外的全部所得缴纳个人所得税；而非居民纳税义务人承担有限纳税义务，仅就其来源于中国境内的所得，向中国政府缴纳个人所得税。很明显，非居民纳税义务人将会承担较轻的税负。因此，不同身份纳税人纳税义务的差异的，为个人所得税提供了纳税筹划空间。

所谓避免成为个人所得税纳税人主要是指避免成为我国的居民纳税人，从而避免就自己来源于国外的所得纳税。来源于境内的所得无论是居民纳税人还是非居民纳税人都应该向我国政府缴税，如果就来源于境内的所得还采取规避纳税人方法，通常会触及偷逃税的高压线，带来巨大的风险。

根据国际惯例，对居民纳税人和非居民纳税人的划分，我国采用了住所标准和居住时间标准。这里所指的住所标准是在税收上判断居民和非居民的一个法律意义上的标准，指习惯性居住或住所，不是指实际居住或在某一特定时期内的居住地。例如，个人因学习、工作、探亲、旅游等而在中国境外居住的，当其在境外居住的原因消除之后，仍然必须回到中国境内居住。那么，即使该人并未居住在中国境内，仍应判定为在中国习惯性居住。所以，我国个人所得税法中所说的“住所”，其概念与通常所说的住所是有区别的。我国《个人所得税法》对时间标准的规定为一个纳税年度内在中国境内住满365日，即以居住满一年为时间标准，达到这个标准的个人即为居民纳税人。在居住期间内临时离境的，但在一个纳税年度中一次离境不超过30日或多次离境累计不超过90日的，不扣减日数，仍连续计算。同时为鼓励人员的国际交流，我国税法还规定在我国境内居住满1年但未超过5年的个人，就其来源于中国境内的所得应全部依法缴纳个人所得税。对于其来源于中国境外的各种所得，经主管税务机关批准，可以只就由中国境内公司、企业，以及其他经济组织或个人支付的部分缴纳个人所得税。如果在我国境内居住满1年而未超过5年的个人在居住期间临时离境，在临时离境工作期间的工资、薪金所得，仅就由中国境内企业或个人雇主支付的部分纳税。对于居住满5年的个人，从第六年起，开始就来源于中国境内、境外的全部所得缴纳个人所得税。所谓个人在中国境内居住满5年，是指个人在中国境内连续居住满5年，即在连续5年中的每一个纳税年度内均居住满1年。如果个人从第六年起以后的各年度中，凡在境内居住满1年的，当年应当就其来源于境内、境外的所得申报纳税；凡在境内居住不满1年的，仅就其该年内来源于境内的所得申报纳税。如果在某一个纳税年度内在境内居住不足90天，其来源于中国境内的所得，由境外雇主支付并且不由该雇主在我国境内的机构、场所负担的部分，免予缴纳个人所得税，并从再次居住满一年的年度起计算5年期限。

因此，对在我国境内没有住所的纳税人可以从时间标准考虑，避免成为个人所得税的纳税人从而减轻税收负担。比如约翰先生 2005 年 1 月 20 日来北京，一直居住到 2010 年 12 月 5 日，之后回国，并于 2011 年 1 月 1 日再次来北京，一直居住到 2014 年 5 月 30 日。由于离境不超过 30 日，2005～2013 年，约翰先生在我国税法上被视为居民纳税人，而且，从 2010 年起，他就不能享受《个人所得税实施条例》第六条规定的税收优惠政策。如果约翰先生调整其离境时间，比如，从 2010 年 11 月 30 日离境，这样 2010 年度他的离境时间就可以超过 30 日，不属于临时离境，可以扣减天数，这样 2010 年度约翰先生就不再是居民纳税人。而且接下来 5 年期间仍然可以享受税收优惠政策，即约翰先生来源于中国境外的所得，经主管税务机关批准，可以只就由中国境内公司、企业及其他经济组织或者个人支付的部分缴纳个人所得税。

例如，一位美国工程师受雇于本国总公司，受总公司委派从 2008 年 1 月起到中国境内帮助筹建分公司，公司成立后一直居住在境内。2013 年总公司支付该工程师补助 96 000 元人民币。在 2013 年 11 月初，该工程师准备请假回国探亲。总公司规定的假期为 28 天。如果该工程师如期返回，则由于第二次离境不足 30 日，不得扣减天数，所以其获得的 96 000 元补助应当缴纳个人所得税为 5700｛12×［（96000÷12－4000）×15%－125］｝元。

而如果该工程师想法延长假期两天，使离境天数达到 30 天，则可以扣减天数。因此，该美国工程师为非居民纳税义务人。他从美国总公司收取的 96 000 元补助，不是来源于中国境内的所得，无须缴纳个人所得税。也就是说，这位工程师就合法地利用非居民纳税人身份，节约了个人所得税 5700 元。

9.1.2　规避应税所得

就我国绝大多数个人所得税纳税人而言，居民纳税人的身份是很难有筹划的空间的。虽然如此，但有些特殊情况下也可以设法规避征税对象，使自己的收入不属于应税所得。我国个人所得税将个人所得分为 11 类分别进行征税，如果能在不直接取得这 11 类收入的情形下，获得价值相当的实际收益，就可以有效避免收入被作为征税对象。

1. 避免取得所有权

《个人所得税法实施条例》中规定个人取得的各种实物收入也需要纳入征税范围，因此发放实物的方式并不能减轻税收负担。但如果纳税人不获得实物的所有权而仅取得实物的使用权，则无须纳税。因此，可以从这一方面考虑应用规避征税对象方法。比如纳税人获得股息、红利或工资、薪金，其消费意图是购房或购车。那么取得的收入先需缴纳个人所得税，税后收入才能用于购房或购车。但如果纳税人所在公司以公司名义购房或购车，仅将房屋、车辆的使用权交给个人则无须缴纳个人所得税。通过这一方式，就可以规避征税对象，实现降低税收负担的目的。

【案例 9-1】　太安公司为上市公司，2013 年 8 月，由于其主要股东江某住所离工作地较远，公司专门购买了一辆价值 100 万元的小汽车让江某使用。公司将车辆的所有权办到了江某的个人名下，购车款由公司支付。汽车 1 年的固定使用费用为 2 万元，1

年的油耗及修理费为含税价 3.51 万元（均取得了增值税专用发票）。该小汽车预计使用 10 年，残值按原价的 5%估计，按直线法计算折旧，公司适用的所得税税率为 25%。

先分析我国《个人所得税法》对此类行为的规定。

财税【2003】158 号文规定：除个人独资企业及合伙企业以外的其他企业的个人投资者，以企业的资金为本人、家庭成员及其相关人员支付与企业经营无关的消费性支出及购买汽车、住房等财产性支出，视为企业对个人投资者的红利分配，依照“利息、股息、红利所得”项目计征个人所得税。

国税函【2005】364 号文规定：企业购买车辆并将车辆的所有权办到股东个人名下，其实质是为股东进行了红利性质的实物分配，应按照“利息、股息、红利所得”项目征收个人所得税；考虑到该股东个人名下的车辆同时也为企业经营使用的实际情况，允许合理减除部分所得，减除的具体数额由主管税务机关根据车辆的实际使用情况合理确定。上述企业为股东购买的车辆，不属于企业的财产，不得在企业所得税前扣除折旧。

财税【2005】102 号文及相关文件规定：从 2005 年 6 月 13 日起，对个人投资者从上市公司取得的股息红利所得，暂减按 50%计入个人应纳税所得额，依照现行税法规定计征个人所得税；对于已按股息红利全额计算扣缴个人所得税的，根据减税政策将多扣缴的税款退还个人投资者；税款已经缴入国库的，由财政部门按规定程序办理退税，并由扣缴义务人退还个人投资者。

根据上述有关税法的规定可知，公司为江某购车属于红利性质的实物分配，应按“利息、股息、红利所得”缴纳个人所得税。由于该公司是为江某购买的车辆，不属于企业的财产，所以不得在企业所得税前扣除，同时，汽车的日常使用费用也不能在税前扣除。公司支付购买小汽车的支出 100 万元，日常费用不能税前扣除。所以，江某对分得的汽车应纳的个人所得税为

100×20%×50%＝10（万元）

这一操作方法对于江某而言，需要缴纳 10 万元的个人所得税，而且江某在今后 10 年中每年还要支付日常费用 5.51 万元。而公司不能在企业所得税前扣除购买汽车的支出及今后年度中汽车所发生的日常费用。从税收角度考虑，江某和公司都承担了较高的税负。那么是否有更好的方案呢？

其实，公司可以将购买的车辆作为办公用车，作为公司的固定资产管理，车辆由江某使用，发生的运行费用、保险费用按照一定标准由公司报销。这一方案对江某使用汽车没有任何影响，只是江某不拥有小汽车的所有权。但江某可少缴个人所得税 10 万元，而且每年有 3.51 万元的实际开销可以不以收入的形式发放，从而不用缴纳个人所得税。假定江某用于支付 3.51 万元的收入来源于股息、红利所得

减少的个人所得税＝5.51÷（1－20%）－5.51＝1.3775（万元/年）

对于公司而言，将购买的车辆作为办公用车，同样支付购买小汽车的支出 100 万元，但小汽车的折旧及日常费用可以税前扣除，油耗及修理费的增值税可作进项税额抵扣。

汽车折旧额＝（100－100×5%）÷10＝9.5（万元/年）

小汽车的每年日常使用费用抵税额为 5（2＋3.51÷1.17）万元，抵减的增值税进项税为 0.51（3.51÷1.17×17%）万元。

税后收益＝（5＋9.5）×25％＋0.51＝4.135（万元/年）

当然，具体采用何种方案除了税收的考虑，还要充分考虑纳税人自身的实际利益。如果江某准备长期在太安公司工作，采用后一种方案无疑是最佳的。但如果江某考虑在未来的数年内可能调动到其他单位工作，即使需要缴纳 10 万元的个人所得税，将价值 100 万元的汽车归于自己名下明显更为有利。

另外，在本例中，江某是股东，所以按股息、红利所得征税。如果江某仅是企业管理人员，则不能按照股息、红利所得征税，而是按工资、薪金所得征税，其税收负担上也有所差异。如果公司不是股份制公司而是个人独资企业、合伙企业，当其为个人投资者购买汽车时应按“个体工商户的生产经营所得”项目计征个人所得税。

显然，企业在为高管人员购置住房等财产时也可采用类似的筹划方法。

2. 将收入转化为股权

依我国个人所得税法的相关规定，个人取得的明确收入无疑是需要纳税的，但如果取得的是不确定的期望收入则往往无须纳税。这是由于期望收入难以确认为实际收入，如果征税有可能对纳税人当前的生活产生较大的负面影响，所以我国税法中对一些这种性质的收入免征个人所得税。例如，对于特许权使用费所得，按照个人所得税法规定，个人以无形资产投资入股，免征个人所得税（国税函【2005】319 号），利用这一点即可进行税收筹划。

【案例 9-2】 高校教师李教授发明了一种新技术，该技术获得了国家专利，专利权属个人拥有。如果将其一次性转让，可获转让收入 80 万元。如果将该专利折合股份投资，让其拥有等价的股权，预期当年可获取股息收入 8 万元，而且预期未来十年内每年盈利水平也与之大体相当。李教授应选取哪种获利方式呢？

方式一，如果李教授将该专利一次性转让。

首先，按照营业税的有关法规规定，转让专利权属于转让无形资产，应缴纳营业税及附加税费．其中附加税费包括城市维护建设税、教育费附加等，为所缴纳营业税的 10％，因此营业税及附加税费的比率为 5.5％。

营业税及附加＝80×5.5％＝4.4（万元）

其次，根据个人所得税法的有关规定，转让专利使用权收入属特许权使用费收入，应缴纳个人所得税。由于营业税额属于可扣除项目，故李教授营业税后的该项个人所得税应纳税所得额为 75.6 万元（80－4.4）。个人无形资产所得的税前允许率为 20％，税率也为 20％。

个人所得税＝75.6×（1－20％）×20％＝12.096（万元）

缴纳税款＝4.4＋12.096＝16.496（万元）

税后收入＝80－16.496＝63.504（万元）

方式二，如果李教授将专利折合成股份，拥有股权。

首先，按照营业税有关规定，以无形资产投资入股，参与接受投资方的利润分配，共同承担投资风险的行为，不征收营业税。由于李教授将专利折合成股份投资，且拥有公司股权，该股权所实现的收益是不确定的，存在风险，属于无形资产投资入股，免征营业税。因此，李教授不用负担营业税。

其次，由《个人所得税法》规定，拥有股权所取得的股息、红利，应按20%的比例税率缴纳个人所得税，但税前不允许扣除。

个人所得税=8×20%=1.6（万元）

通过专利投资，当年仅需负担1.6万元的税款，10年李教授共需缴纳个人所得税16万元，少于将专利单纯转让一次性需缴纳的16.496万元；当年税后实际收入为6.4（8−1.6）万元，10年共计64万元，比方式一的税后收入63.504万元多，而且仍然持有80万元的股份，可继续通过股权获利。

两种做法各有明显的利弊。将专利一次性转让，没有什么风险，缴税之后，就可以实实在在地拥有个人所得，但它是一次性收入，税负较重，而且收入是固定的，没有升值的希望；采用投资方式仅需负担投资分红应负担的税收额度，股份只有在转让时，才需负担税收。同时还可以得到企业利润或资本金配股所带来的收入，股份还有升值的可能。但其不足之处是风险也大，收益是不确定的。当然，纳税人也可以考虑两种方法相结合，一部分转让收益要求直接支付，另一部分转让收益作为投资入股，这样既缩小了部分税基又获得了部分实际收益，降低了税收负担同时也不用承担太大的风险。综上所述，特许权使用费所得的税收筹划应从长远考虑，全方位地进行筹划。

9.2 减少计税收入以缩小税基

我国的《个人所得税法》将个人所得分为11类，针对每一类不同性质的所得采用了不同的征收办法。但无论采用哪种征收方法，无论采用累进税率还是采用比例税率，个人应税所得都是计算个人所得税的依据，也就是个人所得税的税基。虽然个人所得税法规定的每一项应税所得的计算方法都有所不同，但总体上还是一致的，即应税所得等于计税收入减去可扣除费用后的余额。由此可知，个人所得税的税基主要受两个因素影响：一是个人的计税收入；二是税前允许扣减的费用额度，减少税法确认的个人计税收入或增加允许税前扣减的费用额度都可以减少个人所得税的税基。所以，应用缩小税基方法于个人所得税筹划时可以从这两个方面着手。本节先讨论如何减少计税收入以缩小税基的方法，下一节再讨论增加可扣除费用额度以缩小税基的方法。

由于11项所得的特征和计税方法互不相同，所以不同的所得项目减少计税收入的方法也会有所不同，这意味着具体的减少计税收入筹划方法在应用上有一定的所得项目适用范围。例如，由《个人所得税法》对工资、薪金所得的规定可知，缩小工资、薪金所得税基时可以从以下两个方面考虑。一是可以采用非货币支付办法，提高职工公共福利，间接增加职工收入。例如，免费为职工提供宿舍（公寓），免费提供交通便利，提供免费职工用餐等。企业替员工个人支付这些支出，个人在实际工资水平未下降的情况下，减少了应由个人负担的税款；企业也可以把这些支出作为费用税前列支，从而减少企业所得税应税所得额，可谓一举两得。二是可以将收入保险化，即替职工多购买《个人所得税法》允许税前扣除的养老保险、公积金等，这样职工可以在不减少实际收入的情况下，减少计税依据从而降低实际税收负担。但这一方法显然对个体工商户的生产经营所得或劳务报酬所得项目难以应用。类似地，一些对劳务报酬所得的筹划方法也难以应用到工资、薪金所得项目上。

所以，本节基本上按照所得项目的不同，依次分别介绍工资薪金所得、劳务报酬所得，以及偶然所得和股权所得减少计税收入的筹划方法。其中工资薪金所得减少计税收入的筹划包括前文所述的两个方面，收入的非货币化和保险化，分两个小节介绍的。

9.2.1　收入非货币化

取得高薪是提高个人消费水平的主要手段，但因为工资、薪金个人所得税的税率是累进的，当薪金较高时，对应的税率也高，纳税人的税后收益将较大幅度地减少。所以，把纳税人现金性工资转为福利，同样可以满足其消费需求，却可缩小税基，从而少缴个人所得税。例如，企业为职工提供家具及住宅设备并收取低租金；提供免费膳食或由企业直接支付搭伙管理费；企业提供办公用品和设施；由企业提供车辆供员工使用；企业为员工子女成立教育基金提供奖学金给员工子女等。其具体措施可以根据企业自身特点和员工需求共同约定。

但是需要注意，根据《个人所得税法实施条例》的规定，个人取得的应税所得包括现金、实物和有价证券。当所得为实物时，应当按照取得的凭证上所注明的价格计算应纳税所得额；无凭证的实物或凭证上所注明的价格明显偏低的，由主管税务机关参照当地的市场价格核定应纳税所得额，因此企业提供的福利应该是不能转换为现金的。例如，企业提供免费膳食时需注意膳食必须具有不可变现性，即不可转让，不能兑换现金。

【案例 9-3】　2013 年张先生任职于武汉市一家公司，公司提供的工资待遇为月工资 5800 元（其中 800 元为公司给予的货币性住房补贴，因此公司不再提供住房）。这一工资支付方式合适吗？是否有税收筹划的空间？

张先生每月工资为 5800 元，因此：

个人所得税＝（5800－3500）×10％－105＝125（元）

扣除租房支出后，实际收入为 4875 元。张先生的租房支出是必不可少的，因此，可以约定由公司提供住房，但每月工资相应地降为 5000 元。此时：

个人所得税＝（5000－3500）×10％－105＝45（元）

税后实际收入为 4955 元，但无须再租房，所以张先生选择这一方式每月可以减少个人所得税 80 元，一年就是 960 元。显然，这一方式更优一些。

在上例中，如果由公司给予张先生 800 元的货币性住房补贴，由张先生自己来负担租房的相应费用，由于张先生的租房支出不能在税前扣除，同时货币性住房补贴又要加入工资总额计征个人所得税，所以在扣除个人所得税及租房费用后的实际收入降低。如果公司不把住房补贴发放给张先生个人，而是由公司租房再提供住房，则这部分收入就不必缴纳个人所得税，而实际收入并没有下降。总之，将职工的货币性支出进行转化，由企业通过非货币性的支付方式提供，同时相应降低职工名义工资的做法，能较好地减少职工的个人所得税，但并不降低职工的实际收入水平。

类似地，企业员工的一些生活必须支出，如手机话费、交通费甚至水电费都可以由公司支付。这样的方式不仅可以在不降低员工实际收入的情况下减轻其税收负担，而且由于许多支出可以在企业所得税前扣减，所以还可降低企业的所得税。这一方法对于员工在差旅费、通信费等费用较高的企业尤其适用。

对于一些实行效益工资并且费用由员工自行包干的企业，更应该注意这一方面的税收筹划。比如，在目前竞争日趋激烈的情况下，许多企业为开拓销售市场，对销售人员的工资采取固定报酬与按销售额的一定比例提成相捆绑的支付方法，即每年年终按销售人员销售额的一定比例一次性发放销售奖金，但销售人员需自行负担差旅费、业务招待费等成本费用。此种方法对提高销售人员的工作积极性、降低公司成本十分有利，但是从税收角度分析，就会发现这种方法不仅会增加销售人员个人所得税的税收负担，而且还会使企业多缴纳企业所得税。

【案例 9-4】 万成公司是一家大型家具生产制造公司。2012 年年初，该公司对销售人员实行报酬与按销售额的一定比例提成的激励方法。公司规定销售人员每月从公司领取 3500 元的工资，然后年终按销售额 10%的比例兑现销售奖金。

销售人员老王 2012 年经过努力拼搏，实现销售额 310 万元。在销售过程中，老王自己先垫付了所有的销售费用，其中，差旅费占销售奖金的 10%；业务招待费占 15%；通信费占 5%。按照公司的规定，老王应该得到 31 万元的销售奖金，除去垫付的费用，老王还有一笔不菲的收入。然而当老王年终高高兴兴地到公司财务部门领取奖金时，财务人员却告知在领取奖金之前还要缴纳个人所得税。由于老王所需缴纳的个人所得税额比较大，所以财务人员详细地告知了老王个人所得税的具体计算方法：

个人所得税＝310000×25%－1005＝76495（元）

在此需要说明的是，老王的个人所得税是按照国税发【2005】9 号文计算的。

面对近 8 万元的税款，老王觉得无法接受。他说，到了年终，虽然他能得到 31 万元的奖金，但是在实际工作中，他还要负担差旅费、业务招待费等费用，共计约 9.3 万元，因此按年终奖金总额来计算缴纳个人所得税有失公平。然而财务人员也爱莫能助，按税法规定，像老王这种情况，就应该如此代扣代缴个人所得税。

应该说，假如按固定报酬与按销售额的一定比例相捆绑的方法对销售人员发放年终奖，那么财务人员的这种计算应纳个人所得税的方法是完全正确的。但是老王所说的情况也是客观的，在实际工作中，老王确实要支出大量的差旅费、业务招待费等费用。那么，该如何解决这一矛盾呢？

其实很简单，公司只要对销售人员的差旅费、业务招待费等费用进行剥离，采用实报实销的方式就可以轻松解决此问题。具体而言，就是对销售人员所发生的各种费用，都允许据实报销，只需要把额度控制在销售额的提成奖金额度之内，最终在年底核算时从提成奖金中扣减掉销售人员已经报销的所有费用即可。这样做，销售人员个人所得税的应纳税所得额为提成奖金扣除各种费用之后的部分。除去各种费用后，老王的年终应得奖金及纳税状况如下：

年终奖金＝31－31×（10%＋15%＋5%）＝21.7（万元）

个人所得税＝21.7×25%－0.1005＝5.3245（万元）

于是，老王减少了应纳个人所得税 2.325（7.6495－5.3245）万元。

因为差旅费、业务招待费、通信费可以在缴纳企业所得前扣除，所以万成公司可以少缴纳企业所得税：

9.3×25％＝2.325（万元）。

在采用此种方法之后，老王和万成公司的应纳所得税额都减少了。

9.2.2　收入保险化

收入保险化是指根据在税前扣除养老保险、公积金等的税法规定，尽量争取更多税前扣除额，从而降低计税收入的筹划方式。下面以公积金为例说明这一筹划方法。

《个人所得税法》规定，个人每月住房公积金缴存额可从工资总额中进行税前扣除，免纳个人所得税。按照公积金有关文件规定，职工个人与其所在单位，分别依据职工月工资总额的同一比例，按月缴存住房公积金。职工个人每月缴存额等于职工每月工资总额乘以个人缴存率，单位每月缴存额等于该职工每月工资总额乘以单位缴存率，两笔资金全部存入个人账户，归职工个人所有。我国目前住房公积金按国家规定比例为 10％～24％。

根据以上条件，税收筹划的具体做法是：提高公积金计提比例，减少个人所得税应纳税额，从而提高职工的实际收入水平。

【案例 9-5】　若 2013 年武汉某公司职工林某每月工资 8000 元，公积金提取比例目前为 7％，不考虑其他税前扣除因素，因此林某的收入及缴税状况为

住房公积金个人缴存额＝8000×7％＝560（元）

应纳税所得额＝8000－3500－560＝3940（元）

个人所得税＝3940×10％－105＝289（元）

实际收入＝8000＋560－289＝8271（元）

公司实际支出＝8000＋560＝8560（元）

若公积金提取比例提高到 20％，在不增加企业支出的情况下，假定企业支付给职工工资为 A，则林某工资需满足下列公式：

$20\% \times A + A = 8000 + 560$

求解可得：$A \approx 7133.33$（元）

所以，按 20％提取住房公积金时，林某的收入及缴税状况为

住房公积金＝7133.33×20％＝1426.67（元）

应纳税所得额＝7133.33－3500－1426.67＝2206.66（元）

个人所得税＝2206.66×10％－105＝115.67（元）

实际收入＝7133.33＋1426.67－115.67＝8444.33（元）

可见提高公积金提取比例后，职工实际收入提高 173.33 元，亦即前后两次个人所得税额之差。

通过这种操作，职工的实际收入提高了，而且住房公积金存款是免利息税的，因此还可获得高出普通银行存款的收益。进一步考虑，职工购房时获得的住房公积金贷款额度跟职工个人的公积金存款金额正相关，并且住房公积金的贷款利率是低于商业银行住房贷款的，所以，两者之间的利息差额也可以视为职工的潜在收益。

不仅住房公积金可以这样进行税收筹划，医疗保险金、基本养老保险金和失业保险基金等都可以参照类似的思路进行税收筹划。

9.2.3 劳务所得计税收入的减少

在个人取得收入时通常也会发生必要的支出，由于难以确认和管理这些个人支出，所以我国《个人所得税法》没有规定相应的扣除方法。例如，个人取得劳务报酬所得时，实际上往往也要承担交通、餐饮等多种费用，但税法中不允许扣除费用。因此，当个人在获得劳务报酬的同时需要支付相应费用时，如伙食、交通、住宿等，就可以约定由雇佣方支付这些费用。这样可以在不减少劳务提供方实际收益的情形下，降低劳务报酬的应纳税所得额，实质上就是缩小了税基，最终减少个人所得税，劳务报酬所得者在总体上获得更高的税后收益水平。而且，由于雇佣方所提供的伙食、交通等服务时所发生的费用可以在所得税前扣减，所以也可以降低雇佣方的所得税负担。因此，雇佣方对这一做法应该会持支持的态度。

【案例 9-6】 某教授到外地某企业讲课，企业给教授支付讲课费 50 000 元人民币，往返交通费、住宿费、伙食费等一概由该教授自己负责，讲课期间该教授的开销为：往返飞机票 3000 元，住宿费 5000 元，伙食费 2000 元。这一过程是否可以进行税收筹划？

讲课的劳务报酬，应该缴纳个人所得税：

个人所得税＝5×（1－20％）×30％－0.2＝1（万元）

个人所得税额由企业代扣代缴。教授实际收到讲课费为扣除个人所得税后的额度。

净收入＝5－1－（0.3＋0.5＋0.2）＝3（万元）

因此该教授实际的净收入为 3 万元。

根据前文的分析，更好的支付方法是由企业支付教授讲课费 4 万元，往返交通费、住宿费、伙食费等全部由企业负责。当企业支付各种费用时，该教授应纳个人所得税和实际收入状况为

个人所得税＝4×（1－20％）×30％－0.2＝0.76（万元）

净收入＝4－0.76＝3.24（万元）

由此可见，由企业支付交通费、住宿费及伙食费，教授可以获得更多的实际收益。而对于企业来讲，企业的实际支出没有变多，反而因为这些开销往往可以在所得税前进行抵扣而使得企业所得税有所减少。因此支付劳务报酬时，费用开支最好由企业来支付。这样可以减少个人劳务报酬应纳税所得额，同时又不会增加企业额外的负担。

9.2.4 争取抵免减少计税收入

前文讨论了对于工资薪金所得、劳务报酬所得等收入项目如何减少计税收入以缩小税基的方法，而当纳税人取得其他个人收入时，如果存在可以抵免所得的情况应该尽量争取从收入中抵免以减少计税收入。下面举例介绍偶然所得与股权所得争取抵免的方法。

【案例 9-7】 某饭店推出了“除夕有奖用餐”活动。该活动共有三个奖项：一等奖一名，奖价值 600 元的微波炉一台；二等奖两名，奖价值 200 元的电风扇一台；三等奖 10 名，奖价值 15 元的小玩具一只。活动规则为：凡参加当晚用餐的每一桌均有一次抽奖机会，中奖者既可以领取奖品，也可以按奖品同样的价值抵减当晚的用餐费用。中

奖者的税款按规定由饭店代扣代缴。张先生当晚在饭店和家人用餐，餐费为 500 元，就餐后张先生得知自己幸运地中了二等奖。

如果张先生领取电风扇，则张先生应当按照“偶然所得”缴纳个人所得税 40 元（200×20%）。如果采取抵减用餐费用的方法，张先生可以少支付 200 元的餐费，同时由于没有领取电风扇，缩小了偶然所得的税基，可以节税 40 元。而且这样也可以降低饭店的营业额，从而减少饭店的营业税和企业所得税，所以饭店是乐意这样操作的。

另外，一般情况下，个人所得税不涉及流转，不会存在对同一征税对象重复征税的现象。但在某些特定情况下，也有可能重复征税的问题，这时，尽量避免这一现象可以减少个人所得税，这样实质上也是降低整体的计税收入。

【案例 9-8】 某公司为王军创立，在多年的经营中一直没有分红，目前公司有较多的盈余公积，依王军的股份可以分得 100 万元的红利，而且公司盈利状况良好。2012 年 8 月，王军将其持有的股权转让给廖某，取得收入 300 万元（假定该转让股权不涉及其他税费）。2012 年 9 月，公司分配现金股利，廖某取得股利收入 100 万元。

王军取得了财产转让所得，需缴纳个人所得税：

个人所得税＝300×20%＝60（万元）

廖某取得股息、红利所得，也需缴纳个人所得税：

个人所得税＝100×20%＝20（万元）

其实，股权的价值一般是由企业的所有者权益及企业的未来盈利能力所决定的。企业分配现金股利，会减少企业的所有者权益，从而减少股权的价值。对于本例中的情形，王军可以争取在股权转让前进行股利分配，这样会降低股权的价值，从而缩小转让股份时个人所得税的税基。比如公司先分配现金股利 100 万元，然后王军将股权以 200 万元的价格转让给廖某。按此方案实施后，王军应按取得股息、红利所得和财产转让所得分别纳税，纳税额度如下：

股息、红利所得个人所得税＝100×20%＝20（万元）

财产转让所得个人所得税＝200×20%＝40（万元）

而廖某不需要缴纳个人所得税。所以筹划后，两人总体税收负担减轻了 20 万元，尽管税收收益的分配情况为王军应纳税款没有减少，廖某减少应纳个人所得税 20 万元。但通过双方的谈判协调，应该能够共享这 20 万的税收收益，这样才能激发王军按这一方案操作的积极性。这一案例中实质上是对所得中的 100 万元避免作为转让所得先征收一次个人所得税，然后又作为股息红利所得征收一次个人所得税，从而降低了两人总的计税收入。

9.3　增加可扣除费用缩小税基

个人所得税直接对纳税人个人征收，将在很大程度上影响纳税人的实际生活水平。因此，在个人所得税制中，为保证纳税人的基本生活水平，对于大多数不同性质的所得，税法都规定了可以扣除的费用。这些允许税前扣除的费用中，有些是固定的，有些是根据纳税人的生产经营状况确定的。如果能增加这些可扣除费用，也可以达到缩小税基从而减少个人所得税的目的。本节将讨论对于固定可扣除费用和其他非固定可扣除费用的筹划方法。

9.3.1 对固定可扣除费用的筹划

固定可扣除费用初看额度一定，不存在可以筹划的空间。但仔细分析后，一是存在可扣除800元或20%的选择；二是存在多人取得同一笔收入时，固定可扣除费用总额的选择，所以仍然存在税收筹划的空间。固定可扣除费用在稿酬所得、财产租赁所得、劳务报酬所得等多类所得中应用方式基本一致，下面以稿酬所得为例讨论这一筹划方法。

稿酬所得是指个人因其作品以图书、报刊形式出版、发表而取得的所得。稿酬所得采用20%的比例税率，但个人所得税法规定可以减征30%，所以实际上是14%的比例税率。比例税率在税收计算上要简单一些，税收筹划的空间也相对累进税率少一些。而且稿酬所得一般由出版社代扣代缴，也降低了税收筹划的可操作性。但是，在适当的情形下，仍然可以对稿酬所得进行税收筹划，如多人出版同一作品时。

【案例9-9】 某高校李教授和9位老师合写了一本书，稿酬5万元，每人可得5000元。《个人所得税法》规定：稿酬所得每次收入4000元以上的，减去20%的费用，其余额为应纳税所得额。稿酬所得税率为20%，并按应纳税额减征30%，因此：

个人所得税=［5000×（1－20%）］×20%×（1－30%）=560（元/人）

10人共纳税5600元，税后每人得4440元。

在这一过程中，每人的税前扣除比例都为20%。但如果每人税前所得仅为800元，则可以全部扣除，相当于扣除比例为100%。因此，可以通过将收入重新分配，使其中部分收入的扣除比例从20%增加到100%。比如将稿酬拆分，李教授得42800元，其他9人均为800元的话，则实际纳税人只有李教授一人，其余9人无须纳税。因此：

个人所得税=［42800×（1－20%）］×20%×（1－30%）=4793.6（元）

在取得税后收入后，10人平分收益，结果是共纳税4793.6元，平均每人纳税479.36元，每人实际获得4520.64元，相比前一方案增加了80.64元。

这里节税效果是由于其余九人在共获得收入7200元的情形下，抵扣额达到7200元，这7200元相当于扣除了100%，但李教授仍然就剩余的42 800元抵扣了20%而产生的，实际上是增加了抵扣额，也就是缩小了税基。当多人共同取得稿酬所得、财产租赁所得、劳务报酬所得时，都可以采用类似的筹划思路：通过对多人收入比例的合理分配来增加抵扣额，从而缩小税基，最终降低税收负担。

9.3.2 充分利用可扣减项目

在个人所得税允许的可扣减费用中，一些性质的所得除扣除固定费用外，还可以扣除相关的一些费用。如财产租赁所得，依照《个人所得税法》和国税发【1994】089号文的规定，纳税人出租财产取得财产租赁收入，在计算征税时，除可依法减去规定费用和有关税费外，还准予扣除能够提供有效、准确凭证，可证明由纳税人负担的该出租财产实际开支的修缮费用。允许扣除的修缮费用，以每次800元为限，一次扣除不完的，准予在下一次继续扣除，直至扣完为止。国税函【2002】146号文关于财产租赁所得计算个人所得税时税前扣除有关税费的次序问题明确如下：个人出租财产取得的财产租赁收入，在计算缴纳个人所得税时，应依次扣除以下费用：财产租赁过程中缴纳的税费；由纳税人负担的该出租财产实际开支的修缮费用；税法规定的费用扣除标准。因此，在对这一类所得进行税收筹划时，可以从允许扣除的项目着手，增加可扣除的项目，使得税基减少，这样即使税率不变也可以减少所得税。

【案例 9-10】 常先生准备在下月初把地处市区的一套老房子出租，租期为 12 个月，已经和承租方签订租赁合同。主管地方税务机关根据常先生的房屋出租收入减去应纳的税费及其他相关费用后，核定月应纳税所得额为 10 000 元。同时，他还有意向将该房子装修。经维修队的技术员测算，房屋维修费要 10 000 元。如果现在装修，只需一个星期的时间就可装修好，不会影响房屋出租。常先生应该现在装修吗？

这里，常先生主要应该考虑房屋出租的个人所得税因素。出租房屋时需缴纳营业税和个人所得税，因为只要价格相同，所缴纳的营业税也相同，所以，本例中不考虑营业税的影响，仅比较个人所得税。

如果常先生在房屋出租期满后维修。那么，按税法规定，从 2001 年 1 月 1 日起，对个人出租房屋取得的所得暂减按 10％的税率征收个人所得税。常先生应纳税所得额为 10 000 元，每月应纳个人所得税为 1000（10000×10％）元，即在 12 个月的房屋租赁期内，常先生总共应纳个人所得税 12 000（1000×12）元。

如果常先生马上对房屋进行装修，维修费用为 10000 元。依照税法规定，房屋租赁期的第 1 个月至第 12 个月，每月应纳税所得额 9200（10000－800）元，每月应纳个人所得税 920（9200×10％）元，在房屋租赁期的第 1 个月至第 12 个月内，累计可扣除房屋维修费 9600（800×12）元，剩余房屋维修费 400（10000－9600）元，可在以后的房屋租金中扣除。常先生在出租房屋 12 个月的时间内，实际缴纳个人所得税 11040（920×12）元。

该房产 1 年租期满后，采用先装修再出租方式可以节税 960（12000－11040）元。如果今后仍对外出租，节税效果更明显。当然，纳税人在支付装修费时，一定要向维修队索取合法、有效的房屋维修发票，并及时报经主管地方税务机关核实，装修费只有经税务机关确认后才能扣除。

9.3.3 扩大可列支生产经营费用

个人所得税在对个体工商户生产经营所得进行征税时，由于个体工商户的生产经营所得和企业所得税在费用扣除方面有很大的相似性，如允许税前扣除的费用和企业所得税在方法和范围方面非常类似，因此，可以借鉴企业所得税的筹划方法进行筹划。从降低计税依据的角度出发，可以采用合理折旧、费用分摊和转化等方法。

对于固定资产折旧，与企业所得税中采取加速折旧筹划的原理是一致的，但在具体操作上和企业所得所得税不完全一样。在企业所得税中，由于是比例税率，所以筹划时应当尽量提前折旧以获得更早的扣除从而获得税款的时间价值。个人所得税中，由于对个体工商户的生产经营所得采用的是累进税率，所以不能一味将折旧提前而应充分考虑每年所得的均衡性。因此个体工商户或个人独资企业等在提取固定资产折旧时，首先要注意不同的折旧方法使利润额受冲减的程度，注意由此造成的年收益额的波动，避免形成累进税率制度下的税率升高。其次在固定资产折旧不会改变最终适用税率的情形下，要尽早折旧以提高资金的时间价值。与固定资产折旧类似，个体工商户或个人独资企业等在考虑存货计价原则时，也可以采用类似思路。

对于费用的分摊，由于个体户使用的是五级超额累进税率，所以当个体户的生产经营处于相对稳定状况时，最佳方式就是平均费用，这是最大限度抵消利润、减少纳税的最佳选择。只要纳税人符合持续经营的原则，那么，将一段时期内发生的各项费用进行最大限度的平均，就可以将这段时期内获得的利润进行最大限度的平均，这样就不会出现某个阶段利润额及纳税额过高的现象，其所适用的税率就会较低，税收负担就会减轻。但当个体工商户生产经营处于上升时期时，由于开始时往往收入还较低，如果从税收角度考虑应该将费用延后摊销，使得以后年度所得减少。因为以后年度所得较高，对应的税率也较高，在以后摊销可以减轻整体税负。当然，如果个体工商户需要资金，则不能仅从税收的角度考虑了，在近期能少缴纳部分税款，就相当于给该个体经营者提供了相应的流动资金，等到生产经营形成一定的规模以后，虽然要多缴纳一些税款，但其资金的时间价值已经远远超过多缴的税款，所以此时应选择尽早摊销费用。

对于费用的转化，是指通过一定的合理安排，将一些费用转换为税前可列支支出，从而减少应纳税所得额，减轻税负的筹划法。一般来说，有以下几种方法。

(1) 尽量将一些开支转化为费用列支。这里要注意的是，国税发【1997】43号文规定，用于个人和家庭的支出不能列支，因此如何合理分配这些支出就直接关系到最终应纳税额的多少。实际情况中，家庭的很多日常开支事实上很难与其经营支出区分开，比如电话费、交通费等。个体工商户可以在适当的时候将其家庭开支转化为生产经营开支，这样不仅可以满足家庭的生活需要，而且能够冲减生产经营利润，减少应纳税额，达到少缴个人所得税款的目的。

(2) 收取自有房产租金。当使用自有住宅和土地经营时，如果个体工商户用自有的房地产进行生产经营，就可以考虑收取租金。虽然从表面上看，个体工商户个人要为取得租金缴纳一定的房产税和个人所得税，似乎增加了应纳税收的种类。但实际上，由于个体户支付的租金是要计入其经营成本的，所以个体工商户生产经营所得的应纳税所得额将减少，相应地其应负担的会下降。而且个体工商户生产经营所得适用的是五级超额累进税率，应纳税所得额的减少还将带来适用税率的降低，进一步降低个人所得税负担。当个体户的生产经营所得超过35%的税率档次时，采用这种方法是能够节省部分税收的。因为如果收入作为个体户的生产经营所得项目，税率为35%，而房屋租赁所得适用的税率为20%，并且可以扣除一定的费用，房产税适用的税率为12%，所以采用对自有房产收取租金形式进行筹划，总体税负肯定少于35%。因此一般而言，在和别人合伙经营时，如果能以收取房租的形式进行经营比以房地产作为资本投入要合算。因为该两种方法都应缴纳房产税，但是相比较而言，以房地产作为资金投入不可以计入产品成本，这样就人为地增加了生产经营利润，减少了个人净收益，而以收取租金的形式进行经营可以抵扣费用开支，最终结果是少缴部分税款。

(3) 给参加经营的家人发放工资。按照税法的规定，个体工商户的生产经营所得中可以扣除从业人员的工资支出，当然应该按照有关规定的限额进行。因此，经营者家人在其中工作时，个体工商户可以考虑给在其单位工作的家人发放工资、奖金等，这样家人可以获得个人收入，经营者也可以少缴税款。

(4) 让员工家人享受医疗、卫生、保健等福利。按照个人所得税法的有关规定，个体工商户在生产经营中按标准支出的福利费可以列支。作为员工的家人，在日常生活中肯定会发生一些支出，比如医疗费、保险费等。如果该个体户建立一定的福利制度，使得各项福利支出可以列为费用支出，则其家人可以享受到福利待遇，个体工商户本人又可以少缴税款。

9.4　转换税目以适用低税率

个人所得税的有关税收规定中，存在较大的税率差异。这种差异来源于两个方面：一是个人所得税采取分项征收，不同性质的所得采用了有差异的税率；二是个人所得税对一些性质的所得采用累进税率，如工资、薪金所得采用 3%～45%的七级累进税率。所以适用低税率方法在应用于个人所得税筹划时，有比较大的筹划空间。在具体筹划时，应分别从这两个形成税率差异的原因着手。对于由收入项目不同导致的税率差异，可以采用转换收入性质的方法，如工资、薪金实行累进税率，其最高税率为 45%，因此当纳税人每个月的收入较高时，可以参考根据实际情况将收入转化为股息、红利所得或是劳务报酬所得等性质所得，从而争取适用较低的税率。对于采用累进税率的所得，应该尽量地将所得进行平均分摊。例如，我国税法对工资薪金所得实行七级超额累进税率，将工资、薪金平均分摊后可以适用较低税率，从而减轻整体税负。本节先介绍转换税目以适用低税率的筹划方法，下节介绍通过平均分摊所得等方法以适用低税率的筹划方法。

9.4.1　个体工商户生产经营所得的转换

本小节主要讨论转换个体工商户所得以适用低税率的方法。因为我国对个体工商户实行累进税率，所以当应税所得额较大时，对应的税率就高。例如，应税所得额超过 10 万元时，适用税率为 35%。所以个体工商户生产经营所得额大会导致适用税率高于其他一些所得项目，因此个体工商户应划分清楚所得性质，从而使部分所得不按照个体工商户生产、经营所得进行征税，避免较高税率。

根据我国《个人所得税法》规定，个体工商户和从事生产、经营的个人取得与生产、经营活动无关的各项应税所得，应分别按各项应税所得的规定计算个人所得税。在实际经营过程中，有许多所得是比较难以区分是否和生产经营有关的，所以对这些所得存在灵活的调整空间。比如个体工商户出租房屋获得租金收入时就可以作为生产经营所得，也可以作为财产租赁所得，这取决于投资者将财产作为经营资产还是个人资产。当所得可以区分时，如果所适用的税率低于或等于按个体工商户生产经营所得对应的税率，个体工商户应争取将这些收入确认为其他性质的所得，因为各项所得分别计算可以获得更多的免征额并适用较低的税率。反之，则应争取将全部所得确认为个体工商户生产经营所得。

将个体工商户生产经营所得和其他性质所得转换时，主要的途径是通过对企业注册资金的增加或减少。按照我国《个人独资企业法》的规定，投资人申办个人独资企业，要申报出资，这一出资的财产与投资人的其他财产在税收上应区别对待，而且企业应保证一定稳定独立的资金，满足企业生产经营的需要。但《个人独资企业法》对企业资金的增减不作特别要求，给纳税人通过增资或减资以影响纳税提供了税收筹划的空间。对于个体工商户而言，增资或减资在程序上就更简单一些，进行税收筹划操作就更容易一些。

【案例 9-11】 王先生在某市开了一家个体餐馆。由于地处黄金地段，再加上王先生灵活经营，饭馆多年来一直处于盈利状态，2013 年，全年取得以下收入：餐馆营业收入 18 万元；出租房屋，租金收入 2.4 万元；与某市某一食品加工企业联营，分得利润为 2 万元；全年发生的费用共 11.8 万元，上缴各种税费 1.2 万元。王先生全年应如何缴纳个人所得税？

按照目前的经营模式，所有收入都应该作为餐馆所得，此时餐馆需缴纳个人所得税为

应纳税额＝（18＋2.4－11.8－1.2）×30％－0.975＝1.245（万元）

投资联营分得利润应纳税额＝2×20％＝0.4（万元）

纳税合计＝1.245＋0.4＝1.645（万元）

其实在王先生的经营过程中，可以争取将收入分别作为个体工商户生产经营所得、房屋出租所得、股利所得等多种方式计算个人所得税，这是比较容易进行转换的。目前王先生将房屋作为个体工商户的经营资产，以工商户的名义和食品加工厂联营，则所有收入都应该作为餐馆所得。但如果王先生以个人名义出租房屋，则收入应该按不同所得项目分别计算。此时，王先生应纳个人所得税计算过程如下：

餐馆收入应纳税额为

（18－11.8－1.2）×20％－0.375＝0.625（万元）

租金收入应纳税额为

（0.2－0.08）×20％×12＝0.288（万元）

投资联营分得利润应纳税额＝2×20％＝0.4（万元）

纳税合计＝0.625＋0.288＋0.4＝1.313（万元）

节税额＝1.645－1.313＝0.332（万元）

当然，由于个体工商户的生产经营所得是五级超额累进税率，最低为 5％，所以如果个体工商户一年的生产经营所得较小，应该将其他收入转换为生产经营所得，由此适用较低的税率，实现整体税负最低的目的。需要注意的是，（国税函【2001】84 号）明确规定，个人独资企业和合伙企业对外投资分回的利息或者股息、红利，不并入企业的收入，应单独作为投资者个人取得的利息、股息、红利所得，按“利息、股息、红利所得”应税项目计算缴纳个人所得税。因此，对纳税人取得的利息、股息和红利收入不可采取上述筹划方法。

财税字【2000】91 号文规定，从 2000 年 1 月 1 日起，对个人独资企业按生产、经营所得征收个人所得税，不再征收企业所得税。该文件第四条规定：个人独资企业和合

伙企业每一纳税年度的收入总额减除成本、费用及损失后的余额，作为投资者个人的生产经营所得，比照个人所得税法的个体工商户的生产经营所得应税项目，适用 5%～35%的五级超额累进税率，计算征收个人所得税。这里所指收入总额，是指企业从事生产经营及与生产经营有关的活动所取得的各项收入，包括商品（产品）销售收入、营运收入、劳务服务收入、工程价款收入、财产出租或转让收入、利息收入、其他业务收入和营业外收入。根据此项规定，如果个人独资企业将账面的固定资产对外出租或转让，其取得的收益不再按财产租赁所得或财产转让所得项目征税，而是并入企业的应纳税所得额统一按生产经营所得项目征税。但如果投资者将个人拥有的与企业生产经营无关的固定资产用于对外出租或转让，则对其取得的收益，应按财产租赁所得或财产转让所得项目单独征收个人所得税。因此，如果投资者将可用于经营的财产投入企业（增资），或者将其所有的财产从企业账面中抽出（减资），就可以改变其财产出租、转让收益的应税项目和适用税率，从而达到减轻税负的目的。现分别举例说明财产租赁、转让收益的筹划方案。

【案例 9-12】　张辛开办了一个个人独资企业，2013 年度实现内部生产经营应纳税所得（已扣除相关费用）60 000 元，另外，固定资产出租取得收益 18 900 元（年租赁收入 20 000 元，与之相关的税费 1100 元）。如何纳税是最优的呢？

如果张辛将该财产作为企业财产，那么租赁收益并入生产经营所得统一纳税。

应纳税额＝（6＋1.89）×30%－0.975＝1.392（万元）

如果张辛将该财产作为投资者个人的其他财产，租赁收益按“财产租赁所得”纳税，其应纳税额为

（2－0.11）×（1－20%）×20%＝0.3024（万元）

生产、经营所得应纳税额为

6×20%－0.375＝0.825（万元）

合计应纳税额＝0.825＋0.3024＝1.1274（万元）

很明显，将该财产作为投资者个人的其他财产税负减轻 0.2646（1.392－1.1274）元。

在实际操作中，如果该财产已作为企业财产，则投资者应该通过减资的形式将企业财产转换成投资者个人财产。

【案例 9-13】　孙净开办的个人独资企业 2012 年度实现内部生产经营应纳税所得 10 万元，另外，取得财产转让收益 4.17 万元（该财产为不动产，原值 30 万元，已提折旧 20 万元），转让过程中发生税费 0.83 元。

由于所转让财产是属于个人独资企业的，所以转让收益要并入生产、经营所得统一纳税。

应纳税额＝14.17×35%－1.475＝3.4845（万元）

可以看出，目前转让财产收益所对应的税率为 35%，明显高于将该财产作为投资者个人财产转让时所对应的 20%的税率。孙净完全可以通过减资的方式将待转让财产转变为个人资产，然后再进行转让。此时转让收益按“财产转计所得”单独纳税，所以孙净应纳个人所得税为

财产转让所得应纳税额＝4.17×20%＝0.834（万元）

生产、经营所得应纳税额＝10×35％－1.475＝2.025（万元）

合计应纳税额＝2.025＋0.834＝2.859（万元）

可以减轻税负0.6255（3.4845－2.859）万元。因此，此时孙净应该通过减资将不动产转为个人财产然后出售。

但并不是所有情况中，都应该将企业资产转换为个人资产后再转让。就本例而言，如果转让的收益发生变化，就有可能需要反其道而行之了。

比如，如果财产转让收入为6万元，转让税费为2500元。

转让收益＝6－（30－20）－0.25＝－4.25（万元）

此时，如果将该财产作为企业财产，转让收益并入生产、经营所得统一纳税。

应纳税额＝（10－4.25）×30％－0.975＝0.75（万元）

如果将该财产作为投资者个人的其他财产，转让收益按”财产转让所得”单独纳税。

财产转让所得应纳税额＝0

生产、经营所得应纳税额＝10×30％－0.975＝2.025（万元）

投资者应纳税额合计＝2.025＋0＝2.025（万元）

按个人资产转让反而会增加税负，额度为12750（20250－7500）元。税负的增加是由于财产按个人资产转让时，其亏损额无法在税前扣除，导致个体工商户生产经营所得的应税所得额增加，最终应纳个人所得税增加。因此，此时孙净应该将不动产作为企业财产然后出售。

从以上计算结果可以看出，纳税人根据需要通过增资或减资，将企业财产与个人财产进行相互转化，可以改变适用税目、税率，从而改变税负。应当指出，由于生产、经营所得适用5％～35％的五级超额累进税率，如果上例中企业实现的内部生产、经营所得金额不同，则会产生不同的结果。以上计算只是说明一个问题：分开或合并计算的税负不同。纳税人可根据预期所得实现情况，通过对两种方案的测算，以选择一个较轻税负的方案，从而达到减轻税负的目的。

9.4.2 工资薪金所得和劳务报酬所得的转换

在工资薪金中，税率从3％变化到45％，而其他性质的所得，如劳务报酬所得、财产转让所得等大多采用20％的比例税率，并且这些所得之间存在着互相转化的可能性，因此可以通过税目的转换来争取适用较低的税率。在实际经济生活中，工资、薪金所得与劳务报酬所得是比较容易转化的。在转换时，不仅可以考虑将劳动报酬转为工资、薪金所得，也可以考虑将工资薪金所得转化为劳动报酬所得。那么，何时需要进行这种转换呢？这需要从税率和允许扣除的额度来进行比较。当收入较少时，按工资薪金征税对应5％或相对较低的税率，所以应当转换为工作薪金所得；而当收入较多，对应的税率超过20％时，应当考虑将所得性质改变为劳务报酬所得。

例如，某高校聘请某电脑公司软件开发员李某开发软件，并提供一年的维护服务，按约定支付报酬24 000元。在支付报酬时可以从以下两个方案中选择：一是一次性支付24 000元；二是高校和李某签订聘用合同，约定李某为高校临时聘用1年的员工，每月支付工资 2000 元。在第一种方式下，李某需纳个人所得税为 3840［24000×（1－20%）×20%］元。在第二种方式下，李某无须缴纳个人所得税（2000 元月工资小于免征额 3500 元）。显而易见，按工资薪金计税比按劳务报酬计税要节税 3840 元。从这里我们可以看出，因工资薪金所得适用 3%～45%的超额累进税率，而劳务报酬所得适用的是 20%的比例税率，利用税率的差异进行税务筹划，合理选择用工关系，通过劳务报酬与工资薪金的转化可以起到税收筹划的作用。

【案例 9-14】　姜先生 2013 年 4 月从单位获得工资类收入 3100 元。由于单位工资太低，姜先生同月为金龙公司提供技术服务，当月报酬为 2400 元，姜先生缴纳了 320 元的个人所得税。同收入相当的其他人相比，姜先生觉得自己缴税太多，那么有没有办法少缴一点呢？

本例中由于姜先生所得较少，可以考虑将劳务报酬所得转换成工资、薪金所得。由于工资、薪金所得在收入较低时，对应低于 20%的税率，所以这样转换可以降低税收负担。

依据姜先生情况，如果姜先生与金龙公司没有固定的雇佣关系，则按照税法规定，工资、薪金所得与劳务报酬所得应分开计算缴纳个人所得税。姜先生工资、薪金所得 3100 元没有超过基本扣除限额 3500 元，不用纳税。劳务报酬所得 2400 元应纳税额为 320［（2400－800）×20%］元。

如果姜先生与金龙公司有固定的雇佣关系，则由金龙公司支付的 2400 元作为工资薪金收入应和单位支付的工资合并缴纳个人所得税，应纳税额为 95［（2400＋3100－3500）×10%－105］元。

可见，如果姜先生与金龙公司建立有固定的雇佣关系，则其每月可以节税 225 元，一年可以节税 2700（225×12）元。在具体操作中，只需姜先生和金龙公司协商好，签订临时用工合同即可将劳务报酬所得转换成工资、薪金所得。

这种税收筹划方法原理在于应纳税所得额较少时，工资、薪金所得适用的税率比劳务报酬所得适用的税率低，因此应当将劳务报酬所得转化为工资、薪金所得。工资、薪金收入和劳务报酬所得划分的标准一般是个人和单位之间是否有稳定的雇佣关系，是否签订有劳动合同。而当收入较高时，可以反向思维，将工资、薪金转化为劳务报酬所得。

例如，朱先生是一高级工程师，2012 年 5 月获得某公司的工资类收入 62 500 元。如果朱先生和该公司存在稳定的雇佣与被雇佣的关系，则应按工资、薪金所得缴税，其应缴纳所得税额为

个人所得税＝（62500－3500）×35%－5505＝15145（元）

如果朱先生和该公司不存在稳定的雇佣与被雇佣关系，则该项所得应按劳务报酬所得缴纳个人所得税：

个人所得税＝［62500×（1－20%）］×30%－2000＝13000（元）

因此，如果朱先生与该公司不存在稳定的雇佣关系，则他可以节省税收 2145 元。

更进一步考虑，在劳务报酬所得或工资、薪金所得都较大的情况下，将工资、薪金所得和劳务报酬所得分开计算能产生更佳的节税效果。

例如，刘女士 2013 年 7 月从公司获得工资、薪金收入共 40 000 元。另外，该月刘女士还获得某设计院的劳务报酬收入 40 000 元。根据《个人所得税法》的规定，不同类型的所得应分类计算应纳税额，因此计算如下：

工资、薪金收入应纳税额＝(40000－3500)×30％－2755＝8195（元）

劳务报酬所得应纳税额＝40000×(1－20％)×30％－2000＝7600（元）

刘女士该月应纳税额为 15795 元。

如果刘女士将劳务报酬所得转化为工资、薪金所得缴纳个人所得税，则其应纳税额为

个人所得税＝（40000＋40000－3500)×35％－5505＝21270（元）

如果刘女士将工资、薪金所得转化为劳务报酬所得缴纳个人所得税，则其应纳税额为

个人所得税＝（40000＋40000)×(1－20％)×40％－7000＝18600（元）

可见，分开缴税比转化后缴税少。此时即使刘女士原收入性质为一种，也要争取将其中部分收入转换成其他性质的收入以达到降低税负的目的。当然需要注意，收入性质的转化必须是真实、合法的，和企业的合作形式、聘用方式上也要相应地改变。

收入项目不仅可以在劳务报酬和工资、薪金中进行转换，也可以在其他性质的所得中进行转换，最终目标是适用低税率，获得税收筹划收益。

9.4.3 个人所得和企业所得的转换

在进行税目转换以适用低税率时，除了在个人所得税中转换不同所得项目外，还可能在企业所得税和个人所得税之间转化。

个人从事生产经营，可以选择的的企业形式有作为个体工商户从事生产经营、从事承包承租业务、成立个人独资企业、组建合伙企业、设立私营企业。在对这些投资方式进行比较时，如果其他因素相同，投资者应承担的税收，尤其是所得税便成为决定投资成功与否的关键。在所得相同时，不同的企业组织形式会对应不同的税种和税率，导致税收负担也大不相同。因此投资者有必要就各种投资方式所应缴纳的所得税进行分析，并选择对自己最为有利的企业组织形式，争取适用最低的税率。

个体工商户的生产经营所得和个人对企事业单位的承包经营、承租经营所得，适用3％～35％的五级超额累进税率。根据财税字【2000】91 号文规定，从 2000 年 1 月 1 日起，对个人独资企业停止征收企业所得税，个人独资企业投资者的投资所得，比照个体工商户的生产、经营所得征收个人所得税。也就是说，个人独资企业投资者的税收负担和同等收入水平的个体工商户是一样的。合伙企业是指依照《合伙企业法》在中国境内设立的，由各合伙人订立合伙协议，共同出资、合伙经营、共享收益、共担风险，并对合伙企业债务承担无限连带责任的营利性组织。在合伙企业中合伙损益由合伙人依照合伙协议约定的比例分配和分担。合伙企业成立后，各投资人获取收益和承担责任的比例就已确定。和个人独资企业一样，从 2000 年 1 月 1 日起，对合伙企业停止征收企业所得税，各合伙人的投资所得，比照个体工商户的生产、经营所得征收个人所得税。由于合伙企业都有两个及两个以上的合伙人，每个合伙人仅就其获得的收益缴纳个人所得

税。私营企业设立的主要方式是成立有限责任公司，即由两个以上股东共同出资，每个股东以其认缴的出资额对公司承担有限责任，公司以其全部资产对其债务承担责任。作为投资者的个人股东以其出资额占企业实收资本的比例获取相应的股权收入。私营企业作为企业法人，企业的利润应缴纳企业所得税。当投资者从企业分得股利时，按股息、红利所得缴纳 20% 的个人所得税。这样，投资者取得的股利所得就承担了双重税负。由于单个投资者享有的权益只占企业全部权益的一部分，其承担的责任也只占企业全部责任的一部分。但是，因其取得的收益是部分收益，企业缴纳的所得税税负个人投资者也按出资比例承担。

通过以上分析，可知通过选择不同组织形式能在缴纳个人所得税和企业所得税之间进行转换。进行税收筹划时，主要是从成立私营企业和作为个体工商户、个人独资企业、合伙企业等类型中进行选择。一般来讲，在收入相同的情况下，个体工商户、个人独资企业、合伙企业的税负是一样的，私营企业的税负最重。

【案例 9-15】　企业家杨某和陈某共同经营一家有限责任公司，两人股份分别为 70% 和 30%。2013 年会计利润 30 万元，且全部在两人间分配。他们有什么好的税收筹划方案吗？

当成立有限责任公司时：

企业所得税＝30×25%＝7.5（万元）

净税后利润＝30－7.5＝22.5（万元）

杨某的收入状况和纳税状况为

收入额＝22.5×70%＝15.75（万元）

个人所得税＝15.75×20%＝3.15（万元）

税后收入＝15.75－3.15＝12.6（万元）

陈某的收入状况和纳税状况为

收入额＝22.5×30%＝6.75（万元）

个人所得税＝6.75×20%＝1.35（万元）

税后收入＝6.75－1.35＝5.4（万元）

杨某和陈某也可以将公司注册成合伙企业，此时杨某的纳税状况为

个人收入＝30×70%＝21（万元）

个人所得税＝21×35%－1.475＝5.875（万元）

税后收入＝21－5.875＝15.125（万元）

陈某的收入状况和纳税状况为

收入＝30×30%＝9（万元）

个人所得税＝9×30%－0.975＝1.725（万元）

税后收入＝9－1.725＝7.275（万元）

与变更纳税人身份前相比，杨某税后纯收入增加 2.52 万元，陈某税后纯收入增加 1.875 万元。

可见，成立合伙企业的税收负担较轻，其原因是适用了整体较低的税率。那么，投资者是否一定会选择这一筹划形式呢？如果仅从税收的角度考虑，当然应该选择。但成

立有限责任公司，在企业规模、客户信任度、税务机关的管理模式、一般纳税人的认定、发票的申购等多方面都占有优势，比较容易开展业务，经营的范围较广，并且可以享受国家的一些税收优惠政策。所以，投资者在进行税收筹划时，一定要考虑整体收益而不能仅从税收角度决策。

另外，纳税人对企事业单位的承包、承租经营方式是否变更营业执照也将直接决定纳税人税负的轻重。若使用原企业营业执照，则多征一道企业所得税，整体税率会比较高；如果变更为个体营业执照，则只征一道个人所得税，相当于适用税率降低。但在计算应纳税额时又各有其规定，因此在对承包、承租经营所得进行税收筹划时，首先要注意单位的性质，可以考虑变更营业执照；其次在签订承包协议时要注意承包、承租经营的方式，这也会对税收负担产生很大的影响。

【案例 9-16】 太洋公司对市场需求把握不准，造成产品大量积压、资金难以回笼，公司处于倒闭的边缘。为了避免公司破产，该公司主管部门经研究，决定将公司对外租赁经营。通过竞投，公司退职的管理人员冯先生出资经营该公司。该公司主管部门将全部资产租赁给冯先生经营，冯先生每年上交租赁费 6 万元。租期两年，从 2012 年 3 月 1 日至 2014 年 2 月 28 日。租赁后，该公司主管部门不再为该公司提供管理方面的服务，其经营成果全部归冯先生个人所有。冯先生将原公司工商登记改变为个体工商户，这是否是正确的做法呢？

按照国税发【1997】43 号文规定，个体户在生产经营过程中以经营租赁方式租入固定资产的租赁费，可以据实扣除。若冯先生 2012 年实现会计利润为 72 000 元，其中已扣除租赁费 5 万元，冯先生本人未拿工资，该省规定的业主费用扣除标准为每月 3500 元，则：

本年度应纳税所得额＝72000－3500×10＝37000（元）

换算成全年的所得额＝37000÷10×12＝44400（元）

按全年所得计算的应纳税额＝44400×20％－3750＝5130（元）

实际应纳税额＝5130÷12×10＝4275（元）

实际税后利润＝72000－4275＝67725（元）

如果冯先生仍使用原公司营业执照。在这种情况下，原公司的固定资产仍属该公司所有，按规定可以提取折旧，但上交的租赁费不得在公司所得税前扣除，也不得把租赁费当作管理费用进行扣除。需要说明的是，对承包、承租经营方式下公司上交的承包费能否在税前扣除的问题，各地做法不一，有的省市规定可以按照权责发生制据实扣除，有的省市则不允许。这里统一采用不允许重复扣除办法来比较税负。不考虑其他纳税调整因素，该公司 2012 年纳税状况为

应纳税所得额＝72000＋50000＝122000（元）

企业所得税＝122000×25％＝30500（元）

个人承包承租收入额＝72000－30500＝41500（元）

个人所得税＝（41500－3500×10）×5％＝325（元）

冯先生实际取得税后利润为 41175（41500－325）元。

通过比较，将原公司工商登记改变为个体工商户多获利 26 550（67725－41175）元。因此改变企业经营形式是非常必要的。

另外需要指出的是，在实际操作中，税务部门判断承包、承租人对公司经营成果是否拥有所有权，一般是按照对经营成果的分配方式进行的。如果是定额上交，成果归己，则属于承包、承租所得；如果对经营成果按比例分配，或者承包、承租人按定额取得成果，其余成果上交，则属于工资薪金所得。因此，纳税人可以根据预期的经营成果测算个人所得税税负，然后再确定具体的承包分配方式，以达到降低税负的目的。

9.5 其他适用低税率的筹划方法

个人所得税中由于对部分性质的收入采用累进税率，并且在计算有些项目的个人所得税时存在简易的计税方法，因此除通过转换税目以适用低税率的筹划方法，还有许多针对同一税目仍然可以争取适用低税率的筹划方法。本节主要介绍工资薪金、劳务报酬、个体工商户生产经营等所得在不能转换税目时的税收筹划方法。

9.5.1 所得平均化

由于《个人所得税法》对工资、薪金所得采用累进税率，所以如果收入集中在一个月或少数几个月，意味着将适用较高的税率，承担较高的个人所得税。如果能将收入分摊到一年或更长时间，则每个月的应税所得额将减少，适用税率降低，最终整体税负减轻。将收入平均到较长时间，在不增加雇主和雇员的实际支出的情形下，通过协商是非常容易达到的，所以这也是一种非常常见的个人所得税筹划方法。

【案例9-17】 小王在某机械加工厂工作，该工厂实行计量工资。在2012年4月，小王努力工作，月底可以获得工资6600元。但5月因为休假等因素仅能获得1600元工资。此时，小王两个月共需缴纳个人所得税为

4月个人所得税＝(6600－3500)×10%－105＝205（元）

5月无须纳税，共需纳税205元。

如果小王预计自己5月要休假，事先向单位提出改变工资发放额度，如4月、5月各发放4100元，则缴纳个人所得税的额度为

4月个人所得税＝(4100－3500)×3%＝18（元）

5月个人所得税＝(4100－3500)×3%＝18（元）

共需缴纳个人所得税36元，相比之下可以减少税收169元。

不仅针对一些行业工资发放不均衡的情况可以根据这一原则进行税收筹划，对于企业发放季度奖、半年奖的情形也可以采用平均化的思路来进行税收筹划，而且对于一些实行年薪制的企业也可以采用类似的方法进行筹划。2005年1月1日起，国税发【2005】9号文实施，同时废止了1996年发的文件。该文件规定，实行年薪制和绩效工资的单位中个人取得年终兑现的年薪和绩效工资或单位发放的一次性奖金，单独作为一个月工资、薪金所得计算纳税。具体计算时，如果雇员当月工资薪金所得高于（或等于）税法规定的费用扣除额，计算公式为

应纳税额＝当月取得全年一次性奖金×适用税率－速算扣除数

如果雇员当月工资薪金所得低于税法规定的费用扣除额，计算公式为

应纳税额=（全年度一次性奖金－当月应税所得）×适用税率－速算扣除数

其中适用税率和速算扣除数根据雇员取得的年薪和绩效工资，除以12个月后的商数确定。在一个纳税年度内，对每一个纳税人，这一计税办法只允许采用一次。

按照以上计算方法，在实际计算个人所得税时年薪可以分摊到12个月，那么还有必要对年薪实行平均化吗？其实，对年薪在平时进行分笔发放还是能达到节税的效果的。

【案例9-18】 王经理是太能公司的CEO，其酬金采用年薪制，年薪为25万元。如果其年薪在年底一次发放，根据国税发【2005】9号文的规定，其所得额除以12后对应的税率为25%，因此：

个人所得税=250000×25%－1005=61495（元）

如果采用平均每月发放20833元的方式，王经理一年的实际税前收入仍为25万元，但相应个人所得税会减少：

个人所得税=［(20833－3500)×25%－1005］×12=51999（元）

可以少缴纳税收9496（61495－51999）元。

可见，将年薪分摊到多个月可以达到降低税收负担的效果。在该例中，所获得的税收收益来源于每个月扣减了3500元的免征额并且每个月的计算过程中都扣减了1005元的速算扣除数，所以导致了最终税收负担的减少。

9.5.2 在年终奖金和每月工资间适度转换

如上所述，国税发【2005】9号文规定的计征方法在一定程度上解决了全年一次性收入直接按工资所得适用3%～45%的七级超额累进税率导致的税负过高的问题。但如果能将年终奖金和年薪及绩效工资平均化，仍然有节税的效果。那么是否将年终奖金、年薪及绩效工资加上月薪后按月绝对平均是最优的税收筹划方案呢？在【案例9-18】中，将年薪按月平均起到了较好的节税效果。但如果将收入先平均分为两个部分，一个部分在每个月支付，另一部分作为年终奖金一次性支付。比如将每月工资定为10 416.67元，年底再一次性发放奖金150 000元，此时应纳个人所得税也分为两个部分。

个人所得税=(10416.67－3500)×20%－555=828.33（元）

12个月共需缴纳：828.33×12=9940（元）

年底一次性奖金分摊到12个月后为每月12 500元，对应税率25%。

个人所得税=125000×25%－1005=30245（元）

个人所得税合计=30245+9940=40185（元）

比将全部收入平均分摊到12个月又可以降低所得税11 814元。实际上，由于我国税法对年薪和个人所得税的规定，尽管将收入分摊到了12个月，但在计算时仅扣除了一次速算扣除数，所以平均分摊并不是最佳的方式，将年终奖金和每月工资进行一定比例的变动将进一步减轻税收负担。并且在实际情况中，年终奖金、年薪及绩效工资等在多数情形下都可以转换为每月的月薪，所以方案的可操作性非常强。如企业可以将上一

年度的年终一次性奖金分摊到次年一年或数月发放。在员工能获得更多实际税后收益的情形下，这一方式非常容易得到员工的理解。

新的问题产生了，在年终奖金、年薪及绩效工资与月薪之间究竟应该如何分配才是最恰当的呢？在解决这一问题时，从适用税率方面看，由于年终的工资薪金与由月薪和年终奖组成，这将使月薪和年终奖的适用税率产生三种情况。一是两者适用税率相同；二是前者适用税率大于后者；三是前者适用税率小于后者。当月薪和年终奖等适用税率相同时税负最小，为最佳方案。可见第一种情况，两者适用税率相同，无须筹划；第二种情况，可将部分月薪转化年终奖，以降低月薪适用税率；第三种情况，可将一部分年终奖分配给月薪，以降低年终奖适用税率。

根据以上原则，可以计算出每一档税率变化时月薪和年终奖的最佳构成，转化为如表 9-1 所示的情形。

表 9-1　月薪与年终奖税收筹划区间表　　单位：元

区间	年薪（Y）	最佳月薪（M）	最佳年终奖（E）
1	0～42 000	0～3 500	0
2	42 000～78 000	3 500～5 000	0～18 000
3	78 000～125 550	5 000～8 962.5	18 000
4	125 550～150 000	5 000～8 000	18 000～54 000
5	150 000～561 000	8 000～42 250	54 000
6	561 000～669 000	12 500～46 750	108 000
7	669 000～882 000	12 500～38 500	108 000～420 000
8	882 000～1 494 500	38 500～89 541.67	420 000
9	1 494 500～	58 500～	660 000

可以利用实际的案例来加以检查。从中能够发现，按表 9-1 进行月薪和年终奖的配合是最优的筹划方案。

【案例 9-19】　某单位员工 2012 年全年工资奖金收入约为 72 000 元，单位为员工支付时，有四种方案可供选择。

方案一：每月支付工资 4000 元，年终一次性考核奖金为 24 000 元。

月工资个人所得税＝（4000－3500）×3％×12＝180（元）

年终奖个人所得税＝24000×10％－105＝2295（元）

全年应缴个人所得税＝180＋2295＝2475（元）

方案二：每月发 4000 元作为工资，7 月发半年奖 8000 元，12 月发年终奖 16 000 元。

除 7 月外工资个人所得税＝（4000－3500）×3％×11＝165（元）

7 月工资个人所得税＝（12000－3500）×20％－555＝1145（元）

年终奖个人所得税＝16000×3％＝480（元）

全年应扣缴个人所得税＝165＋1145＋480＝1790（元）

方案三：每月按 6000 元发工资。

全年个人所得税＝［(6000－3500)×10％－105］×12＝1740（元）

方案四：每月发4400元，年终一次性奖金19 200元。

全年月工资个人所得税＝（4400－3500)×3％×12＝324（元）

年终奖个人所得税＝19200×10％－105＝1815（元）

全年应扣缴个人所得税＝324＋1815＝2139（元）

但如果按全年收入与年终奖最佳配合的表格，收入为72 000元，对应第2档。当月可扣项目为3500元时，年终奖确定为12 000元，每月工资5000元。那么：

全年月工资个人所得税＝（5000－3500)×3％×12＝540（元）

年终奖应纳个人所得税＝12000×3％＝360（元）

全年应扣缴个人所得税＝360＋540＝900（元）

比最优的方案三还节约890元。

9.5.3 避免临界点

我国对工资薪金所得实行的是七级超额累进税率，一般情况下不会出现税前收入增加而税后收入反而减少的状况。但对年终奖金缴税需要注意，根据国税发【2005】9号文规定，其实是存在临界点现象的。在对个人所得税进行税收筹划时，一定要注意这一问题，否则就会出现奖金拿得多而实际拿到手的金额少的现象。

例如，2012年，员工老陈月工资为3500元，年终奖为18 200元，其同事小刘年终奖为18 000元，按以上算法，老陈应缴税款为1715元，而小刘只需要缴纳540元的税，老陈实际拿到手的，比小刘还要少975元。

会出现这样的情形，就是因为存在纳税“临界点”。如果年终奖为18000元，对应每个月的应纳税所得额为1500（18000÷12）元，因此适用税率为3％，应缴纳个人所得税540（18000×3％）元，税后收入为17460元。

若年终奖变为18 200元，适用税率为10％，个人所得税为1715(18200×10％－105)元，税后收入16 485元。也就是说年终奖多200元，而税后收入却少了975元，多缴纳1175元的个人所得税。

可见，不管月薪是多少，发放18 200元作为一次性奖金是不恰当的。显然，类似的不恰当一次性奖金额度不仅仅是18 200元，可以通过对每月月薪和年底一次性奖金的综合税收负担来确定这些不恰当的一次性奖金额度。在解决此类涉及税收筹划临界点的问题时，关键是先找到两种纳税方式的税收负担平衡点，然后根据平衡点的不同方向选择不同的纳税方式。所以，需要先设想在发放年终一次性奖金时存在的平衡点。

如在上例中，在其税收负担平衡点，设平衡数为 X。由于年终一次性奖金超过18 000元后，对应的税率变为10％，所以有下式成立：

$$18000-18000\div12\times3\%\times12=X-X\div12\times10\%\times12-105$$

解得

$X=19283.33$ 元

可知，发放19 283.33元和发放18 000元其税后收益是完全一样的。因此18 001～19 283.33元是发放年终一次性奖金的禁区。按国税发【2005】9号文规定，年终奖的计税方法是将年终奖金数平均 12 个月后，按其结果确定适用税率和速算扣除数予以计算。这使得年终奖计税时仅扣除了一个速算扣除数，较月薪的计税少扣 11 个速算扣除数，这也是导致年终奖出现禁区区间的直接原因。

同理，我们还可以推导出其他额度的发放年终一次性奖金的禁区，详见表 9-2。

表 9-2　年终奖发放区间表　　单位：元

编号	奖金发放禁区
1	$18\ 000<X<19\ 283.33$
2	$54\ 000<X<60\ 187.5$
3	$108\ 000<X<114\ 600$
4	$420\ 000<X<4\ 427\ 500$
5	$660\ 000<X<706\ 538.5$
6	$960\ 000<X<1\ 120\ 000$

所以企业在给员工发放年终奖前，要事先作好筹划，避免出现多发奖金却少拿收入及不同年终奖税后收入却一样等现象，不仅没起到奖优的作用，反而产生负面效果。

9.5.4　分设多个经营实体

分设多个经营实体是指将该经营实体分设为两个或两个以上的机构，自己负责其中的一个，将其余机构的所有权或经营权虚设为其他人，一般为自己的亲人或比较亲密的朋友，然后通过这些机构的联合经营，互相提供有利的条件，以达到减轻税负的目的。通常来说，这种方法有如下好处：通过机构分设，使所得分散，排除了税率提升所带来的税负增长，使总体税负相对较轻。

【案例 9-20】　王某是一个经营水暖器材的个体工商户，由其妻负责日常经营管理。王某也经常承接一些安装维修工程。每年销售水暖器材的收入为 4 万元，安装维修收入为 2 万元。此时，全年应纳个人所得税为

个人所得税＝60000×20%－3750＝8250（元）

如果王某和妻子能成立两个个人独资企业，王某的企业专门承接安装维修工程，王妻的企业只销售水暖器材。在这种情况下，假定收入同上，王某和妻子每年应纳的所得税分别为

王某个人所得税＝20000×10%－750＝1250（元）

妻子个人所得税＝40000×20%－3750＝4250（元）

两人纳税合计＝1250＋4250＝5500（元）

每年节税额＝8250－5500＝2750（元）

需要注意，按照我国税法规定，如果投资者兴办两个或两个以上企业，并且企业全部是独资性质的，年度终了后汇算清缴时，应纳税款的计算按以下方法进行：汇总其投资兴办的所有企业的经营所得作为应纳税所得额，以此确定适用税率，计算出全年经营所得的应纳税额，再根据每个企业的经营所得占所有企业经营所得的比例，分别计算出每个企业的应纳税额和应补缴税额。此时分设多个企业是难以产生税收筹划的效果的，

一定要自己负责其中的一个，将其余机构的所有权或经营权虚设为其他人。

9.5.5 单项收入安排多次领取

税法规定，当某项活动带来的收入在 1 个月以上的一段时期内，支付间隔超过 1 个月时，按每次收入额计入各月计算，而间隔时间不超过 1 个月的，应合并每次的收入额计算。因而劳务报酬所得等性质的收入以何种方式取得，直接影响到个人的税收负担。当为他人提供劳务时，需要根据劳务合同书，合理安排每月收取劳务报酬的数量和实际支付的次数，这样可以达到税收筹划的目的。

【案例 9-21】 牛帆 2012 年 7～9 月取得同一项目劳务收入 60 000 元（已扣除营业税），支付交通、食宿等费用 9000 元。牛帆 9 月底一次性领取 60 000 元收入。

按税法规定，劳务报酬所得按收入减除 20%的费用后的余额为应纳税所得额，适用 20%的比例税率。如果一次收入超过 20 000 元，20 000～50 000 元的部分加征五成的应纳税额（个人所得税法）。因此：

个人所得税＝60000×(1－20%) ×30%－2000＝12400（元）

净收益＝60000－12400－9000＝38600（元）

如果牛帆分次领取同样的收入，则税收负担会减轻很多。税法规定，属于一次收入的，以取得该项收入为一次，属于同一项目连续性收入的，以一个月内取得的收入为一次。如果支付间隔超过 1 个月，按每次收入额扣除法定费用后计算应纳税所得额，而间隔期不超过 1 个月，则合并为一次扣除法定费用后计算应纳税所得额。所以纳税人在提供劳务时，合理安排纳税时间内每月收取劳务报酬的数量，可以从两个方面降低税收负担，使自己的净收益增加：一是可以多次扣除免征额，减少每月的应纳税所得额；二是能够避免适用较高的税率，争取适用低税率。

本例中，牛帆可以和报酬支付方约定，60 000 元收入分三次领取，每月领取一次，每次 20 000 元，则：

个人所得税＝20000×(1－20%)×20%×3＝9600（元）

净收益＝60000－9600－9000＝41400（元）

可见通过多次支付，牛帆可以多获得税后收益 2800 元。在本例中，由于金额较高，所以尽管分为多次，但税前扣除的额度是按 20%的比例扣除的，扣除额一样。如果劳务报酬金额较低，采用多次扣除则可以获得更明显的节税效果。

在该例中，由牛帆提供相关费用。实际上，如果按照前文所述的筹划方法，采取由业主提供服务费用开支等方式，可以产生更好的筹划效果。可见，对于劳务报酬收入，纳税人通过筹划，可以降低个人所得税税负。其关键是在签订劳务合同时，应约定领取报酬的数额和次数，明确相关费用由雇佣方承担。

9.5.6 选择恰当的计税方法

尽管税法对个人所得税的各项所得都相应地规定了征税方法和对应税率，但在实际应用中为满足实际管理的需要，又补充了很多有差异性的规定。这也是个人所得税筹划和其他税种筹划有一定区别的地方，个人所得税的纳税人为个人，其面对的具体情况千差万别，所以在计税方法上也出现了多样化，而这些计税方法可能带来实际税率的差异。选用适当的计税方法，就能适用低税率。如对于转让财产所得，扣除合理费用后按20%的比例税率征税。但在特定情况下，计税方法还有第二种选择，根据收入全额，按一定的征收率计算应纳税额。这一选择的前提是纳税人是否能够提供相关资料。因此，纳税人就面临两种不同缴税计算方法。

具体如国家税务总局文件（国税发【2007】38 号）的规定，个人拍卖除文字作品原稿及复印件外的其他财产，按照财产转让所得缴纳个人所得税。但该文件第四条同时规定，纳税人如不能提供合法、完整、准确的财产原值凭证，不能正确计算财产原值的，按转让收入额的 3%征收率计算缴纳个人所得税。假设某人拍卖一件财产，其拍卖价为 M，可减除财产原值、合理费用、税金等为 N，则按税率计算应纳个人所得税为 $(M-N)\times 20\%$，而按征收率计算应纳个人所得税为 $M\times 3\%$。当 $(M-N)\times 20\% > M\times 3\%$，即 $(M-N)\div M > 15\%$时，对于纳税人来说，按征收率缴税少。也就是说如果增值的比例大于 15%，按征收率纳税比较划算。此时，对那些不能提供合法、完整、准确的财产原值凭证的纳税人来说，当然是合算的。

对于住房，也可以按同样的思路进行税收筹划。在筹划时需要注意两点。一是对于住房，征收率不一定是 3%。根据国税发【2006】108 号文规定，个人转让住房，如果纳税人未提供完整、准确的房屋原值凭证，不能正确计算房屋原值和应纳税额的，税务机关可按一定比例核定应纳个人所得税额，幅度为纳税人住房转让收入的 1%～3%。二是在确定可以减除的项目时，必须有发票、相关单据及完税证等合法凭据。还需注意，国税发【2007】38号文规定，“纳税人能够提供合法、完整、准确的财产原值凭证，但不能提供有关税费凭证的，不得按征收率计算纳税，应当就财产原值凭证上注明的金额据实扣除，并按照税法规定计算缴纳个人所得税”，即如果有相关税费凭证，但不愿提供，纳税人不仅得不到按征收率缴税的机会，而且得到的扣除额会更小，并且会按 20%税率缴税。类似地，其他性质的一些个人所得也可以从计税的方法上进行税收筹划。

9.6　个人所得税的充分利用税收优惠

个人所得税征收涉及的纳税人是所有税种中最多的，而且个人所得税也是和纳税人的生活水平关系最为密切的一个税种。因此，国家对个人所得税的税收优惠非常多。这些税收优惠条款为税收筹划提供了广阔的空间。在进行个人所得税的税收筹划时，必须充分熟悉这些税收优惠政策。另外还需注意，各省、自治区和直辖市也根据国家的法律、法规制定了具体的优惠政策，这也是个人所得税筹划的重要依据。因为个人所得税的税收优惠非常多，其中许多还具有地域性，所以本书中仅就依据全国性的税收优惠条款产生的一些常用筹划方法加以介绍。

9.6.1　充分利用关于工资薪金所得的优惠规定

工资薪金的发放形式非常多，因此税法也对许多形式作了优惠的规定。充分利用税法对工资、薪金所得的各项优惠规定，降低税收负担。由于工资、薪金所得是大多数纳税人的基本生活保障，并且发放形式也最为复杂，所以税法对这项的优惠规定也相对较多，在筹划过程中应充分利用这些条款来减轻税收负担。如果能依据这些优惠规定在支付工资薪金时合法地进行税收筹划，能大幅度减轻个人的税收负担。如解除劳动合同与提前退休的税收比较，下面将结合案例加以说明。

【案例 9-22】 刘劲是某大型企业集团原总经理，目前已经退居二线，再过几个月就准备退休。2013 年 7 月，为了表彰刘劲 20 多年来对甲公司作出的突出贡献，甲公司董事会研究决定，在刘劲退休前一次性奖励刘劲 50 万元。当时，甲公司人均月工资为 2000 元，刘劲平时每月领取工资 5000 元（当地上年职工平均工资为 15 000 元）。

在学习税收筹划时，我们应当首先能想到最基本的筹划方法。现在面临两种选择：一是将奖金作为当月奖金发放；二是在年底时作为年终奖金发放。其纳税情形分别为

情形一：将 50 万元并入领取奖励当月的工资，那么刘劲当月应缴个人所得税为

(500000＋5000－3500)×45％－13505＝212170（元）

情形二：将 50 万元作为全年一次性奖金，那么刘劲当月应缴个人所得税为

(5000－3500)×3％＝45（元）

全年一次性奖金适用税率为 30％（因为 500000÷12＝41666.67），速算扣除数为 2755 元，应纳税额为

500000×30％－2755＝147245（元）

个人所得税合计＝147245＋45＝147290（元）

可见，如果将一次性奖励作为全年一次性奖金，可少负担个人所得税 64 880 (212170－147290) 元。

在充分考虑个人所得税相关的一些政策后，将有更好的税收筹划方案。根据刘劲距离退休时间的长短，可以设计以下两种筹划方案。

方案一：当刘劲马上就要退休时，考虑到刘劲即将退休，甲公司可与刘劲提前解除劳动合同，将一次性奖励 50 万元改为一次性补偿 50 万元。

根据国税函【2001】918 号文规定，企业对已达一定工作年限、一定年龄或接近退休年龄的职工内部退养支付的一次性生活补贴，以及企业支付给解除劳动合同职工的一次性补偿支出（包括买断工龄支出）等，属于国税发【2000】84 号文第二条规定的“与取得应纳税收入有关的所有必要和正常的支出”，原则上可以在企业所得税税前扣除。各种补偿性支出数额较大，一次性摊销对当年企业所得税收入影响较大的，可以在以后年度均匀摊销。具体摊销年限，由省（自治区、直辖市）税务局根据当地实际情况确定。由此可见，如果按此方案实施，那么一次性补偿支出 50 万元，就可以在企业所得税前全额扣除。

另外财税【2001】157 号文规定：“个人因与用人单位解除劳动关系而取得的一次性补偿收入（包括用人单位发放的经济补偿金、生活补助费和其他补助费用），其收入在当地上年职工平均工资 3 倍数额以内的部分，免征个人所得税；超过的部分按照（国税发【1999】178 号）的有关规定，计算征收个人所得税。”国税发【1999】178 号文规定：“考虑到个人取得的一次性经济补偿收入数额较大，而且被解聘的人员可能在一段时间内没有固定收入，因此，对于个人取得的一次性经济补偿收入，可视为一次取得数

月的工资、薪金收入，允许在一定期限内进行平均。具体平均办法为：以个人取得的一次性经济补偿收入，除以个人在本企业的工作年限数，以其商数作为个人的月工资、薪金收入，按照税法规定计算缴纳个人所得税。个人在本企业的工作年限数按实际工作年限数计算，超过 12 年的按 12 计算。”

根据上述规定，刘劲取得的一次性补偿应缴个人所得税计算如下：

{［（500000－15000×3）÷12－3500］×25％－1005}×12＝91190（元）

可见，如果按上述方案实施，甲公司可少负担企业所得税 12.5（50×25％）万元，刘劲可少负担个人所得税 56100（147290－91190）元，企业和个人都可获得税收利益。此外，对刘劲解除劳动合同日至退休期间的工资，甲公司可考虑采取其他方式予以补偿。比如，即使将这部分工资加入奖金中，其整体税负也是比发放全年奖金要低得多。而且，公司还可以选择在刘劲退休的当月采取这一措施。

方案二：如果刘劲离退休的时间仍然较长时，如还有 3 年。此时，甲公司可要求刘劲提前退养，并支付一次性生活补贴 50 万元。

国税发【1999】58 号文规定：个人在办理内部退养手续后从原任职单位取得的一次性收入，应按办理内部退养手续后至法定离退休年龄之间的所属月份进行平均，并与领取当月的工资、薪金所得合并后减除当月费用扣除标准，以余额为基数确定适用税率，再将当月工资、薪金加上取得的一次性收入，减去费用扣除标准，按适用税率计征个人所得税。根据上述规定，刘劲取得的一次性生活补贴应缴个人所得税计算如下：

每月平均＝500000÷36＝13888.89（元）

与当月工资、薪金合并＝13888.89＋5000－3500＝15388.89（元）

因此可以确定适用税率为 25％，速算扣除数为 1005 元。

个人所得税＝（500000＋5000－3500）×20％－1005＝99295（元）

可见，如果让刘劲提前 36 个月退养，其应缴个人所得税可减少 47995（147290－99295）元，而且企业支付的一次性生活补贴仍然可在企业所得税前全额扣除。

9.6.2　充分利用关于捐赠的优惠规定

为了鼓励高收入者对公益、教育事业作贡献，我国个人所得税法规定，个人将其所得通过中国境内的社会团体、国家机关向教育和其他社会公益事业，以及遭受严重自然灾害地区、贫困地区的捐赠，只要捐赠额未超过其申报的应纳税所得额的 30％的部分，就可以从其应纳税所得额中扣除。纳税人对外捐赠是出于自愿，捐多少，何时捐都由纳税人自己决定。允许按应纳税所得额的一定比例进行扣除，其前提必须是取得一定的收入，也就是说，如果纳税人本期未取得收入，而是用自己过去的积蓄进行捐赠，则不能进行税前扣除。由此可见，选择适当的捐赠时期对纳税人来说，是非常重要的。纳税人打算对外捐多少，应当取决于本期取得的收入，如果本期取得的应纳税收入较多，则可以多捐；反之，若本期取得的应税收入少，则可先捐赠一部分，剩余捐赠额可安排在下期捐赠。

【案例 9-23】　孙先生 2013 年每月取得工资薪金收入 7600 元，本月对外捐赠 2400 元。其应如何捐赠呢？

按照在本月一次性捐赠3000元，则：

允许税前扣除的捐赠＝（7600－3500）×30％＝1230（元）

本月应纳税额＝（7600－3500－1230）×10％－105＝182（元）

次月应纳税额＝（7600－3500）×10％－105＝305（元）

如果孙先生改变捐赠方式：在本月捐赠1230元，剩余1120元安排在次月捐赠。

则：本月允许扣除1230元，所纳个人所得税一样

次月应纳税额＝（7600－3500－1120）×10％－105＝188（元）

通过比较，我们不难发现，同样是捐2400元，但税负不同。采用第二种方法，降低税负117（305－188）元。

另外，如果纳税人本期取得收入属于不同的应税项目，如工资薪金收入、稿酬收入、偶然所得、财产租赁收入等等，那么，允许扣除多少取决于如何对捐赠额进行划分了。由于我国个人所得税实行分类所得税制，因此，在计算捐赠扣除时，属哪项所得捐赠的，就应从哪项应纳税所得额中扣除捐赠款项，然后按适用税率计算缴纳个人所得税。在纳税人取得两种以上不同应税项目收入，并从中取出一部分收入对外捐赠的情况下，根本就分不清是从哪项收入中取出的，更分不清哪项收入中取出的各是多少。因此，在计算捐赠扣除额时，纳税人应当对捐赠额进行适当的划分，即将捐赠额分散在各个应税所得项目之中，其目的是最大限度地享受税前扣除。

【案例9-24】 童女士2013年6月取得各项收入21 800元，其中，工资薪金收入4800元，福利彩票中奖收入12 000元，稿酬收入5000元。童女士打算本月对外捐赠5000元，童女士应当如何捐赠才能充分利用捐赠抵税政策呢？

由于在童女士的三项所得中彩票中奖所得的税率最高，显然应首先考虑由此项收入中捐赠。如果捐赠5000元全部由中奖所得承担，则应纳税额计算如下：

偶然所得捐赠扣除限额＝12000×30％＝3600（元）

偶然所得应纳税额＝（12000－3600）×20％＝1680（元）

稿酬应纳税额＝5000×（1－20％）×20％×（1－30％）＝560（元）

工资薪金所得应纳税额＝（4800－3500）×3％＝39（元）

合计应纳税额＝1680＋560＋39＝2279（元）

不难看出，上述方法没有考虑到其捐赠额中尚有1400元没有得到扣除，而余额其实还可以从其他各项应税所得中扣除。童女士其他两项所得的可扣除限额为

稿酬所得捐赠扣除限额＝5000×（1－20％）×30％＝1200（元）

工资薪金所得捐赠扣除限额＝（4800－3500）×30％＝390（元）

根据税率的高低，先从稿酬所得中扣除1200元，再从工资薪金所得中扣除余下200元，此时各项所得的应纳税额为

偶然所得应纳税额＝（12000－3600）×20％＝1680（元）

稿酬应纳税额＝[5000×（1－20％）－1200]×20％×（1－30％）＝392（元）

工资薪金应纳税额＝（4800－3500－200）×3％＝33（元）

合计应纳税额＝1680＋392＋33＝2105（元）

通过以上捐赠额的适当划分，其捐赠额已得到充分扣除，比从单项所得捐赠减少应

纳税额 174 元。本例中是捐赠额较大，无法完全扣除的情形。在捐赠额较小的情形下，应注意：一是要保证能充分扣除；二是要根据各项收入实际适用的税率来选择优先扣除的项目，税率高的项目优先用于捐赠。需要注意的是，允许税前扣除的捐赠必须是公益、救济性质的捐赠，其捐赠对象和捐赠渠道前已述及。对于非公益、救济性捐赠，税法是不允许扣除的。

复习题

1. 我国个人所得税有哪些特点？这些特点对税收筹划有哪些影响？
2. 对于工资薪金所得，可以采用哪些税收筹划方法？请分别举例说明。
3. 对于劳务报酬所得，可以采用哪些税收筹划方法？请分别举例说明。
4. 关于年底一次性奖金，应该怎样进行税收筹划？
5. 请分析税目转化方法在个人所得税筹划中的可应用范围。
6. 比较减少税基方法和使用低税率方法在个人所得税中的应用，请举例说明。
7. 规避个人所得税的纳税义务可以采用哪些方法，请举例说明。
8. 请指出累进税率和比例税率下的税收筹划方法的区别。
9. 利用捐赠来进行个人所得税筹划时要注意哪些方面？

练习题

1. 刘先生为国内某品牌电器销售公司总经理，按照 2013 年的销售业绩公司决定在支付其年薪 35 万元的基础上再奖励其 20 万元，但刘先生发现自己也需因此缴纳高额的个人所得税，请问，你能为他提供一个较好的税收筹划方案吗，你的筹划方案能节税多少呢？

2. 2013 年王先生的每月工资为 4500 元，该年王先生的奖金预计共有 36 000 元。现有奖金按月发放、年中和年末两次发放及年终一次性发放三种不同方式，哪一种更优一些呢？

3. 方某 7～9 月取得同一项目劳务收入 60 000 元，在完成项目的过程中需支付交通、食宿等费用 9000 元。方某和对方约定项目完成后一次性支付 60 000 元，你认为这合适吗，为什么？

4. 2014 年小张毕业后在上海某单位工作，每月从单位获得工资、薪金所得 4000 元，但不提供住房，不得不每月花 1000 元在外面租房居住，同时要花费交通费 200 元，电话费 300 元。请问小张的收入可以进行税收筹划吗？

5. 张某为某企业职工，2013 年通过业余自学，考试后获得了注册会计师资格，和某会计师事务所商定每年年终到该事务所兼职三个月，可能会得到 12 000 元劳务报酬。你认为对于这笔收入，可行的税收筹划方案是怎样的？

6. 某科研人员拥有一项专利，想凭借此项专利创办自己的公司，但又苦于没有资金。此时有一位私营企业主想购买此项专利，通过协商后，双方议定此项专利的价值为

10 万元。但即使取得这 10 万元，在缴纳个人所得税后该研究人员创办公司的资金就仍然不足。请问你有更好的建议吗?

7. 南京医师杭先生从上个月的劳务报酬收入中拿出 5000 元捐赠给溧水县一名失学女童。其上个月劳务报酬收入为 20 000 元，同时取得工资、薪金收入 8000 元。请问杭先生应如何捐赠?

8.2013 年 7 月，某上市公司的股东李某由于其住所离工作地较远，公司专门购买了一辆价值 100 万元的小汽车让李某使用。该小汽车预计使用 10 年，残值按原价的 2.5%估计，按直线法计算折旧。小汽车每年的固定使用费用为 1 万元，每年的油耗及修理费为含税价 2.34 万元(均取得了增值税专用发票)。公司将车辆的所有权办到了李某的个人名下，购车款由公司支付，这是最好的方案吗?如果你有更好的方案，请指出该方案的节税效果。

第10章

房地产企业的税收筹划

房地产企业是以开发土地、房屋等不动产为主的生产经营性企业。20 世纪 80 年代以来，我国房地产业得到了突飞猛进的发展，企业数量日益增多，规模不断扩大，逐步成为我国国民经济中的一个重要产业。

从税收方面来看，房地产业的显著特点是，它一般不缴纳增值税，而是土地增值税及销售不动产营业税的最主要的纳税人。可以说，房地产业所要考虑的税收筹划问题主要是土地增值税和销售不动产营业税的税收筹划问题，本书将房地产企业的税收筹划单列为一章来讨论，实际上仍然是按税种介绍税收筹划方法，只不过同时针对的是土地增值税和营业税的销售不动产税目。

房地产业当然不会只涉及土地增值税和销售不动产营业税，所以本章拟首先介绍我国房地产企业所涉及的具体税种，然后针对房地产企业纳税特点，按税收筹划基本策略分别介绍我国房地产企业的税收筹划方法。

10.1 房地产企业纳税概况

我国房地产企业所涉及的税种较多，在介绍房地产企业的税收筹划方法之前，有必要先介绍我国房地产企业所涉及的具体税种的基本情况。由于房地产企业主要缴纳土地增值税和销售不动产营业税，故将比较详细地介绍这两种税，而对于所涉及的其他税种，则只予以简单介绍。

10.1.1 土地增值税

房地产企业是土地增值税的最主要的纳税人之一。房地产企业转让房地产并取得收入的行为，是土地增值税的应税行为。

房地产企业销售房地产按规定需要缴纳土地增值税的，应按转让房地产取得的收入减去法定扣除项目后的金额，即土地增值额和规定的税率计算纳税。计算增值额时允许扣除项目包括按税法规定可以扣除的成本、费用、税金和其他项目。土地增值税采用四级超率累进税率，具体规定如下：增值额未超过扣除项目金额 50%的部分，税率为

30%；增值额超过扣除项目金额50%、未超过扣除项目金额100%的部分，税率为40%；增值额超过扣除项目金额100%、未超过200%的部分，税率为50%；增值额超过扣除项目金额200%的部分，税率为60%。

至于土地增值税减免税政策，根据《中华人民共和国土地增值税暂行条例》（简称《土地增值税条例》）、《中华人民共和国土地增值税暂行条例实施细则》（简称《土地增值税实施细则》）及相关规定，可以整理归纳为以下四个方面内容，前三类是针对企业的，第四类针对个人。

第一类，不征收土地增值税的政策。①《土地增值税实施细则》规定，以继承、赠予方式无偿转让房地产的行为不征收土地增值税。②房地产开发企业将开发的部分房地产转为企业自用或用于出租等商业用途，产权未发生转移的，不征收土地增值税（国税发【2006】187号）。

第二类，免征土地增值税的政策。《土地增值税条例》及《土地增值税实施细则》规定，下列情形免征土地增值税。①纳税人建造普通标准住宅出售，增值额未超过扣除项目金额20%的。②因国家建设需要依法征用、收回的房地产，包括因城市实施规划、国家建设的需要而搬迁，由纳税人自行转让原房地产的。

第三类，暂免征收土地增值税的政策。财税字【1995】48号文规定了三种暂免征收土地增值税的情况。①对于以房地产进行投资、联营的，投资、联营的一方以土地（房地产）作价入股进行投资或作为联营条件，将房地产转让到所投资、联营的企业中时，暂免征收土地增值税。对投资、联营企业将上述房地产再转让的，应征收土地增值税。但要注意，以土地（房地产）作价入股进行投资或联营的，凡所投资、联营的企业从事房地产开发的，或者房地产企业以其建造的商品房进行投资和联营的，不得免征土地增值税（财税【2006】21号）。②对于一方出地，一方出资金，双方合作建房，建成后按比例分房自用的，暂免征收土地增值税；建成后转让的，应征收土地增值税。③在企业兼并中，被兼并企业将房地产转让到兼并企业中的，暂免征收土地增值税。

第四类，针对居民个人的土地增值税优惠政策。①《土地增值税实施细则》规定，个人因工作调动或改善居住条件而转让原自用住房，经向税务机关申报核准，凡居住满五年或五年以上的，免予征收土地增值税；居住满三年未满五年的，减半征收土地增值税；居住未满三年的，按规定计征土地增值税。②对个人销售住房暂免增收土地增值税（财税【2008】137号）。③对个人之间互换自有居住用房地产的，经当地税务机关核实，可以免征土地增值税（财税字【1995】48号）。

土地增值税是房地产企业特有的税种，此税种的征收管理近年来有比较大的变化。在讨论此税种的税收筹划之前，有必要对土地增值税近年来的发展变化作一个简单介绍。

土地增值税是对有偿转让国有土地使用权及地上建筑物和其他附着物产权、取得增值性收入的单位和个人所征收的一种税。土地增值税的设计是为了合理调节土地增值收益，抑制房地产的投机炒卖活动。从1994年1月1日开始实施以来，土地增值税一直被业内看作是对房地产企业收益影响最大的税种之一。但该税种计算复杂，再加上房地产开发周期长，投资活动比较复杂，征收和缴纳成本较高。所以自开始实施以来，税务部门由于信息不对称，一直倾向于采用较低预征率（0.5%～5%）对纳税人按销售额进行预征，在项目竣工时清算。因多数房地产开发企业账目较混乱，清算成本很高，土地增值税的清算一直难以真正落实。

在土地增值税预征制下，房地产企业税收流失问题比较严重。2007 年 1 月，国家税务总局发文规定从 2007 年 2 月 1 日起，房地产企业土地增值税的缴纳将由先前的“预征制”转为“清算制”，正式向企业征收 30%～60%不等的土地增值税，清算条件包括房地产开发项目全部竣工完成销售、整体转让未竣工决算房地产开发项目的、直接转让土地使用权等三种情况。

2009 年 5 月 20 日，国家税务总局发布了对土地增值税征收管理工作较完整的规范性文件（国税发【2009】91 号），特别强调了税务机关在清算中需要明确的管理事项及清算审核的重点关注内容。2013 年 6 月 20 日，国家税务总局发布了税总发【2013】67 号文，要求进一步加强土地增值税的征收管理，着力抓好清算这一关键环节，并强调国家税务总局的督导检查以强化土地增值税征管。

土地增值税实行清算制以后，对于房地产企业来说，进行有效土地增值税税收筹划势必成为当前及今后企业发展中的重要课题。其实，尽管我国土地增值税实行四级超率累进税率计算征收，税负比较重，但是国家也相继制定出台一系列配套管理措施和相应的税收优惠政策，这为纳税人进行土地增值税税收筹划提供了一定的税收筹划空间。

10.1.2　销售不动产营业税

销售不动产是营业税的一个税目，房地产企业是销售不动产营业税的主要纳税人。除此之外，房地产企业缴纳营业税的范围还包括自营建筑施工业务、对外出租自行开发的商品房业务等，不过这些业务的营业税额显然很少。

销售不动产是房地产企业最主要的经营活动。所谓不动产是指不能移动，移动后会改变资产的性质、形状及使用价值的各种资产。作为营业税征税范围的销售不动产业务包括销售建筑物或构筑物、销售其他土地附着物。转让不动产有限产权或永久使用权，以及单位将不动产无偿赠予他人，视同销售不动产，征收营业税。房地产企业销售不动产，应以销售不动产向对方收取的全部价款和价外费用为计税依据，按 5%的税率，向不动产所在地主管地税机关申报纳税。

房地产企业销售自行开发的商品不动产，按收款方式分为一般方式销售和预收货款方式销售两种类型。一般方式销售不动产，营业税的纳税义务发生时间为纳税人收讫营业收入款项或取得索取营业收入款项凭据的当天。采用预收款方式销售不动产的，其营业税纳税义务发生时间为收到预收款的当天。由于收到预收款时，销售收入尚未实现，因此，按预收款征税后，待正式实现销售时，应当注意已税销售额的调整问题，以免重复计税。

自营建筑施工业务，是指房地产企业自营兴建各种建筑物、构筑物的工程作业后将其销售，除按销售不动产税目缴纳营业税外，其自建行为视同提供应税劳务，按建筑业税目依 3%的税率计算缴纳营业税。自建行为的纳税义务发生时间，为其销售自建建筑物并收讫营业收入款项或者取得索取营业额凭据的当天。

对外出租自行开发的商品房业务，是指房地产企业将已开发未出售的房屋转让给他人使用而取得租金的业务。该业务按服务业税目依5%的税率计算缴纳营业税。

10.1.3 其他税收

房地产企业除了缴纳上述两种主要税种之外，还需要或可能缴纳许多其他税种，下面将择要介绍几种房地产业较多涉及的其他税种。至于营业税附加税费，几乎所有企业都要涉及的企业所得税，以及某些特殊情况下，如进口货物、企业所属建材经营单位销售各种建筑材料等，也会发生的增值税、关税等此处就不予赘述。

1. 房产税

房产税是以房产为征税对象，按照房屋的计税余值或出租房屋的租金收入，向产权所有人征收的一种税。此税在城市、县城、建制镇和工矿区征收。房地产企业开发的房屋没有销售，而是用于出租，或者自用时就需要缴纳房产税。

房产税的计算方法分从价计征和从租计征两种。从价计征房产税的，依照房产原值，一次减除10%～30%后的余值作为计税依据，依1.2%的税率计算年应纳税额；房屋出租的，以房产租金收入为计税依据计算年应纳税额，适用税率为12%。

2. 契税

契税，是以在境内转移土地使用权、房屋产权为征税对象征收的一种税。契税由土地、房屋权属的承受人缴纳。契税的计税依据是土地、房屋的成交价格。契税的适用税率是3%～5%的幅度税率，具体税率标准由省级人民政府确定。

房地产开发企业承受土地使用权，应按照支付的地价款（出让金或转让价款）和规定的税率计算缴纳契税。缴纳了契税以后，才能办理土地使用权过户登记手续。企业为受让土地使用权缴纳的契税将计入土地使用权的成本。

3. 印花税

印花税，是对在经济活动和经济交往中书立、使用、领受的具有法律效力的凭证征收的一种税。各种应税凭证分为五大类：合同或具有合同性质的凭证、产权转移书据、营业账簿、权利许可证照和经财政部确定征税的其他凭证。

与房地产开发业务有关的印花税政策，主要有三种。

（1）在土地使用权取得环节，开发企业取得土地使用权，或者购买旧房及建筑物，涉及的产权转移书据、房屋产权证和土地使用证是印花税的应税凭证，应按规定贴花计税依据是书据上所记载的金额，税率是万分之五。

（2）在房地产转让环节，开发企业对外签订的房地产销售合同，按购销合同计算印花税；如果开发企业销售旧房及建筑物，对外签订的房屋销售契约，按产权转移书据贴花。计税依据是购销合同或产权转移书据上所记载的金额，税率是万分之五。

（3）在房地产自用环节，即开发企业将开发产品用作固定资产等，要办理房屋产权证，采取定额贴花，每件5元。

企业缴纳的印花税可以直接计入管理费用。

4. 城镇土地使用税

城镇土地使用税，是以城镇土地为征税对象，对拥有土地使用权的单位和个人征收的一种税。征税对象包括在城市、县城、建制镇和工矿区内的国家所有和集体所有的土地。城镇土地使用税采取从量定额征收，计税依据是纳税人实际占用的土地面积（平方米）。

按照有关税收制度规定，房地产开发企业有偿取得土地使用权的，按合同约定交付土地时间的次月起缴纳城镇土地使用税；合同未约定交付土地时间的，从合同签订的次月起缴纳城镇土地使用税（《中华人民共和国城镇土地使用税暂行条例》、财税【2006】186 号文）。

土地使用税每平方米的年税额如下：①大城市 1.5～30 元；②中等城市 1.2～24 元；③小城市 0.9～18 元；④县城、建制镇、工矿区 0.6～12 元。

10.2　房地产企业规避纳税义务策略的应用

房地产企业所涉及的税种较多，而正是由于房地产企业税收的复杂性，房地产企业经营方式的转变往往会引起其应纳税种及税收负担的较大变化，往往可很好地利用规避纳税义务策略进行税收筹划。

例如，企业利用闲置的房地产进行投资，现在已经成为一种普遍的投资形式。房地产投资，采取不同的投资方式，所涉及的税种不同，所承担的税负也必然不同。企业以房地产投资最常见的方式有两种：出租取得租金收入；以房地产入股联营分得利润。这两种方式所涉税种及税负各不相同。

10.2.1　变房屋出租业务为投资业务

房地产企业将开发的商品房对外出租收取租金，按规定应缴纳房产税、营业税、附加税费，之后还要缴纳企业所得税，税种多，税收负担较重。

如果将不动产投资入股，参与接受投资方利润分配，共同承担投资风险，不征营业税及附加税费。对于投资方收到的投资收益，投资方也不用对租金收入按 12%的税率缴纳房产税；但是接受投资方要将房产作为自用资产按房产计税余值的 1.2%缴纳每年的房产税。通常情况下，房屋年租金高于房价原值的 7%，按照从租计税计算的房产税要高于按照从价计税的房产税。

投资利润在接受投资方是税后分配的，按照企业所得税新税法的规定，投资方收到的投资收益不用再缴纳企业所得税。这样通过将房屋出租业务转化为投资业务，可以有效降低企业税收负担。

假设 2012 年位于市区某企业有一处空置房产，其原值为 K，如果出租则每年可取得租金收入 X_1，如果用于联营，则预期每年从联营企业税后利润中分配红利为 X_2。

1. 采取出租方式双方的收益和支出分析

对于提供房产方，其取得的租金收入，应承担相应的各项税收如下。

(1) 营业税及附加。房屋租赁属服务业，税率合计为5.5%，所以，应纳营业税=5.5% X_1。

(2) 房产税。依照房产租金收入计算缴纳，税率为12%，所以，应纳房产税=12%X_1。

(3) 所得税。租金收入应纳所得税，营业税及其附加税费和房产税均可在所得税前扣除，所以：

应税所得=X_1−5% X_1−12% X_1−0.5% X_1=82.5% X_1

应纳所得税=82.5% X_1×25%=20.625% X_1

税后净收益=82.5% X_1× (1−25%) =61.875% X_1

至于使用房产方，其支付的租金按规定可以在所得税前扣除，抵减企业所得税，所以其净支出实际上要少一些：

税后净支出= (1−25%) X_1=75% X_1

若将出租和承租双方看成一个整体，我们可以将用房者税后净收益的减少理解为税后净收益的负增加，则整体净收益为

61.875% X_1−75% X_1=−13.125% X_1

2. 采取联营方式双方的收益和支出分析

(1) 提供房产方。其获取的红利来源于接受投资方的税后利润分配，按照《新企业所得税法》的规定，企业所获得的股息红利等权益性投资收益免征企业所得税，也不用承担中间环节的流转税，其税后净收益就为 X_2。

(2) 使用房产方。在联营方式下，房产发生了产权转移，使用房产方成为房产所有人，要按税法规定缴纳房产税，但不缴纳营业税等流转环节税。使用房产方应缴纳的房产税依照房产原值一次减除10%～30%的余值计税，税率为1.2%，则

房产税=1.2%×(1−30%)×K=0.84% K

这种方式下，使用房产方用税后利润支付红利给提供房产方，直接减少税后收益；其缴纳的房产税可以在税前扣除。两项合计，总共产生的税后净支出为

税后净支出=0.84% K× (1−25%) +X_2=0.63% K+X_2

出租和承租双方整体利益：

整体净收益=X_2−0.63% K−X_2=−0.63% K

3. 两种方式税负和净收益比较

从以上分析可以看出，采取联营方式省掉了很多税，仅从减轻税负的角度看，应该是联营方式较好。从净收益角度看，要比较两种方式哪种好，要有不同的评价指标。

(1) 整体利益指标。假设联营方式优于出租方式，则意味着前者的整体净收益高于后者，即

−0.63% K>−13.125% X_1

解方程得

$X_1 > 0.048K$，或者 $X_1 > \frac{1}{20.83}K$，$K < 20.83X_1$

就是说，只要房产原值小于 20.83 年的租金收入，采用联营方式的整体利益优于出租方式。在目前的市场情况下，随着经济的发展，我国房屋的租金收入日益走高，而很多使用年限较长的老房子房产原值是普遍偏低的。所以，房产原值小于 20.83 年的租金收入是一个普遍现象，就是说，对于大多数企业而言，采用联营方式的整体利益优于出租方式。

(2) 税后净收益和税后净支出双项指标。假设联营方式优于出租方式，是指相对于出租方式而言，联营方式下提供房产方的税后净收益较大，而使用房产方的税后净支出较小，即

$X_2 > 61.875\% X_1$，同时 $0.63\%K + X_2 < 75\% X_1$

将这两个方程联立求解，得

$$X_1 > \frac{1}{20.83}K，X_2 > \frac{1}{33.67}K$$

或者

$K < 20.83X_1$，$K < 33.67X_2$

就是说，只要房产原值小于 20.83 年的租金收入，而且房产原值小于 33.67 年的红利分配收入，采用联营方式，无论从提供房产方还是从使用房产方的角度，其利益都优于出租方式。

【案例 10-1】 2013 年华中房地产公司将开发的店面出租给某贸易公司，租期六年，年租金 200 万元（由贸易公司税前支付）。当年该房地产公司应缴纳各种税收为

房产税＝200×12%＝24（万元）

营业税及附加＝200×5.5%＝11（万元）

税后净收益＝（200－24－11)×(1－25%)＝123.75（万元）

在此方案中，因为租金高，房地产公司缴纳的房产税、营业税都很高，另外还要附加税费。而对于承租方即贸易公司，其税前支付的租金可以抵减所得税，我们也可以计算其税后净支出：

贸易公司税后净支出＝200×(1－25%)＝150（万元）

为减轻税负，该企业对上述经营行为重新进行筹划，变出租业务为投资业务。该企业与贸易公司商定将房屋作价 1000 万元，作为对贸易公司的投资入股，贸易公司每年对该企业进行利润分红，税后分配红利 150 [200×(1－25%)]万元。这项筹划对房地产公司和贸易公司都会产生减轻税负的影响。

对于房地产公司：假定房地产公司和贸易公司均适用 25% 的企业所得税率，房地产公司接受的贸易公司所分配的税后利润不用再缴纳企业所得税，按规定房地产公司以房屋投资入股获取的投资收益不用缴纳营业税，也不用缴纳房产税，则该业务的税后净所得就为 150 万元，这比税收筹划前的方案增加了税后净所得 26.25 万元。

对于贸易公司：以支付租金的方式使用房产，每年支付租金 200 万元，这部分租金是准予税前扣除的，相当于减少税后净收益为 150 [200×(1－25%)]万元。以接受投

资的方式使用房产，由于房屋产权发生转移，贸易公司成为房产税的纳税义务人，每年按房屋计税余值的1.2%缴纳房产税，即缴纳房产税额为

1000×(1－30%)×1.2%＝8.4（万元）

8.4万元的房产税可以税前扣除，另外，贸易公司在税后支付红利150万元，两项支出合计使贸易公司减少税后净收益为

8.4×(1－25%)＋150＝156.3（万元）

这比税收筹划前的方案多减少了税后净收益6.3万元。

对比两方案，可以发现，改变房屋租赁业务为投资业务后，房地产公司规避了营业税、房产税负担，得到了较大的经济利益。虽然贸易公司减少了一部分税后净收益，但是远低于房地产公司增加的税后净收益。如果房地产公司让一部分利给贸易公司，这个矛盾是可以解决的。所以变房屋出租业务为投资业务只要筹划得当，是可以使房屋的提供方和需求方双方受益的。

10.2.2 企业间合作建房规避纳税义务的方法

目前房地产企业已形成多种开发形式，有一部分房地产开发企业以转让部分房屋的所有权为代价，换取部分土地的使用权，即一方出土地，一方出资金，房屋建成后按比例分配房屋，形成所谓的合作建房。国税函发【1995】156号文对合作建房的有关税收问题进行了规定。按照该文件规定，合作建房有两种方式，即纯粹“以物易物”（土地使用权和房屋所有权相互交换）方式和成立“合营企业”方式，两种方式中又因具体情况的不同产生了不同的纳税义务。

1. 土地使用权和房屋所有权相互交换

在这一合作过程中，一方以转让部分土地使用权为代价，换取部分房屋的所有权，发生了转让土地使用权的行为；另一方则以转让部分房屋的所有权为代价，换取部分土地的使用权，发生了销售不动产的行为。因而合作建房的双方都发生了营业税的应税行为。出地方按土地出让价格依5%税率按转让无形资产税目缴纳营业税，而房地产开发企业按分给对方的房屋转让价格依5%税率按销售不动产税目缴纳营业税。由于双方没有进行货币结算，所以应当按照《营业税暂行条例实施细则》的规定分别核定双方各自的营业额。如果合作建房的双方（或任何一方）将分得的房屋销售出去，则又发生了销售不动产行为，应对其销售收入再按销售不动产税目征收营业税。

在合作建房协议中，土地出让价格与分给对方的房屋转让价格是一致的。所以合作建房行为，房地产开发企业和出地方均按转让价格依5%税率缴纳营业税，造成双重征税。同时，合作双方所纳税额直接与转让价格有关。转让价格一般由合作建房双方协商按市场价或组成计税价确定。本着双方的共同利益，房地产开发企业与出地方在协议转让价格时，应尽量压低转让价格，从而使双方都能减轻税负。

2. 成立“合营企业”

如果双方采取风险共担、利润共享的分配方式，按照“以无形资产投资入股，参与

接受投资方的分配、共同承担投资风险的行为，不征营业税”的规定，对土地所有方向合营企业提供的土地使用权，视为投资入股，不征营业税；只对合营企业销售房屋取得的收入按销售不动产征税；对双方分得的利润不征营业税。

对合作建房的情况，纳税人只要认真筹划，就会取得很好的效果。

【案例 10-2】　甲、乙两企业合作建房，甲提供土地使用权，乙提供资金。两企业约定，房屋建好后，双方均分。完工后，经有关部门评估，该建筑物价值 1000 万元，于是，甲、乙各分得 500 万元的房屋。

根据税法规定，甲企业通过转让土地使用权而拥有了部分新建房屋的所有权，从而产生了转让无形资产应缴纳营业税的义务；乙企业转让部分房屋的所有权，发生了销售不动产应缴纳营业税的义务。此时其转让土地使用权和销售不动产的营业额均为 500 万元，两企业应纳的营业税为 50（500×5%×2）万元。

若两企业进行税收筹划，则可以少缴或不缴纳营业税。具体操作过程如下：甲企业以土地使用权、乙企业以货币资金合股成立合营企业，合作建房，房屋建成后双方采取风险共担、利润共享的分配方式。由于甲企业投入的土地使用权是无形资产，所以，无须缴纳营业税。仅此一项，甲企业就少缴了 25 万元的税款，从而取得了很好的筹划效果。

10.2.3　自建自售房地产规避纳税义务的方法

对于很多企业自建房产的行为，若自建的房地产不出售，则建筑行为属于单位或个体经营者聘用的员工为本单位或雇主提供的应税劳务，不构成对外经营，不缴纳建筑业税目的营业税；但是，如果自建的房地产对外出售，那么建筑行为就不是为本单位或雇主提供的应税劳务，而是一种对外的经营行为，理应缴纳建筑业税目的营业税，否则就会造成税负不公，不利于企业的公平竞争，因此企业此时既要缴纳销售不动产的营业税，同时还要缴纳建筑业的营业税。

【案例 10-3】　鑫乐房地产公司有一个下属的不独立核算的施工队，当年自建办公楼一栋，建筑成本 970 万元（包含工程所用原材料及其他物资、动力价款和间接费用）。由于办公楼不准备出售，只是解决本单位办公用房之需要，所以不属于销售不动产行为，不用缴纳销售不动产税目的营业税；同时，房屋的建筑是由本单位下属的施工队承担，这属于单位或个体经营者聘用的员工为本单位或雇主提供应税劳务，按照现行营业税制度规定，也不缴纳建筑业税目的营业税。

然而事与愿违，由于该办公楼交通不便及其他因素，公司决定将办公楼出售，并取得出售收入 1200 万元。在出售办公楼的当月，鑫乐房地产公司在向税务局申报纳税时，主动就出售办公楼的收入 1200 万元，按销售不动产税目申报并缴纳了营业税 60（1200×5%）万元。税务机关在认真研究之后，认为鑫乐房地产公司还应就下属的施工队自建办公楼的行为，按建筑业税目申报缴纳营业税。税务局核定的建筑业成本利润率为 10%，则鑫乐房地产公司应纳建筑业营业税额为

970×(1＋10%) ÷ (1－3%)×3%＝33（万元）

自建的办公楼出售与不出售相比，其应纳营业税由不缴纳到增加了两项税目，税收

负担增加了93（60+33）万元，鑫乐房地产公司的确有些吃惊；而对于自建自售房地产还需要缴纳建筑业税目的营业税，鑫乐房地产公司感到不可理解。那么税务机关的决定正确吗？税务机关的决定是正确的，前面已论述。

在鑫乐房地产公司此项销售办公楼的经营行为中，该公司所获取的营业收入在扣除了建筑成本、营业税及附加税费和其他费用后，所剩利润无几。因此，鑫乐房地产公司认为自建自售这栋办公楼是在给办公楼的买主和国家税务机关作贡献。那么该公司在这栋办公楼的自建自售问题上，能否摆脱这种高税负、低利润的被动局面呢？可以考虑采取的方法至少有三种。

（1）提高售价。由于自建的房屋再出售，同一个纳税主体要缴纳两个税目的营业税，其税收负担偏重，如果售价低，则房地产公司的利润就低。因此，鑫乐房地产公司可以考虑提高售价，将所承担的营业税负担转嫁给办公楼的买主。虽然，提高售价也会带来销售不动产税目的营业税应纳税额增加，但收入的增加大于应纳税额的增加，最终会使鑫乐房地产公司净收益增加。

（2）内部消化。如果该办公楼在提高售价后很难销售出去，则鑫乐房地产公司应考虑内部消化，将该楼仍按原计划作办公用房或改作其他用途，以避免两种营业税负担和由此带来的低利润境况。

（3）转作投资。如果办公楼的买主的确有购买的意向，按原有价格出售则鑫乐房地产公司盈利低微，提高售价则对买方不利。鑫乐房地产公司可以在有购买意向的买主中选择成长性较好、盈利空间大的企业，将房屋作为投资提供给对方使用。按照现行税收制度规定，如果将不动产投资入股，参与接受投资方利润分配，共同承担投资风险的行为，不征营业税，同时免掉了城市维护建设税和教育费附加。倘若接受投资方经济效益好，则鑫乐房地产公司每年可以得到一笔稳定的利润分配额，又不用缴纳双重营业税；同时购买方不用一次投入大量资金就可以使用一栋现成的办公楼，因此此方案可以说是互惠互利，双方都乐意接受的。

10.3 房地产企业缩小税基策略的应用

由于房地产企业涉及的税种较多，其税基的形式也因税而异，根据各种税的特点可运用合理的财务规定分解或转换销售额以缩小税基进行税收筹划。

10.3.1 合理分解租金收入

房地产企业将开发的商品房对外出租收取的租金直接关系到应缴纳的营业税、房产税，租金收入高则承担的税负重。企业在进行税收筹划时，应考虑尽量降低租金收入，或者将房屋租金收入以其他收入形式加以表现，这样就能有效减轻企业税收负担。

【案例10-4】 某房地产企业开展多种经营，兼营房屋出租、建筑材料销售、装饰装修等业务，遂取得一般纳税人资格。该企业某年将位于市区的营业房一幢出租给某商贸公司，双方签署了房屋出租合同，租金为每年150万元，租期为5年，租金中包含简单的家具、空调，并包电话费、水电费。房地产企业当年购家具、空调等家电17.55万元（含税价，并获得了增值税专用发票）用于该出租营业房，预计使用年限为 5 年。另外当年为营业房支付电话费 6 万元，水费 4.52 万元、电费 7.02 万元。

家具家电购置成本为 15（17.55÷1.17）万元，按照 5 年折旧，为简化分析，假定无残值，年折旧费为 3（15÷5）万元。

根据《营业税暂行条例》及《房产税暂行条例》规定，该企业房屋租赁行为每年应缴纳的税额及收益如下：

营业税及附加＝150×5.5%＝8.25（万元）

房产税＝150×12%＝18（万元）

该房屋折旧费及各项维护费用为 50 万元/年。由此计算，该企业当年房屋出租成本为房屋年折旧费及维护费、家具家电折旧费、水电费使用成本、电话费、应纳营业税及附加、房产税之和，故房屋出租成本为

50＋3＋(6＋4.52＋7.02)＋8.25＋18＝96.79（万元）

所得税前收益＝150－96.79＝53.21（万元）

为使企业收益最大化，该企业对前述经营行为重新进行筹划，该企业与商贸公司分别签订房屋租赁合同、转售家具空调合同、电话费水电费代理合同，并对以上业务分别核算。家具空调按分期付款方式，以 23.4 万元的价格转卖给商贸公司，商贸公司每年付款 4.68 万元，分 5 年全部付清。电话费、水电费均由商贸公司自行承担，但由该企业代为缴纳。以上项目单列后，为保证租赁方和承租方双方的利益，那么房屋租赁价格按前述 150 万元扣除以上费用后收取，以使承租方总支出不变。

新租赁价格＝150－4.68－(6＋4.52＋7.02）＝127.78（万元）

这种方案下，由于电话费、水电费由该企业代缴，不构成企业的房屋出租成本。这样，该企业的房屋租赁行为每年应缴纳的税额及收益如下：

营业税及附加＝127.78×5.5%＝7.0279（万元）

房产税＝127.78×12%＝15.3336（万元）

第一年增值税＝（4.68－17.55）÷1.17×17%＝－1.87（万元）

第二至第五年每年增值税＝4.68÷1.17×17%＝0.68（万元）

五年增值税合计＝－1.87＋4×0.68＝0.85（万元）

房屋出租成本＝50＋3＋7.0279＋15.3336＝75.3615（万元）

租金及销售收入＝127.78＋4.68÷1.17＝131.78（万元）

出租所得税前收益＝131.78－75.3615＝56.4185（万元）

从以上分析可看出，两方案差异在于对提供家具家电、提供电话费和水电费的处理方式不同。前一方案中，该企业与商贸公司仅签订一份房屋租赁合同，租赁收入包含家具家电使用费、电话费和水电费等，租赁价格高，企业由此也承担了较高的营业税及附加、房产税。后一方案中，该企业合理将各种开支项目与房屋出租收入分开核算，在实际收入不变的情况下，降低了房屋出租的名义收入，降低了应纳房产税、营业税及附加。从综合效果看，后一种方案减轻了企业税收负担，获得了正当的税收效益。

10.3.2 分解不动产销售价格

房地产企业销售不动产须缴纳营业税、土地增值税、附加税费、企业所得税等。其中主要的税负是营业税和土地增值税，这两种税又与房地产销售价格直接相关。房地产销售价格增加，营业税额就会增加，而土地增值税因为适用超率累进税率会成倍地增加。如果能想办法使得转让收入变少，从而减少纳税人转让房地产应缴纳的营业税和土地增值税，显然是能节省税款的。但转让收入变少，会直接使企业收益降低，这对企业是很不利的。如何能够既使企业的收益不降低，又减轻税收负担呢？

其他业务收入相对于房地产销售收入而言，涉及的税种主要是营业税，不缴纳土地增值税，税负会轻一些，若能合理降低房地产销售价格，将房地产销售收入转移到其他业务收入形式上，在土地增值税超率累进税制下，企业税收负担会成倍地减轻。因为在累进税制下，收入的增加预示着相同条件下增值额的增加，从而使得高的增值额适用较高的税率，档次爬升现象会使得纳税人税负急剧上升，因此分解不动产销售价格有着很强的现实意义。如何能够使分解不动产销售价格合理合法，是这个方法的关键。

一般的方法是将可以单独处理的收入项目尽量从房地产价格中分离出来，以减少房地产价格，控制土地增值率。比如房屋里面的各种设施，在出售房地产时，既可以整体一起出售，也可以分开计价，分开计算收益。整体出售的方法操作简便，但不利于减轻税收负担；分开计价的方法实施起来虽然较麻烦，程序复杂一些，但对于减轻税负很有好处。

考虑到当前房地产开发企业大多是多种经营，既从事建筑业，又从事加工业，既有房屋销售业务，又有各种设施销售和装饰装修业务及物业管理服务。因此房地产企业通过将不动产销售价格部分分解至其兼营业务的收入上，就可以大幅度降低税率。其具体做法如下：房地产企业进行房屋建造出售时，将合同分两次签订。当住房初步完工但没有安装设备，以及进行装潢、装饰时，便和购买者签订房地产转移合同，接着再和购买者签订设备安装及装潢、装饰合同，则纳税人只就第一份合同上注明的金额缴纳营业税及附加、土地增值税，而第二份合同上注明的金额只征收营业税及附加，不用计征土地增值税。这样就使得应纳税额减少，达到了增加经营收益的目的。

【案例 10-5】 某房地产公司 2006 年出售商品房一幢，收入为 800 万元，房屋已进行部分室内装修，里面的各种设施已经安装齐全。按规定计算的扣除项目为 300 万元，增值额为 500 万元。则该公司应就该业务缴纳营业税、土地增值税、企业所得税、附加税费等。

土地增值税按土地增值率计算，土地增值率为 167%（500÷300），适用第三档税率 50%和速算扣除系数 15%，则

土地增值税＝500×50%－300×15%＝205（万元）

营业税及附加＝800×5.5%＝44（万元）

所得税前收益＝800－300－44－205＝251（万元）

此外还要缴纳企业所得税。

此方案中土地增值额和增值率都较大，导致土地增值税较高，企业承担的总体税负重，影响了该项目的经济效益。为减轻企业税负，可以对上述行为重新进行筹划。

考虑到房屋已进行了简单装修，该房地产企业在和购买者签订合同时，采取变通的方法，将收入分散，就可以节省不少的税款。具体做法是将房屋装修业务独立出来，单独签订合同，单独核算收入，将企业的收入项目和成本项目进行分解。第一份合同：商品房销售收入 490 万元，成本为 250 万元，增值额 240 万元；第二份合同：房屋装修业务收入 310 万元，成本 50 万元。这里第一份合同属于房地产销售业务，既要按照合同上注明的金额缴纳营业税及附加，还要按照合同上注明的金额缴纳土地增值税；而第二份合同是提供装饰装修服务，只需按照合同上注明的金额缴纳营业税及附加，而不用缴纳土地增值税。这样就使得应纳税额大为减少。

房屋装修营业税及附加＝310×3.3％＝10.23（万元）

房屋销售营业税及附加＝490×5.5％＝26.95（万元）

房屋增值率＝240÷250＝96％

土地增值税＝240×40％－250×5％＝83.5（万元）

所得税前收益＝800－300－(10.23＋26.95)－83.5＝379.32（万元）

两个方案相比，经税收筹划后的方案其税收利益是明显的。

10.3.3　控制开发项目的增值额

土地增值税是房地产开发承担的一项重要税种，该税的税收筹划受到房地产企业的普遍关注。其原因：一是其税率较高，税负重；二是其税率为超率累进税率，跳跃性大，不同级次之间税收负担的差距大。因此土地增值税筹划的余地也大。

从计税原理上讲，控制、降低增值额的途径有两条：减少销售收入或增加可扣除项目。从表面现象看，这样做都会减少企业的利润，损害企业的利益，其实不尽然。如果增值率略高于两级税率档次交界的增值率，通过适当减少销售收入或增加可扣除项目，可以减少增值额，降低土地增值税的适用税率，从而减轻土地增值税税负。这种情况如果把握得好，不一定减少企业的利润，可能还会增加企业的收益。

1. 通过减少销售收入降低增值额

《中华人民共和国土地增值税暂行条例实施细则》规定，纳税人建造普通标准住宅出售，增值额未超过扣除项目金额 20％的，免征土地增值税；增值额超过扣除项目金额 20％的，应就其全部增值额按规定计税，不得免税。按此原则，纳税人建造住宅出售的，应考虑增值额增加带来的效益和放弃起征点的优惠而增加的税收负担间的关系，避免增值率稍高于起征点而导致得不偿失。

【案例 10-6】　洪兴房地产开发公司开发一批普通商品房住宅，销售价格共计 3100 万元，按税法规定计算的可扣除项目金额为 2500 万元。该企业应缴纳土地增值税计算如下：

增值额＝3100－2500＝600（万元）

增值率＝600÷2500＝24％

土地增值税＝600×30％＝180（万元）

该公司开发的属于普通标准住宅，由于增值率为24％，超过20％，不能享受免予征收土地增值税的优惠。如果该公司对商品房降低售价，按3000万元的价格销售这批商品房，其他条件不变，则纳税情况为

增值额＝3000－2500＝500（万元）

增值率＝500÷2500＝20％

土地增值税可免征。

与筹划前相比，企业收入减少100万元，应纳税额减少了180万元，所得税前实际收益反而增加80万元。税收筹划的效果显著。

将上例推而广之。设房地产开发公司建成一批商品房待售，包括地价款、房地产开发成本和费用等除销售税金及附加以外，全部允许扣除项目的金额为C。若房屋销售价格为P，则房屋销售营业税及附加为$P\times5.5\%$，允许扣除项目金额为$C+P\times5.5\%$。

享受免征土地增值税的销售价格$P\leqslant1.2\times(C+5.5\%P)$

解方程得

$P\leqslant1.2848C$

当$P=1.2848C$达到最高售价时：

允许扣除项目金额$=C+P\times5.5\%=1.0707C$

房地产销售收益$=1.2848C-1.0707C=0.2141C$

企业如果销售情况很好，可以采取提价的销售方式。要使提价后纯收益能够增加，必须使提价带来的效益超过因突破起征点而新增加的税金。设提价后房屋销售价格为P_1，增值率高于20％但低于50％，土地增值税税率为30％，则：

允许扣除项目金额$=C+P_1\times5.5\%$

增值额$=P_1-(C+P_1\times5.5\%)=0.945P_1-C$

土地增值税$=30\%\times(0.945P_1-C)=0.2835P_1-0.3C$

销售收益$=P_1-(C+P_1\times5.5\%)-(0.2835P_1-0.3C)$

$=0.6615P_1-0.7C$

要使提价后纯收益能够增加，须满足

$0.6615P_1-0.7C>0.2141C$

即

$P_1>1.3818C$

这就是说，如果想通过提高售价获取更大的收益，就必须使价格高于$1.3818C$。

通过以上的分析可知，转让房地产的企业，当除销售税金及附加以外的全部允许扣除项目的金额为C时，将售价定为$1.2848C$是该纳税人可以享受土地增值税起征点照顾的最高价位。在这一价格水平下，既可以享受土地增值税起征点的照顾，又可以获得较大的收益。如果售价低于此数，虽能享受土地增值税起征点的照顾，却只能获取较低的收益。

如果要提高售价，则会失去享受土地增值税起征点照顾的优惠，而要按照30％的税率缴纳土地增值税。因此必须要使价格高于$1.3818C$。否则，价格提高带来的收益，将不足以弥补价格提高所带来的税收负担的增加。

2. 通过增加可扣除项目降低增值额

房地产企业在房屋销售价格不变的情况下增加可扣除项目金额，增值率也会降低，从而也会带来应纳土地增值税税额的减少。这样做的好处有两个：一是可以免缴或少缴土地增值税；二是提高了房屋质量、改善了房屋的配套设施等，可以在激烈的销售战中取得优势。

仍以案例 10-6 加以说明。假定其他条件不变，商品房价格仍为 3100 万元，洪兴房地产开发公司增加商品房内部设施，使其可扣除项目增加为 2600 万元，则应纳土地增值税情况为

增值额＝3100－2600＝500（万元）

增值率＝500÷2600＝19.23％

土地增值税可免征。

与筹划前相比，企业商品房开发成本增加 100 万元，应纳税额减少了 180 万元，所得税前实际收益增加 80 万元。与筹划前相比，企业提高了房屋质量，还减少了净支出，获得了净利益的增加。这种筹划使得商品房买卖双方均受益，是一种互惠互利的行为。

增加可扣除项目金额的途径很多，比如增加房地产开发成本、房地产开发费用等，使商品房的质量进一步提高。在增加可扣除项目时，应注意税法对可扣除项目的具体规定。税法规定，开发费用的扣除比例不得超过取得土地使用权支付的金额和房地产开发成本金额总和的 10％，而各省市在 10％之内确定了不同的比例，纳税人要注意把握。如果税法允许扣除的项目比企业自己实际核算中涉及的项目要少，计算增值额时必须以税法的规定为准。

10.3.4　转换房地产收入结构

房地产交易的金额往往很大，工业企业的房地产项目与企业的设备、专有技术等经常相伴而生，这样房地产的交易与设备转让、专有技术转让、技术服务、技术咨询等也经常同时发生。我们知道，房地产的交易除承担营业税及附加外，还须承担超率累进的土地增值税，交易价格越高，税收负担越重。专有技术转让和技术服务、技术咨询只涉及营业税负担，税负也相对较轻，并且在符合条件时也可以享受税收优惠。因此，当房地产交易与设备转让、专有技术转让同时发生且房地产交易金额偏高时，可以考虑在保持总销售额不变的情况下进行收入结构策划，将包含于房地产销售的价格部分转移至设备的售价，或者转移至技术服务、技术咨询、技术转让的价格，即将重税负的部分收入转移至其他税负较轻项目的收入，通过适当转变自身涉税事项的税收属性，调整涉税事项的应税税种或税日，进而选择对自身最为有利的税收政策，达到降低税收成本的目的。

【案例 10-7】[①]　2003 年，山西某煤厂二期产煤系统建设项目的法人由原 A 公司转换为 B 公司。基建项目法人变更后，A 公司经与 B 公司协商，将二期产煤系统建设项

---

① 管强．“补偿款”变“咨询费”，企业节税两千万．中国税务报，2004-11-30.

目转让给了B公司。由于二期产煤系统已经进行了前期的建设，作为转让补偿，A公司收取B公司前期工作转让收入6000万元。2003年年中此项交易完成，款项已经收到。由于A公司原有输煤系统的建设规模已考虑了自身将来扩建二期产煤系统的需要，为有利双方生产系统的管理，在转让二期产煤系统的同时，A公司计划下一年度向B公司进行了输煤系统的转让。转让的输煤系统资产包括为二期产煤系统准备的输煤综合楼、碎煤机室、翻车机室、输煤栈桥、转运站等，以及二期产煤系统占用土地的使用权。此项转让的交易金额为7000万元。由于输煤系统的转让将直接影响到A公司现有产煤系统的生产能力，为了弥补由此造成的损失，两家公司商议由B公司给予A公司5000万元的输煤系统转让补偿款，用于购置新产煤系统。

对本案例的情况进行筹划分析。A公司取得首笔6000万元的转让收入后，在其2003年的年报中已经披露确认了这一资产转让事项及其收入，会计处理上也已进行了相关收入成本项目的配比，并相应正确履行了流转税和所得税的纳税义务，因此并不存在涉税风险。同样，由于纳税义务已经形成并且已经履行，所以对于相应的涉税事项也就不存在纳税筹划的空间。如果再试图通过账务上的更改来改变已经形成的纳税义务，则不再属于纳税筹划的范畴，而是一种偷逃税的违法行为。

当时A公司在此项资产转让业务中还可进行筹划操作的是其中所涉及的土地增值税。由于A公司此次输煤系统的转让是将输煤系统所占用的土地、房屋及上面的各类机械整体转让给B公司，按照《土地增值税暂行条例》的规定，转让国有土地使用权、地上建筑物及其附着物所取得的收入应在计算扣除项目金额后对增值额缴纳土地增值税。因此，A公司转让输煤系统获得的7000万元应确认为土地增值税的应税收入。而且由于A公司在转让的同时相应获得了5000万元的补偿款收入，根据《土地增值税暂行条例实施细则》的规定，土地增值税的转让收入是指转让房地产的全部价款及有关的经济利益。由于此笔5000万元的补偿收入是由于A公司转让输煤系统而相应获得的，应算作是转让房地产（土地、房屋及上面的附着物）获取的相关经济利益，因而也应一并计入土地转让收入计算缴纳土地增值税。

经过测算，A公司此项输煤系统转让按照规定可以扣除的项目金额总计为3285万元，A公司涉及的土地增值税计算如下。

增值额＝7000＋5000－3285＝8715（万元）

增值率＝8715÷3285＝265%

土地增值税＝8715×60%－3285×35%＝4079.25（万元）

土地增值税平均税负率＝4079.25÷12000＝33.99%

A公司获取的5000万元补偿收入并入了土地转让收益，造成土地增值额急剧加大，从而在超率累进税率的作用下，税负大幅增加。那么从筹划的角度考虑，如果能改变这笔5000万元补偿款的性质，使其不再与转让土地使用权相关，那么将可以降低整体增值率，适用较低的税率，从而合理地达到减轻税负的目的。

鉴于以上A公司涉税义务的履行情况及公司整体对外会计信息披露的要求，对这笔转让补偿收入可以通过以下两种转换方式进行筹划。

第一种方式。A公司与对方重新单独签订一笔金额5000万元的煤厂附属设施使用赞助合同，以此达到相同的目的。这种筹划思路的可行性在于，由于对方新建煤厂离 A 公司的煤厂较近，而 A 公司煤厂长期以来已经在当地厂区周围形成了比较完善的、具有一定规模的职工生活附属设施。对方在投产经营之后，完全可以通过签订这笔煤厂附属设施使用合同来避免重复建设新的生活设施，而可以直接使用已有的这些设施。因此，对方也就应当具有签订这种合同的意愿。在合同具体条款上，煤厂可以与对方约定设施的使用年限，并约定违约责任。如果煤厂本身在原有的计划安排中已经想通过这种租赁自身生活设施给对方而赚取一定的营业外收入，那么在合同金额的确定上，可以以双方协商后的租赁费用加上原有的 5000 万元的转让费用作为此项附属设施使用的总金额。这样，A 公司只需就这笔合同收入按服务业缴纳 5.5%的营业税及附加、在所得税税负不变的情况下，既可以保证合同双方原有的经济利益和经营意向不受损失，同时达到节省税款的目的。

第二种方式。A 公司煤厂与对方重新单独签订一笔金额 5000 万元的煤厂初期投产生产管理咨询合同。由于对方刚开始投产经营煤厂，在生产运作、企业管理制度制定、生产人员培训等各个方面都可以向具有成熟的煤厂生产管理运作经验的 A 公司咨询，由此 A 公司可以通过这种煤厂管理咨询合同的签订来达到将这笔 5000 万元收入转变性质的目的。同样，如果煤厂确实已经或打算向对方提供这种咨询服务，那么也可以将协议后的费用与 5000 万元加总后确定一个最终的合同金额，新增的咨询服务收入也只需缴纳 5.5%的营业税及附加，无须计入房地产转让收入计算缴纳土地增值税。这样，亦可以达到相同的筹划目的。

如果按照这两种思路操作的话，A 公司涉及的土地增值税负担将会降低，其计算如下。

增值额＝7000－3285＝3715（万元）

增值率＝3715÷3285＝113%

土地增值税＝3715×50%－3285×15%＝1364.75（万元）

筹划的结果，A 公司土地增值税比筹划前节省 2714.5（4079.25－1364.75）万元。

10.3.5　利用代建房业务

现行税法对不同的建房方式进行了一系列界定，其中包括对代建房方式的界定。代建房方式是指房地产开发公司代客户进行房地产的开发，开发完成后向客户收取代建房报酬的行为。对于房地产开发公司来说，虽然取得了一定的收入，但由于房地产权属自始至终是属于客户的，没有发生转移，其收入也属于劳务性质的收入，故不属于土地增值税的征税范围，不用缴纳土地增值税；只需按照取得的手续费收入按“服务业”税目依 5%的营业税率计征营业税。而根据现行税法规定，销售不动产业务应按照不动产的全额依 5%的营业税率计征营业税，而且还要缴纳土地增值税。相比之下，手续费收入较不动产销售价格要低得多，就是说，代建房业务的营业税负担低于销售不动产业务。

同时，如果代建房的土地使用权为客户自有的，客户在取得时缴纳土地增值税；如果代建房的土地使用权是房地产开发公司先行转让给客户的，在转让房地产开发公司缴纳土地增值税。仅仅转让土地使用权，其土地的增值率一般会低于开发完工的房地产项目的增值率，故两种情况下，土地增值税负担都不会太高。

综上所述，代建房业务的税收负担比销售不动产业务的税收负担就要低许多。在有条件的情况下，房地产开发企业将销售房产业务转换为代建房业务乃是避税筹划的明智之举。

代建房业务在税收上有什么具体的要求和规定呢？关于房地产开发公司代建房的营业税问题，房屋开发公司承办国家机关、企事业单位的统建房，如委托建房单位能提供土地使用权证书和有关部门的建设项目批准书以及基建计划，且房屋开发公司（即受托方）不垫付资金，同时受托方与委托方实行全额结算（原票转交），受托方只向委托方收取手续费，即符合“其他代理服务”条件的，对房屋开发公司按照取得的手续费收入按“服务业”税目计征营业税。否则，应全额按“销售不动产”计征营业税。也就是说，代建房业务是由用房单位提供土地和资金委托房地产开发企业替其建房。

因此，房地产开发企业为减轻税负将销售房产业务转换为代建房业务须满足几个条件。

（1）用房单位能提供土地使用权证书、有关部门的建设项目批准书及基建计划，即用房单位是建房的主体单位，它必须具有一定的经济实力，而不是零散的购房户。

（2）房地产开发企业不垫付资金。房地产开发企业接受用房单位委托代建房，由委托方预付款项或者由建筑公司垫付资金，工程竣工后统一结算。为维护委托方的经济利益，房地产开发企业可以主动替委托方联系贷款或其他筹集资金的渠道，并给予一定的利率补贴，以促成委托方预付款项。

（3）受托方与委托方实行全额结算（原票转交），受托方只向委托方收取手续费。

（4）受托方与委托方要签订代建合同。

以上的所有条件都必须要用房单位愿意配合房地产开发企业进行纳税筹划。为了使该项筹划更加顺利，房地产开发公司可以降低代建房劳务性质收入的数额，以取得客户的配合。由于房地产开发公司可以通过该项筹划节省不少税款，让部分利于客户也是可能的。如果用房单位与房地产开发企业的房产结算价格加上手续费不超过房地产开发企业自行开发房地产的销售价格，用房单位也不会有什么异议。

【案例 10-8】 某市的一家房地产开发公司拟建一幢写字楼出售给买房单位。经事先进行成本预核算，销售价格应为 8000 万元，各种可扣除项目金额为 5000 万元，其中土地使用权取得成本为 1200 万元。则该房地产开发公司应纳各税情况为

营业税及附加＝8000×5.5％＝440（万元）

土地增值额＝8000－5000＝3000（万元）

增值率＝3000÷5000＝60％

土地增值税＝3000×40％－5000×5％＝950（万元）

为降低纳税成本，房地产开发公司将其自有的土地使用权先行转让给买房单位，土地使用权转让价格 1400 万元。同时，房地产开发公司还与买房单位签订了综合大楼代建合同。建房过程由买房单位预付建设款项（是房地产开发公司联系的贷款并且承担担保责任）。按照合同约定，工程结算价 6000 万元，房地产开发公司另收代建手续费 600 万元。改变经营方式后，买房单位购置写字楼的成本由土地使用权转让价格 1400 万元、

工程结算价 6000 万元及手续费 600 万元三部分构成，购置成本仍为 8000 万元，与筹划前的成本一致。

筹划后，房地产开发公司首先要对土地使用权转让计算缴纳营业税及附加、土地增值税，然后还须根据手续费收入按代理业 5%的税率缴纳营业税及附加。

土地使用权转让营业税及附加＝1400×5.5%＝77（万元）

土地增值额＝1400－(1200＋77)＝123（万元）

增值率＝123÷(1200＋77)＝9.63%

土地增值税可免征。

营业税及附加＝600×5.5%＝33（万元）

与筹划前相比，房地产开发公司的营业税和土地增值税负担大为减轻。

10.3.6　售后回租业务的差额征税

房地产企业销售房屋时会采用多种销售手段，其中一种是售后回租，即房地产企业销售房产后，再将房产租回，统一对外出租，每年按售价的一定比例返还给购房者。售后回租应分解为销售和租赁两项业务分别进行税务处理，房地产企业可以通过合理设计降低租赁部分的营业税税负。

【案例 10-9】①　某市一家房地产公司主要开发商用房产，最近新开发商用楼一幢，共有商铺 100 间，每间 10 平方米，每平方米售价 2 万元。公司和购房者约定，回租后将房屋统一对外出租，每年收取租金 300 万元，合约期 10 年，每年按售价的 10%返还给购房者。

《营业税暂行条例》规定，纳税人兼营不同税目的应当缴纳营业税的劳务、转让无形资产或销售不动产，应当分别核算不同税目的营业额、转让额和销售额。该房地产公司应按销售和租赁两种业务进行税收处理，分别缴纳营业税、印花税、城市维护建设税和教育费附加。

按销售不动产缴纳营业税及附加：100×10×2×5.5%＝110（万元）

按租赁业缴纳营业税及附加：300×5.5%＝16.5（万元）

按产权转移书据缴纳印花税：100×10×2 ×0.05% ＝1（万元）

按财产租赁合同缴纳印花税：300×0.1%＝0.3（万元）

该房地产企业共需缴纳税款 127.8 万元，其中房屋租赁相关税金为 16.8 万元。

如果该房地产公司另外成立一家物业公司，由物业公司与购房者签订委托代理租房合同。根据财税【2003】16 号文件规定，从事物业管理的单位，以与物业管理有关的全部收入，减去代业主支付的水、电、燃气，以及代承租者支付的水、电、燃气、房屋租金的价款后的余额为营业额，缴纳营业税。因此，物业公司可以按差额缴纳营业税。

按服务业差额缴纳营业税及附加：(300－100×10×2×10%)×5.5%＝5.5（万元）

按财产租赁合同缴纳印花税：300×0.1%＝0.3（万元）

该物业公司合计缴纳税款 5.8 万元。

---

① 孙伟航，房地产公司售后回租的税收筹划．中国税务报，2013-11-18.

对比前述按销售和租赁分别纳税的情形看，该房地产公司单独成立物业公司，由物业公司与购房者签订委托代理租赁合同，少缴税款11万元。

10.4 房地产企业适用低税率策略的应用

土地增值税和营业税是房地产企业所涉及的主要税种，税率档次较多，尤其是土地增值税所适用的是超率累进税率，因此可设法采取适用低税率的策略进行税收筹划。

10.4.1 均衡申报各种房地产价格

在房地产行业，通常同一家房地产企业开发的房地产有不同的档次，其品味、市场定位不一样，销售价格也不一样，也就是说，既有低价格的普通标准住宅，又有中档住宅、写字楼，还有高档住宅、别墅和写字楼，不同地方或地区的开发成本比例因为物价或其他原因可能不同，这就会导致有的房屋开发出来销售后的增值率较高，而有的房屋增值率较低，各类房地产的增值额和增值率都有悬殊。房地产的增值额和增值率是计算销售不动产业务应纳土地增值税的主要依据，而土地增值税实行超率累进税率，增值率越大，适用税率越高。累进税率制度下，纳税的原则是应尽量避免太高税率的出现，避免收入呈波峰与波谷的大幅变化，不均衡的状态实际会加重企业的税收负担，较均衡的收入能减轻税负。所以为减轻土地增值税税负，企业可以采取不单独核算的方法，将价格不同的房地产销售收入合并申报，以适用较低的土地增值税率；或者对各个开发项目的开发成本进行必要的调整，使得各处开发业务的增值率大致相同，从而节省税款。

【案例 10-10】 泰和房地产公司2005年同时开发四个工程项目。项目1为安居工程住房，可扣除项目为2000万元，营业收入2500万元；项目2为普通住宅，可扣除项目为2500万元，营业收入3900万元；项目3为别墅住宅，可扣除项目为3000万元，营业收入为8000万元；项目4为写字楼，可扣除项目6000万元，营业收入20 000万元。可扣除项目总和为13 500万元，营业收入总和34 400万元。下面分别对这四个工程应纳的土地增值税进行计算。

项目1：

增值额＝2500－2000＝500（万元）

增值率＝500÷2000＝25％

土地增值税＝500×30％＝150（万元）

项目2：

增值额＝3900－2500＝1400（万元）

增值率＝1400÷2500＝56％

土地增值税＝1400×40％－2500×5％＝435（万元）

项目3：

增值额＝8000－3000＝5000（万元）

增值率＝5000÷3000＝167％

土地增值税＝5000×50％－3000×15％＝2050（万元）

项目 4：

增值额＝20000－6000＝14000（万元）

增值率＝14000÷6000＝233％

土地增值税＝14000×60％－6000×35％＝6300（万元）

四个项目土地增值税＝150＋435＋2050＋6300＝8935（万元）

该公司为减轻税负，对上述经济行为进行重新安排。将项目 1 的营业收入核算为 2350 万元，可扣除项目仍为 2000 万元；项目 2、项目 3、项目 4 合并核算，可扣除项目共 11 500 万元，营业收入共 32 050 万元。再对这些工程应纳土地增值税进行计算。

项目 1：

增值率＝(2350－2000)÷2000＝17.5％

增值率没有超过 20％，土地增值税可免征。

合并后的项目 2、项目 3、项目 4：

增值率＝(32050－11500)÷11500＝178.7％

土地增值税＝20550×50％－11500×15％＝8550（万元）

土地增值税总额为 8550 万元，较之筹划前，企业税负得到了有效减轻。

实践证明，平均费用分摊是抵消增值额、减轻税负的极好选择。只要生产经营者不是短期行为，而是长期从事开发业务，那么将一段时间内发生的各项开发成本进行最大限度的平均，就不会出现某处或某段时期增值率过高的现象，从而有效地减轻税负。

10.4.2　利用土地增值税的税率特点

土地增值税制度规定，纳税人既建造普通标准住宅，又进行其他房地产开发的，应分别核算增值额；不分别核算增值额或不能准确核算增值额的，其建造的普通标准住宅不享受免税优惠。

房地产开发企业如果既建造普通住宅，又搞其他房地产开发，分开核算与不分开核算税负会有差异，这取决于两种住宅的销售额和可扣除项目金额。在分开核算的情况下，如果能把普通标准住宅的增值额控制在扣除项目金额的 20％以内，从而免缴土地增值税，则可以减轻税负。

【案例 10-11】　某房地产开发企业 2005 年商品房销售收入为 3 亿元，其中普通住宅的销售额为 2 亿元，豪华住宅的销售额为 1 亿元。税法规定的可扣除项目金额为 2.2 亿元，其中普通住宅的可扣除项目金额为 1.6 亿元，豪华住宅的可扣除项目金额为 6000 万元。

首先考虑分开核算与不分开核算税负孰轻孰重的问题。

如果不分开核算，该企业应缴纳土地增值税的情况为

增值率＝(3－2.2)÷2.2＝36.36％

土地增值税＝(3－2.2)×30％＝0.24（亿元）

如果分开核算，应缴纳土地增值税的情况为

普通住宅增值率＝(2－1.6)÷1.6＝25％

普通住宅的土地增值税＝(2－1.6)×30％＝0.12（亿元）

豪宅增值率＝(1－0.6)÷0.6＝67％

豪宅土地增值税＝(1－0.6)×40％－0.6×5％＝0.13（亿元）

土地增值税合计＝0.12＋0.13＝0.25（亿元）

分开核算比不分开核算多缴纳土地增值税100万元。

然后想办法增加可扣除项目金额进行税收筹划。

假定本案例中其他条件不变，房地产开发企业应想办法使普通住宅的可扣除项目金额发生变化，使普通住宅的增值率限制在20％。设普通住宅可扣除项目为A，

令（2－A)÷A＝20％

解方程得

A＝1.6666（亿元）

也就是说，房地产开发企业如能想办法将普通住宅的可扣除项目增加0.0666亿元，即可免交普通住宅的土地增值税。此时，该企业应缴纳的土地增值税仅为豪华住宅应缴纳的0.13亿元，比上面所计算的不分开核算少缴纳0.11亿元，比分开核算少缴纳0.12亿元。

当然，如果可扣除项目金额的增加难以实现，房地产企业也可以改变思路，从普通住宅的销售收入入手。如果案例中普通住宅的可扣除项目金额不变，仍为1.6亿元，令普通住宅销售收入为B，要使增值率为20％，有

(B－1.6)÷1.6×100％＝20％

解方程得

B＝1.92（亿元）

此时该企业降低普通住宅的销售收入0.08（2－1.92）亿元，则只需就豪华住宅缴纳土地增值税0.13亿元，节省了普通住宅的税金0.12亿元，与减少的收入0.08亿元相比节省了0.04亿元。同时，由于降价，房子也更好销售，企业所得税等其他税的计税依据也变得更少。

10.4.3 利用关联方税收优惠降低税负

房地产企业在经营过程中经常会与关联方合作开发房地产项目，如果合作开发的关联方能够享受营业税或企业所得税的优惠，企业可以设法利用合作方的税收优惠降低总体税负。

【案例10-12】①　金域湾房地产项目是深圳鑫万房地产开发企业（以下简称A方）和B房地产开发公司（以下简称B方）合作建设项目，深圳鑫万方投资土地，而B方投资资金，双方共同开发建设深圳鑫万项目。

A方成立以来主要从事房地产开发业务，曾开发的项目有秋安花园、潇湘城一期等。2000～2006年曾享受企业所得税两免三减半优惠政策。B方主要经营范围是：房地产开发经营，高科技产业、基础设施、文化艺术品、旅游产业、能源产业等的投资，投资咨询等。自成立之日起，享受军队转业干部办企业免征营业税优惠政策。

金域湾房地产项目由A、B双方合作建设开发，其中A方投资土地，而B方投资

① 伍余．深圳万科房地产开发企业税收筹划风险研究．湖南大学硕士学位论文，2012．经整理。

资金。金域湾房地产开发所需的施工许可证、预售证等及商品房产权证、土地使用证等由 A 方办理；房地产所需资金、房地产具体开发业务、商品房的销售由 B 方负责。

金域湾房地产项目的成本由 A、B 双方共同投入，其中土地成本和前期各种费用支出是双方合作前的投资，是 A 方进行合作的基础，为 A 方的开发成本。其在开发中发生的各种成本费用，由 B 方出资，作为 B 方的开发成本。收入按双方的投资比例分配。商品房销售收入在销售收到房款时按比例分配，据此各自缴纳营业税和附加税。办理房屋产权证时由 A 方负责开具销售不动产发票。

由于 B 方可以享受营业税和所得税的税收优惠政策，所以 A 方可以把金域湾房地产项目的土地变更到 B 方名下。可选择的变更土地模式有两种：B 方买断金域湾房地产项目和 B 方整体收购 A 方。

1. 金域湾房地产在建项目买断模式

A、B 双方签订一个整体项目转让合同，由 B 方全部买断金域湾房地产开发项目。即在金域湾房地产项目投入建造期间，A 方将在建工程整体转让给 B 方，由 B 方全盘接管，具体操作细则如下。

第一步，金域湾房地产项目前期投入期间，B 方以债权形式投资。金域湾房地产项目前期投入期间，B 方对合作开发项目的投入主要采取债权形式投资，其中 B 方已经支付的对外合同价款约定为对 A 方的借款，A 方需支付 B 方利息费用。2009 年 B 方对外签订合同 5 项，合同总价款 193.73 万元，截至 2009 年 5 月 31 日 B 方已支付 64.8 万元。A 方投入土地时，土地价格为 450 元/平方米，土地开发面积为 36616.985 平方米，则土地使用权投资价值为：450×36616.985＝16477643.25（元）。转让时暂估价格为 458/平方米，暂估价值为：458×36616.985＝16770579.13（元）。

第二步，金域湾房地产项目整体转让前，B 方继续投资。按《城市房地产转让管理规定》，在建项目转让的，应完成开发投资总额的 25%以上。深圳鑫万房地产项目的预计总投资额为 1.45 亿元，则在建项目转让时，最小投资额为 14500×25%＝3625（万元）。

第三步，金域湾房地产项目整体转让。

以金域湾房地产项目评估价值进行整体转让。转让时评估金域湾房地产项目总价值，估测应该与前期投入持平或略有增加。假定增值率为 5%。则在建项目转让时的评估价值为

土地暂估价值＝458×36616.985＝16770579.13（元）＝1677.06（万元）

B 方累积投资额＝193.73＋3625＝3818.73（万元）

在建项目转让时的账面价值＝1647.76＋3818.73＝5466.49（万元）

在建项目转让时的评估价值＝（1677.06＋3818.73）×（1＋5%）＝5770.58（万元）

A 方转让金域湾房地产项目损益＝5770.58－5466.49＝304.09（万元）

转让环节相关税收计算如下：

转让时应缴营业税金及附加＝5770.58×5.5%＝320.27（万元）

应缴企业所得税＝304.09×25%＝76.02（万元）

相关总税负＝320.27＋76.02＝396.29（万元）

第四，B方后期投入，实现房地产销售并收回投资。

该环节利用B方的税收优惠政策，享受营业税减免，收益实现全部在B方，若所得税也享受优惠政策，则该环节总税负为零。

2. B方整体收购A方模式

为享受B方的各种税收优惠，需把A方投资的土地变更到B方，为此B方也可采取资本运作模式即B方整体收购A方的资本运作模式。

第一步，通过企业分立进行资产剥离。

A方剥离一部分优良资产，进行企业分立，成立一家房地产开发公司—新A方。在资产剥离过程中，若资产评估增值，需要就增值部分缴纳企业所得税。

第二步，B方整体收购A方。

B方整体收购A方，企业合并过程中，对A方增值部分征收企业所得税。这里假设A方净资产增值率为10%～20%，2008年末A方净资产为3011.72万元。在增值率为10%的情况下，净资产增值额为3011.72×10%＝301.17（万元），则应纳企业所得税为301.17×25%＝75.29（万元）；若增值率为20%，则应纳企业所得税为3011.72×20%×25%＝150.58（万元）。

第三步，B方后期投入，实现房地产销售并收回投资。

该环节利用B方的税收优惠政策，享受营业税减免，收益实现全部在B方，若所得税也享受优惠政策，则该环节总税负为零。

从以上两种不同的土地变更模式下的税负分析可知，两种模式下转让产生的税负不同，前者总税负为396.29万元，而后者在净资产增值率为20%的情况下，税负也仅为150.58万元。

10.5 房地产业的政策变动与利用

房地产业既可以是拉动经济增长的切入点，又可以是形成经济泡沫的重要源泉，所以，政府的房地产业政策是随着经济形势的变化而变动得最为频繁的政策之一。

回顾中国房地产业的发展，20世纪90年代初，全国各地数千亿资金蜂拥扑向海口、广西北海等南方沿海城市，一时间，这些城市的房地产价格扶摇直上，这是中国改革开放之后有纪录的第一次房地产热。这一次房地产热在1993年6月一次极其猛烈的宏观调控之后，迅速烟消云散。

1998年政府开始深化城镇住房制度改革，停止住房福利分配政策，建设新型市场化住房体系，房地产业开始进入一个全新的发展阶段。1998年4月，中国人民银行颁布文件明确指出要加大住房信贷投入、支持住房建设与消费，将住房建设培育成国民经济新的经济增长点，正式启动了房地产业的高速发展。房地产业进入市场最初的几年，政府在宏观调控上相对宽松，1999～2003年四年多的时间里政策大体维持在一个宽泛的框架内。在这一时期，各地方政府也纷纷出台了一系列税收优惠政策。例如，北海市出台政策，1998年12月31日以前建成尚未售出的空置商品房，在2004年12月31日以前销售时实行免征营业税、契税的优惠政策。又如 1999 年，上海政府为了提升房地产业，将契税从 3%降到 1.5%，后来再下调到 0.75%。在部分城市，房地产企业几乎完全不缴纳土地增值税。而固定资产投资方向调节税也从 2000 年 1 月 1 日起开始在全国范围停征。在这样的经济形势和政策环境下，大大小小的公司不断涌入房地产业，就连海尔、TCL、联想集团等属于“外行”的中国龙头企业，当时也纷纷涉足房地产业。房地产业一跃成为经济支柱产业之一，也对国家财政作出了巨大贡献。

2003 年 4 月，中国人民银行出台文件对房地产信贷作出规范，2004 年国土资源部又下发文件进一步规范土地市场（“8.31 大限”），中央政府开始从信贷政策和土地供给上采取措施抑制房地产过热。2005 年 3 月，国务院办公厅下发《关于切实稳定住房价格的通知》，提出了针对一些地方住房价格上涨过快的八条政策。该月底，中国人民银行调整商业银行住房信贷政策，宣布取消住房贷款优惠利率并提高个人住房贷款最低首付款比例，中央政府对房地产业的政策调控力度进一步加大。2006 年，国务院九部委颁布了关于调控房地产市场的六条政策，就调整住房供应结构、稳定住房价格提出了一系列具体的措施，由此开启了对房地产业新一轮调控的大幕。

在一系列调控措施中，税收政策是重要的组成部分。2006 年 3 月 6 日，国家税务总局下发文件加强对房地产开发企业的所得税税收管理（国税发【2006】31 号），对房地产预售收入的计税毛利率、房地产开发产品完工标准、房地产开发企业代收代缴款项税务处理、买断方式、委托销售开发产品的收入确认、代建工程和提供劳务的税务处理，以及开发产品成本、费用的扣除等问题予以了明确，同时进一步加强了税收征管，对房地产开发企业开始进行税收调控。

此后，二手房税收政策也进行了改革。为抑制投机和投资性购房需求，自 2006 年 6 月 1 日起，个人将购买不足五年的住房对外销售全额征收营业税，而此前的规定是两年。不久后国家税务总局发文自 2006 年 8 月 1 日起，在全国范围内加强个人住房转让所得的个人所得税征收（国税发【2006】108 号）。

同时，土地增值税预征政策造成的房地产企业税收流失问题也引起了税务管理部门的高度重视。2007 年 1 月 16 日，国家税务总局下发通知，将土地增值税由“预征”改为“清算”，加大通过税收环节对房地产市场调控的力度。同年 1 月 1 日起，城镇土地使用税税额标准在 1998 年条例规定的基础上平均提高 2 倍。同时，新批准新增建设用地的土地有偿使用费征收标准在原有的基础上提高 1 倍的政策也正式实施。自此，土地增值税清算、土地使用税和新增建设用地使用费提高，三者构成了土地环节的“一费二税”上调政策。在一系列针对房地产市场的宏观调控政策下，不少地区的新房销售量和二手房市场整体成交量开始明显下降，调控效果初步显现。

进入 2008 年，随着国家宏观调控力度的不断加大，调控效果日趋显现，各地房地产开始出现交易量价齐跌的现象。而在此时，由美国次贷危机引发的金融危机波及全球，世界经济金融危机日趋严峻。11 月上旬，为抵御国际经济环境对我国的不利影响，中央出台扩大内需十项措施、促进经济增长。税收政策方面，从 2008 年 11 月 1 日起，对个人首次购买 90 平方米及以下普通住房的，契税税率暂统一下调到 1%；对个人销售或购买住房暂免征收印花税；对个人销售住房暂免征收土地增值税（财税【2008】

137 号)。而各地方政府也纷纷制定鼓励住房消费的减免政策，如上海规定个人将购买超过 2 年的普通住房对外销售免营业税，若该住房是家庭唯一生活用房，还可免个人所得税。武汉、长沙、南京、厦门、杭州等城市也相继出台楼市新政，在营业税、个人所得税、契税、印花税以及附加税费上给予减免或补贴。

2008 年 12 月出台的国办 131 号文件，规定对住房转让环节的营业税暂定一年实行减免政策。规定个人购买普通住房超过 2 年（含 2 年）转让免征营业税；将个人购买普通住房不足 2 年转让的，按其转让收入减去购买住房原价的差额征收营业税。个人购买非普通住房超过 2 年（含 2 年）转让按其转让收入减去购买住房原价的差额征收营业税；个人购买非普通住房不足 2 年转让的，仍按其转让收入全额征收营业税。这次税收政策调整和原来执行的政策相比，调整了住房转让环节营业税的征免期，同时加大了税收优惠的力度。

2009 年 1 月 1 日起，国家废止了《城市房地产税暂行条例》，消除了内外资企业在房产税征收方面的“双轨制”。2009 年 12 月 22 日，国家下发财税【2009】157 号文，将个人购买普通住房后转让免征营业税的时间从 2 年恢复为先前的 5 年，政策较之前开始趋紧。

2010 年，国家针对房地产业的调控政策密集出台，从 4 月 17 日出台的“国十条”、9 月 29 日再次出台的“新国五条”，还包括各部委出台的一系列政策文件及各城市陆续出台的落实国家二次调控的实施细则，分别就限购、执行差别化房贷、加大住房供应和保障房建设等多个方面作出规定，从紧的政策成为房地产调控的主旋律。国发【2010】10 号文指出，应发挥税收政策对住房消费和房地产收益的调节作用，税务机关要认真做好土地增值税的征收管理工作，对定价过高、涨幅过快的房地产开发项目进行重点清算和稽查。

个人所得税方面，国税发【2010】54 号文强调要做好房屋转让所得征收个人所得税管理工作，对转让住房收入计算个人所得税应纳税所得额时，纳税人可凭原购房合同、发票等有效凭证，经税务机关审核后，允许从其转让收入中减除房屋原值、转让住房过程中缴纳的税金及有关合理费用。对于纳税人未提供完整、准确的房屋原值凭证，不能正确计算房屋原值和应纳税额的，税务机关可对其实行核定征税，即按纳税人住房转让收入的一定比例核定应纳个人所得税额。文件虽无新意，但其个人所得税调控目的作用明显。例如，河北省地方税务局下发的冀地税【2010】33 号文规定，从 2010 年 8 月 1 日起，对不能提供原始凭证的，一律按 3%的征收率进行定率征收。对于国家住房制度改革前，通过福利分房取得的住房，在进行转让时，必须提供房屋原始凭证，一律不得定率征收。该政策直接作用下，河北省省会石家庄的二手房市场成交量呈大幅度下滑趋势。此外，财政部、国家税务总局及住房和城乡建设部联合下发财税【2010】94 号文，自 2010 年 10 月 1 日起，对出售自有住房并在 1 年内重新购房的纳税人不再减免个人所得税。这也意味着财税字【1999】278 号文中鼓励个人换购住房的相关减免税优惠同时废止。同样在这一文件中，还对房地产交易环节的契税做出规定：个人购买普通住房，且该住房属于家庭（成员范围包括购房人、配偶以及未成年子女）唯一住房的，减半征收契税；对个人购买 90 平方米及以下普通住房，且该住房属于家庭唯一住房的，减按 1%税率征收契税。这一规定体现出对首购普通住房税收政策的倾斜。

土地增值税政策更是重磅出击，预征和清算同时收紧。2010 年 5 月 19 日发布的国税函【2010】220 号文对土地增值税清算工作的相关问题作出了一系列明确规定，内容涉及清算收入的确定、土地闲置费的扣除方法、房地产开发费用的扣除等。2010 年 5 月 25 日，国家税务总局发布国税发【2010】53 号文，其调控原则一是预征率大幅上调，二是核定征收率大于 5%，且强调严禁在清算中出现“以核定为主、一核了之”“求快图省”的做法。此后，各地税务局陆续发布相关文件，其重磅出击的调控效果显现。例如，河北省地方税务局规定自 2010 年 10 月 1 日起，除保障性住房外，房地产开发项目土地增值税预征率统一调整为 2%，广东省深圳市则按房产类型规定了不同的预征率：普通标准住宅按销售收入 2%预征，别墅为 4%，其他类型房产为 3%。上海的政策更为复杂：除保障性住房外，住宅开发项目销售均价低于项目所在区域（区域按外环内、外环外划分）上一年度新建商品住房平均价格的，预征率为 2%；高于但不超过 1 倍的，预征率为 3.5%；超过 1 倍的，预征率为 5%。查账清算条件下，预征率的提高不一定提高企业的最终税负，但是对于房地产开发企业不断绷紧的资金链影响不可小视。此后几年，国家又陆续出台了加强土地增值税征收管理的规范性文件，并继续缩紧住房转让环节的营业税政策。

国家针对房地产业的政策是随经济形势的变化而不断调整的，因此房地产企业应根据政策变化而及时调整和变更筹划方案，结合房地产业开发建设周期长、开发经营复杂、开发建设多样等行业特点，综合利用各税种多项具体优惠政策，实现企业整体税收筹划目标。契税一般来说是个小税种，而且是由买方缴纳的，因而不太受到房地产业的注意，然而，上述政策变动表明契税其实是房地产税收调控政策的重要内容，从充分利用优惠政策的角度来看，房地产企业也应该重视契税优惠政策的利用。

【案例 10-13】①　巨龙公司是由某商业公司控股的房地产开发公司，2003 年 12 月巨龙公司与金山投资公司联合竞拍土地，获得一宗土地使用权，该项土地使用权竞拍价值 8000 万元。双方协商，土地使用权按 50%划分各自归属。商业公司希望属于巨龙公司的土地用于开发商业楼盘自用，金山公司则想将属于它的土地用于自己开发住宅小区。但金山公司没有房地产开发资质，必须以巨龙公司名义开发房地产项目。为此，经三方协商，决定先由巨龙公司使用 50%的土地使用权开发商业楼盘，待商业楼盘开发完成后，将商业楼盘产权剥离给商业公司，再由金山公司收购巨龙公司，由巨龙公司接着开发金山公司的房地产项目。

2004 年 6 月底，巨龙公司商业楼盘顺利开发完成，转作固定资产 6000 万元。6 月底，公司资产负债基本情况如下：资产 1.2 亿元，其中开发的固定资产 6000 万元，尚未开发的土地无形资产及其他资产共 6000 万元。公司负债 1 亿元。所有者权益 2000 万元，其中注册实收资本也是 1800 万元。为了将已经开发完成的资产剥离出来，以便金山投资公司实施对巨龙公司的股权收购，同时也为了实施免税改组，巨龙公司决定将 6000 万元的商业资产以分立的方式交给商业公司，同时分立负债 5000 万元给商业公

① 改编自陈萍生，李海萍．房产公司分立：200 万契税本可节省．中国税务报，2005-07-04.

司，由此产生的净资产1000万元全部作为商业公司的股权增资，增加商业公司的实收资本。巨龙公司剩余资产6000万元和负债5000万元后，再由金山投资公司按照净资产1000万元收购它的全部股权。

对于金山公司收购资产剥离后巨龙公司，因为是公司整体收购，税收处理比较简单。但是，巨龙公司剥离资产给商业公司所涉及的税收情况则要复杂一些，所以双方公司对企业所得税和营业税进行了筹划考虑。

所得税方面主要是考虑实施了“免税分立改组”。根据当时适用的国税发【2000】119号文的相关规定，由于被分立企业巨龙公司分立给商业公司的1000万元净资产，全部用于增加商业公司的股权，没有取得任何非股权支付额，经税务机关批准，可以不确认巨龙公司分立的6000万元商业楼盘资产的转让所得，不计算所得税。2009年4月30日，财政部、国家税务总局发布财税【2009】59号文，就企业重组所涉及的企业所得税作出了新的规定。本案例中的企业分立应结合其他条件根据该文重新考虑企业所得税负担。

营业税方面主要是考虑以不动产投资可以不缴税的规定。根据财税【2002】191号文，由于巨龙公司将6000万元资产分立给商业公司实质上相当于以无形资产、不动产投资入股，参与接受投资方商业公司的利润分配，共同承担投资风险，所以也不缴营业税。

按照上述分立方案，企业分立的资产是分立给现有的公司。虽然被分立企业巨龙公司将6000万元资产转移至商业公司后，没有缴纳企业所得税和营业税，节省了大笔税收成本。但是，由于分立计划中双方没有考虑契税问题，企业分立的6000万元不动产，因所有权发生了转让，商业公司需要按照规定缴纳4%（当地契税税率为4%）的契税240（6000×4%）万元。

其实，如果对分立方案作进一步的筹划，这240万元的契税也是可以免征的。财税【2012】4号文规定：“企业依照法律规定、合同约定分设为两个或两个以上与原公司投资主体相同的公司，对派生方、新设方承受原企业土地、房屋权属，免征契税。”按照这一规定，只要企业分立的公司投资主体与被分立公司投资主体相同，则不需要缴纳契税。而本例中，尽管分立公司商业公司是被分立公司巨龙公司的控股企业，但是两公司投资主体显然是不全相同的，因而需要缴纳240万元的契税。如果巨龙公司采取新设分公司方式分立，即将新设的分公司注册实收资本1000万元，按股份比例将该分公司的股权分配给巨龙公司的原股东，则被分立公司与分立公司投资主体一致，都是商业公司，符合上述不征税规定的条件，则不但仍然符合所得税免税改组和营业税免税的规定，而且240万元契税也可以免缴了。

不过，新设分公司分立，需要按照规定的时间和程序办理。按照相关法律法规规定，公司分立时，应当编制资产负债表及财产清单。其财产作相应的分割，公司分立前的债务按所达成的协议由分立后的公司承担，不清偿债务或不提供相应的担保的，公司不得分立。公司应当自作出分立决议之日起十日内通知债权人，并于三十日内在报纸上至少公告三次。公司需要减少注册资本时，公司应当自作出减少注册资本决议之日起十日内通知债权人，并于三十日内在报纸上至少公告三次。公司减少资本后的注册资本不得低于法定的最低限额。

这样，分立与转让企业产权程序耗时长，而且将影响到公司偿债能力，需要债权人，如债权银行同意，否则就无法实施产权重组；最后，产权重组后的公司对重组前的债务还需承担连带担保责任。因此，房地产企业利用分立与转让产权的税收优惠政策虽然在减轻税收负担方面有效果，但由于操作上的局限性，企业在采取这种方法时需慎重考虑。

复习题

1. 相对于其他行业，房地产开发企业纳税有什么特点？房地产企业税收筹划的重点应该是什么税种？为什么？

2. 房地产企业应从哪些方面着手规避土地增值税负担？

3. 房屋出租行为如何规避税收负担？

4. 请以实例来验证“变房屋出租业务为投资业务”能否减轻税收负担？

5. 企业合作建房税收筹划有几种方式？其中你更愿意采用哪种方式？

练习题

1. 某房地产开发公司开展多种经营，本年发生如下业务，请分析该公司下述业务有没有税收筹划空间？应如何筹划？

（1）本年开发一个高档别墅小区，为满足住户的需要，所有别墅在交付时均进行了内部装修，内部设施齐全，均安装了中央空调、太阳能热水器等。别墅小区营业收入共 25 000 万元，可扣除项目 8000 万元。

（2）别墅小区由江南建筑公司承建，工程总价款 4000 万元（含设施款）。

（3）为电力设计院开发一幢写字楼，售价 10 000 万元，可扣除项目 4000 万元。

（4）出租自行开发的商铺一幢，年租金 5000 万元，为客户包水电，该业务全年水电消耗 600 万元。

（5）为江南建筑公司介绍一工程项目，合同金额 1000 万元，江南建筑公司支付中介费 60 万元。

2. 甲、乙两企业合作建房，甲提供土地使用权，乙提供资金。两企业约定，房屋建好后双方均分。完工后，经有关部门评估，该建筑物价值 5000 万元，于是，甲、乙各分得 2500 万元的房屋。现有两个方案：

方案一：土地使用权和房屋所有权相互交换。

方案二：甲企业以土地使用权、乙企业以货币资金合股成立合营企业，合作建房，房屋建成后双方采取风险共担、利润共享的分配方式。

请分析这两种方案下甲乙双方的税负及收益情况，并选择你认为合适的方案，提出选择的理由。

3. 某房地产开发企业拥有一块原值为 700 万元的自有土地，近期拟对土地进行开发，为临近的某学院开发23 000平方米的学生公寓，预计总销售价格4600万元，经测算，土地增值税扣除项目金额约为3000万元。请分析房地产企业此项目涉及的各项税收负担，并分析此项目的经营行为有无税收筹划的空间？如果有，请提出可行的税收筹划方案。

4. 光明房地产公司有一座临街的商业用房，共三层，可供出租。某年该企业将这座商业用房整体出租给B企业从事餐饮和卡拉OK经营，双方约定年租金为100万元。光明房地产公司财务人员经过测算，如果按约定租金100万元计算，企业缴纳的各项税收负担每年都是不小的数目。请对光明房地产公司商业房出租行为的税收负担进行测算，在此基础上为该公司提出可行的税收筹划方案，并对税收筹划方案的收益和风险进行分析。

5. 凯明公司与成发公司均为中外合资企业，两企业中方出资人为同一人，外方投资者也为同一人，中外方出资比例均为2∶8。凯明公司注册资本9600万元，成发公司注册资本4.8亿元。凯明公司主要从事房地产开发业务，成发公司主要经营商品流通、房产租赁、娱乐业等。成发公司于2002年5月投资兴建一幢楼。由于成发公司没有建房资质，所以以凯明公司的名义投资兴建。成发公司将所需资金转至凯明公司银行账户，两公司均作“往来”账处理。至2003年8月，大厦已建成装修完毕，并于当月办理竣工决算手续。

由于凯明公司自己没有施工队伍，全部建筑工程均由其他建筑工程公司承建，建筑安装业营业税已由建筑公司和安装公司缴纳，凯明公司以建筑安装业发票作为在建工程入账的原始凭证，截至竣工，凯明公司“在建工程——华兴大厦”总金额达5220万元。

当凯明公司需要将在建工程转至成发公司名下，却在税收上遇到了难题：明日大厦的财产所有权归属于凯明公司，如果要转移至成发公司名下需要按“销售不动产”税目缴纳5%的营业税：按当地规定的成本利润率10%计算，需缴纳营业税约302.4万元。成发公司自己出钱盖楼，最后为了获得它，却需要自己的关联公司缴纳约302.4万元的税款。请问面对这种情况应如何进行税收筹划？

第11章

跨国公司的税收筹划

跨国公司税收筹划是指纳税人利用有关国家和地区之间税法的不一致，通过人和资金、财产等的国际流动，减少甚至免除其纳税义务的行为。随着全球经济一体化进程的推进，跨国公司的纳税活动将呈现出更为复杂的特点。由于各国税收管辖权的差异，税收制度及税收负担的差别，以及大量国际税收协定及避税地的存在，跨国公司可以通过合理安排全球经营活动来减轻其税收负担。跨国公司要减轻或消除自己的纳税义务，需要在纳税人和征税对象两方面下功夫：一是避免居民税收管辖权的约束，避免成为一国的纳税人，这可以通过人的流动达到目的；二是避免地域税收管辖权的约束，使自己的所得或财产避免成为一国的征税对象，这可以通过物的转移来达到目的。人的因素和物的因素在自身运动和结合运动过程中产生了一系列跨国公司税收筹划方法，如套用税收协定、利用避税地、合理安排转让定价等。这些筹划方法实际上是规避纳税义务、适用低税率和充分利用优惠政策等基本策略应用的特殊形式。为了简洁、直观地体现跨国公司在其跨国经营活动中的税收策略，本章按其表现形式来介绍这些筹划方法。同时，跨国公司税收筹划由于其跨越国境的特点显然有别于国内税收筹划，且其筹划方法与国际双重征税有着紧密联系，因此我们首先将介绍跨国公司税收筹划的基本知识及国际双重征税的规避。

11.1 跨国公司税收筹划概述

跨国公司税收筹划具有国内税收筹划的所有特征：非违法性、反避税性、低风险高效益性、筹划性，但同国内税收筹划相比，跨国公司国际税收筹划又有自己的显著特征。首先，跨国公司税收筹划的主体一般是实力雄厚的跨国公司，其业务遍及世界多个国家和地区，而国内税收筹划主体则可以是任何法人和个人。其次，跨国公司国际税收筹划的依据是多个国家的税收法律制度，而国内税收筹划则根据本国的税收法律制度，因此，跨国税收筹划必须关注不同国家税制结构的差别和税负的轻重。最后，跨国公司国际税收筹划的后果一方面减轻了本身的税收负担，另一方面，在不同的国家之间，它可能减少一个国家的税收收入而增加另一个国家的税收收入。而国内税收筹划则只是减轻本国的税收收入，因此，跨国公司国际税收筹划形成了世界范围内的财富再分配。

11.1.1 跨国公司税收筹划产生的原因

减轻税负、追求利润最大化，是跨国公司税收筹划的主要原因。跨国公司面临着复杂的国际竞争，税负轻重直接影响其国际竞争力，所以，跨国公司试图通过减轻纳税负担来尽可能地增加其税后利润，这已成为实现其经营战略目标的一个重要方面。这种状况驱使着跨国公司千方百计地寻找规避税负的各种时机和各种手段。

国家间税收差别的存在，意味着人、收入来源或资金的流动会影响纳税义务和实际税负。跨国纳税人不止在一个国家纳税，不止受一个国家的税收管辖权管辖，各国税收制度的差异性，给跨国公司税收筹划提供了客观条件。

1. 各国税收管辖权的不统一

税收管辖权，是指国家在税收领域中的主权，是一国政府行使主权征税所拥有的管理权力。国际上确立税收管辖权的原则有：地域管辖权、居民管辖权、地域管辖权和居民管辖权相结合。各国居民身份和收入来源地确定标准不一致，这为跨国公司提供了一个避免成为某一国居民或避免收入来源于某国的机会，跨国公司可以借此条件减少或不承担纳税义务。例如有的国家只采用地域管辖权，只就来源于本国境内的所得征税，比如巴拿马和我国的香港特别行政区。而大多数国家一般是同时行使两种税收管辖权，比如在我国，根据企业所得税法的有关规定，依法在中国境内成立，或者依照外国（地区）法律成立但实际管理机构在中国境内的居民企业，应就其来源于中国境内、境外的所得缴纳企业所得税；而非居民企业，只就其所设机构、场所取得的来源于中国境内的所得，以及发生在中国境外但与其所设机构、场所有实际联系的所得，缴纳企业所得税。此外，即使行使同样的管辖权，各国管辖权的具体内容也会有所不同。例如，居民管辖权的行使，判断是否成为一国税收居民的标准包括：注册地标准、机构所在地标准和管理控制中心所在地标准。跨国纳税人可以利用这些判断标准之间的差异进行税收筹划。

2. 各国税收负担的差异性

所得税、财产税等直接税的税收负担一般不易转嫁，其课税对象的所有人发生国际双重征税的情况较多，因此，跨国公司税收筹划主要发生在直接税方面，即所得税、财产税和资本税是跨国公司税收筹划的着力点。国家之间税收制度或多或少存在税收负担上的差别，这为跨国公司税收筹划提供了可能性。各国税制和税收负担的差异性表现在四个方面。

（1）课税的程度和方式不同。对于所得、财产及财产转移，有的国家征税，有的国家不征税。有些国家虽然对所得和财产及财产转移征税，但课征范围和缴纳方式也不一致。

（2）税率的差别。各国税率高低不一，有的采取比例税率，有的采取累进税率，对于跨国公司而言，这种差别就是税收筹划的一个基本条件。通过人、资金及所得的适当流动，避开高税负国家，获取税负差异的收益。

（3）税基的差别。所得税的税基是应纳税所得额，公司所得税的应纳税所得额是指公司在一个纳税年度内的收入总额减去国家规定准予扣除项目金额后的余额。各国成本费用扣除的标准不一样，对于一些特定的成本费用，有的国家规定可以在所得税前扣除，而有的国家不允许在所得税前扣除，这就引起各国税基范围的差别。

（4）税收优惠不一致。一般而言，发展中国家经济发展迫切需要大量投资，这些国家便大力吸引外资，同时，这些国家采用大量对外资的税收优惠措施；而发达国家更倾向于鼓励国内资本向外流动，可能会规定对外投资减免税的措施。从国内税收优惠的范围看，一般说来，发达国家税收优惠的重点放在高新技术的开发、能源的节约、环境的保护上；发展中国家一般不如发达国家那么集中，税收鼓励的范围相对广泛得多，为了引进外资和先进技术、增加出口，经常对某一地区或某些行业给予普遍优惠。不同的国家，税收优惠的方法也有差异，发达国家较多采取与投入相关的间接性鼓励方法，如加速折旧、投资抵免、再投资免税等；而发展中国家经常采用一般性的减税期或免税期的政策。各种税收优惠使得实际税率大大低于名义税率，这为跨国公司的税收筹划提供了许多机会。

3. 免除国际重复征税方法的不同

从跨国公司的角度来看，如果对一笔所得双重征税，将不堪重负，这也将严重损伤跨国公司的生产经营积极性。重复征税的根本原因是各国税收管辖权的重叠行使。国际双重征税既违反了税收公平负担原则，又不利于经济效率的提高。所以，减少、避免或消除国际双重征税是各国政府和从事国际经济活动的人们的共同要求，也是国际税收领域中所要解决的一个主要问题。各国从合理调整税收负担、充分运用国际资金流向方面考虑，都采取了免除国际双重征税的措施。有的国家采用免税法，有的国家采用抵免法；有的国家采用分国抵免限额，有的国家采用综合抵免限额；一些国家允许税收饶让，而另一些国家则不允许。同时，要解决国际重复征税问题，必然会涉及国家之间的税收主权与税制的协调，这是任何一个企业或个人都无法做到的，必须通过各国税法和国际税收协定与合作来实现。这些方法的存在给跨国纳税人带来减轻税负的机会。

4. 各国税收征收管理的差异

各国法制化程度不一样，税收征收管理的手段和方法不一样，会造成税收征收管理制度方面的差异。一般而言，发达国家的市场经济比较成熟，政府税收征管能力较强，征管漏洞少；而许多发展中国家正处于市场经济发展的初期，税收征管能力较弱，漏洞也比较多。甚至有的国家虽然在税法中规定有较重的纳税义务，但征管工作不力、工作中漏洞百出，使本国法规如一纸空文。这样，除了合法的税收筹划，非法的偷税、逃税也层出不穷，从而造成税负的名高实低。对于跨国税收筹划来说，各国征收管理水平上的差异是十分重要的，其中比较明显的例子就是，各国在执行税收协议中的情报交换条款时，各有关税务当局管理水平存在较大差别。如果某一缔约国的税收管理水平不佳，就会导致该条款大打折扣，从而为国际税收筹划提供了客观条件。

除了税收本身的因素刺激了跨国公司税收筹划以外，还有一些非税因素也能刺激跨国公司税收筹划的产生，经济全球化的发展为跨国公司税收筹划提供了全新的外部环境。这些新的税收筹划环境如下：贸易自由化和金融市场自由化，为跨国公司及资金的流动提供了更大的可能，这是跨国公司税收筹划的基本条件；交易手段的简便易行和交易地点的难以确认，使国际避税地更有可能成为避税者的天堂；现代化的交通运输和遍布全球的通讯网络，大大加强了跨国公司的活动能力，给跨国公司税收筹划提供了更方便的手段和更安全隐蔽的环境。

11.1.2 跨国公司税收筹划的复杂性

正如国内税收筹划所表现出的合法性、策划性及综合效益最大化的特征一样，跨国公司在进行税收筹划时也应遵循一定的原则，以保证其国际税收筹划计划的可行。结合跨国公司经营活动的特点，具体有三项原则。

（1）合法性原则。跨国公司税收筹划活动要以各国税法和国际税收协定为依据，不能触犯有关国家的税法和国际税收协定。

（2）策划性原则。跨国公司税收筹划要作出细致的安排，并适时进行检查和调整，以免与有关国家变更后的税法和国际税收协定相抵触或不符合经济原则。

（3）经济性原则。经济性原则要求跨国公司税收筹划活动既能够减轻总体税收负担，又不因取得税收利益而影响其全球经营战略的实施，牺牲其整体利益。

然而，尽管这些原则看起来与国内税收筹划极其相近，但在跨国经营的背景下，具体实现起来则要复杂得多。跨国公司下属公司所在各国的税收环境各异，每个公司内部涉税的各生产经营环节、各公司之间的税负、各税种的税基均有不同程度的关联。跨国公司一方面税负的减少可能带来另一方面税负的增加；近期税负的减少可能使远期税负增加；整体税负的下降可能导致其他方面的负面影响。因此，跨国公司的税收筹划必须综合考虑各下属公司、各生产经营环节、各个时期的涉税事项，并结合企业的发展目标、经营方向、社会形象等方面，进行全方位、多层次的整体运筹和安排，才能筹划出能增加跨国公司整体和长远利益的纳税方案。

此外，跨国公司税收筹划对税收筹划人员提出了相当高的专业要求：其一，要深入了解各个国家的税法及国情，并能充分预计其税法变动趋势；其二，要熟悉各国的财务会计制度及其与税法的关系；其三，要掌握各公司生产经营状况及其涉税事项；其四，要熟悉各公司之间的税务联系及各税基间的相互关系。另外，随着跨国公司数量和规模的扩大、国际税收环境日趋复杂、各国税法日益呈现复杂性和频变性，单靠跨国公司自己进行税收筹划已显得力不从心，并且税收筹划成本也十分高昂。事实上，跨国公司可将税收筹划工作委托给各国从事税务代理、咨询及筹划业务的专业人员和专业机构去做，这样既可以降低税收筹划成本，也可以获得更好的税收筹划方案。

11.2 国际双重征税及其规避

跨国公司税收筹划活动具备涉外因素，并与两个或两个以上国家的税收管辖权产生联系。由于世界各国行使不同的税收管辖权，居民管辖权和地域管辖权的行使会造成管辖权的重叠，从而产生国际双重征税。国际双重征税是当今国际税收领域最普遍、最突出的问题之一，也是跨国公司在世界性经营管理中不可避免的税收问题，因此在介绍跨国公司的税收筹划方法之前，我们首先要了解国际双重征税的含义、产生及其规避。

11.2.1　国际双重征税的定义和分类

国际双重征税（international double taxation）一般指两个或多个国家在相同时期对同一纳税人的相同所得征收类似的税收而表现出来的国家之间的税收分配关系。国际双重征税按照其性质不同可分为法律性双重征税和经济性双重征税，二者的区别主要在于纳税人是否具有一致性。

法律性双重征税是指两个或两个以上拥有税收管辖权的征税主体对同一纳税人的同一课税对象同时行使征税权，其实质是两个或两个以上的国家就各自的税收管辖权，在税收分配关系上的矛盾。这种重复征税显然超出一国范围限制而进入国际范围。

而当两个或两个以上拥有税收管辖权的征税主体对不同纳税人的同一或不同课税对象同时行使征税权时产生的重复征税就是经济性双重征税。经济性双重征税是由经济制度造成的对同一税源的重复征税。比如说，甲国母公司在乙国设有子公司，每年，甲国母公司都有从其设在乙国的子公司处取得的股息收入，这部分股息收入是乙国子公司就其利润向乙国政府缴纳公司所得税后的利润中的一部分。由于甲乙两国没有签订税收协定，依据甲国税法规定，甲国母公司获得的这笔股息收入也要向甲国政府纳税。这样，甲乙两国政府对不同的纳税人（母公司和子公司）的同一税源（子公司的利润和股息）都进行了征税，这就是国际经济性双重征税。

11.2.2　国际双重征税产生的原因

国际双重征税产生最根本的原因是不同国家的税收制度有差异，其主要表现形式是不同国家的税收管辖权有所重叠。任何一个国家都有权选择自己的税收管辖权，要么按照属地主义原则行使地域管辖权，要么按照属人主义原则行使居民管辖权，要么兼而行使两种税收管辖权，这样，必然会产生税收管辖权的重叠现象。请看以下几种情形。

（1）A、B 两国都只行使地域管辖权（都放弃居民管辖权）。这种情形下，一般不会导致国际双重征税，因为一项收入只有一个来源国，来源国征了税，则另一国就不再征税。但这也只是一般情况，在某些条件下，也会导致双重征税，这主要是各国对收入来源地的确认标准不同而造成的。例如，在跨国集团内部，通常会发生 A 国的公司委派其雇员去 B 国工作，报酬由 A 国支付。A 国可能会认为该项报酬的支付者在本国，从而要对其从源课税；B 国也可能认为该项报酬的收入者在本国，从而要对其从源课税。这样就产生了国际双重征税。

（2）A、B 两国都只行使居民管辖权（都放弃地域管辖权）。在这种情形下，一般不会导致国际双重征税，因为各个国家的居民都只就其收入在本国缴纳税收。但也有例外，这个例外主要是各个国家对于居民身份确认标准的不同而造成的。如果 A、B 两国由于居民身份确认标准不同，都将某纳税人确认为本国的居民，这就会产生国际双重征税。

（3）A、B两国各行使一种且不相同的税收管辖权。这种情形下国际双重征税的问题要具体分析。假定A国行使地域管辖权，B国行使居民管辖权。如果A国的某居民从B国获取一笔所得，这笔收入由于不来源于A国，A国按属地主义原则不对其征税；同时该居民不属于B国，B国按属人主义原则也不能对其征税。此时A国居民在B国的收入可以规避两个国家的税收管辖权。但如果B国的某居民从A国获取一笔所得，情况就不一样了。此时这笔收入由于来源于A国，A国按属地主义原则要对其征税；同时该居民属于B国，B国按属人主义原则也要对其征税，这时就产生了国际双重征税。

（4）A、B两国都同时行使两种税收管辖权。这种情形下，无论A国居民从B国获取所得还是B国居民从A国获取所得，两个国家的不同的税收管辖权都会在同一笔所得上发生重叠，使这些收入都规避不了两个国家的税收管辖权。如果两个国家都行使自己的征税权，势必造成国际双重征税。由于世界上大多数国家都同时实行地域管辖权和居民管辖权，因此这两种税收管辖权的交叉重叠最为普遍。

从上述情况我们可以总结出导致国际双重征税的三个原因：地域管辖权与地域管辖权的重叠；居民管辖权与居民管辖权的重叠；地域管辖权与居民管辖权的重叠。

11.2.3 国际双重征税的规避

作为一个跨国纳税人，不仅面对着居民地所在国，而且面对着收入来源地所在国的复杂税制。各国税收法规越复杂，税收负担差别越明显，可筹划的余地也就越大。跨国纳税人针对国际双重征税进行税收筹划的总的原则是：若某国行使居民管辖权，则尽量回避成为该国居民；若某国行使地域管辖权，则尽量回避从该国取得收入。例如，田中先生是日本居民，打算在避税港某国设立一家X公司，并拥有该公司40%的股权，另外60%的股权由李先生、琼斯女士和山本先生各拥有20%。李先生、琼斯女士为非日本居民，山本先生是日本居民。依据日本税法，设在避税港的公司企业，如50%以上的股权由日本居民所拥有，这家公司视为基地公司，其税后利润即使没有汇回日本，也要申报合并计税。公司采纳会计师的建议，山本先生的20%股权转为其他非日本居民所拥有，从而享受了税收优惠。

在各国税法和国际税收协定中，通常使用以下三种基本方法规避跨国纳税人的国际双重征税：免税法、扣除法和抵免法。由于抵免法同时兼顾了居住国的居民管辖权、非居住国的地域管辖权和纳税人的税收负担三方面的利益关系，所以抵免法被世界上绝大多数国家所采用，成为使跨国纳税人避免国际双重征税的最普遍方法。此外，当存在对外国投资有税收优惠的情况时，跨国公司税收筹划还要考虑税收饶让条款。

1. 免税法

免税法是指实行居民管辖权的国家，对本国居民来源于国外的所得免税，只对其来源于国内的所得征税。免税法的指导原则是：承认非居住国地域管辖权优先执行的地位，对本国居民来源于国外并已在国外纳税的那部分所得，在一定条件下，放弃行使居民管辖权，以避免国际双重征税。免税法又分为全额免税法和累进免税法两种。

全额免税法是指居住国政府在确定其居民应纳税额时，对来源于国外的所得完全不予考虑，既不征税也不与本国所得税的税率相联系。其计算公式可表示如下：

在本国应纳税额＝国内所得×本国税率

累进免税法是指居住国政府在确定其居民应纳税额时，对国外所得虽然给予免税，但在本国居民国内所得适用的累进税率方面要综合考虑。即居住国一方面对居民的境外所得予以免税，另一方面在确定居民纳税人国内来源所得的适用税率时，将其境外所得一并加以考虑，按国内、国外所得总额在税率表中查找对应税率计征税款。其计算公式可表示如下：

$$在本国应纳税额=国内外所得总额\times本国税率\times\frac{国内所得}{国内外所得总额}$$

例如，甲跨国公司是 A 国的居民公司，同时在 A、B 两国开展业务，A 国行使居民管辖权，B 国行使地域管辖权。假设甲跨国公司在某年度之内的营业所得总计为 5 万元，其中来自 B 国 1 万元，来自 A 国 4 万元，在 B 国已纳所得税额为 3000 元。A 国实行超额累进税率，所得在 1 万元以下税率为 20%，所得为 1 万～4 万元，税率为 30%，所得超过 4 万元以上，税率为 40%。

在 A、B 两国没有签订国际税收协定的情况下，甲跨国公司在 B 国的所得一方面要向 B 国纳税；另一方面，作为其在来自世界范围的全部所得的一部分要向 A 国纳税，即对 A、B 两国双重纳税。

甲跨国公司在 A 国应纳税：

1×20%＋(4－1)×30%＋(5－4)×40%＝1.5（万元）

甲跨国公司全球范围内所得总税负＝1.5＋0.3＝1.8（万元）

如果在本例中，其他条件不变，A 国使用全额免税法来避免对乙跨国公司的国际双重征税。则甲跨国公司在 A 国应纳税：

1×20%＋(4－1)×30%＝1.1（万元）

甲公司全球范围总税负＝1.1＋0.3＝1.4（万元）

另外，如果其他条件不变，A 国使用累进免税法来避免对甲跨国公司的国际双重征税。则甲跨国公司在 A 国应纳税：

1.5×(4÷5)＝1.2（万元）

甲跨国公司全球范围总税负＝1.2＋0.3＝1.5（万元）

在执行免税法的过程中，当居住国的税率高于收入来源国时，其实际免除的税额会大于国外已纳税额，从而使居住国少征部分税款，因此，采用此法的国家并不多，即使采用此法，也往往要附加一些限制性条款。目前，实行免税法的有波兰、丹麦（限于股息和常设机构的所得）、法国（限于常设机构的所得）、罗马尼亚、南斯拉夫、澳大利亚（对联邦以外的国家和地区）、巴西、智利、委内瑞拉等国家和地区。

2. 扣除法

扣除法是指实行居民管辖权的国家，对本国居民已经缴纳的外国所得税额，允许其从来自世界范围内的应税总所得中作为费用扣除。扣除法的指导原则是：对本国居民有限度地放弃居民管辖权。其计算公式可表示如下：

本国应纳税额＝（国内外所得总额－国外已纳所得税额）×本国税率

例如，如果在上例中，其他条件不变，A国使用扣除法来避免对乙跨国公司的国际双重征税。

甲公司全球范围应税所得＝4＋1－0.3＝4.7（万元）

则甲跨国公司在A国应纳税：

1×20％＋(4－1)×30％＋(4.7－4)×40％＝1.38（万元）

甲公司全球范围总税负＝1.38＋0.3＝1.68（万元）

由于扣除法对本国居民的国外已纳税额只是给予一部分照顾，并没有真正避免纳税人国际双重纳税的负担，目前采用此法的国家不多。实行扣除法的有秘鲁、挪威、西班牙、葡萄牙、哥伦比亚、肯尼亚、泰国等国家和地区。

3. 抵免法

抵免法是目前国际上普遍采用的避免纳税人国际双重征税负担的方法。抵免法是指实行居民管辖权的国家，对其居民来自世界各国的所得征税时，允许居民把已经缴纳的外国税额从其应向本国缴纳的税额中扣除。抵免法的指导原则是兼顾收入来源国、居住国和纳税人三方利益的同时，对本国居民有限度地放弃居民管辖权。其计算公式可表示如下：

在本国应纳税额＝国内外所得总额×本国税率－国外已纳所得税额

在理论上，抵免法可以分为全额抵免和普通抵免两大类。全额抵免是指对纳税人在国外实际缴纳的税款，不加任何限制条件地全部从本国应纳税额中扣除。普通抵免，又称限额抵免，即居住国对可以从本国税款中扣除的外国税款规定了限额，以外国所得额乘以本国税率计算出的税额为限。这一限额称为抵免限额，为外国税款的最高扣除额。抵免限额的计算公式可表示如下：

$$\text{抵免限额}=\text{国内外所得总额}\times\text{本国税率}\times\frac{\text{来自非居住国应税所得}}{\text{国内外应税所得总额}}$$

在税收抵免计算中，确定允许抵免的已缴外国税额时，要通过抵免限额与已缴外国税额相比较而确定，即“两者取其小”，当抵免限额大于已缴外国税额时，表明跨国纳税人已缴外国政府的税额不足抵免限额，出现了抵免余额，需要向其所在国政府补缴其不足限额部分的税款；当抵免限额小于已缴外国税额时，即跨国纳税人已缴外国政府的税额超过了抵免限额而出现了超限额时，这个限额部分是不予抵免的。除了一般的抵免限额外，许多国家还实行分国限额法、综合限额法、专项限额法、非专项限额法等具体抵免限额措施。

在各国的实践中，普通抵免真正体现抵免法兼顾收入来源国、居住国和纳税人三方利益的原则，而全额抵免在收入来源国税率高于居住国税率时，则会造成居住国利益的损失，实行抵免法的国家实际上都采用有限额的抵免，即普通抵免法。

例如，甲公司是C国的居民公司，某年在C国获得所得1000万元，C国的所得税税率为33％；甲公司在D国设有分公司，同年获取所得300万元，D国的所得税税率为 50%，已向 D 国政府缴纳所得税 150 万元。

1）全额抵免

甲公司 C 国所得税＝(1000＋300)×33%－150＝279（万元）

这种计算结果，比甲公司在没有其分公司的 300 万元所得的情况下，所计算的应缴所得税税款（1000 万元×33%＝330 万元）还少 51 万元。

2）限额抵免

甲公司 C 国所得税＝(1000＋300)×33%－300×33%＝330（万元）

这种方法避免了 C 国税收利益的损失。通过规定抵免限额，实施限额抵免保障本国的税收利益，就成为各国在采用抵免法时的一致选择。

4. 税收饶让抵免

税收饶让抵免简称饶让抵免，并不是一种避免国际双重征税的方法，而是配合抵免方法的一种特殊方式，是税收抵免内容的附加。税收饶让是指居住国政府对其居民在国外得到减免税优惠的那一部分，视同已经缴纳，同样给予税收抵免待遇不再按居住国税法规定的税率予以补征。税收饶让的目的不是在于避免和消除法律性国际双重征税或经济性国际双重征税，而是使来源地国利用外资的税收优惠政策与措施真正收到实际效果。税收饶让实际是居住国对从事国际经济活动的本国居民采取的一种税收优惠措施，税收饶让是在税收抵免的基础上进行的，因此跨国公司也可以利用税收饶让进行税收筹划。

税收饶让抵免的适用范围：一是对股息、利息和特许权使用费等预提税的减免税予以饶让抵免；二是对营业所得的减免税给予税收饶让抵免；三是对税收协定缔结以后，来源地国政府依据国内税法规定的新出台的税收优惠措施所作出的减免税，经缔约国双方一致同意，给予税收饶让抵免。比如在中国和韩国签订的税收协定中规定，在消除双重征税时，在缔约国一方应缴纳的税额，应视为包括假如没有按照该缔约国为促进经济发展的法律规定给予减免税或其他税收优惠而本应缴纳的税额，这就是税收饶让抵免。

例如，甲国某总公司在乙国设立一个分公司，该分公司来源于乙国所得 1000 万元，乙国的所得税税率为 30%。乙国为鼓励外来投资，对该分公司减按 15%的税率征收所得税。这样，该公司在乙国按税法规定应纳税额 300 万元，减按 15%税率征税后，实际只缴纳 150 万元。甲国政府对该总公司征收所得税时，对其分公司在国外缴纳的所得税，不是按实际纳税额 150 万元进行抵免，而是按税法规定的税率计算的应纳税额 300 万元给予抵免，这就是税收饶让。

11.3　套用税收协定

套用税收协定是跨国纳税人设法获得或利用中介体的居民身份，主动“靠”上某国的居民管辖权来享受税收协定待遇，从而减轻在另一非居住国的有限纳税义务，这是对地域管辖权的规避行为。值得注意的是，在双边税收协定中，通常是在股息、利息和特许权使用费等这些消极所得的预提税上，缔约国互相给予减税或免税的待遇。因此，非缔约国居民套用税收协定，主要是集中在减轻或规避非居住国对消极投资所得征收的预提税方面。

11.3.1 国际税收协定的概念

为解决国际双重征税问题，以鼓励物质和劳务的交换，以及资本、技术和人员的流动，国与国之间一般都签订协定来避免对所得和资本的重复征税，这种协定即是国际税收协定。

国际税收协定（international tax convention），又称国际税收条约，是指两个或两个以上的主权国家，为协调相互之间一系列税收分配关系，通过谈判而签订的一种书面税收协议或条约。国家之间签订税收协定是目前协调各国税收分配关系，避免各国因税收管辖权的重叠而对同一纳税人的跨国经济活动重复征税的重要措施。

国际税收协定按参加国多少，可以分为双边税收协定和多边税收协定。双边税收协定是指只有两个国家参加缔约的国际税收协定，是目前国际税收协定的基本形式。多边税收协定是指有两个以上国家参加缔约的国际税收协定，现在国际上还不多，但代表了国际税收协定的发展方向。国际税收协定按其协调的范围大小，可以分为一般税收协定和特定税收协定。一般税收协定是指各国签订的关于国家间各种国际税收问题协调的税收协定，特定税收协定是指各国签订的关于国家间某一特殊国际税收问题协调（如有关国际运输收入税收问题）的税收协定。

11.3.2 国际税收协定范本的产生

为了统一协调各国的征税权，目前国际上主要有经济合作与发展组织和联合国两个税收协定范本，这样各国签订税收协定时就有了统一的格式和基本相同的内容。经济合作与发展组织《关于对所得和财产避免双重征税的协议范本》（简称《经合组织范本》）的前身是 1928 年国际联盟双边协议范本、1943 年国际联盟财政委员会墨西哥范本、1946 年国际联盟财政委员会伦敦范本及 1963 年欧洲经合组织《关于对所得和财产避免双重征税的协议范本》，现在应用的经合组织范本是经合组织 2010 年修订的范本。20 世纪 60 年代以来，大批发展中国家加入联合国，他们认为经济合作与发展组织范本倾向于发达国家，没有全面反映发展中国家的要求。为此，联合国经济与社会理事会于 1967 年成立由发达国家和发展中国家共同组成的专家小组，于 1979 年通过了《联合国关于发达国家与发展中国家间避免双重征税的协定范本》，简称《联合国范本》，2012 年又公布了修订后的新范本。

《经合组织范本》和《联合国范本》在总体结构上相似，但两者的主要区别在于，前者偏重居民税收管辖权，后者则强调地域税收管辖权。《经合组织范本》旨在促进经合组织成员国签订双边税收协定的工作；而《联合国范本》则主要是促进发达国家和发展中国家之间签订双边税收协定，同时，也促进发展中国家相互签订双边税收协定。《联合国范本》在注重收入来源国税收管辖权的基础上，兼顾了缔约国双方的利益，因此，该范本为发展中国家广泛接受。

目前世界上国家与国家之间签订的双边税收协定已有 1000 多个，从 1983 年 9 月我国与日本签订第一个避免双重征税协定以来，截至 2014 年 3 月，我国已与 99 个国家签订了避免双重征税协定，与香港和澳门两个特别行政区签订了避免双重征税安排。

11.3.3　国际税收协定中的避税点

为了避免国际双重征税，缔约国双方都要作出相应的让步，从而使得缔约国双方居民都享有优惠，而且这种优惠只有缔约国一方或双方的居民才有资格享受。但是，当今资本的跨国自由流动和新经济实体的跨国自由建立，使跨国公司税收筹划与税收协定的结合成为可能，这便为跨国纳税人进行国际税收筹划开辟了新的领域。

（1）跨国企业的营业利润只在其为居民的缔约国一方征税，收入来源的缔约国免于征税，除非该企业在收入来源国设有常设机构。在设有常设机构的情况下，收入来源国也只就其归属于该机构的利润征税，而且所征税款可以在居民所在国得到抵免。

（2）股息、利息、特许权使用费等投资所得，在收入来源缔约国可以按照比该国常规税率低的限制税率缴纳预提税，有的还可以免税。

（3）财产所得通常由财产所在国征税。财产所有人为一国居民，如果该国对其在其他国家的财产征税，也可用其在财产所在国已纳税款抵免。

（4）在居民所在国允许提供“饶让抵免”的条件下，跨国纳税人在收入来源国所享有的减免税优惠的税款，可视同缴纳，在其为居民的缔约国得到抵免。这样，跨国纳税人得到的税收利益可以全额成为其不负担税收的净所得。

（5）国际税收协定包含了许多法律没有规定的地方，这样缔约国双方都没有办法让跨国公司承担纳税义务。比如一家设在游船上的博彩公司，一年四季在公海上流动，就不用向任何国家纳税。

（6）避税地没有所得税或财产税，不和其他国家签订税收协定，其他国家就无法从避税地获得税收情报，增加了这些国家的反避税难度，而且，避税公司本身也不用纳税。因此，利用避税地避税是跨国公司的极佳选择。

由于税收协定提供上述这么多的税收利益，所以跨国纳税人在选择投资国时要注意这些国家对外缔结协定的状况，对外缔结协定越多的国家对投资者越有吸引力。

11.3.4　套用税收协定筹划方法

利用税收协定筹划法主要发生在税收协定缔约国双方的非居民身上。那些非缔约国一方或双方的居民，利用各种巧妙的手段，从事跨国经营活动，享受税收协定规定的税收优惠，从而减轻或消除自己的纳税义务。比较常见的做法是：作为缔约国一方或双方的非居民，也就是没有资格享受税收协定待遇的第三国居民，利用各种巧妙的手段安排经营活动，可以设法从两个国家之间签订的税收协定中得到好处。套用税收协定进行税收筹划的方式，以设置中介体为主要特征，大体可归纳为以下三类。

1. 建立直接导管公司

直接导管公司是指为获取某一特定税收协定待遇的好处，而在某一缔约国中建立的一种具有居民身份的中介体公司。

【案例 11-1】 南非的利尔公司原打算在美国拥有一子公司，但美国要对美国公司汇往南非的股息征收较高的30%的预提税。南非与荷兰缔结有相互减按5%征收股息预提税的税收协定，美国与荷兰也签订了相互减按5%征收股息预提税条款的税收协定。此时，南非公司便可以在荷兰建立一个持股公司，通过荷兰持股公司收取来自美国公司的股息。这样，南非公司就可以减少其股息所得的总纳税义务，这是一种典型的套用税收协定进行跨国公司税收筹划的方法。由于南非公司通过荷兰公司就能得到荷兰与南非、美国两国签订的税收协定的税收优惠，荷兰公司犹如一根直接吸取缔约国公司所得的导管，因此被形象地称为导管公司。

2. 建立脚踏石导管公司

脚踏石导管公司是指为获取某些特定税收协定待遇的好处，而在相关缔约国中建立的两个或两个以上具有居民身份的中介体公司。这是在设立直接导管公司不能直接奏效的情况下，所采取的一种更间接、更迂回的税收筹划方式，涉及在两个以上国家设立子公司来利用有关国家所签订的两个或两个以上税收协定。

【案例 11-2】 甲国公司原打算在乙国拥有一公司，但乙国要对乙国公司汇往甲国的股息征收较高的20%的预提税，而乙国与丙国、甲国与丁国都缔结有相互减按5%征收股息预提税的税收协定，丙国与丁国则签订相互对持股公司免征股息预提税的税收协定。此时，甲国公司便可以在丁国建立一个持股公司，通过丁国持股公司在丙国建立一个持股公司，再通过丙国持股公司在乙国建立一个子公司。这样，甲国公司就可以减少其股息所得的总纳税义务，这也是一种典型的套用税收协定进行跨国公司税收筹划的方法。由于甲国公司一定要通过建立丙国公司和丁国公司才能取得乙国公司股息并规避税负，丙国公司和丁国公司在其中犹如两块到达目的地所必需的脚踏石，通过它们作为中介吸取丙国与丁国、丙国与乙国税收协定所给予的税收优惠才能减轻税负，因此，被形象地称为脚踏石公司。

3. 直接利用双边关系设置低股权控股公司

由于一些国家对外签订的税收协定中有明确规定，缔约国一方居民向缔约国另一方居民支付股息、利息和特许权使用费享受协定优惠的必要条件是，该公司由同一外国投资者控制的股权不得超过一定比例。因此，这些国家的跨国公司在缔约国另一方建立子公司时，就往往把公司分立成几个公司，使每个公司持有该子公司的股份都在限额以下，以便使股息能够享受到优惠。这种做法实际上是分割技术在跨国公司税收筹划中的应用。

值得注意的是，许多为利用税收协定而设立的以上几类公司由于没有实质性的经营业务，只起着控制投资的作用，具有很明显的避税动机，有时会被各国税务征管部门认定为“税收协定的滥用”，受到来自道德方面的谴责和各国法律的反对，并被税务部门处罚。

判定跨国公司没有滥用税收协定，目前国际通行的判定标准如下：①在中间国建立公司不是以获取税收协定优惠为唯一目的；②所得的支付和取得必须出于真正的商业动机；③对间接性收入，中间国公司有长期的实际占有权；④中间国公司最终受益人必须是缔约国一方的真正居民。

因此，跨国公司利用税收协定筹划法规避国际税收负担时，要注意对其中间国公司经营范围的筹划和安排，比如说在中间国建立的实体除了控制投资以外，还起着服务某些企业的作用，其强烈避税动机的缺陷也许可以避免。

➢ 专栏 1

代理人、导管公司与受益所有人①

受益所有人的概念来自英美法系，是指拥有受益所有权的人，这个概念与名义或法律所有人的概念相对。在中世纪，封建贵族为了逃避税收和继承规则，通常将财产转让给某个受托人，由其经营管理，过一段时间再转回本人或继承人，由此就产生了信托制度。信托制度中本人就是受益所有人。受益所有权经过长时间的发展，已逐渐被不同的法律部门接纳，我国政府对外谈签的一些税收协定也引入了有关受益所有人的条款。

根据中国政府对外签署的避免双重征税协定的有关规定，缔约对方居民申请享受股息、利息和特许权使用费等条款规定的税收协定待遇时，会涉及认定申请人的“受益所有人”身份的问题。国税函【2009】601 号文要求，受益所有人是指对所得或所得据以产生的权利或财产具有所有权和支配权的人。受益所有人一般从事实质性的经营活动，可以是个人、公司或其他任何团体。

代理人、导管公司等不属于“受益所有人”。导管公司是指通常以逃避或减少税收、转移或累积利润等为目的而设立的公司。这类公司仅在所在国登记注册，以满足法律要求的组织形式，而不从事制造、经销、管理等实质性经营活动。在判定“受益所有人”身份时，不能仅从技术层面或国内法的角度理解，还应从税收协定的目的（即避免双重征税和防止偷漏税）出发，按照实质重于形式的原则，结合具体案例的实际情况进行分析和判定。

利用导管公司搭建企业股权架构是海外投资者来华投资时惯用的一种安排或设计。如果将导管公司设在避税地国家，那么无论股权转让价格有多高，也不会增加实际控制人的税收负担。但中国税务管理部门不可能对滥用税收协定的种种避税手段熟视无睹，如果导管公司被中国税务当局“穿透”，即剥夺导管公司的受益所有人身份，则相关股权转让的收益就要在中国被课税。

11.4　利用避税地

避税地（tax haven）的英文含义是避税港，或者税收避难所，即纳税人可以减少税收的场所。避税地是指一国或地区政府为吸引外国资本流入，繁荣本国或本地区经济，弥补自身资本不足和改善国际收支状况，或者引进外国先进技术以提高本国或地区

① 王骏．刺破导管公司的避税面纱．财务与会计，2010，(6)．经整理。

技术水平，在本国或本地区确定一定范围，允许外国人在此投资和从事各种经济贸易活动，取得收入或拥有财产而可以不必纳税或只需支付很少税款的地区。简而言之，避税地是指对所得和财产免税或低税，而使纳税人不负担或负担较轻税负的国家或地区。显而易见，跨国公司可以很好地利用避税地实现课税客体的转移达到税收筹划的目的。

避税地通常是一个广泛意义上的术语，不同的利益主体对它有不同的解释。在纳税人眼里，只要能够为他提供税收上的特别好处和财务上的特别利益的国家和地区，就是避税地；在各国政府的眼里，凡是能被用来使征税对象或税源从本国政府税收管辖权下转移出去，从而躲避本国税收的某些国家和地区，就是避税地；而在国际税务专家眼里，凡是征税对象或税源从别国政府管辖下转移到其境内的国家或地区，就是避税地。

避税地是跨国企业集团设立子公司的热点地区，在跨国公司的税收筹划中起着举足轻重的作用，它们实际上成了国际税收筹划人员的“税收天堂”。尽管现在一些发达国家对避税港采取警惕甚至敌视或限制态度，但避税地的出现是经济在世界范围发展的必然结果。

11.4.1 避税地分类及特征

根据避税地所提供税收优惠的程度为标准，国际上形形色色的避税地主要分三类：

1. 纯避税地

这类避税地不征收所得税、一般财产税和资本利得税，即不征收直接税。属于这一类型的避税地有巴哈马、百慕大、开曼群岛、瑙鲁和索马里等。

巴哈马共和国是一个岛国，位于拉丁美洲，加勒比海东岸，西印度群岛最北部，它与美国本土的佛罗里达州最近距离仅 50 英里[①]。它由 700 多个低平的石灰岩小岛和数以千计的珊瑚礁组成。巴哈马群岛拥有许多国际金融事务所、国际银行和众多的律师事务所，更有先进的通信服务。其银行和金融产业是仅次于旅游业的第二大产业，是影响巴哈马经济的重要方面。巴哈马拥有 400 多家银行、信托公司和其他特许的金融机构，是世界上最大的海外金融中心之一，以其免税政策和银行保密制度而著名。一定规模的金融系统和宽松的立法环境，吸引了众多的企业在这里落户。在巴哈马，48 小时内便可登记完一个公司，公司在何处经营也不受限制。但在境内注册公司、办事处或机构必须保留有档案、成员和董事登记簿复印件及公司标志印模。在这里注册内容和年收益不需要公开，其财务报表也不需要归档，没有外汇管制和双边税收协定，投资者在这里可谓如鱼得水。巴哈马作为一个避税地，其主要的吸引力在于它没有所得税、公司税、资本利得税、遗产税或继承税。对股息、利息和特许权使用费没有预提税，也没有工资税，甚至没有营业税。对于本国居民，就其拥有的财产的增值额征收少量财产税。政府的收入主要依靠关税、印花税、注册费、执照费、娱乐和赌博税、不动产税等，这些税费征收率均不高。

百慕大面积 53 平方公里，人口 6 万人，自然资源贫乏，最主要的经济部门是旅游业，一年接待外国游客近百万人，是本土人口的 15 倍多。第二大经济部门是金融业，仅国际受控保险公司就有 1400 多家，年保险收入 40 多亿美元，其中仅由美国公司控制

---

① 1英里=1.609 344 公里。

的就有 900 多家。百慕大是一个典型的避税港，不征公司所得税和个人所得税，不征普通销售税。只对遗产课征 2%～5%的印花税；按雇主支付的薪金课征 5%的就业税、4%的医疗税和一定的社会保障税；对进口货物一般课征 20%的关税。另外百慕大针对旅游业兴盛的特点，征收税负较轻的饭店使用税、空海运乘客税。百慕大因其无所得税和非外汇管制而备受企业青睐。这里有发达的证券交易系统，稳定的政治环境，现代商业法律，完备的司法和高度发达的专业人才结构，海空交通便利，保险业高度发达，形成了本地的强大优势。因此这里也就成了英国和美国人常去的避税港。百慕大内的企业每年的政府费用是 1680 美元，公司遵照 1981 年颁布的公司法案免税条款，可以享受以下优惠：不缴纳资本税；公司办公地点不受限制；年收益和年度会计资料也不需要申报，没有外汇管制，没有双边税收协定，不要求账簿公开，只要求公开董事、主管人员及股东成员名单，这对于那些股东情况不保密的企业十分有吸引力。

避税港开曼群岛位于加勒比海西北部，毗邻美国。全岛只有 259 平方公里，人口 2 万多人。全岛两大经济支柱：一是金融；二是旅游。金融收入约占政府总收入的 40%，占国内生产总值的 70%，占外汇收入的 75%。开曼群岛课征的税种只有进口税、印花税、工商登记税、旅游者税等简单的几种。30 多年来没有开征个人所得税、公司所得税、资本利得税、不动产税、遗产税等直接税。各国货币在此自由流通、外汇进出自由，资金的投入与抽出完全自由，外国人的资产所有权得到法律保护，交通运输设施健全，现已成为西半球离岸融资业的最大中心。至 20 世纪 90 年代初，全世界最大的 25 家跨国银行几乎都在那里设立了子公司或分支机构，在岛内设立的金融、信托类企业的总资产已超过 2500 亿美元，占欧洲美元交易总额的 7%，涉及 56 个国家。在开曼群岛，有相当多的银行及信托公司是免征所得税的，其条件是交易行为在境外进行。在开曼群岛设立的受控保险公司已有 370 家，仅次于卢森堡、百慕大，居世界第三位，每年保险费收入约为 20 亿美元。受控保险公司的发展，得益于几个因素：一是手续简便，资本额在 120 万美元以上便可登记；二是起步较早，1979 年对离岸保险公司制定了正式法规；三是配套的条件健全，银行、律师事务所、会计师事务所相当发达，还有大量的保险管理人才。

2. 普通的避税地

这种类型的避税地一般只征收税率较低的所得税和财产税。有些国家或地区还对来源于境外的所得免税。这类避税地具体还可分为两种情况。一是只行使地域管辖权的国家或地区，只对境内所得或财产征税，且税负较轻，对来源于境外所得不征税，如中国香港、哥斯达黎加、利比里亚等。二是对境内外所得或财产均征税，但税负较轻，对外国经营者给予特殊优惠的国家或地区，如瑞士、巴林、以色列、牙买加、中国澳门、塞浦路斯、海峡群岛等。

瑞士面积 41 284 平方公里，是位于欧洲中部的内陆国家，东邻奥地利和列支敦士登，南面与意大利为邻，西面与法国接壤，北部与德国交界是高度发达的工业国。实行自由经济政策，政府尽量减少干预；对外主张自由贸易，反对贸易保护主义政策。瑞士为永久中立国，奉行积极的中立政策；普遍性、善良服务和国际合作是其外交政策的三要素。瑞士虽然开征公司所得税和个人所得税，但税率明显低于其他欧美国家。例如，瑞士联邦公司所得税（累进税率）最高税率仅为8.5%，地方公司所得税实际税负为4.5%。此外，瑞士拥有广泛的税收协定，相对于第一类无所得税也无任何国际税收协定的纯避税地，瑞士在跨国公司的国际税收筹划中更受青睐。

塞浦路斯是地中海东部岛国，扼亚、非、欧三洲海上交通要冲，为地中海第三大岛，海岸线长537千米。塞浦路斯对于在本国注册成立、由非居民拥有而且只于境外企业开展业务的公司只征收相当于正常税率的10%的所得税。塞浦路斯的所得税率很低，税后所得分配给投资者，不另征股息预提税，资本利得一般也不课征所得税。外国公司设在塞浦路斯的分公司不征任何所得税。当然，这些公司也不能享受塞浦路斯和加拿大、丹麦、德国、芬兰、英国、澳大利亚、美国等国签订的双边税收协定所提供的税收优惠。

海峡群岛是位于英吉利海峡中的群岛，这些岛与分为泽西和根西两个行政区。泽西岛和根西岛并非纯避税港，对居民纳税人来源于境内外的所得课征20%的所得税，但是跨国公司可以在那里组建一个基本免税的非居民的持股公司。具体做法是，公司的注册登记设在岛上，控制管理中心设在岛外，这样就不必缴纳20%的公司所得税，每年只要缴纳500英镑的定额执照税。泽西岛对信托业的税收也比较优惠，境内的受托人如取得信托财产的境外所得，而受益人又不是泽西岛居民，这一信托企业不必缴纳所得税。

3. 局部的避税地

属于这一类型的避税地有加拿大、希腊、英国、菲律宾、卢森堡、爱尔兰、荷兰等。这些国家税制完备，税率也不低，之所以称之为避税地，是因为它们对某些行业或特定的经营形式提供了极大的税收优惠条件。例如，希腊以海运业和制造业、英国以国际金融业、卢森堡以控股公司、荷兰以不动产投资公司而成为特定经营形式的著名国际避税地。

例如，荷兰已同澳大利亚、奥地利、丹麦、芬兰、德国、法国、希腊、瑞士、匈牙利、印度、日本、韩国、卢森堡、马来西亚、新西兰、新加坡、南非、西班牙、泰国、英国、美国、俄罗斯等四五十个国家缔结了全面税收协定，对以上协定国均实施低税率的预提税。预提税税率：通常股息税率为25%，对协定国降为5%、7.5%、10%或15%；利息和特许权使用费不征税。其中还对丹麦、芬兰、爱尔兰、意大利、挪威、瑞典、英国、美国的股息预提税限定税率为零。此外对汇出境外的公司利润，也可比照股息享受低税或免税的优惠。荷兰税法规定，居民公司所取得的股息和资本利得按35%的公司所得税课征，但对符合一定条件的公司中的外资部分所取得的股息和资本利得按所占比例全额免征公司税。

经济发达的卢森堡，位于欧洲西部，与比利时、法国、德国毗邻。卢森堡作为国际避税港有其特殊性，因为卢森堡有着健全的税收制度，对公司所得、净财富、资本交易、遗产和商品流通都毫不含糊地征税，税种之完善和税率之高与西欧国家难分伯仲。例如：该国公司税是对公司的全球所得征收，为三级累进税率，税率为20%～40%，此外，还加收 2%的附加税；个人所得实行 21 级超额累进税率，从 18%～57%。但在 1929 年起对持股公司实行一种特殊的税收优惠，几乎免征了一切所得税、资本利得税、预提税和个人所得税。只对符合一定条件的新增资本课征 1%的资本税和对公司的股份资本课征 0.2%财产税。这就为控股公司提供了繁衍滋生的温床，使卢森堡成为闻名于世的控股公司的绿洲。

11.4.2　避税地的条件

一个国家或地区如果想成为避税地，并非仅靠提供某一种或几种税收方面的优惠就可以了。实际上，一个成功的避税地除了当地的政府执行轻税政策外，还需要其他一些条件。

（1）政局的稳定和地理上的便利性。任何跨国纳税人都把财产和所得的安全放在第一位。如果政局不稳定，财产和所得不能得到安全保证，减免税收就变得毫无意义。方便的交通和发达的通信也是避税地必须具有的。

（2）税收优惠政策的多样化。世界上几乎没有税收优惠完全一样的避税地，它们各自都具有独特之处，使用者可以按自己的纳税筹划的目的和方式各取所需。例如，列支敦士登一般被欧洲富人用作控股和投资的避税地；卢森堡是与其他国家签有税收协定的避税地，又可作为利用税收协定的理想场所。

（3）流动的自由、法律的健全度和齐全的服务设施。避税地在法律上必须是开放的，即对进入避税地营业或居住的法人和自然人流动统统不加法律限制。优秀的避税地一般具有金融业发达、银行商业活动严格保密、外汇流进和流出自由等特点，并有配套宽松的海关条例、银行管理条例等。特别是对于想移居的跨国纳税人来说，适宜的自然环境、一流的旅游资源和服务设施也是应具备的硬件条件。

形形色色的避税地由于所处地理位置、经济水平及缔结税收协定网络的情况不同，所以各个避税地提供的税收利益也很不相同，甚至在同一税种上，不同类型企业集团的子公司所能享受的税收利益也很不一样，有的是控股公司受益大，有的则是受控保险公司或者购销公司受益更多。作为跨国企业集团，设立什么类型的子公司，以及如何选择适合的地点，需在充分掌握国际低税区经济、税制、法律等资料的基础上，结合整个集团经营战略精心斟酌和设置。当今，不同特色的避税港以其各自魅力，吸引着不同类型的公司在那里“安居乐业”。

➢ 专栏 2

“避税天堂”瑞士的银行保密制度[①]

国土面积只有 4 万多平方公里的瑞士坐拥大大小小银行 5000 多家，其中每 1400 多人就有一家银行办事机构。瑞士在国外还开设 400 多个分行，而国外银行在瑞士的机构也有 200 多家，可以说没有银行就没有瑞士。不过在这儿存钱待遇不同于其他银行，储

① 苏铃. 瑞士银行向美国提供客户信息“避税天堂”或将不再. 中国广播网，2012-12-05.

户不但得不到利息反而要向银行缴纳管理费，即便如此全球仍有1/3的私人财产存在这里，因为它有极其严格的银行保密制度。

正因为它的隐秘性、缺乏透明度，各国政要、商业巨子、演艺明星都很踏实地把钱放在瑞士银行，而它也因涉嫌帮助客户逃税饱受外界诟病，有个雅致的名字“避税天堂”。

然而从2009年美国政府掀起查税风暴后，瑞士银行开始向美国开口了，双方签署了一份可以绕过瑞士银行保密规定的查税协议，并先后向美国查证部门提供的近5000份客户资料，协助美国政府海外追金。“避税天堂”或将不再是富人资产的保险库。

11.4.3 通过基地公司进行税收筹划

利用避税地避税的方式多种多样，而且在各避税地的表现形式也不一样。尽管如此，还是有一个总的、规律性的方式，这就是设立基地公司进行避税。通过基地公司进行税收筹划，就是利用避税地的“基地作用”来建立基地公司。基地公司是跨国公司税收筹划中的一个重要概念，它是从基地国概念引申出来的。一个对其本国法人来源于国外的收入只征收轻微的所得税或资本税，或者不征这类税，从而被外国公司用作国外经营活动基地的国家，称为基地国；处于同第三国进行经营的目的，而在基地国中组建的法人，称为基地公司。所谓第三国经营，包括通过代理人和分支机构进行的营业，以及借助控股公司收取外国子公司支付的股息、利息或特许权使用费这两方面的活动在内。

在跨国公司税收筹划中，基地国有时成为低税国或避税地的代名词，基地公司也随之成了避税地公司的同义语。基地公司有如下基本特征：涉及两国或多国之间的关系；经济利益全部或主要部分处于基地国之外，基地公司的经济职能是充当资金的中转站和提供资金的迂回途径；税务因素决定着公司建立的地点选择；必须具有法人资格；是一个单独的纳税主体，不受高税国无限纳税义务的制约；可以被基地国之外的企业加以合法利用。

基地公司又可分成两种情况。例如，假定原居住国A公司想在被投资国进行投资，那么它可先在避税地建立基地公司B，然后通过B公司向被投资国投资或从事交易，B公司即为出于向第三国进行经营的目的而建立的典型基地公司。

另外，如果再假定原居住国A公司想在本国进行再投资或经营，而A公司所在国只对外来投资给予税收优惠。那么它可以在避税地建立基地公司B，然后通过在B公司进行的积累，将资金再投向A公司原居住国，即把对本国的投资，通过基地公司乙以外资形式来进行，以争取税收优惠。这时，B公司就是非典型基地公司。

基地公司的受控的独立法人身份是其进行跨国公司税收筹划的关键的特征。如果在避税地建立的是不具备法人地位的分支机构，因为分支机构的经营成果仍然处在总机构居住国税收管辖权的控制范围中，所以并不会带来很大的税收利益。只有通过在避税地建立受控的法人实体这一纳税主体变相转移方式，才能使转移出去并体现在避税地实体手中的利润，既能够摆脱高税国居民管辖权的直接制约，又可以保证仍归该跨国企业法人所有。

基地公司可以以各种形式存在，如可以以控股公司形式设立，并以从事真实投资方式而存在，也可以以金融公司形式设立和存在。此外，还有贸易公司、信托公司、投资公司、保险公司、海运公司等。

1. 基地公司为中转销售公司

跨国集团选择一个适当的地点设立专门的销售基地公司或采购基地公司是十分常见的。这些公司往往被称为“文件公司”或“信箱公司”，这些公司仅仅完成所在国必要的注册登记手续，实际上只拥有法律所要求的组织形式和一个信箱。有些公司即便在某种意义上具有经济职能，如承担国外营业风险、集中开具对外贸易发票或保守营业秘密等，但只要其主要的真实经济活动是在别的国家进行，该公司就仍应被列为信箱公司。信箱公司的主要作用，是把公司集团在其他国家经营活动中产生的大量收入，通过中介业务归在自己的名下，在低税或无税的条件下积累资金。

跨国企业纳税人在避税地建立了各种基地公司，尤其是在建立信箱公司后，就要让这些公司介入其国际交易活动，使之成为经营链条上的一环。通过避税地公司进行的业务，通常称为中介业务。基本做法是母公司将本应直接销售或提供给另一国子公司的原材料、产品、技术和劳务等，通过避税地中的受控基地公司转手进行，将所得的一部分甚至全部，转入并滞留在避税地，借以规避在高税国应承担的税负。积累下来的资金，可能以贷款或投资等方式，在享受利息扣除或投资优惠的条件下，重新流回高税国，或者投向别的国家。

在实践中，基地公司与其关联企业间许多商品买卖交易的中介业务，只是一种账面上的数字游戏，并不涉及货物的接收、保管、装配加工、仓储和发运等实际业务，不过是转手开一道发票，记录收支账目，真正的业务活动实际上也许是在千里之外的其他国度中进行的。

【案例 11-3】　M 国母公司辛加力公司在避税地 N 国设有子公司辛地公司，N 国公司所得税率为 10%，M 国公司所得税率为 40%。现辛加力公司意欲销售一批货物给 L 国某公司，这批货物成本及分摊的经营管理费用为 50 万美元，双方议定离岸价（FOB 价）为 80 万美元。

如果不通过辛地公司中转，则辛加力公司承担的所得税负担：

(80－50)×40%＝12（万美元）

为减轻税负，辛加力公司将这批货物压低价格按 60 万美元先销售给 N 国的辛地公司，再由辛地公司以 80 万美元的价格销售 L 国的公司，30 万美元的差价（假设就是利润）由辛加力公司和辛地公司分享。通过基地公司中转后，所得税负担状况如下：

辛加力公司所得税＝（60－50)×40%＝4（万美元）

辛地公司所得税＝（80－60)×10%＝2（万美元）

母子公司总税负＝4＋2＝6（万美元）

母子公司减轻总税负＝12－6＝6（万美元）

道理很简单：通过基地公司中转并压低销售给基地公司的价格后，国际贸易货物的一部分利润转移到避税地，并体现在辛地公司账上，辛地公司按较低税率纳税，从而可以减轻总体税负。本例是以设在低税国的子公司作为买方，则采取低价卖出的方法；如果以设在高税国的母公司为买方，基地公司为卖方，则要采取高价卖出的手段，这样同样将所得的大部分实现在基地公司，从而减轻税负。

2. 基地公司为控股公司

通常情况下，跨国集团的子公司向母公司支付股息时，子公司所在国要征收较高的预提所得税，但有些国家之间签订有税收协定，对于已缴纳企业所得税的股息在汇回母公司所在国时可以按低税率缴纳预提所得税。在这种方式下，跨国集团就可以在与母公司所在国签订有此类税收协定的国家设立基地公司，要求其他子公司将所获得的利润以股息形式，汇回到基地公司，以达到避税目的。

【案例 11-4】 乐世集团设在挪威的子公司向德国的母公司汇回利润时，挪威的预提所得税税率为 15%。为了减少应纳税额，集团利用设在瑞士的特别控股公司 RBA 的服务汇回股息。瑞士与挪威、德国都签订了税收协定，按照税收协定，从挪威向瑞士汇回股息免征预提所得税，而从瑞士向德国汇回股息的预提所得税税率仅为 5%，其结果是预提所得税的税收负担降低了 67%。由于利用瑞士的控股基地公司，股息的预提所得税税率减少了 10%。如果瑞士基地公司的所有业务完全与控股活动相关联，那么它还可以避免基地公司的瑞士所得税。这里要引起注意的是，基地公司的活动也可能会出现一些费用。

控股基地公司的优势在于：它不仅能将来自子公司的股息重新分配，而且还能在不增加跨国集团税收负担的条件下，将这些利润进行再投资。从财务角度看，在控股基地公司的所在国集中利润，然后将其向国外再投资，要比将利润汇回所得税税率较高的母公司所在国更有利。因此，在自己的账目上积聚来自外国子公司以股息、资本利得或受控子公司清算所得形成的利润，也是控股基地公司的一项重要任务。在考虑税收负担最小化的条件下，把这些资金再投资于外国基金或跨国公司制定的项目。

以基地公司为控股公司进行税收筹划，控股公司的收入不仅限于股息，还可以包括利息、特许权使用费等形式。

3. 基地公司为保险公司

跨国公司可以通过组建内部保险公司来转移利润。所谓内部保险公司是指由一个公司集团投资建立的、专门用于向其母公司或关联公司提供保险服务以替代外部保险市场的一种保险公司。利用内部保险公司可以进行跨国税务筹划。具体做法是，在一个无税或低税的国家建立内部保险公司，然后母公司和子公司以支付保险费的方式把利润大量转出居住国，使公司集团的一部分利润长期滞留在避税地的内部保险公司账上。内部保险公司在当地不用就该笔利润纳税，而这笔利润由于不汇回母公司，公司居住国也不对其课税。

此外，内部保险公司还可以减少跨国公司要缴纳的保险费，并且内部保险公司可以承担第三方保险公司所不能承担的损失甚至全部损失，而内部保险公司自己则可以从外部在保险市场上取得足够的补偿。在国际避税地中，有巴哈马、百慕大、中国香港、荷属安得列斯群岛和巴拿马等，其中百慕大是内部保险公司最为集中的地方。

4. 基地公司为海运公司

随着国际海运的发展，虚设船舶营业地也成为许多跨国公司和海运企业用来规避国际税收负担的一个重要手段。虚设船舶营业地是指国际海运企业和跨国公司将避税地作为船舶公司的招牌营业地，以规避其实际营业地的税收。

对于海运企业而言，其所有权与经营权无须在同一国内，注册地又可以是第三国。正是利用这一点，国际海运企业在某个避税地国家或地区设立一个船舶运输子公司，将船舶的所在国虚设为该避税地，这样该企业的船舶就可以挂上避税地的招牌。不管船舶企业的所有权、经营权和注册地在什么地方，其实际营业地都在船舶上，这些船舶往来穿梭于各个国家之间，如果挂上某个或数个避税地国家或地区的招牌，就可以规避各有关国家对船舶运输收入的征税。

不少避税地国家或地区都乐意国际船舶运输企业挂本国或本地的招牌（形式上是挂上这些地方的旗帜），这些国家或地区政府除了收取一部分登记费或注册费外，对挂旗船并不实行财政性或其他控制。尽管收取的费用并不高，但避税地对广大的国际船舶运输企业有足够的吸引力，使得在避税地注册的国际船舶运输企业数量相当可观，避税地国家或地区由此取得的收入也非常可观。

除了船舶运输企业可以采取基地公司规避税负以外，飞机运输企业也可以依此方法规避税负。利比里亚、百慕大、巴拿马、巴哈马、塞浦路斯和希腊等都是国际避税者乐于建立国际船舶运输公司和飞机运输公司的地方。

5. 基地公司为信托公司

信托是指委托人将其财产所有权转给受托人，并委托受托人为其指定的受益人的受益而对财产加以保管和经营。一项信托通常是由三方面关系组成：一是委托人，又称信托人；二是受托人；三是受益人。信托可以从法律上改变资产或权益的所有人，使受托人成为该资产或权益的所有人，资产或权益原来的所有人不再是该项资产或权益的纳税主体。

信托为纳税人提供了进行税收筹划的可能：一是可能改变纳税主体，使高税国的纳税主体变成低税国的纳税主体；二是可能分割所得和财产，降低累进税的适用税率。这种方法是指跨国纳税人在避税地找一家信托公司或受托银行作为信托机构，将其在其他高税国的财产或其他资产虚设为这家信托机构的财产，由其处理财产的收益，这样这部分财产的经营和所得成为信托公司的信托业务收入。虽然，委托人和受益人不是避税地的居民，但由于信托财产的经营所得归于受托公司的名下，可以免于纳税或减少纳税。例如，加拿大某公司为躲避本国所得税的高税负，将其年度所得的70%转移到巴哈马群岛的某一个信托公司，由于巴哈马群岛是自由港，税率比加拿大低得多，该加拿大公司就可以通过这种所得的转移有效地规避税收负担。

跨国公司还可以运用订立各种形式的信托合同进行税收筹划。例如，一个高税国跨国公司向国外贷款，其利息所得可能要向高税国缴纳一大笔所得税，如果这个跨国公司通过与一个低税国居民银行签订信托合同，那么只要利息所得留在低税国增值，就可能规避高税国的所得税；如果利息所得要汇回高税国，而这个高税国与利息支付国之间没有相互减征利息预提税的税收协定，若该纳税人与某个与利息支付国相互减征利息预提税的国家的居民银行签订信托合同，这笔利息的汇出也可以规避较重的利息预提税。

建立信托财产不但可以被利用来从事消极的规避所得税的活动，还可以被利用来掩盖股东在公司的股权，从事积极投资的跨国公司税收筹划活动。例如，一个高税国的跨国纳税人，在低税国建立了一个持股公司从事海外的积极投资，由于该纳税人在持股公司的股份是"大量"的，因此公司的全部所得或部分所得还是可能被高税国视为该纳税人的所得而进行征税。这时纳税人可以把持股公司信托给一个低税国银行或信托公司进行管理。这样，持股公司的股权就合法地归银行或信托公司所有，持股公司的所得也不再被视为高税国纳税人的所得。但实际上持股公司财务利益的真正所有者还是信托人兼受益人的高税国纳税人。这是一种典型的"虚构避税地信托财产"的跨国公司税收筹划方法。

【案例 11-5】① 受益于 iPhone 在全球的畅销，苹果目前是全球利润最高的公司之一，2012 年利润达 417 亿美元，是仅次于埃克森美孚公司的全球市值第二高的公司。其中在海外获得 368 亿美元营业利润，缴纳了 7.13 亿美元公司所得税，税率为 1.9%。2009～2012 年，苹果利用美国对海外企业在税收方面的漏洞，规避了应对 440 亿美元海外收入征税的税务支出（几乎相当于每年 100 亿美元）。这一漏洞主要是指企业海外所得延迟纳税制度，即美国企业在海外的获利无须纳税，但是利润汇回美国之后，则需支付最高达 35%的税款。其中，苹果公司在 2011 年规避了至少 35 亿美元联邦企业所得税，2012 年避税至少 90 亿美元。

很早之前，苹果就将负责欧洲、中东、印度、非洲、亚洲及太平洋地区业务子公司的注册地定在爱尔兰科克（Cork），根据爱尔兰税法，只有在本地管理与控制的企业才被视为爱尔兰企业，这导致苹果在爱尔兰的子公司几乎无须纳税。2009～2012 年，苹果国际销售公司（Apple Sales International，ASI）的 740 亿美元销售额几乎没有缴纳任何税款。而 2011 年该公司 220 亿美元的利润也只缴纳了 1000 万美元税款，相当于享受 0.05%税率。另一家爱尔兰子公司苹果国际运营公司（Apple Operations International，AOI），2009～2012 年，该公司的利润为 300 亿美元，占到苹果全球净利润的 30%，却没有向美国或爱尔兰当中的任何一个国家提交过所得税申报表。

截至 2013 年 4 月，苹果拥有 1020 亿美元的离岸现金、现金等价物及有价证券，但是苹果的 9 位高管表示，公司无意将这些现金汇回美国，除非美国修改相关的税法和税率。同年，苹果发行了 170 亿美元的债券用于美国业务的开展，却拒绝将海外资金汇回美国，而选择将这些资金投资于其他业务或作为股东分红，避免或减少了向美国财政部缴税。

苹果公司的避税结构采取的是"双层爱尔兰夹荷兰三明治"的模式，它的主要避税路径为将公司的海外业务利润经由爱尔兰→荷兰→爱尔兰→最终转至避税港——英属维尔京群岛。具体分成三步。

---

① 林碧波．苹果公司是这样成功避税的．都市快报，2013-05-26．经改编。

第一步，在爱尔兰设立两个子公司——ASI 和 AOI，注册地在爱尔兰，但总部均在英属维尔京群岛。因为爱尔兰的企业所得税非常低，只有 12.5%，远低于美国和其他欧盟国家。ASI 负责接收除了美国以外地区的所有销售收入，享受爱尔兰的低所得税税率。由于根据爱尔兰的税法，即使是在爱尔兰注册的公司，只要其母公司或总部设在外国，就被认定为外国公司，所以 ASI 与 AOI 均被爱尔兰认定为是外国公司，把收入从 AOI 汇到总部不需要向爱尔兰缴税，几乎是零成本。

第二步，在荷兰设立欧洲运营公司（AOE），其注册地在荷兰，这样根据荷兰以公司注册地而不是总部所在地来认定公司国籍的规定，欧洲运营公司被荷兰认定为居民企业，且三家子公司均被荷兰认定为欧盟的公司。由于爱尔兰和荷兰同属于欧盟国家，根据协议，欧盟成员国之间的交易免交所得税。

第三步，选择知识产权作为交易媒介。当美国以外的用户在公司享受付费服务时，美国总公司就把其所拥有的知识产权资产转移到 AOI 去，而用户所支付的现金则进入 ASI 的账户。由于实现这一销售必须用到知识产权资产，所以 ASI 便可以通过向爱尔兰运营公司支付知识产权专利使用费的形式将利润转移至在英属维尔京群岛的总部。

11.5 利用转让定价

收入或成本的迁移，是国际上流动避税筹划法中最常用的方法，号称“避税的魔术”。错综复杂的各国税制和千千万万不同税收优惠政策给收入成本转移法避税带来了大量的机会。跨国公司收入成本转移的最主要的方法就是转让定价法。

11.5.1 转让定价的概念

转让定价是在国际税收事务中，关联企业各方之间在交易往来中人为确定价格，而不按照独立企业正常交易原则确定价格。所谓关联企业，是指与其他企业之间在资金、经营、购销等方面存在直接或间接控制关系，或者直接、间接地同为第三者或其他在利益上有影响关系的企业所拥有或控制。转让定价筹划法是指纳税人为达到转移利润、躲避税负的目的，按高于或低于正常市场价确定的内部价格成交。跨国公司进行国际经济活动中，因其经营活动涉及面极宽，跨国公司通过自身结构的安排会使关联交易不易被发现，这为跨国公司减轻税负提供了广阔的天地。转让定价法也应用于国内，但在跨国公司之间运用得更广泛，其原因在于：①国与国之间的税收差别比国内行业、部门间的差异大，而且这种较大的差异在各个方面都可以显示出来；②母公司与子公司，总公司与分公司或总机构与驻外常设机构之间的相对独立形式及彼此之间业务、财务联系的广泛性，使它们有较大的余地实现产品转让定价。

跨国公司利用转让定价筹划方法降低纳税负担，其根本原因在于各国税制设计的差异性。只有在国与国之间税负水平高低不等的前提下，跨国纳税人才有将利润进行国际转移的必要。而跨国关联厂商内部交易的转让定价，又使这种利润的转移成为可能。一般而言，跨国公司的转让定价是利用关联公司间的内部定价，将收入由高税国向低税国转移，或者将费用由低税国向高税国转移，从而减轻税负。

【案例 11-6】 假定美嘉和利嘉是跨国关联公司，美嘉公司所在国的公司所得税税率为 25%，利嘉公司所在国的公司所得税税率为 40%。在某一纳税年度，美嘉公司生产集成电路板 10 万张，每张生产成本为 8 美元，全部出售给关联的利嘉公司，再由利嘉公司向外销售。如果美嘉公司按照每张 12 美元的价格将这批集成电路板出售给利嘉公司，利嘉公司然后再按每张 20 美元的市场价格将这批集成电路板出售给一个非关联的客户，则美嘉、利嘉两企业的纳税总额为 42 万美元，税后利润 78 万美元（假定不考虑其他成本）。如果美嘉公司按每张 16 美元的价格向利嘉公司出售这批产品，则美嘉公司的销售利润就会增加 40 万美元，利嘉公司的销售利润则会相应下降 40 万美元。由于美嘉公司位于低税国，而利嘉公司位于高税国，因此美嘉公司提高对利嘉公司的转让价格会使两个公司的纳税总额下降 6（42－36）万美元，税后利润总额则从原来的 78 万美元增加到 84 万美元，相应也提高了 6 万美元。

转让定价也可以用以代替公司内部的其他资金流动（如股息的支付）从而达到避税的目的。如美国某子公司本应从当年税后利润中向境外母公司支付股息 100 万美元，美国的股息预提税税率为 30%。为了避免这笔预提税，子公司不是直接向母公司支付股息，而是将一批为母公司生产的价值 300 万美元的配件仅以 200 万美元价格卖给母公司，以低价供货来代替支付股息。

11.5.2 转让定价税收筹划的主要方式

一般来说，跨国公司通过转让定价进行税收筹划主要有以下几种方式。

1. 货物购销的转让定价筹划

通过在关联企业之间的原材料供应和销售产品实行“低进高出”或“高进低出”的办法，把收入尽量转移到税负低的企业中去，而把费用尽量转移到高税负的企业中去，从而达到避税的目的。例如，中国台湾某服装生产公司，利用位于国际避税地巴哈马群岛的贸易中介基地公司，通过自己的销售网络，向加拿大销售产品。如果该公司利用转让定价的原理，对位于巴哈马群岛的贸易中介基地公司采用“低进高出”的办法，使得公司利润被人为地集中在巴哈马群岛贸易基地公司的账上，而加拿大和中国台湾却对它征收不到任何税收，就能减少整个跨国集团的税收负担。

跨国公司可以通过控制零部件和原材料的进出口价格来影响产品的成本。例如，由母公司向子公司低价供应零部件产品，或者由子公司高价向母公司出售零部件产品，以此降低子公司的产品成本，使子公司获得较高利润。反之，通过母公司向子公司高价出售零部件产品，或由子公司向母公司低价供应零部件产品，来提高子公司的产品成本，这就减少了子公司的利润。

【案例 11-7】 跨国集团捷安公司主要生产制造安达牌自行车，该产品的生产有三道工序，第一道工序完成后，单位生产成本为 200 元，第二道工序完成后，单位生产成本为 450 元，第三道工序结束后，完工产品单位成本为 500 元。该品牌自行车产品平均售价每辆 800 元，2006 年销售该产品 28 万辆。甲企业适用所得税税率为 25%，其他有关数据如下：产品销售收入 22 400 万元；产品销售成本 14 000 万元；产品销售税金及附加 220 万元；管理费用、财务费用、销售费用合计 2300 万元；利润总额 5880 万元；应纳所得税额 1470 万元。

该公司对产品生产的各个工序进行分析，发现第三道工序增加的成本很少，仅为 50 元，而产品是在这道工序完成后对外销售的。于是公司财务人员设想，如果在低税率国家或地区，投资设立一全资子公司（以下简称 S 公司），适用的企业所得税税率为 10%。捷安公司将安达牌自行车的第二道工序作为产成品，并按单位成本 450 元加价 20%后，以 540 元的售价销售给 S 公司，由 S 公司负责完成该产品的第三道工序。假设捷安公司的管理费用、财务费用、销售费用、税金及附加中的 10%转移给 S 公司，S 公司除增加捷安公司转移过来的费用及税金外，由于新建立公司另增加管理成本 100 万元。则：

1）捷安公司

销售收入＝28×540＝15120（万元）

销售成本＝28×450＝12600（万元）

销售税金及附加＝220×90%＝198（万元）

三项费用合计＝2300×90%＝2070（万元）

则利润总额为 252 万元，应纳所得税额为 63 万元。

2）S 公司

销售收入为 28×800＝22400（万元）

销售成本＝28×(540＋50) ＝16520（万元）

销售税金及附加＝220×10%＝22（万元）

三项费用合计＝2300×10%＋100＝330（万元）

则利润总额为 5528 万元，应纳所得税额为 552.8 万元。

由于 S 公司是捷安公司的全资子公司，所以，如果 S 公司保留盈余不分配，捷安公司也就无须按税率之差补缴所得税。捷安公司通过在低税率国家或地区设立子公司，节省所得税额为 854.2（1470－615.8）万元。

由此可见，由于各国税率的差别，跨国公司可以通过从高税国向低税国以较低的内部转让定价销售货物，或者从低税国向高税国以较高的内部转让定价销售货物，都将导致整个跨国集团关联企业的整体税负减轻，从而增强集团整体的竞争实力。

2. 固定资产购置与租赁的转让定价筹划

跨国公司可以通过调整子公司固定资产的出售价格或使用年限来影响子公司的产品成本。母公司向子公司提供的固定资产的价格，直接影响着摊入子公司的产品成本。母公司对子公司规定的固定资产折旧期，也会影响折旧额的提取与分摊。若多提取折旧，则必然会加大子公司的当期税前可扣除成本；若少计提折旧，则会减少子公司的当期税前可扣除成本，而成本的高低，从反方向上影响着利润的多少。

跨国关联企业之间还会经常发生固定资产的租赁行为，其租金率的高低也直接影响集团内各关联企业的利润水平。跨国关联企业之间通过租赁业务进行筹划主要有三种方法：①利用自定租金进行筹划，如在高税国的母公司借入资金购买机器设备，以最低价格租给低税国的子公司，后者再以高价租给另一个高税国的子公司获取较高利润；②利用售后回租筹划，将投产不久的设备先出售再租回使用，由于购进设备投入生产后，即可提取折旧，这样买卖双方对同一设备都可以享受首年折旧抵税额，租用设备的承租方还可享受在利润中扣除设备租金的好处；③利用多个国家不同的折旧政策进行筹划，比如英联邦国家按机器设备的法定所有权计提折旧，有的国家如美国规定按机器设备的经济所有权计提折旧，两个处于不同规定下的国家的关联公司，就可以利用设备租赁业务，计提两次折旧。

【案例 11-8】 某跨国集团欧洲子公司拥有一套新生产流水线，价值为 1500 万元。现有两个方案：方案一是欧洲子公司将该套生产流水线以售价 2500 万元出售给集团内部亚洲子公司，该套流水线生产产品的年利润为 500 万元；方案二是欧洲子公司将该套生产流水线以租赁的形式出租给亚洲子公司，年租金为 250 万元。设欧洲子公司和亚洲子公司的所得税税率分别为 30％和 20％。

我们试比较两种方案对该跨国集团的税负影响情况（不考虑其他因素）。

方案一：若欧洲子公司将生产流水线出售给亚洲子公司，则跨国集团整体应纳税额为

(2500－1500)×30％＋500×20％＝400（万元）

方案二：若欧洲子公司将生产流水线出租给亚洲子公司，则跨国集团整体应纳税额为

250×30％＋(500－250)×20％＝125（万元）

上述计算可以看出，租赁可使集团整体税负减轻 275 万元。

3. 无形资产的转让定价筹划

无形资产是指长期使用而没有实物形态的资产，一般指企业拥有的商标、商誉、专利权、非专利技术、著作权，土地使用权等。由于无形资产具有单一性和专有性的特点，转让价格没有统一的市场价格标准可以参照，比其他转让定价更为方便，这使得跨国公司可以通过无形资产安排转让定价，以追求税收负担最小化。例如，某公司将其生产配方、生产工艺技术、商标和特许使用权无偿或低价提供给一些关联企业，其报酬不通过技术转让收入核算，而是从对方的企业留利中获得好处，这样便可以减少应纳税款。

跨国公司还可以通过在避税地国家建立一个专利持有子公司（专利基地公司），专门从事专利的取得、利用或使用特许权等活动。母公司向专利基地公司授予全权，开展专利使用权的转让业务。转让的对象可以是联合集团内部从事生产活动的子公司，也可以是位于外国管辖区的集团外独立公司。利用海外的专利公司可以有效地减少对专利转让或其他知识产权而取得的转让费用的税收，同时还可以得到附带的利益。

例如，一家拥有专利的跨国公司在避税地建立一家专利公司，并把专利转让给这家公司，这家公司再把专利的使用权转让给一个国外分公司。通过向避税地的专利持有公司支付专利使用费，就把国外分公司的利润有效地转移给避税地的专利公司。专利公司

在收到专利使用费时，只要缴纳一点税，甚至不用缴税。如果在避税地建立公司，并通过把各种知识产权（如商标、版权、技术窍门）再转让给在各国的其他公司，就可以在获得转让费时不用缴纳预提所得税和公司所得税。

4. 劳务费的转让定价筹划

劳务涉及的范围很广，包括设计、维修、广告、研发、咨询等，甚至总部管理费用的分摊也可看作是广义的劳务活动。在跨国集团关联企业之间经常发生内部相互提供劳务的业务。按什么标准收取劳务费，直接影响到关联企业的利润水平。通过劳务转让定价进行税收筹划的方法表现为，跨国公司集团内部关联企业之间通过相互提供劳务时多收或少收甚至不收劳务费用，使关联企业之间的利润根据需要进行转移。

此外，为了使处于高税地的盈利子公司既能多收回利润，又能减少纳税，母公司往往向子公司索取较多的管理费用，或将母公司的某些与子公司活动关系不大的管理费额外摊入子公司的产品成本中，如母公司把管理人员的补贴和退休年金，统统摊入子公司的管理费等，以此来变相将子公司的利润转移到母公司。

5. 借贷业务的转让定价筹划

作为跨国关联企业之间的一种投资形式，贷款比参股有更大的灵活性。关联企业中的子公司，以股息形式偿还母公司的投资报酬，在纳税时不能作为费用扣除，而支付的利息可以作为费用在税前扣除，因此，关联企业间可以通过贷款中的转让定价方式来转移利润。例如，关联企业的一方为了增加关联企业的另一方的盈利，可以通过提供贷款，少收或不收利息，减少另一方的财务费用，以达到盈利的目的；相反，为了造成关联方亏损或微利时，可以以较高的利率收取贷款利息，提高其成本。也有些跨国公司的母公司由于资金比较宽裕或利润较多或贷款比较通畅，由于其税负较重，往往采用无偿提供贷款或采取预付款的方式给子公司使用，这样，这部分资金所支付的利息全部由提供资金的母公司来负担，增加了成本，减少了税负。

【案例 11-9】[①]　星巴克自 1998 年在英国开业以来，在英国的销售收入超过 30 亿英镑，其在 2011 年一年的营业额就达 4 亿英镑（约合 6.4 亿美元），但 2009～2011 年三年星巴克却未向英国政府缴纳任何税收，进入英国的 14 年里总共也才纳税 860 万英镑（约合 1376 万美元）。

2009～2011 的三年里，星巴克在英国的财务报告一直是亏损的，没有利润，也没有支付所得税。而它的市场分析师又对外宣称星巴克在英国的业务是“可盈利的”。尽管连续十几年星巴克英国的账面显示一直处在持续亏损的状态，但星巴克却告诉投资者们销售在持续增长。星巴克是一个庞大的集团公司，旗下又有很多子公司和分公司（即关联公司），分布在世界各个地方。星巴克集团公司之间的巧妙的资金运作主要有以下三个方面。

（1）向总部支付昂贵的知识产权费。星巴克集团公司美国总部规定，在英国及所有

---

① 姜鲁榕. 咖啡连锁企业星巴克被指在英避税. 中国税务报，2012-11-14. 经整理。

海外经营的星巴克每年需要向“星巴克”品牌支付年销售额的6%。6%的知识产权费在英国与同类产业比起来相对较高，这一笔支出就减少了星巴克英国公司的应纳税所得额。与此同时，星巴克集团公司又把征收所得的知识产权费用转移到税率很低的国家，纳入该国星巴克公司的应纳税所得额，以支付相对较低的税费。

(2) 昂贵的咖啡豆采购。英国星巴克公司所用的咖啡豆都是来自于星巴克在瑞士的星巴克咖啡贸易有限公司，在咖啡豆运抵英国前，又需经过星巴克在荷兰阿姆斯特丹设立的烘焙公司进行烘培加工。在此过程中，英国星巴克会支付超额的费用给瑞士和荷兰两家公司，这样就降低了星巴克在英国的应纳税所得额。

(3) 集团公司间的借款安排。星巴克英国公司2011年的财务显示其所有的经费几乎都来自于借款，并且支付了星巴克集团旗下公司200万英镑的利息。星巴克英国利用公司间借贷，把利润转移到低税率国家来避税。

这种公司间借贷给跨国公司带来了税收方面的双重利益：其一，借款人可以设定任何有利于降低自己应纳税所得的借款利息；债权人可以是任何一个设在不用征利息税的所在地的公司。

11.5.3 转让定价筹划应注意的问题

跨国公司在进行转让定价安排的时候主要考虑两方面的问题。一是跨国公司在安排关联企业的交易价格时，不仅要考虑有关国家的公司所得税税率，还要考虑进口企业所在国的关税。如果进口国的关税税率过高，那么以很高的转让价格向该国的关联企业出售产品就不一定有利。二是跨国公司集团的母公司一般都设在税率较高的发达国家，而跨国公司集团中的关联子公司则有许多设在无税或低税的避税地，母公司为了避税会把公司集团的利润尽可能多地向避税地子公司转移。在这种情况下，跨国公司能否利用转让定价进行国际避税，关键取决于母公司所在的居住国是否对母公司的海外利润实行延期课税。

所谓延期课税，是指奉行属人主义原则，实行居民管辖权的国家，对国外子公司取得的所得，在子公司没有以股息等形式汇回母公司之前，对母公司不就其外国子公司的所得征税；一直到该项所得汇回该国母公司才予以征税。这就为该国纳税人合法避税创造了条件。母公司可以无限期将应由子公司支付的所得滞留在子公司账上作资本积累，也可挪作他用，以长期规避这部分所得的应纳税款，达到避税的目的。

跨国公司在进行转让定价安排时还会面临一些来自集团内部的限制。首先，跨国公司操纵转移价格时，需要考虑诸多因素，组织人力、物力对国际转让价格方法进行集中计划管理，并需要根据环境的变化进行及时调整，这样必然会引起跨国公司内部管理成本的上升，在跨国公司规模较大，关联企业众多时，这种情况更为突出。其次，对跨国集团内部子公司来说，由于各个成员公司也各有自身利益，因而也有难以协调之处，特别是分布于不同国家的子公司，由于有当地公司管理部门和当地股东的存在，使得通过转让价格减少子公司利润的做法，会侵害当地股东和管理阶层的利益，最终会影响公司在当地的事业，并引起子公司之间、子公司与母公司之间的矛盾。再次，跨国公司操纵转让价格会使子公司的经营状况与其盈利状况脱节，不利于激励子公司的管理人员和生产服务人员，同时也不利于考察各个利润中心管理者的经营业绩和工作成果。

此外，对那些以避税为目的运用转让定价的跨国公司，很多国家的税务部门都制定了一系列严格的转让定价审核和调整方法。因此，跨国公司在采用转让定价进行避税时应充分考虑政府部门在政策上的限制，在制定转让价格时尽量采用能够得到税务部门认可的方法。

2008 年 1 月 1 日正式实施的《企业所得税法》，统一了内外资企业所得税，并用了很大篇幅对转移定价问题作出了相关规定，其核心思想就是对关联方之间不正常的定价进行调整。一是引入了“独立交易原则”，即关联方之间的交易，应符合独立发生在类似情况下从事类似交易时可能建立的商业和财务关系；二是明确了企业及相关方提供资料的义务，纳税人应在关联交易发生的同时准备证明其符合独立交易原则的资料，在税务机关调查时，纳税人及相关方承担协助义务并证明其关联交易的合理性；三是适时补充一般反避税规则如“成本分摊协议”和防止资本弱化等限制性条款，强化企业所得税的征管工作。跨国公司在进行转让定价筹划时应特别注意这些转让定价的税收法规。

11.6　跨国经营活动的其他筹划方法

在国际税收实践中，跨国公司的税收筹划方法千差万别，涉及的范围也极广泛，并且越来越具备隐蔽性。对各国税法研究得越细的跨国公司，其税收筹划方法也越多。但是不论其税收筹划方法如何变化，究其根本还是以纳税人或征税对象的来源能在不同国家税收管辖权范围之间得到转移为宗旨。由于世界各国都存在着居民管辖权和地域管辖权两种税收管辖权，一个跨国公司要避免成为税收管辖权的管辖对象，只有避免这两种税收管辖权的约束，才能利用有关国家税收制度的差异，将自己的纳税义务从高税国转移到低税国，进而达到国际税收筹划的目的。

11.6.1　公司居所避免方法

目前，许多国家在税收上都实行居民管辖权，这些国家往往对居民纳税人的全球范围所得征税，而对非居民仅就其来源于本国的所得征税。通过纳税人的流动，即通过改变其居民身份或避免成为某国纳税人的方式可以避免一国税收的管辖。跨国公司可以通过公司居所的迁移，将自己的居所从一国迁出，以避免这个国家的居民身份。居所是一国居民税收管辖权的根本依据，跨国公司通过将居所迁出就可以使自己的居民身份落在国外，达到避税的目的。

然而，对于自然人来说，居所迁移是很容易办到的，但对跨国公司而言，则存在不可行之处。因为公司居所的迁移，厂房、地皮、机器设备的搬迁绝非易事，其规避的税收也许抵不上搬迁的代价。这个因素遏制了高税国的居民公司通过居所的整体迁移进行避税活动。

因此，跨国公司往往采取居所避免的方法进行税收筹划。居所避免是指跨国纳税人不移动自己的居所，而移动自己的居民身份来避免成为原居住国的居民，从而减轻纳税义务。居所避免是大量发生的，自然人和法人都可以做到。对于跨国公司而言，就是通过将其居民身份落在一个低税国而达到减轻税收负担的目的。

一般而言，判断公司居民身份的标准，有注册登记所在地标准和管理控制中心所在地标准。对于采用注册登记所在地标准的国家，跨国公司可以通过改变注册登记所在国的办法，将公司注册在低税国或无税国，从而成为低税国或无税国的居民公司。对于采用管理控制中心所在地标准的国家，跨国公司税收筹划的核心就是消除使其母国或行为发生国成为主要控制和管理地点的所有实际特征，实现公司居所“虚无化”，比如虚假迁移就是跨国公司常用的方法。

虚假迁移是指纳税人法律上已迁出了高税国，但实际上并没有在其他任何国家取得住所。如果一个高税国的企业纳税人有足够证据证明它不是这个国家的居民，而是另一个国家的居民，那么尽管实际上它是这个国家的居民，它的纳税义务还是可以减轻，甚至消除。利用这种手法达到减轻税负的目的有时并不难，因为各个国家关于住所或居所的法律规定并不一样，法律解释也不相同，使得企业纳税人利用居所的虚假迁移进行跨国公司税收筹划成为可能，尽管一些国家的税法或税收协定也会对这种方法制定严格的反避税措施。

比如跨国公司可以改变董事会或管理决策会议开会地点，将会议地点从高税国转移到低税国，并在低税国作出各种会议报告；高税国的股东不参与管理活动，其股份与影响管理的权力分离，只保留他们的财权；将高税国的主要决策人的住所转移到低税国；或者将账册、档案、会议材料及报告从高税国转移到低税国等等。

【案例 11-10】 设在英国的法国司弗尔钢铁股份有限公司，为了进行国际避税，采取下列手段和方式避免在英国具有法人居民资格。①该公司中的英国股东不允许参加管理活动，英国股东的股份与影响和控制公司管理权力的股份分开。他们只享有收取股息，参与分红等权利。②选用非英国居民担任公司的管理经理。③不在英国召开董事会或股东大会，所有与公司有关的会议、材料、报告等均在英国领土外进行，档案也不放在英国国内。④所有有关公司经营管理的指示、指令，都不以英国电报、电讯等有关方式发布。⑤为应付紧急情况或附带发生的交易行为等特殊需要，该公司在英国境内设立一个单独的服务性公司，并按照核定的利润率缴纳公司税，以免引起英国政府的仇恨。经过这一系列的安排，从 1973 年到 1985 年这 12 年期间，该公司成功地规避了英国应纳税款 8137 万美元。

11.6.2 避免成为常设机构方法

对于跨国纳税人的营业利润和一些其他所得，国际上已经明确了以常设机构为标准作为对非居民公司征税的依据，并相应明确了常设机构的范围。常设机构一般是指企业进行全部或部分经营活动的固定经营场所。按照常设机构原则，各国对跨国纳税人来自本国的所得征税，应仅限于在本国设立了常设机构，除了常设机构以外的非固定机构的所得，不得征税。这就为跨国公司在一国或数国设立一些非常设机构避税提供了方便。跨国公司在这些国家建立一些不属于常设机构的场所，将货物、劳务、资金转移过来，可以规避公司所在国的税收；同时，由于非常设机构是免税机构，其经营活动的所得，也无须缴纳所得来源地的税收。

在经合组织和联合国分别起草的《经合组织范本》和《联合国范本》中为常设机构规定了以下判别标准：①它是企业进行全部或部分营业的固定场所；②当对非居民在一国内利用代理人从事活动，而该代理人（不论是否具有独立地位）有代表该非居民经常签订合同、接受订单的权利，就可以由此认定该非居民在该国有常设机构。在根据第一条难以确定时，此条作为前者的补充和法律参考。

各国之间签订的税收协定，许多是按以上标准来定义常设机构的。这样，跨国纳税人就可以根据所从事的一项或多项免税活动从而利用服务公司来规避税负。例如，我国分别与美国、加拿大、比利时、丹麦、泰国、新加坡等国签订的《关于对所得避免双重征税和防止偷漏税的协定》中明确规定，对下列内容不能视为常设机构：①以专为储存、陈列或交付本企业货物或者商品为目的而使用的设施；②以专为储存、陈列或交付为目的而保存本企业货物或商品的仓库；③以专为另一企业加工为目的而保存本企业货物或商品的仓库；④以专为本企业采购货物或商品或搜集情报为目的所设置的固定营业场所；⑤以专为本企业进行其他准备性或辅助性活动为目的所设置的固定营业场所；⑥专为第一项和第五项所述活动的结合所设的固定营业场所，如果由于这种结合使该固定营业场所全部活动属于准备性质或辅助性质。

依据上述协定，当我国某毛皮加工公司想了解北欧、北美国家关于裘皮服装行业对毛皮的需求情况并寻求合作伙伴时，就可在丹麦、加拿大分别设立一专门为该公司搜集北欧和北美国家裘皮服装信息的机构，根据上述协定第四条，毛皮加工公司可利用设在丹、加两国的机构，来承担与相关企业订货合同的、除代表本公司签字之外的全部谈判协商任务，从而成功地规避这两国的税收管辖权，以达到减轻税负的目的。

【案例 11-11】①　加拿大贝美基公司在多伦多生产自己的产品，公司在对美国市场研究后得出的结论是，公司的产品在美国市场的销售有一定的潜力，特别是中西部地区，于是公司通过广告公司在美国的商业杂志上进行广告宣传。不久，贝美基公司便得到了来自印第安纳、伊利诺斯、明尼苏达和俄亥俄的订货单。加拿大公司以 FOB（指离岸价格，即装运港船上交货）的条件装运自己的产品，并签发发运单，尔后又收到中西部的买方寄来的支付账单。而贝美基公司始终没有在美国设立任何代表处。按照美国的法律，外国公司只要不在美国境内直接从事贸易活动，就不承担美国的税收义务。由于加拿大贝美基公司的贸易活动完全适用美国的法律规定，因此，它向美国公司出售产品的所得不必向美国政府缴纳所得税。

由于不需要设置常设机构的经营活动越来越多，再加上技术水平的提高和产品生产周期的缩短，相当一部分企业可以在政府规定的免税期内实现其经营活动，并获得相当可观的收入。比如中东、拉美一些国家规定非居民公司在半年（183 天）以内获得的收入可以免税，韩国的一些海外建筑承包公司利用这一规定，常常设法在半年（183 天）以内完成其建筑工程，免缴这些国家的收入所得税。

【案例 11-12】②　日本早在 20 世纪 70 年代初就兴建了许多海上流动工厂车间，这

---

① 朱洪仁．国际税收筹划．上海：上海财经大学出版社，2000．本案例进行了改编。

② 张中秀．现代企业的合理避税筹划．北京：中华工商联合出版社，2000．

些工厂车间全部设置在船上，可以流动作业，它们曾先后到亚洲、非洲、南美洲等地进行流动作业。“海上工厂”每到一国，就地收购原材料、就地加工，就地出售，整个生产周期仅为一、两个月。加工、出售完毕，开船就走，不须缴纳税款。仅税款一项，海上工厂就获得了不少的收益。这方面的数据资料日本从未公布过，估计从 20 世纪 70 年代到 80 年代末，日本海上工厂规避各国税款达数亿美元之巨。1981 年日本一公司到我国收购花生，该公司派出它的一个海上流动车间在我国港口停留 27 天，把收购的花生加工成花生米，把花生壳压碎后制成板又卖给我国，结果我国从日本公司获得的出售花生米的收入有 64%又返还给了日本，而且，日本公司获得的花生壳制板收入分文税款未交。这种现象产生的直接原因就是我国和其他许多国家都对非居民公司的停留时间作了规定，如我国规定非居民公司只在停留时间超过半年后才负有纳税义务，实际上就是对暂时在境内从事经营活动的非常设机构所得免税。日本公司就是利用这种规定来合理避税，而收入来源国却没有办法对其收入征税。

11.6.3 精心选择国外经营方式

当一个跨国企业法人决定在国外投资和从事经营活动时，可以在设立常设机构或组建子公司两种主要方式中选择一种。从跨国公司税收筹划的角度，如何在分支机构与子公司这两种经营方式之间作出选择，需要考虑对企业盈利或亏损所作的预测、有关国家最新企业开办期的优惠政策、确定税基范围的大小、适用税率的高低、税收协定的影响等。在实践中，从税务角度分析，分支机构与子公司各有利弊。分支机构相对于子公司，其利弊条件可简述如下。首先，有利的方面包括登记注册简单、快捷，可以不缴纳资本注册税和相应的印花税，但同时不利的方面有在东道国没有独立的法人地位，无资格享受当地政府向当地法人企业提供的免税期或其他投资鼓励措施。其次，有利的方面包括将利润汇回总公司无须纳税，避免对利息、股息和特许权使用费征收的预提税。但不利的方面有一旦取得利润，总机构在同一纳税年度要就这些境外利润向其居住国纳税，当国外税率低于居住国税率时，无法获得延期课税的好处。再次，有利的方面有费用和亏损可以冲抵总公司的利润，但不利的方面有总机构应承担国外分支机构的所有义务。最后，有利的方面是有可能利用避免国际双重纳税中最有利的形式——免税法，而不利的方面为分支机构假如在今后转变成子公司，可能要对此产生的资本利得纳税等。

子公司与分支机构恰好利弊相反，但税率发生的变化，可能改变上述有利条件或不利条件中的某一项。当外国税率提高到与居住国税率相近或更高时，跨国纳税人通过在国外子公司保留利润所获得延期课税的好处便消失了。此外，由于各国的具体规定不同，分支机构或子公司的有利和不利条件在各国也不尽相同，跨国纳税人往往要反复权衡利弊，才能作出有利的选择。高税居住国跨国纳税人一种常见的选择方案，是在国外经营初期以分支机构形式从事经营活动，因为产生的亏损可以及时冲抵总机构的利润，以减少在居住国的纳税；当分支机构由亏损转为盈利之后，再适时转变为子公司，从而享受延期课税的好处。

11.6.4　利用资本弱化方法

资本弱化是指跨国纳税人为了减少应纳税额，采用债权方式替代股权方式进行的投资或融资。一个跨国纳税人的国际投资回报可选择股权收益和债权收益。各国对股息和利息的税收政策通常不同：对企业支付利息，往往允许其作为费用扣除，而对企业分配股息则作为企业所得，不允许其扣除；对企业汇出的利息的预提税税率往往较低，而对企业汇出的股息的预提税税率往往较高。这样，在同样多的投资和同样高的回报率的情况下，被投资国关联企业的资本弱化可能会减少跨国企业法人的纳税义务。

复习题

1. 跨国公司税收筹划与国内税收筹划有何联系与区别？

2. 跨国公司税收筹划产生的原因有哪些？

3. 什么是国际双重征税？国际双重征税的原因是什么？避免国际双重征税的基本方法有哪些？

4. 什么是套用税收协定？套用税收协定进行税收筹划有哪些方式？

5. 什么是避税地？利用基地公司在避税地进行税收筹划的形式有哪些？

6. 跨国公司进行转让定价税收筹划的主要方式有哪些？试举例说明。

7. 跨国企业法人在国外设立分支机构与子公司这两种经营方式与税负有关的利弊条件各是什么？

练习题

1. 甲公司是A国的居民公司，某年在全球获取所得20 000万元，其中来自A国的所得1500万元，来自甲公司在B国设有分公司所得500万元，A国的所得税税率为30%；B国的所得税税率为40%。请分别以全额免税法、扣除法、限额抵免法计算甲公司在A国缴纳的所得税和在全球的所得税负担，进行分析。

2. A国一家公司原打算在B国拥有一家子公司，但B国要对B国公司汇往A国的股息征收较高的30%的预提税。B国与C国缔结有相互减按8%征收股息预提税的税收协定，A国与C国缔结也签订相互减按8%征收股息预提税条款的税收协定。请问如果A国这家公司预期B国子公司将有大量股息汇出，这家公司如何进行税收筹划才能降低预提税负担？

3. 某跨国公司的A、B、C三个子公司分别设在甲、乙、丙三国，三国的公司所得税率分别为40%、20%和10%，子公司A为子公司B生产组装成品的零部件。假设A以100万美元的生产成本生产了一批零部件，按照当时市场价格以130万美元的定价直接销售给B，B将零部件组装后按150万美元的总价投放市场。如果子公司A不直接向子公司B提供零部件，而是以115万美元的低价将这批零部件销售给子公司C，再由C以140万美元的定价转售给B，B组装后的成品仍以150万美元的总价格销售。分别计算两种情况下该跨国公司的总税负。

4. 甲国某母公司有两个分设在乙国和丙国的子公司，甲、乙、丙三国公司所得税率分别为40%，30%和10%。母公司的管理费用为10万美元，扣除其他成本费用后的利润为50万美元，乙国子公司和丙国子公司的利润额分别为30万美元和20万美元。按合理的母公司管理费用分摊标准，母公司管理费用50%应由母公司负担，25%由乙国子公司负担，另外25%应由丙国子公司负担。试分析该跨国集团如何进行税收筹划可以降低集团总税负。

5. 甲公司是A国的居民公司，A国所得税税率为30%。甲公司准备分别在B国和C国投资进行跨国经营，为了决定在这些国家开办子公司还是分公司，甲公司对B国和C国的税收政策进行了了解：B国所得税税率为10%，并对外资法人企业给予开业后3年的免税期，A国在与B国签订的税收协定中承诺承担税收饶让义务；C国所得税税率为40%，没有免税期也没有与A国签订税收协定。甲公司预测，A国母公司在未来10年内都会保持盈利，在B国的经营的前3年会有丰厚的盈利，而C国经营的前3年将会产生一定亏损。请从税收筹划的角度，分析甲公司在B国和C国进行经营是采用分公司形式，还是子公司形式。

参 考 文 件

1. 财会【2000】25 号，关于印发《企业会计制度》的通知
2. 财会【2006】3 号，企业会计准则第 1 号——存货
3. 中华人民共和国国务院令第 538 号，中华人民共和国增值税暂行条例
4. 财税【2000】26 号，关于对低污染排放小汽车减征消费税的通知
5. 财税【2000】84 号，关于随军家属就业有关税收政策的通知
6. 财税【2000】97 号，关于对老年服务机构有关税收政策问题的通知
7. 财税【2000】125 号，关于调整住房租赁市场税收政策的通知
8. 财税【2001】5 号，关于非营利性科研机构税收政策的通知
9. 财税【2001】91 号，关于调整烟类产品消费税政策的通知
10. 财税【2001】157 号，关于个人与用人单位解除劳动关系取得的一次性补偿收入征免个人所得税问题的通知
11. 财税【2003】158 号，关于规范个人投资者个人所得税征收管理的通知
12. 财税【2004】156 号，关于印发《东北地区扩大增值税抵扣范围若干问题的规定》的通知
13. 财税【2005】9 号，关于继续对尿素产品实行增值税先征后返政策的通知
14. 财税【2005】87 号，关于暂免征收尿素产品增值税的通知
15. 财税【2006】21 号，关于土地增值税若干问题的通知
16. 财税【2006】66 号，关于中国老龄事业发展基金会等 8 家单位捐赠所得税政策问题的通知
17. 财税【2006】186 号，关于房产税、城镇土地使用税有关政策的通知
18. 财税【2007】100 号，关于调整铅锌矿石等税目资源税适用税额标准的通知
19. 财税【2008】1 号，关于企业所得税若干优惠政策的通知
20. 财税【2008】21 号，关于贯彻落实国务院关于实施企业所得税过渡优惠政策有关问题的通知
21. 财税【2008】47 号，关于执行资源综合利用企业所得税优惠目录有关问题的通知
22. 财税【2008】48 号，关于执行环境保护专用设备企业所得税优惠目录
23. 财税【2008】137 号，关于调整房地产交易环节税收政策
24. 财税【2008】156 号，关于资源综合利用及其他产品增值税政策的通知
25. 财税【2008】157 号，关于再生资源增值税政策的通知
26. 财税【2009】8 号，关于印发《油气田企业增值税管理办法》的通知
27. 财税【2009】9 号，关于部分货物适用增值税低税率和简易办法征收增值税政策的通知
28. 财税【2009】31 号，关于支持文化企业发展若干税收政策问题的通知
29. 财税【2009】70 号，关于安置残疾人员就业有关企业所得税优惠政策问题的通知
30. 财税【2009】113 号，关于固定资产进项税额抵扣问题的通知
31. 财税【2009】115 号，关于研发机构采购设备税收政策的通知
32. 财税【2009】119 号，关于再生资源增值税退税政策若干问题的通知
33. 财税【2009】124 号，关于通过公益性群众团体的公益性捐赠税前扣除有关问题的通知
34. 财税【2009】148 号，关于以农林剩余物为原料的综合利用产品增值税政策的通知
35. 财税【2009】157 号，关于个人住房转让营业税政策的通知
36. 财税【2009】163 号，关于资源综合利用及其他产品增值税政策的补充的通知
37. 财税【2010】84 号，关于支持和促进就业有关税收政策的通知

38. 财税【2010】94号，关于调整房地产交易环节契税个人所得税优惠政策的通知
39. 财税【2011】47号，关于高新技术企业境外所得适用税率及税收抵免问题的通知
40. 财税【2011】58号，关于深入实施西部大开发战略有关税收政策问题的通知
41. 财税【2011】100号，财政部、国家税务总局关于软件产品增值税政策的通知
42. 财税【2011】115号，关于调整完善资源综合利用产品及劳务增值税政策的通知
43. 财税【2011】117号，关于小型微利企业所得税优惠政策有关问题的通知
44. 财税【2012】4号，关于企业事业单位改制重组契税政策的通知
45. 财税【2012】27号，关于进一步鼓励软件产业和集成电路产业发展企业所得税政策的通
46. 财税【2012】39号，关于出口货物劳务增值税和消费税政策的通知
47. 财税【2013】70号，关于研究开发费用税前加计扣除有关政策问题的通知
48. 财税【2014】42号，关于调整完善扶持自主就业退役士兵创业就业有关税收政策的通知
49. 财税【2014】39号，关于继续实施支持和促进重点群体创业就业有关税收政策的通知
50. 财税【2014】57号，关于简并增值税征收率政策的通知
51. 财税字【1995】48号，关于土地增值税一些具体问题规定的通知
52. 财税字【1995】53号，关于酒类产品包装物押金征税问题的通知
53. 财税字【1997】49号，关于国有农口企事业单位征收企业所得税问题的通知
54. 财税字【1999】278号，关于个人出售住房所得征收个人所得税有关问题的通知
55. 财税字【2000】32号，油气田企业增值税暂行管理办法
56. 国办发【1996】4号，关于转发国家税务总局关于调整国家税务局、地方税务局税收征管范围意见的通知
57. 国发【2000】18号，关于印发《鼓励软件产业和集成电路产业发展若干政策》的通知
58. 国发【2000】33号，关于实施西部大开发若干政策措施的通知
59. 国发【2007】39号，关于实施企业所得税过渡优惠政策的通知
60. 国发【2007】40号，关于经济特区和上海浦东新区新设立高新技术企业实行过渡性税收优惠的通知
61. 国税函【2001】84号，关于《关于个人独资企业和合伙企业投资者征收个人所得税的规定》执行口径的通知
62. 国税函【2001】955号，关于卷烟生产企业购进卷烟直接销售不再征收消费税的批复
63. 国税函【2002】146号，关于个人所得税若干业务问题的批复
64. 国税函【2003】422号，国家税务总局关于外国投资者出资比例低于25%的外商投资企业税务处理问题的通知
65. 国税函【2005】54号，关于增值税一般纳税人支付的国际货物运输代理费用不得抵扣进项税额的批复
66. 国税函【2005】364号，关于企业为股东个人购买汽车征收个人所得税的批复
67. 国税函【2006】902号，关于个人股票期权所得缴纳个人所得税有关问题的补充通知
68. 国税函【2008】299号，关于房地产开发企业所得税预缴问题的通知
69. 国税函【2008】828号，关于企业处置资产所得税处理问题的通知
70. 国税函【2008】875号，关于确认企业所得税收入若干问题的通知
71. 国税函【2009】90号，关于增值税简易征收政策有关管理问题的通知
72. 国税函【2009】432号，关于增值税即征即退实施先评估后退税有关问题的通知
73. 国税函【2009】617号，关于调整增值税扣税凭证抵扣期限有关问题的通知
74. 国税函【2010】56号，国家税务总局关于折扣额抵减增值税应税销售额问题通知
75. 国税函【2010】79号，关于贯彻落实企业所得税法若干税收问题的通知
76. 国税函【2010】137号，关于《增值税一般纳税人资格认定管理办法》政策衔接有关问题的通知
77. 国税函【2010】220号，关于土地增值税清算有关问题的通知
78. 国税发【1993】155号，关于进口货物征收增值税、消费税有关问题的通知
79. 国税发【1994】51号，关于城市维护建设税征收问题的通知
80. 国税发【1994】179号，关于个人对企事业单位实行承包经营、承租经营取得所得征税问题的通知
81. 国税发【1999】58号，关于个人所得税有关政策问题的通知
82. 国税发【1999】178号，关于个人因解除劳动合同取得经济补偿金征收个人所得税问题的通知

83. 国税发【2003】45号，关于执行《企业会计制度》需要明确的有关所得税问题的通知
84. 国税发【2005】9号，关于调整个人取得全年一次性奖金等计算征收个人所得税方法问题的通知
85. 国税发【2005】120号，个人所得税管理办法
86. 国税发【2006】108号，关于个人住房转让所得征收个人所得税有关问题的通知
87. 国税发【2006】187号，关于房地产开发企业土地增值税清算管理有关问题的通知
88. 国税发【2007】38号，关于加强和规范个人取得拍卖收入征收个人所得税有关问题的通知
89. 国税发【2008】28号，关于印发《跨地区经营汇总纳税企业所得税征收管理暂行办法》的通知
90. 国税发【2008】30号，关于印发《企业所得税核定征收办法》（试行）的通知
91. 国税发【2008】101号，国家税务总局关于印发《中华人民共和国企业所得税年度纳税申报表》的通知
92. 国税发【2008】111号，关于企业所得税减免税管理问题的通知
93. 国税发【2008】116号，国家税务总局关于印发《企业研究开发费用税前扣除管理办法（试行）》的通知
94. 国税发【2009】85号，关于加强税种征管、促进堵漏增收的若干意见
95. 国税发【2010】53号，关于加强土地增值税征管工作的通知
96. 国税发【2010】54号，关于进一步加强高收入者个人所得税征收管理的通知
97. 国家税务总局令第22号，国家税务总局增值税一般纳税人资格认定管理办法
98. 国家税务总局公告2011年第23号，关于纳税人销售自产货物并同时提供建筑业劳务有关税收问题的公告
99. 国家税务总局公告2011年第13号，关于纳税人资产重组有关增值税问题的公告
100. 国家税务总局公告2011年第49号，关于增值税纳税义务发生时间有关问题公告
101. 国家税务总局公告2011年第51号，国家税务总局关于纳税人资产重组有关营业税问题的公告
102. 国家税务总局公告2012年第15号，关于企业所得税应纳所得额若干税务处理问题的公告
103. 国家税务总局公告2012年第52号，关于硝基复合肥有关增值税问题的公告
104. 国家税务总局公告2012第55号，关于纳税人资产重组增值税留抵税额处理有关问题公告
105. 冀地税发【2010】33，关于进一步加强个人所得税征收管理工作的意见
106. 鄂地税发【2008】125号，湖北省地方税务局促进地方经济社会发展的地方税收优惠政策与措施